元新潟日報報道部長「回顧録」

なぜ「新潟は普通以下に」

没後30年 角さん待望論

高橋 正秀

はじめに　県勢衰退の今、「よきふみつづれ」

特に地位や権力はないが、世論を武器に権力者に屈することなく対峙《たいじ》する姿から「無冠の帝王」と言われた新聞記者。44年前に「新潟日報記者」を名乗って以来、その自覚と矜持《きょうじ》を失ったことはない。マスメディアの中核をなした新聞は今、デジタル・ネット時代到来で部数減が続き、最大発行部数50万部を誇った県民の新聞・新潟日報も部数維持が厳しく、かつての輝きを失っている。

印刷工場、全県に張り巡らされた宅配網・販売店を維持しなければならない「巨大装置産業」の新聞社は、デジタル対応の遅れ、若者の新聞離れ、人口減の大津波に襲われ、「減収減益」の長く暗いトンネルを抜け出せないでいる。

小選挙区制導入から四半世紀、県政界は、全国最長の「大臣ゼロ県」となり、衆参国会議員の新潟選挙区の定数は10人から7人に減員、活力を失っている。観光では石川、長野の後塵を拝し、人口・生産額でも宮城に追い越された。県勢衰退の危機感から没後30年の郷土の英傑・田中角栄元首相を巡る「角さん復権待望論」が出るのも無理からぬことだろう。

本書のタイトル、『なぜ「新潟は普通以下に」』は、元首相側近の早坂茂三氏の言葉から拝借した刺激的で挑発的なテーマだ。その時、何が起きていたのか、地方権力の監視機能を果たしてきた地元紙・新潟日報の役割は、今後どうなるのか。新潟日報記者として半世紀近く県内で起きた事件・政治の現場を見詰めてきた筆者が、署名記事を中心に歴史の転換点を探る「回顧録」を編集した。危機の時代に「よきふみつづれ」とエールを送りたい。

「よきふみつづれ」は、新潟日報1面の題字を揮毫《きごう》した歌人・書家の會津八一が戦後、新潟日報社が設立した夕刊新潟社の社長に就任した際に詠んだ歌の一節から引いた。

「わがともよ　よきふみつづれ　ふるさとの　みずたのあぜに　よむひとのため」

直訳すると「同僚よ、よい記事を書きなさい。故郷の田んぼのあぜ道で読む人のために」。この歌には、常に県民に寄り添って喜怒哀楽を共にし、無責任な傍観者にならないという決意を社員に求めた新潟日報社賓・八一のジャーナリズム精神が込められている。

ネット空間で生成ＡＩによる「フェイクニュース」が飛び交う不確実な時代。24年元日から液状化被害に見舞われた能登半島地震、1月の自民党派閥「政治資金パーティー裏金事件」立件。4月に地元同意前に東電が柏崎刈羽原発7号機に核燃料を装填するなど国、東電の原発再稼動を巡る動きも急だ。県民生活に直結する災害、事件、原発問題などビッグニュースが相次ぐ混迷の時代に新潟日報は今こそ、権力監視役として「真実追及の原点」に立ち返り、臆することなく、県民読者をリード、刺激する「よきふみ」論陣を張ってほしい。

ポスト岸田を巡り、史上最多の9候補が争った2024年9月27日の自民党総裁選を制したのは、角さんを「政治の師」と仰ぐ石破茂・元幹事長だった。角福戦争のルーツは、田中元首相が福田赳夫元首相に勝利した1972年の総裁選。元首相がロッキード事件で逮捕時に自民党を離党した後もキングメーカーとして政界に君臨した田中派。

01年の総裁選では、田中派の流れをくむ竹下派（経世会）の橋本竜太郎に対し、田中元首相の長女・真紀子氏が支援した福田派清和会の小泉純一郎氏が圧勝。真紀子氏は、小泉政権の「生みの親」となり、女性初の外相に抜擢された。小泉元首相は、05年には田中派集票マシンの特定郵便局をターゲットに郵政民営化を争点にした「郵政解散」を断行、旧田中派を弱体化させた。その後、小泉政権後継の安倍晋三首相が、安倍一強時代を長く築いた。

だが、安倍元首相暗殺事件に続き、派閥裏金事件が発覚、安倍派は解散に追い込まれた。角さんの薫陶を受けた石破首相は、総選挙へ向けた公認調整で旧安倍派を狙い撃ちしたかのように裏金議員ら12人（うち旧安倍派11人）を非公認、公認した裏金議員ら34人（同派32人）にも比例選への重複立候補を認めなかった。非公認、重複禁止となった議員からは、石破首相に「安倍派潰しだ」と恨み節が噴出した。因果は巡る「角福・怨念の暗闘ドラマ」は、派閥盛衰が織り成す自民党戦国史の断面だ。

本書には、署名記事の政治コラム「多面鏡」や「座標軸」、「オピニオン 視点」、「記者つれづれ」。無署名の1面コラム「日報抄」も収録した。全12章のテーマは、「角さん待望論」から「拉致・原発問題」「事件報道の現場」「戦慄のサリン事件」「追憶の国会議員」「愚直に生きた人々」「知事と向き合う」「デジタル時代の新聞の未来」など多岐にわたっている。岸田文雄政権を退陣に追い込んだ自民党の派閥裏金事件など「政治とカネ」を巡る問題も新たに書き下ろした。興味のあるテーマから読んでいただきたい。

目　次

第8章　拉致・原発問題を全国に発信　1996年～2013年……293

第9章　追想・愚直に生き抜いた人々　1987年～2022年

第1章　角さん復権待望論　２００２年～２０１７年

多面鏡・座標軸　本社報道・広告事業・役員室

《没後30年　なぜ「新潟は普通以下に」》

今、なぜ「角さん復権待望論」か――。絶大な政治力で新幹線、高速道などのインフラ整備で新潟を豊かにしてきた郷土の英傑・田中角栄元首相・没後30年の２０２３年、『日本列島改造論』が復刻されるなどブームが再燃した。角さん待望論は「没後30年」が、急激な人口減が進む新潟の「失われた30年」と重なり、「全国最長の大臣不在県」「県財政の危機」などさまざまな指標で「新潟は普通以下の県になった」（早坂茂三氏）ことへのアンチテーゼであり、「ないものねだり」かもしれない。政界は、一寸先が闇だ。戦前戦後を通じ、通算在籍日数で最長記録を作り、栄華を誇った安倍晋三元首相が２０２２年７月に凶弾に倒れ、安倍派の没落が始まった。23年11月に安倍派など自民５派閥に「政治資金パーティー裏金疑惑」が発覚、24年１月には東京地検特捜部が政治資金規正法違反で立件、「派閥裏金事件」に発展した。自民最大派閥の「安倍派」は解散に追い込まれ、岸田文雄首相はお盆の８月14日、「裏金事件」で引責、９月の自民党総裁選に出馬せず、退陣を表明、岸田内閣は３年で幕を閉じた。ポスト岸田の座を射止めたのは、田中元首相を「政治の師」と仰ぐ石破茂・元幹事長だった。

■11年ぶりに永田町で会見、真紀子節復活

田中元首相没後30年、命日の23年12月16日、「田中角栄逝去30年を偲ぶ会・中日関係シンポジウム」（中国駐新潟総領事館など主催）が新潟市で開かれた。「中国では、水を飲む時、井戸を掘った人の苦労を忘れない」。あいさつに立った中国の程永華・元駐日大使らは、日中国交正常化の立役者で「中日にとって非常に重要な井戸を掘った」元首相への賛辞が続いた。

夫の直紀氏（元防衛相）とともに会場入りした田中元首相の長女で元外相の真紀子氏も登壇。日中国交正常化を実現した1972年9月、元首相が訪中前に「侵略戦争のお詫《わ》びに行かないと駄目だ。中国に行ったら、切られるか、撃たれるか、毒を盛られるかもしれない」と決死の覚悟を語ったエピソードを披露。「政治家として熱が違う」と格の違いを強調、現職岸田総理を「へなちょこ総理」と揶揄《やゆ》した。1週間前にも国会内で会見。「11年ぶりに永田町の土を踏んだ」という真紀子氏は、裏金問題で「答えは差し控える」と発言を繰り返す議員に「国会議員になるのを差し控えた方がいい」「答弁を差し控えるのはやましいからでしょ」などと真紀子節を復活させた。

真紀子氏は7選を目指した12年衆院選で新潟5区から民主党公認で出馬したが、自民党の長島忠美《ただよし》氏に3万票近い票差で落選。政界引退後、「老婆の休日」（民主野田内閣の文科相退任あいさつ）と静かな隠居状態だったが、「今、角さんがいたら」という待望論と併せ、父の政敵・旧福田派（安倍派）が「政治とカネ」で集中砲火を浴びたことで久々に公の場で声を張り上げる姿は、息を吹き返した、

かに見えた。

しかし、年明けの24年1月8日午後、父角栄氏の旧邸宅で権力の象徴だった「目白御殿」（東京文京区目白台）が、真紀子氏が仏壇に供えた線香が原因とみられる火災で全焼。「目白詣で」「目白の闇将軍」という言葉通り数々の政治の舞台となり、郷土の誇りでもあった「日本政治の中心」焼失は、多くの県民に「歴史の幕が閉じた」と深い喪失感を与えた。

■権力の象徴・目白御殿全焼で下火に

絶大な政治力で高速道、新幹線など新潟県のインフラ整備に貢献した田中元首相亡き後、大物政治家は現れず、2012年の真紀子文科相以来、新潟県関係の大臣はゼロ行進。衆参とも議員定数は人口減で減らされ、県政界は「失われた30年」と県勢低迷が続く県内で打ち上げ花火のように再燃し始めた「角さん復権待望論」も御殿焼失で線香花火のように下火になってしまった。

同じ政党同士でしのぎを削る中選挙区は、過剰なサービス合戦に陥りやすく金権腐敗政治の温床、と政治改革の対象になった。一方で派閥の領袖《りょうしゅう》は、国会議員、県議の面倒を物心両面で支え、結束を図った。小選挙区制導入で「自民党をぶっ壊す」と、派閥政治解消を訴え、「郵政民営化方針」に逆らった自民議員には党公認を与えず、選挙で刺客を送り込んだ小泉純一郎首相によって派閥政治は影を潜めたように見えた。派閥抗争「角福戦争」の源流は、1972年7月5日の自民党総裁選で角さんが福田赳夫氏に勝利したことに端を発した「角（栄）・福（田）」の怨念だった。

多面鏡

「目白御殿」の父娘　雪国体験の有無で違い

（2002・8・20）

「真紀子さんの辞職で全国的に通用する政治家が、新潟県にいなくなった」。お盆に旧3区の実家に帰省した際、叔父は田中前外相の突然の辞職を惜しんだ。

昭和30年代初め、ある冬の出来事が70を超えた叔父の脳裏に焼き付いて離れない。細い雪の坂道を急ぐそりが立ち往生していた。叔父は「手伝いましょうか」と声を掛けた。引き役、押し手、そりに乗っている男も降りて、4人で悪戦苦闘するが上れない。そりの底には雪の大きな塊が凍り付いていた。隣村の演説会場にたどり着くと、そりの男は握手を求めてきた。

男はその後、昭和32年7月、39歳で郵政大臣となる田中角栄元首相だった。大臣の故郷への凱旋《がいせん》パレードへの招待状をもらった叔父は、「小千谷駅の発着時間が書かれた手紙を手に仕事を休んで駆け付けると、私の名前を呼んで握手してくれた」と述懐する。名もない若者との一期一会を忘れない律義さと、握手した手のぬくもりが忘れられない。

抜群の記憶力と人情深さを物語る元首相のこの種のエピソードは、旧3区の至る所にあり、語り継がれている。「角さんは今も生きている」。これが田中家の強さの源泉なのだろう。

舌鋒《ぜっぽう》鋭く、政界や外務省に切り込む真紀子氏に、辻《つじ》説法でうならせた元首相の姿をだぶらせた角栄ファンもいたはずだ。ワイドショー内閣と言われながら真紀子氏が、茶の間に政治を近づけた功績は大きいが、最近、真紀子氏の周辺からは「負のエピソード」しか聞こえなくなった。

父娘の違いは、時代背景も違うが、厳しい雪国体験の有無ではないだろうか。半年も雪に閉ざされる土地で育った元首相は、道路のない不便さを肌身で知っていた。豪雪で道路が寸断されれば、陸の孤島になり、重い病は死をも意味していた。

その体験が、道路整備の財源を確保するガソリン税など道路三法を作らせた。大蔵大臣当時には、豪雪を災害に初めて認めさせ、国家補助を引き出し、雪は宿命と諦めていた人々に希望を与えていった。自分の足で稼いだ体験が、表日本と裏日本との格差是正、暖国政治打破に向かわせたのである。

一方、東京生まれ、東京育ちの「目白御殿の姫」は、今でも一冬に何人も雪下ろし中に転落死する過酷な雪国の現実を知っているのだろうか。自民党や衆院の政倫審で秘書を出向扱いにした理由として「ファミリー企業には農家の長男が多く田んぼの手入れ…」「お墓を守ったり、両親の世話、冬には雪下ろし」という「雪国の長男」発言を聞いて違和感を覚えたのはこうした疑念からだ。

ロッキード事件の有罪判決直後、昭和58年12月の総選挙で22万票のトップ当選した元首相は、翌春、新潟市で政治の要諦を語っている。「政治とは、高い理想を掲げながら、冷厳な現実の上に大地に足を置いて、一歩一歩前進することである」

冷厳な雪国の現実を踏まえ、前進し続けた父は、首相になっても地元陳情を受けた。陳情政治に否定的だった娘。敵も味方にする元首相と「人間には家族と使用人、敵の3種類しかない」と語ったとされる前外相。光が当たらない弱者への接し方までも対照的だ。

功と罪を併せ持つ父と娘が君臨してきた新潟5区の補選も田中家の影が付きまとう。政界引退か再登板か。前外相の沈黙が、混迷に拍車を掛けている。再起を期すにも、秘書給与疑惑の説明責任は当然だが、前回選挙で「田中真紀子」と書いた13万8千人もの有権者にまず、今後の身の処し方について説明する義務があるはずだ。補選の重大争点が「政治とカネ」であることも忘れてはならない。

（報道部）

【追記】真紀子氏は２００２年８月９日、自身の公設秘書給与流用疑惑で引責議員辞職。翌03年に自民党離党。同年11月の総選挙に無所属出馬、前年の議員辞職に伴う補選で当選した自民公認の星野行男氏に大差を付けて当選、国政復帰した。05年の総選挙も無所属で当選。衆院選を目前に控えた09年8月15日、長岡市で会見、参院議員（新潟）の夫直紀氏とともに民主党入りを表明。自民公認候補の米山隆一氏を2回連続破り、トップ当選したが、12年の総選挙で自民の長島忠美氏に敗北、政界を去った。16年7月の参院選比例代表で4選を目指した直紀氏が落選。衆参両院で田中元首相以来、69年間存在していた田中家の議席は完全に消滅した。「多面鏡」は自治面の署名政治コラム。

探る　「角・福」の怨念引きずる
小泉政治の源流に迫る／塩田潮氏

（２００５・11・5）

小泉純一郎首相が「改革の本丸」と執念を燃やした郵政民営化法案が成立、31日には第3次小泉改造内閣が発足した。自民党総裁任期が切れる来年9月退任を繰り返す小泉首相の引き際はどうなるのか。政権誕生から4年半、死闘を繰り広げた「郵政最終戦争」は、郵政・道路族議員の牙城だった旧田中派（旧橋本派）を解体する「角・福」の怨念戦争ではなかったか。「政治家の本質は引き際に表れる」として歴代総理の辞め方を検証した『出処進退の研究』（ＰＨＰ研究所）の著者で中央政界の内情に詳しいノンフィクション作家塩田潮氏（59）にインタビュー、小泉改革政権の源流と実相を探った。（編集委員）

◆　◇　◆

小泉首相が初当選する5カ月前の1972年7月、師と仰ぐ福田赳夫元首相が、田中角栄元首相に自民党総裁選で敗れた時から始まった「角福の怨念」。田中派の力の源泉だった郵政は民営化が決定。道路公団も民営化され、政府は道路特定財源の一般財源化も狙う。

小泉首相は田中型の政治基盤を壊している。福田型の政治基盤・銀行はバブル崩壊で既に壊れていた。小泉改革は「角福の怨念」の延長との見方に塩田氏は「政局の中では半分、そういう狙いがあった。血みどろの角福戦争の生々しい場面を秘書時代から見てきた小泉にとって怨念といえば怨念。派閥の権力闘争を引きずっている」と指摘。

数の論理で支配した田中型政治との闘いを挙げた。「公共事業や郵政ネットワークを、選挙に使って数を束ねて、武器にして力を蓄えていくのが田中型政治システム。小泉は負け続ける中でこういう政治でいいのか、と思ったはずだ」

田中型経済政策との決別も強調。「田中政治は一種の日本型社会民主主義。富を全国に分配する均衡発展型の国づくりを政府、官主導で計画的にやった。その仕組みで最も機能したのが財政投融資で、

80年代までの右肩上がりの社会を作った」。公共事業に傾斜、予算を獲得して配る田中派。税の軽減、優遇措置など財政金融政策を重視した福田派の違いはあったが、日本型社会主義を目指す点では「角福」に大差はなかった。

小泉首相の政治モデルについて塩田氏は「昭和初期、徹底した緊縮財政で軍縮と金解禁を断行し、右翼の凶弾に倒れた民政党の浜口雄幸《おさち》首相。井上準之助蔵相が竹中平蔵(総務相)だ」。1月の施政方針演説でも浜口元首相を引き合いに「改革断行は私の本懐」と述べている。

当時、政友会と民政党で政治の潮流が違った。「原敬や高橋是清の政友会は田中、竹下登の政治の源流。国の富を国民に上手に分配することだった」と塩田氏。当時の選挙ポスターで政友会は「地方分権の党」を堂々とうたった。地方に優しい政友会、官僚主導型の民政党と唱えた。小さな国家、軍備、行政機構も縮小の民政党の流れをくむ小泉首相は地方に厳しい政治に映る。

ウオール街の株価大暴落(1929年)に端を発した世界恐慌の影響を受けて国家財政は危機的だった。塩田氏は「小泉首相の祖父で浜口内閣の逓信大臣又次郎は、民政党幹事長や衆院副議長を務めた。小泉は祖父の膝の上に抱かれて育った。そういう血が流れている。浜口は郵便貯金を使った預金部制度を大改革したり、公務員の給料の一律1割削減を断行しようとしたが、小泉も同じ事をやっている」と語り、危機的財政を背景にした小泉改革路線との類似点を挙げる。

角福戦争でいえば、「小泉は田中は倒すべき対象だが、福田も反面教師にしながら、角も福も葬ってやろうというのが本音」と分析する。

「三・角・大・福」で手本にしたのは三木武夫元首相だけ。「永田町を敵に回しても国民の支持があれば政権を維持できる。党内少数派でも世論と結託すれば抵抗勢力を倒せる。当時の福田の失敗、田中の暴走、三木の成功を教訓にしている」

塩田氏は「田中角栄が今生きていれば、小泉とは違った形で改革に取り組んだ可能性がある」と語る。中曽根内閣当時、国の借金は100兆円を超えた。田中元首相は民営化が決まっていたNTTの株売却益の運用など民営化推進による財政再建を唱えて注目を集めた。

小泉首相の出処進退はどうなるか――。中曽根内閣任期延長の1年は、成果がなかった。その後、自民300議席大勝のおごりの裏側でリクルート事件が起きた。「無責任政治の横行を小泉は見ていた。国家財政の『2008年の危機』が迫る中で任期延長したら消費税大幅アップなど損な役回りしかないから、来年（2006年）9月に退陣するのでは」

◆　◇　◆

小泉首相は来年4月で、佐藤栄作、吉田茂両氏に次ぐ戦後3番目の長期政権となる。引き際について塩田氏は「最後は、色気が出て野垂れ死にの可能性もある」と不気味な予測をした。変人宰相にも権力の魔力とは空恐ろしいものらしい。そして先月の靖国神社参拝。中国、韓国が猛反発し外交面は波乱含み。小泉劇場の最終章はどんなサプライズがあるのか――。

〈2008年の危機〉国と地方の借金は2006年3月末で774兆円。郵貯などを使った財政投融資残高が354兆円で計1128兆円。借金総額がGDP（国内総生産＝日本は04年度505兆円）の2倍を超えると財政破綻危機。日本は既に2倍を超えた。国民の個人資産は1433兆円あり債務不履行宣言を免れてきたが、資産から借金を引いた残高305兆円が借金枠。借金は毎年52兆円増加、6年で破綻する。人口減に転じる06年問題、団塊世代が大量退職する07年問題で金融資産が減り、現状のままだと6年の半分3年で08年危機が訪れる。

〈しおた・うしお〉1946年、高知県生まれ。慶大卒。「霞が関が震えた日」で第5回講談社ノンフィクション賞。「田中角栄失脚」「郵政最終戦争」など著書多数。

【追記】2001年4月に政権の座に就いて5年5カ月、劇場型政治、ワイドショー内閣と言われ、最後まで50％前後の高い内閣支持率を誇った小泉首相は、予告通り「自民党総裁任期が切れる2006年9月」に退陣。塩田氏の読みと一致した。政権は安倍晋三氏に引き継がれた。「探る」は、論説編集委員の「オピニオン」の署名記事。

■裏金事件で最大派閥・安倍派が解散

24年1月、「金で総理総裁の座を買った」と田中金権政治を批判した福田派の流れを汲《く》む、自民最大派閥の安倍派（清和政策研究会）が半世紀後に解散に追い込まれた。「派閥パーティー裏金事件」で東京地検特捜部の捜査を受け、政治資金規正法違反容疑で国会議員、会計責任者が立件され、「政治とカネ」の問題で批判を受けたためだ。選挙制度は変わっても自民党の「派閥政治・金権体質」は変わっていないことが鮮明になった。

派閥パーティー裏金事件は、会計責任者が立件された首相派閥宏池会の岸田政権を直撃、支持率が急落する中、岸田首相が率先し宏池会の解散を表明すると、安倍派、二階派、田中派経世会が源流の茂木派も続いた。麻生派のみ、解散を見送った。岸田首相自ら出席した衆院政治倫理審査会では、安倍・二階派幹部ら5人が裏金の実態や不記載に「全く承知していない」「一切関与していない」を連発、政治不信をさらに深めた。

パーティー券の販売ノルマを超えた分を還流された裏金が、18~22年に数千万円単位に上った疑惑の大物議員が報道された裏金事件を巡り、検察が認定した不記載額は安倍派が総額6億7654万円、二階派が約2億6400万円、岸田派が約3000万円だった。自民党は24年4月、関係議員ら39人の処分を決定。本県関係では、いずれも安倍派で不記載が計564万円だった細田健一衆院議員（旧新潟2区）と、計544万円だった高鳥修一衆院議員（比例北陸信越）が戒告だった。石破首相は裏金議員の衆院選対応で細田議員を非公認、高鳥議員は公認したが、比例選の重複立候補を認めなかった。

■新5区で自民も立民も政治不信

「政治とカネ」を巡る問題で県内でも自民党に対する政治不信が強まっているが、各種世論調査で自民党支持率が低迷する中、立憲民主党の支持率も上がっていない。共同通信の24年3月の世論調査で内閣支持率は20・1％（前回2月・24・5％）、自民の政党支持率は24・5％（前回31・5％）。いずれも自民の12年の政権復帰後で最低を記録した。この数字は09年8月の衆院選で大敗、下野した麻生政権末期を下回る。その後も岸田内閣の支持率は20％台と低迷、自民党内から「選挙の顔」を不安視する声が高まり、８月に総裁選不出馬、退陣表明に追い込まれた。自民は、前回比７ポイントも下がったのに立民は10・１％、前回９・０％を１・１ポイント上回っただけだ。

立民の支持が上がらない背景には、「自民党も駄目だったが、民主党政権はもっとひどかった」という、立民の前身、旧民主党への失望感の大きさがまだ脳裏に刻まれているからだ。２００９年８月の総選挙で自民が大敗、政権の座に就いた鳩山由紀夫、菅直人、野田佳彦３氏の旧民主党政権（09～12年）時代の沖縄・普天間米軍基地、東日本大震災・福島第一原発事故、事業仕分けなどへの対応で国民の不信を買い、「悪夢のような民主党政権」（安倍晋三元首相）を想起させるためだ。

県内では今回の衆院選（24年10月27日投開票）新５区で、自民の高鳥修一氏と、旧６区で３回戦い、前回は１３０票差の僅差で勝利した立民の衆院議員、梅谷守氏が再び、激突した。同じ選挙区内で高鳥氏が、裏金事件で自民県連会長を引責辞任。梅谷氏も24年２月に地元町内会のイベントで日本酒を供与したことが発覚、選挙区内での寄付を禁止する公選違反の疑いで検察などに告発状が提出され、立民は５月、３カ月間の役職停止と党員資格停止１カ月とする処分を決めた。与野党の不祥事で地元から「自民も立民にも失望した」と政治不信を嘆く声が上がった。

■混迷招いた「会長参戦劇」――難しい政治家の出処進退

25年夏の参院選新潟選挙区（改選数１）は、立憲民主党現職打越さく良氏（56）に自民候補が挑む構図。議席奪還を目指す自民党県連は、派閥裏金事件で逆風が吹く中、刷新を印象付ける狙いで初の候補者公募に踏み切った結果、県内支部の半数の支持を得た五輪メダリストの中村真衣氏（45）を党本部に公認候補として申請することを決めた。県連会長の佐藤信秋氏（76）の参戦は、刷新か実績かで選考委を空転させ、自民県連に組織混迷の事態を招いた。

自民県連は24年7月末、公募に応じた14人から、元競泳選手でシドニー五輪銀メダリストの中村氏（長岡市）、県連会長の佐藤氏（比例代表、新潟市）ら4人を最終候補者に選定。8月10日には意見発表会を開いた。公募にはまず、中村氏の名前が浮上、締め切り直前に、裏金事件で県連会長を引責辞任した高鳥修一衆院議員の後任として2月に就任した佐藤会長が名乗りを上げた。3期目で高齢の佐藤氏に、県連幹部が応募見送りを説得したが、「最後のご奉公」と意志は固かった。

実力者不在の県関係国会議員の中で、元事務次官で建設業界に力を持つ佐藤氏は「頼りになる兄貴分」的存在だった。佐藤氏は19年参院選では、党の内規で参院比例候補の定年と定める70歳を超えていたが、支持母体の全国建設業協会の推薦による特例措置で公認されていた。

定年延長で延命された県連会長の参戦劇は、有権者にはどう映ったか。会社に例えれば、不祥事を起こした企業が組織再生を狙い役員公募に踏み切ったのに、退任が既定路線の社長が突然、公募に参戦したようなもの。長年の支持者からも「次は応援しない」と厳しい声が出ていた。

国交省で道路局長、技監の出世街道を歩み、次官に上り詰めた佐藤氏。「京大・柔道部出身」とジョークを交え、官僚時代から豪放磊落、夜の宴席でも国会議員と対等に天下国家を論じあう姿を昔から見聞きしていた筆者にとって参戦劇は違和感を覚えた。

今回の選考基準は、公募の趣旨からして過去の実績より刷新が優先だった。支部の半数が、中村氏を支持したのも政治としがらみがなく、知名度があり、政治の世界では若手に属する40代の女性候補、と刷新イメージが高く、当然の結果だった。仮に、佐藤会長が候補に選定されたら、選考過程で会長に忖度した「出来レース」との疑問符や批判も免れなかっただろう。

お盆の8月14日、岸田文雄総理が自民党総裁選不出馬を表明、首相退陣が決まった。総理は「自民党が変わることを示す最も分かりやすい最初の一歩は、私が身を引くことだ」と、裏金事件で失墜した自民党の信頼回復へ「身を引く」決意を示した。この時点で佐藤氏も「総理の決断」を受けた「名誉ある撤退」を決断できなかったか。

最終的に佐藤氏は、2回目の選対委前日の9月13日、「国土強靭化」を政治のライフワークに実績を残した実力政治家らしく、応募を撤回、来夏の任期満了で参院議員を引退する意向を示した。土壇場での「名を惜しむ」英断だったが、総選挙を控え、刷新を図らなければならない時期に「会長参戦劇」が県連内に混乱を招き、しこりを残したことが、悔やまれてならない。「政治家の本質は、引き際に表れる」。実力政治家の出処進退ほど難しいものはない。

■県人口、50年には、3割減の152万人

県勢のバロメーターと言われる県人口。企業誘致や自然環境、高齢化などさまざまな要因が影響する県人口動態だが、新潟県は、人口流出が止まらず、毎年人口が減少している。23年12月に厚労省が

公表した2050年までの都道府県別推計人口によると、新潟は20年（220万1千人）を100として35年が、186万3千人（84・6％）。50年は152万5千人（69・3％）と、県民歌で歌われた「250万人」から「100万人減少」の衝撃的数字が示された。50年推計でかつてライバルだった宮城79・5％、石川79・2％、群馬78・4％、長野77・2％が8割弱をキープしているのに10ポイント近く差を付けられている。

■上越新幹線の本数削減と東京発終電繰り上げ

小選挙区制導入と軌を一にして、議員の小粒化、大臣不在が続く県内は、上越新幹線の本数も10年で上下20本減った。24年3月16日、北陸新幹線の金沢―敦賀（福井）間が開業した延伸の祝賀ムードの陰で、上越新幹線「東京発新潟行き」の最終電車の発車時刻が20分繰り上げられ午後9時20分になった。終電繰り上げが内定した段階で日帰り出張する県内の会社員や企業から「東北新幹線は繰り上げにならないのに、なぜ新潟だけ」と不満が出た。同じく終電が繰り上げになった高崎（群馬）は地元自治体が反発したが、新潟は県、新潟市からは強い反発はなかった。「上越新幹線の運行本数減、終電繰り上げも、新潟の政治力・県勢低下の一端だ」と、嘆く声は多い。

県内総生産の伸び率は、宮城、群馬など近隣8県で最低。人口も宮城に逆転され、観光立県を目指すも外国人延べ宿泊者数も長野に遠く及ばず、石川の後塵を拝す、など県勢低迷が深く静かに進行していた。

■公示地価、新潟県は商業地の下落率ワースト1

国土交通省が24年3月に発表した24年1月1日時点の公示地価によると、新潟県内の全用途平均の変動率は前年比マイナス0・5％と29年連続で下落。用途別では、全国で住宅地、商業地とも29県がプラスになったが、本県は住宅地マイナス0・5％。商業地マイナス0・9％でともにマイナス。特に商業地の下落幅は、マイナスの15県中、鹿児島の0・8％を抜いてワースト1となった。地価は、その地域の生産性、利用価値、活力を示すバロメーター。全国的に経済活動が、新型コロナウイルス禍前に戻り、観光地や繁華街が大幅に回復し、福井など6県が、商業地で新たにプラスに転じる中、新潟の商業地下落幅・全国ワースト1は、新潟の県勢低下の象徴に映る。

■能登半島地震で不公平な政府対応

24年元旦に発生した能登半島地震で政府は、被災者生活再建支援法に基づく支援金に加え、新たな交付金制度を設けて高齢者世帯などに最大300万円を支援する方針を決め、公費支給額が最大600万円に倍増された。しかし、支給対象地域が輪島市や珠洲市など石川県の6市町に限定し、本県や富山県は対象外になった。理由は高齢化率の高さ、被害の深刻さ、半島という地理的条件による復旧の困難さを挙げている。だが、新潟、富山両県の液状化被害も深刻だ。同じ災害で被災地によって公的支援額に大差を付けるのは、被災地を分断する差別ではないか。こうした県内の疑問や不満の声を受けて花角英世知事は国に同一支援を要望している。これも石川と新潟の国会議員力の差かと、ひがみたくもなる。

21年の総選挙で石川は、1~3区まで自民全勝。参院石川選挙区（改選1・定数2）も自民全勝。知事は安倍政権で文科相を務めた馳浩氏。清和政策研究会（旧安倍派）元会長の森喜朗元首相も隠然たる力を持ち続けている。新潟は1~6区で自民2勝（2・3区）4敗、勝率3割3分3厘。自民4人が比例復活組。参院新潟選挙区（改選1・定数2）は自民1勝1敗。

座標軸　携帯「圏外」　新潟「蚊帳の外」の象徴だ

（2015・12・27）

上越新幹線の長いトンネルに入ると、そこは「圏外」だった――。携帯の着信歴を見て発信しても途切れて会話にならない。電波過疎地ならぬ政治空白域の悲哀を感じる瞬間だ。

全国の新幹線で対策が進む中、後から開通した北陸にも抜かれそうで、上越だけが置き去りだ、という。携帯圏外は、中央の政治権力から「蚊帳の外」の象徴に映る。

国会議員定数削減でも本県は既に2から1に減少が決まっている参院新潟選挙区に続いて、衆院小選挙区定数6を5に減らす答申が出る見通しだ。比例代表を除いた国会議員定数は現行10人から7人に3割も削減されることになる。内閣府が決定した地方創生事業交付金の配分は沖縄に次ぐ少額だったことも判明した。

絶大な権勢を誇った田中角栄元首相が亡くなって22年、かつて新幹線、高速道のインフラ整備予算を他県に先駆けて獲得、公共事業王国と呼ばれた本県。だが、今や大臣ゼロで面影すらない。元首相側近の早坂茂三氏が、嘆いたことがあった。「今の新潟はまとめ役がいない小学校低学年のホームルーム。普通以下の県になった」。自民党が6小選挙区独占時代の話だから、辛口の早坂氏なら現況を何と表現するだろうか。

五郎丸人気で沸くラグビー界。「何で新潟は手を挙げなかったのか」と今も悔しがる関係者。2019年のラグビーW杯会場誘致に名乗りを上げず、20年の東京五輪とも連動する好機をつぶした行政への不満が渦巻く。新潟をリードする政治家が少なく、安倍一強・官邸政治から「圏外」にある新潟は、暗く長いトンネルからいつ抜け出せるのだろうか。（論説編集委員）

▼「オール2階建て新幹線車両」が新潟でラストラン

【追記】政治力低下は県民のさまざまな暮らしに影響を及ぼす。2021年10月1日、国内唯一のオール2階建て新幹線車両Ｅ４系「Ｍａｘ（マックス）」が、上越新幹線から姿を消した。上越新幹線で20年度中に廃止する予定だったＭａｘは、19年10月の台風10号で千曲川が決壊した大水害で長野の北陸新幹線車両基地の最新車両「Ｅ７系」編成96両が廃車になり、引退が延びた。延期は、上越新幹線に投入予定だった「Ｅ７系」が、廃車で車両不足となった北陸新幹線に転用されたためだ。全国で最後まで走っていた「Ｅ４系」（東北新幹線では２００５年仙台以北廃止）の延命は、鉄道ファンにとっては朗報でも最新車両にようやく乗車できると期待していた県民にとっては、ショックだった。これも北陸新幹線の負担金問題で国や北陸３県と対立していた新潟県への意趣返しか、石川の大物政治家・森喜朗元首相の影響力ではないか、とささやかれた。「座標軸」は社説下の署名コラム。

■新設法人率全国44位、起業のシンボル失速

地域経済の活性化の指標の一つ県内の起業状況も芳しくない。東京商工リサーチ新潟支店によると、２０２２年の本県の「新設法人率」（法人全体に占める新設法人の割合）は、前年より０・05ポイント下落し２・84％で全国44位。新設法人数は１・６％減の１１０２社で４年ぶりに前年を下回った。23年７月24日、スマートフォンアプリ事業のフラー（新潟市）が、東証グロース市場への上場前日に上場を延期したほか、24年２月20日には、東証プライム上場でアウトドア製品企画販売のスノーピーク（三条市）が外資系投資ファンドと組んで経営陣による自社買収（ＭＯＢ）を実施、株式を非上場化（７月９日・上場廃止）すると発表。両社トップが時代の寵児《ちょうじ》となって、県内で起業創業のシンボル的存在だった法人の「失速」が目立った。スノーピークは７月、関東信越国税局から22年までの３年間で約６億円の申告漏れを指摘され、約１億５千万円を追徴課税されていたことが発覚した。

■「天才」待望論の源流

（『新聞研究2016年5月号』寄稿）

雪国越後の各地も観桜会シーズン、暗く長い冬を抜け、ようやく山里にも春風が吹き始めたころ、永田町に衆参同日選の風が吹き始めた。

ハプニング解散から大平正芳首相が選挙期間中に急死、弔い合戦で与党が圧勝した1980年の同日選は、入社した年だった。6月12日、「大平首相急死」の号外が街中に舞った記憶が鮮明に残る。解散の背景は前年、大平・田中の主流派と、反主流の三木・福田派が激突した40日抗争。派閥抗争が引き金となって野党提出の不信任案可決、首相は即座に解散表明、史上初の同日選となった。

あれから36年、政治の風景は激変した。当時は中選挙区、派閥の領袖が、国会議員を物心両面で世話し支配した。〝2012年問題〟と言われる安倍チルドレンも小選挙区の負の遺産かもしれない。

地元利益誘導と弾劾された公共事業王国新潟。だが、絶大な権勢を誇った田中角栄元首相の没後22年。今は議員が小粒化。現職大臣はゼロ、大臣経験者も1人で往時の面影すらない。元首相側近の早坂茂三氏が嘆いたことがあった。「今の新潟はまとめ役がいない小学校低学年のホームルーム。普通以下の県になった」。自民党の全小選挙区独占時代の話だから、泉下の早坂氏は現況を何と表現するか。

現在、自民県連会長は県議。国会議員の後援会が、県議後援会に間借りする例もあり、大物県議が国会議員を見下す逆転の奇妙な風景が広がっている。

「中選挙区」時代との違いは志。かつて政治家を目指す動機は、権力欲もあったろうが、有権者の生活向上という崇高な理想があった。暮らしの中に政治があり、市議から県議、国会へという出世魚的当選物語があったが、昨今は、政党公募型の就職的政界進出が目立つ。12年当選組の国会議員秘書は「うちの先生は、宝くじが2回（当選回数）当たったようなものだから」と自嘲気味に笑う。育休宣言しながら、不倫が発覚した議員の妻。二股交際やセクハラが週刊誌で報じられた議員、TPP調印式に出席して物議を醸した議員も本県選出だ。

1票の格差是正を狙ったアダムス方式では、新潟は小選挙区定数6を5に減らす案（今国会成立予定の0増6減の自民案は現行6維持）。参院新潟選挙区は2から1に半減が決まっている。「こんな議員ならいらない」との声もあるが、人口比率だけで地方の議員定数が減らされては地方創生時代に逆行する。

政権交代可能な二大政党制を目指し導入されたのが小選挙区制だった。金権腐敗事件が続いた当時は、「政治改革」の名の下に熱病に浮かされたように世論をあおった反省から自戒を込めて言うが、与党内野党が消えた「安倍一強政治」を見ると、結果は理想とは遠いものになった気がする。民主、維新が野党共闘で合流した新党「民進党」への国民の期待度も低く、政治不信を払拭《ふっしょく》するには遠い。

折しも田中角栄元首相の一代記を描いた『天才』（石原慎太郎・幻冬舎）が、地元でベストセラーになっている。政治家が夢を語り、生活者と共にあった時代。人気の原動力は、型破りで理想に燃え、抜群の実行力を備えた「天才」への待望論か。懐かしがっているだけでは、政治は変わらない。国政選挙の年、候補者選びの確かな情報と政治の実相を伝えるのが、活字メディア新聞の大きな役割だ。

（新潟日報社取締役編集制作統括本部長）

■小選挙区制実施28年、新潟は衆参で定数削減

22年12月に施行された10増10減の改正公選法により、次期衆院選（24年10月27日投開票）の県内小挙区は、現行の6から5に減らされ、新区割りで争われた。本県の衆院小選挙区の定数1減案が選挙制度改革を検討する有識者調査会の答申に盛り込まれたのは安倍政権時代の15年12月。同年7月には参院選改革10増10減が成立、新潟選挙区も16年夏から改選数が2から1に半減が決まった（人口は10年国勢調査ベース）。

比例代表を除いた本県の衆参国会議員の定数は現行の10人（衆院6参院4）から7人（同5同2）に減った。いずれも安倍政権時代の選挙制度改革で「地方切り捨て」と県内からも批判が出た。小選挙区制実施（96年）から28年、「1票の格差」是正の大義の下、大臣不在で低迷する新潟政界をないがしろにした中央政界の横暴が、新潟の議員定数削減のルーツにも映る。

県政界の重鎮は、「人口80万人の福井と、237万人の新潟がなぜ同じ定数1なんだ」「新潟には安倍政権に近い閣僚経験者、元防衛大臣・稲田朋美（福井）がいないからだ」と悔しさをにじませた。相次ぐ衆参定数削減に対し「新潟を減らしても文句をいう大物議員が、1人もいないから。角さんがいたら…」と「角さん復権待望論」を当然視する。

参院選改革は定数4（改選数2）の新潟、宮城、長野は、定数2（同1）に削減。鳥取と島根、徳島と高知を合区、定数2（同1）の新選挙区となった。一方で北海道、東京、愛知、兵庫、福岡は定

数を2ずつ増やした。12年の自民党総裁選で安倍氏と闘った石破茂・元自民党幹事長の鳥取は、島根と合区された。安倍政権との距離の遠近が明暗を分けた格好だ。

■2012年以来、全国最長の「大臣ゼロ県」

小選挙区制によって何か変わったたか。かつて中選挙区制時代は多様な議員を輩出した。国政において本県の存在感の希薄さを象徴するのが「大臣ゼロ」だ。県人閣僚の足跡を辿《たど》ると、田中元首相を筆頭に、19人が延べ24回入閣した閣僚有力県だったが、24年10月1日に発足した石破内閣でも閣僚名簿に名前はなく、本県選出の大臣は2012年の田中真紀子文科相以来12年間出ておらず、閣僚不在期間が全国最長となっている。

後援会「越山会」をバックに田中元首相が君臨した旧新潟3区。私が入社した1980年、大平正芳首相が衆参ダブル選挙の最中、急死し自民大勝となった6月、3区は、後の閣僚経験者を含めると、39歳の若さで郵政相、池田・佐藤内閣で中枢の蔵相を経験した田中元首相のほか、桜井新（元環境庁長官）、村山達雄（元蔵相・厚生相）、渡辺秀央（元郵政相）が当選。新潟1区では、小沢辰男（元建設相・厚生相・環境庁長官）、近藤元次（元農相）。2区は佐藤隆（元農相）、4区は高鳥修（総務庁・経企庁長官）、白川勝彦（元自治相）と有力議員がひしめいていた。

■「金権腐敗の温床」と批判された中選挙区

中選挙区制の時代は、自民党、社会党も1選挙区に複数の公認候補を立て同じ政党同士が激しい選挙戦を展開した。特に自民党では、派閥の代理戦争でサービス合戦が過熱した中選挙区制が、「金権腐敗の温床」と批判された。田中角栄元首相が逮捕されたロッキード事件（1976年7月）や、リクルート事件（88年発覚）による「政治とカネ」問題で国民の政治不信が広がり、政治改革論議を通じて1人を選ぶ小選挙区制に変えれば選挙はクリーンになる、と「小選挙区制論議」が高まった。

自民党の宮沢喜一内閣が不信任案可決を受け衆院解散した93年7月の総選挙では、自民党は政治改革を巡り、小沢一郎氏らが離党、新生党を結成するなど分裂、単独過半数割れとなり、非自民の細川護熙《もりひろ》連立政権が誕生。与党自民党と野党第1党の社会党が、底流では、もたれ合っていた55年体制が崩壊、自民党は下野した。94年の国会で細川首相と河野洋平自民党総裁がトップ合意、衆院選の小選挙区制を導入する政治改革関連法が成立した。税金で政党活動を助成する政党交付金導入の見返りに、企業・団体献金は5年後廃止、との合意だったが、政治家個人への献金は禁止されたものの、政党支部を通じて政治家にカネが集まる抜け道は残り、交付金と献金の二重取りが続いた。

「稲葉落としの刺客」が見た派閥政治の光と影

▼角福戦争の縮図・中選挙区「旧新潟2区」

田中（角栄）派と福田（赳夫）派の怨念による「角福戦争」が激化した70年代後半から中選挙区制最後となった93年総選挙まで角福戦争の縮図となった「旧新潟2区」（定数4＝86年から3）で保守系無所属出馬を繰り返し、田中派が送り込んだ「ロッキード法相・稲葉（修氏）落としの刺客」と呼ばれた「男」の軌跡から派閥政治の「光と影」を追った。

１９９０（平成２）年5月21日、新潟地裁の初公判。被告席に立った「男」は、罪状認否で「そのような事実は…」といったん、否認しかけたが、弁護士が「栗原！　本当の事を言わないと駄目だろう」と一喝すると神妙になり、「起訴事実の通りであります」と全面的に認めた。被告は、2月に行われた5回目の挑戦となる衆院選で新潟2区から保守系無所属で出馬し落選、有権者にサケの粕漬を大量に配ったとして公選法違反（買収）に問われた栗原博久氏。9月には、懲役1年6月、執行猶予・公民権停止5年の判決を受けた。

当時、県警司法担当だった記者と栗原氏の初対面は、初公判の法廷だった。94年春、異動で東京支社勤務となった筆者と、初出馬から「苦節14年」、6回目の国政挑戦となった93年7月の総選挙で初当選、刑事被告人から晴れて国会議員になった栗原氏が、4年ぶりに再会したのは、日本政治の中心・東京永田町の衆院第二議員会館６３２号室だった。

栗原氏が初出馬した79年10月の総選挙で自民党は過半数割れの敗北、大平正芳内閣は保守系無所属を加え過半数を維持したが、派閥の主導権争いである角福戦争が過熱、党内を2分する「40日抗争」が起きた。新潟2区は、定数4に7人が出馬。社会党の阿部助哉氏が首位当選。自民党の中曽根派・稲葉元法相、福田派の佐藤隆氏、田中派の渡辺紘三氏が議席を獲得した。

▼「ロッキード法相」落選

この選挙から3年3カ月前、ロッキード事件を巡る出来事が、田中元首相と稲葉元法相の確執の始まりだった。田中内閣の文部相で初入閣した稲葉氏は、金脈問題で失脚した田中内閣の後に誕生したクリーン・三木武夫内閣の法相在任中の76年にロッキード事件が発覚。法相として「これまで逮捕した連中は相撲に例えれば十両か前頭。これから好取組が見られる」「イワシや小サバばかりではない」「捜査は奥の奥まで神棚の中までやる」などと稲葉節を披露。元首相の逮捕（7月27日）前日、山形県でアユ釣りに興じていた稲葉法相は、世間では法相の指揮権発動も取りざたされたが、法務省刑事局長からの電話連絡を受け、検察首脳会議で決まった逮捕状請求の許諾を求められた際、「よろしいでしょう。やむを得ませんな」と許可した。

逮捕許諾で田中派から猛反発された、「ロッキード法相」稲葉元法相は、76年暮れの総選挙では現職閣僚ながら最下位4位当選。79年は2位当選したが、「40日抗争」で田中派に敗れ、自民党反主流派になった福田派や三木派が大平内閣不信任決議を欠席したため、不信任案が可決された「ハプニング解散」による80年6月の衆参ダブル選挙では、2回目挑戦の栗原氏とともに落選の憂き目に遭った。

▼隠れ田中派、地盤競合の福田派と対決

2区は、田中派渡辺氏、福田派佐藤氏が当選したが、社会党が1議席増やし2人当選。稲葉氏落選の背景には熾烈《しれつ》な「角福戦争」の怨念に端を発した保守票の激しい争奪戦があり、栗原氏には「隠れ田中派」の印象が強くなった。

栗原氏は、76年暮れの総選挙で、同じ福田派内の調整が付かず、参院から鞍替えし当選した佐藤氏出馬であおりを食って現職落選した旗野進一衆院議員の秘書だった。出馬する際、旗野氏から「福田派でなく田中派から出た方がいい」と助言されたが、田中元首相からは「同じ選挙区から2人（派閥）公認できない」と門前払い。2回目の80年総選挙までは、無派閥の保守系無所属候補として徒手空拳の闘いだった。

田中派の現職渡辺氏がいる2区で、田中派のお墨付きがなかった栗原氏本人は「刺客説」を全面否定。出馬は、元首相の仇敵・稲葉氏と田中派の宿敵・福田派佐藤氏が混在する選挙区では、角福戦争の副産物として「稲葉落とし」の側面もあったが、稲葉氏からは「むしろ、あなたが（地盤の）新津から出れば佐藤氏の票を落とし、自分にも有利になる」と感謝された、という。元法相の長男で元衆院議員の稲葉大和氏も「栗原氏＝刺客説」に「人物が何ともはや」と一言コメント。歯に衣着せぬ物言いで「政界のご意見番」と名をはせた自民党現職で大臣歴2回の父と、公選法違反（買収）で有罪判決を受けた無所属新人候補の栗原氏との格の違いを示唆、一笑に付した。稲葉節で言うと「横綱と、格下の十両か前頭の取組」と言いたげだ。

2区の政治構図は、村上、岩船の「県北」、阿賀野川を挟んで新発田、豊栄、北蒲の「阿賀北」と新津、五泉、白根、中・東蒲の「阿賀南」に分かれ、各候補は地盤で強さを発揮した。栗原氏出馬が、共に地盤が阿賀南で競合する福田派・佐藤氏の牙城を崩し、結果的に新発田市が地盤で競合しない田中派現職を有利にした。事実、栗原氏が初陣ながら無所属で1万5千票獲得した79年選挙では、旧亀田町（中蒲）出身の福田派佐藤氏は、地盤が重なる旧新津市の栗原氏と票を食い合い、参院議員2期務め衆院へ鞍替えした前回トップ当選した8万8154票から2万9千票減らし3位転落。一方、県北が地盤の稲葉氏は最下位当選から2万票近くアップ、2位に浮上。田中派渡辺氏も前回より7千票増やした。

▼「フライパンのエビになるぞ」

栗原氏に転機が訪れたのは、3回目の挑戦となった83年暮れの総選挙。その年の10月、ロッキード事件の第一審判決で田中元首相に実刑判決が下った直後、目白御殿を栗原氏の支持者約1500人がバス35台で訪問、記念撮影すると元首相は上機嫌で、その後の東京・椿山荘での栗原氏のパーティーにも出席した。その際も「金は出せないが、（目白邸の）池の鯉なら持っていけ。今、出たらフライパンのエビになるぞ」と支援には難色を示したという。82年10月の自民党総裁選出馬を巡り「鯉は跳ねてもいいでしょう」と言う福田派の「北海のヒグマ」中川一郎氏に「跳ねてもいいが、池の外に飛び出したら干乾しになるぞ」と警告した田中元首相。強引に出馬した中川氏は最下位となり、83年1月、失意の自殺を図った。「エビになるぞ」は、中川氏の二の舞になるぞ、との忠告だったが、栗原氏は「鯉に比べ小物のエビとは、うまい表現だった」と元首相とのやり取りを懐かしむ。

10月12日、東京地裁でロッキード事件の第一審判決公判で田中元首相に「懲役4年・追徴金5億円」の実刑判決が下った。無罪を主張していた元首相は不退転の決意を示し、議員辞職を拒否、即日控訴した。有罪判決で国会が空転、中曽根康弘首相は11月28日、内閣不信任決議案が国会に上程された直後、憲法7条による解散詔書を発し、衆院解散に踏み切った。世にいう「田中判決解散」である。

一審判決が近づくとマスコミの厳しい集中砲火を浴び、有罪判決で元首相への風当たりが一段と強まる中、故郷新潟から栗原氏が引率した目白邸訪問団は、元首相を勇気付けた。

▼「持っていけ」 茶封筒に分厚い現金の束三つ

「栗原頑張れ。ほら持っていけ」。解散当日の83年11月28日、目白邸に呼ばれた栗原氏は田中元首相本人から、大きな茶封筒を渡された。「中には分厚い現金の束が三つ、3千万円が入っていた」という。その選挙資金も選挙区に帰ると、過去の借金返済に充てられ、票田に落ちることはなかった。この選挙で運動量に手応えを感じていた栗原氏は、倍増の3万票近く獲得する善戦をしたが涙。落選中の稲葉氏は、自民現職の田中派渡辺氏、福田派佐藤氏に次ぐ3位で復活当選を果たした。

85年2月に田中元首相が脳梗塞で倒れ、87年7月の竹下派旗揚げで田中派は、竹下派、二階堂グループ、小沢辰男氏らの中立系に分裂。田中支配は終わりを告げた。この間、栗原氏は、選挙区定数が4から3に減員された86年7月の総選挙で、田中直系の二階堂グループの山下元利氏らから支援を受け戦ったが惨敗。自民現職3人が議席を独占した。

稲葉、渡辺両氏が引退した次の90年選挙も二階堂グループが応援に入った栗原氏は、過去最高の4万5670票を獲得したが落選、公選法違反で有罪判決が下り、5年間の公民権停止となった。この選挙は、土井たか子・社会党委員長の「おタカさんブーム」でマドンナ旋風が吹き、前年導入された消費税、リクルート事件で自民に逆風が吹き、社会党の元参院議員・吉田正雄氏が首位当選。引退した渡辺紘三氏の父、良夫氏（元厚生相）秘書だった岩村卯一郎氏（元県会議長）が無所属（後に宮沢派・宏池会）で2位当選。前回トップだった田中派佐藤氏は最下位当選だった。

▼阿賀南唯一の候補で「苦節14年」悲願の初当選

公民権停止中だった栗原氏は、1年半後の92年5月に特赦で復権、6回目となる93年7月選挙に出馬することが出来た。福田派の現職佐藤隆氏死去に伴う不出馬で宙に浮いた、前回得票の佐藤票5万4千票の行方が焦点となった選挙は、前職の岩村、吉田両氏が落選する一方、新人3人が初当選し、世代交代した。阿賀南唯一の候補者となった栗原氏は、佐藤票の約7割を獲得、前回より3万7千票上積みの8万3154票で「苦節14年」悲願の初当選をトップで飾った。田中派・渡辺氏の後継として前回自民公認で初出馬した白沢三郎氏が新生党公認で2位初当選。前回選で稲葉元法相の地盤を継いだ長男大和氏も2回目の挑戦で初当選した。病と派閥分裂で90年1月に政界引退した田中元首相の影響力は既になく、5カ月後の12月16日、絶大な権勢を誇った「政治の天才」は75歳で死去した。

この総選挙で自民党は過半数割れし下野、日本新党の細川護煕代表を首相とする細川連立政権（93年8月～94年4月）が誕生した。栗原氏は、選挙後半から桜井新氏から三塚派清和会から誘われ派閥入りした。その後、清和会から離脱した亀井静香グループ（志帥会）に所属。初の小選挙区戦となった96年と2000年の総選挙で新潟4区から出馬、連続当選したが、03年総選挙で民主党公認の菊田真紀子氏に3万票の大差で敗北した。

23年8月、当選3回の元国会議員から異例の聖籠町議に転身した栗原氏の夢は、「新幹線駅を新潟から東港につなぎ、将来は県北から山形、秋田、青森につなげたい」と壮大な「日本海縦貫新幹線」（羽越新幹線＝富山―青森）構想の実現に向けた東港への新駅誘致の夢を語った。

▼風次第の小選挙区、議員の質上げる中選挙区へ回帰

中選挙区制は確かに弊害もあったが、個性的で多様な政治家を生み出す土壌もあった。小選挙区制では「党に逆らえば、公認が貰えず落選するから党の言いなりになるしかない」ため、党幹部に対し、物言う若手議員が少なく、政党政治の活力が奪われた。

中選挙区で2期、小選挙区で3期、衆院議員を5期務めた稲葉大和氏は、「中選挙区は複数候補がもみ合うから議員の質が高くなる。小選挙区は選挙前から当選者が分かるので選挙の楽しみがなくなり低投票率になる。民主主義の危機」と小選挙区制のデメリットを挙げる。しかし、「欠点が明らかになっても、現行制度で当選した議員は、自分に不利になる制度改革はやりたくない」と選挙制度改革の難しさを指摘した。

小選挙区はその時々の政権の人気度、支持率によって当落が大きく左右される。稲葉氏は、不人気の麻生太郎内閣で自民党が、結党以来、前例のない119議席（告示前300議席）の歴史的惨敗を

喫し、民主党の鳩山由紀夫政権誕生を招いた２００９年総選挙で落選した。「候補の資質に関係なく、風の憂き目に遭うこともある。力がないものが落とされる。落ちた方が悪い」と小選挙区の風の怖さを認めた。

▼重複立候補廃止、「ゾンビ議員」なくせ

リクルート事件直後、90年代前半、「平成の政治改革」を推進した自民党若手改革派が出現したのは、衆院の中選挙区制で党執行部に反逆して公認されなくても当選できた時代だった。１人しか当選できない小選挙区制では、党に公然と反旗を翻すような議員は生き残れない。「令和のリクルート事件」と呼ばれる安倍派裏金事件が起きても自民党内の若手から「令和の政治改革」を求める改革派の姿は見えない。小選挙区制が政治改革の「特効薬」であるかのように議員、有識者も熱狂したが、導入後に国内に蔓延していた熱病から覚めてみると議員の小粒化など薬の副作用が浮き彫りになった。

有権者にとって納得できない最大の不条理は、選挙区で落としたはずの候補者が、重複立候補の場合、惜敗率によって比例復活する制度。最近の国政選挙の投票率低落傾向の原因は、有権者の政治不信や無関心もあるだろうが、有権者の意向が当落に反映されない「比例復活制度」も大きいとみられる。重複立候補をなくし、選挙区と比例の候補は別にして、１度選挙区で落選した候補が、数時間後に比例で息を吹き返す「ゾンビ議員」を廃止して、死に票を救済する制度を検討すべきだろう。

石破首相が、公認した裏金議員を「重複禁止」にしたのは、公認した上に「敗者復活」の命綱を与える重複立候補を認めると、党への逆風がさらに強まると判断したためだ。制度上、認められている

「復活当選」の禁止をペナルティーにしたこと自体が、民意を反映しない「重複制」の欠陥と矛盾を露呈してしまった。

「小粒になった国会議員」の顔ぶれと、小選挙区でも「政治とカネ」の問題が起きた現実を踏まえると、中選挙区時代の「器の大きい人間力を感じる角さんみたいな政治家」を求め、中選挙区時代へ回帰する角さん待望論は今や、昭和のノスタルジーだろうか。

【旧新潟2区】新発田市、新津市、村上市、五泉市、白根市、豊栄市、北蒲原郡、中蒲原郡、東蒲原郡、岩船郡（1993年6月の第40回衆院総選挙時点）

座標軸　選挙必勝講座　小手先指南より原点回帰

（2017・1・6）

衆院の解散総選挙は、早ければ今秋との見方が広がる中、自民党県連が浮き足立っている。参院選で公認候補、知事選でも推薦候補が野党統一候補に連敗した「新潟ショック」が背景にある。県連会長の長島忠美衆院議員（5区）が「私を含め全員厳しい」と県内6小選挙区情勢を分析。県連では今月、候補予定者に選挙戦略を伝授し、鍛え直す「必勝セミナー」を開催、選挙プランナーから、握手の仕方から野党統一候補への対応、インターネット対策など「選挙のいろは」を学ぶという。

年末に米ハワイの真珠湾を訪れ、アリゾナ記念館で犠牲者を慰霊した安倍晋三首相が演説後、真珠湾攻撃の生存者である元米兵3人の前にしゃがみ込み話しかけた。一国の首相にここまで低姿勢に出られたら、積年の恨みも吹っ飛んだだろう。選挙では握手や名刺の渡し方など何げない政治家の仕草が明暗を分ける。印象的だった首相の振る舞いは、選挙プランナーから見ても合格点だ。

「うちは新入社員に半年間、車を与えません。自転車でアポなし営業をさせます」。県内の社長から聞いた教育方針だ。飛び込みで商店街を回ると、先輩が思いも付かない顧客を「足で稼ぐ」で開拓する営業の原点を学ぶという。ここに票田を掘り起こす「政治の原点」が見える。

派閥が議員を鍛えた中選挙区時代に比べ、小選挙区時代の国会議員は県議の後援会に依存し、足腰が弱くなったといわれる。小手先の選挙指南の前に、昨年ブームになった田中角栄元首相が新人に課した「戸別訪問3万軒、辻説法5万回」への原点回帰の方が先のような気がする。

【追記】小選挙区制導入で自民党は、公認・政党助成金・ポストを決める権力が全て党総裁・幹事長に集中し、政治家は政党の単なる数合わせの道具になってしまった。小選挙区制は、安倍政権時代の「官邸主導」政治を生み出したパワーの源流だった。一方、金権腐敗の弊害もあったが、ベテランが若手を育てる教育機関の役割を果たしていた派閥の弱体化は「議員の小粒化」を招いた。政党本位と言うなら、党がしっかり議員教育もやるべきだ。「誰のおかげで議員をやっている」。大物県議の前を素通りしようとし若手国会議員を叱責する場面に遭遇したことがある。小選挙区制で「小粒化」「地位低下」を招いた国会議員の姿に時代の変化を実感した。

■真紀子長官就任祝いに越山会系県議召集　（1994・11・19）

1994年11月18日、東京・霞が関の科技庁長官室に旧越山会系県議が集められた。部屋の主、田中真紀子長官は、最後の中選挙区制となった93年総選挙、父で元首相・角栄氏の地盤・旧新潟3区から無所属初出馬でトップ当選。翌94年6月に発足した自社さ連立の村山富市内閣で1年生議員ながら初入閣していた。既に次の総選挙は、小選挙区制導入が決まっており、田中長官の次の出馬選挙区は、「新2区か新5区か」に注目が集まっていた。

会談は約30分、冒頭の会談シーンの頭撮り以外は非公開。出席県議によると真紀子氏は、次期総選挙での「田中支援」を要請し了承されたが、出馬選挙区については明言しなかった。

出席した県議は、馬場潤一郎県会議長（当時）のほか、星野伊佐夫、嵐嘉明、西川勉の4氏。県議らは長官就任祝いの表敬訪問としているが、1カ月ほど前に真紀子氏側から誘いがあって出向いた。会談で真紀子氏は、地元県議から選挙区情勢を聴取しながら支援を要請する狙いがあった。旧越山会系県議に対する「親田中か反田中か」の踏み絵と受け止める向きもあった。公務を優先した三富佳一氏と交通事故で負傷した東山英機氏の2人は欠席した。

▼「菓子だけか。オヤジさんだったら」

会談を終えた県議らは長官室を出ると一斉に手渡された土産の菓子折りの包みを開け出した。すると1人が「東京まで呼び付けておいて、本当に菓子だけか。オヤジ（角）さんだったらなあ」「これではお車代にもならない」とぼやいた。

その場面に取材で遭遇した筆者は、悪代官が商人・越後屋から、山吹色の小判を忍ばせた菓子折りを受け取る時代劇の一幕を連想してしまった。盟主・田中家の召集令状で東京に呼び出された子分県議には、かつての親分・田中元首相と比べ、細やかな気配りが足りない長女の対応が不満だったらしい。

結局、真紀子氏は、司令塔・越後交通本社が構える長岡市と小千谷市、南・北魚で構成する新5区を選択。父の出身地・刈羽西山町を中心とした柏崎・刈羽や両津・佐渡と西蒲の新2区からは出馬しなかった。科技庁長官を経験した真紀子氏にとって、常に安全性を問われる東京電力柏崎刈羽原発がある新2区は、悩ましく映ったらしく、「原発問題」を抱える選挙区は、桜井新氏が引き受けることになった。「目白の主婦」にとって悪天候になれば、佐渡汽船が全便欠航し、新幹線で日帰りできなくなる佐渡を含む選挙区は当初から意中になかった、とも言われていた。

■数々の逸話…敵も味方にする人心掌握術

東京支社時代、田中元首相にまつわるエピソードを何度も聞いた。中でも印象に残っているのが、港区赤坂の料亭「佳境亭」の女将・山上磨智子さん（2014年、87歳で死去）から直接聞いた角さんの話。「あなた、新潟の新聞社。私も多くの記者を育ててきた」と切り出し、角さんの思い出を語り始めた。田中元首相が逮捕された時の首相だった三木武夫氏の番記者がたむろして「三木サロン」と呼ばれた店の女将は、「三木が首相時代は閉めていた」が、1983年、佳境亭を開店した際、「敵の店が開店した」と真っ先に元首相が早坂茂三秘書と一緒に駆け付けた。祝儀袋の厚さに驚いた。「うちの人（三木元首相）の10倍。300万円も入っていた」。政敵側の女性にさりげなく破格の祝儀を渡す懐の深い「角さん」のすっかりファンになったという。敵も味方にする角さんの人心掌握術を見た思いだった。

早坂秘書から聞いた角さんの逸話。旧山古志村（現長岡市）から東京・目白邸を訪れた陳情団に高齢の女性がいた。帰る際、角さんは、玄関で女性の草履《ぞうり》を揃えてやった。元首相から厚遇され、感極まったことは言うまでもない。後で秘書は角さんに聞いた。「何であそこまでやる必要があるのですか」。すると角さん。「お前は馬鹿《ばか》か。草履を揃えるなんてタダだ。あの婆さんは、選挙で死ぬまで、田中角栄と書き続けるだろう」。全て計算し尽くされた行動とはいえ、さすが選挙の神様である。

■元首相に抵抗、「自由」死守した先人の覚悟

（新潟日報・編集局報・2016年12月26日）

来年は新潟日報140年。本紙がその時代と歴史の瞬間をどう伝えてきたか。来秋発刊に向け、編纂《へんさん》が始まった『新潟日報140年史』は、先人たちの言論の自由・死守の闘争史でもある。

「全社一丸となり、文化の拠点を建設しよう」＝創刊36周年記念式典で小柳胖《ゆたか》社長決意表明——。昭和53年11月の社報1面見出しから当時の本社（新潟市東中通）が置かれていた苦境と、小柳社長の危機感が浮かび上がってくる。

黒埼本社の倉庫奥深くに眠っていた社報によると、病気で自宅療養していた社長は、創立記念日の式典で全社員を前に檄を飛ばした。「単なる日報の資本金や株数は、まるでけし粒のような小さなものだ。それですら一生懸命に狙っている人もいる。そういう人たちがあっても歯牙にも掛けず、労使

が一丸となって文化の殿堂を築く、それが日報建築の最大の目的だ」

社長を病床から駆り立てた背景には、ロッキード事件で逮捕後もキングメーカーとして政界に君臨していた田中角栄元首相の存在があった。元首相は、10月に新潟市内のホテルで新潟日報の経営に踏み込んでまくし立てた。「新潟日報も経営が大変なんだ。従業員が多すぎる。全部で850人いるが、300人は余計だ。新聞なんか広告税をかければ一遍に倒れる。新潟日報の経営には、私も責任がある。私も株主の1人だから」。元首相は、11月の自民党総裁選で盟友の大平正芳支持に動き、現職福田赳夫を破り「角影」政権を実現、復権の動きを強めていた。

社長は、昭和17年の戦時統合で味わった屈辱の歴史を踏まえ、「言論の自由」も切々と訴えた。「創立時の特高課長と警務部長は、絶大な権力で全国の地方紙に統合の圧力をかけてきた。その時われわれ群小新聞は、何をもって反抗したか、新聞には自由が、なくっちゃいかん。統合された新聞には真の言論があるかということです」

10月の県知事選では現職知事が、4選不出馬理由に「憶測記事や事実に反する報道」と本紙への言論弾圧があった。本紙は日本海横断航路問題などで責任を徹底追及した。権力の監視機関として先人が死守したDNAは確実に引き継がれている。『日報140年史』にどんな歴史が刻まれるか。来年は地区版を中心に大幅な紙面改造を実施する。編集先人たちの「川」を上りながら未来志向の「海」を渡りたい。

(編集制作統括本部長)

第2章　東京から見た新潟の政治風土　1993年～2007年

多面鏡　本社報道・東京支社

《小さな署名政治コラムに愛着》

1992（平成4）年から始まった本紙自治面の署名政治コラム「多面鏡」。本社時代は新潟県政の問題点、東京支社では首都・東京から見た新潟の政治風土を多角的に論じた。自社ダネの小さな囲み記事だった「多面鏡」にはひときわ、愛着があった。不遜にも後年、自治面に掲載された共同通信配信の政治連載コラム「まつりごと表裏」（後藤謙次編集委員）に対抗心を燃やしていた。

※原発問題の「多面鏡」は第8章に掲載。

多面鏡

本社報道・県政記者クラブ時代（1993年4月〜1994年3月）

▼「ふるさと村」で与野党が激論

93（平成5）年4月に県政記者クラブに配属になった。県警本部の記者クラブに3年間在籍した後、事件記者から一転、政治担当への異例の配置換えだった。89（平成元）年知事選前、陣営が佐川急便から億単位の不正献金を受け取った疑惑が浮上、東京地検特捜部の捜査を受けた金子清知事が1期目で途中辞任に追い込まれた。金子辞任に伴う92年知事選で、日銀出身の平山征夫知事が県政史上初の与野党相乗りで当選。平山県政が引き継いだ、佐川急便からの10億円無利子融資で建設した第三セクター「新潟ふるさと村」という癒着の象徴・負の遺産をどうするか。県議会は事件絡みの「負の遺産」処理をめぐり、与野党の熱い激論が続いた。

▼自民県議の抗議で署名記事に

県政クラブ在籍わずか1年。ふるさと村問題追及キャンペーンに明け暮れた。第1弾連載「新潟ふるさと村　再建を問う」（8月）。第2弾は「どうする再建　検討委に聞く」（10月）と続いた。県会では佐川急便の10億円肩代わりを含む総額40億円の巨額県費投入による再建案に対し、与野党とも異論はあったが、93年12月県会最終日に承認された。

「ふるさと村は道楽息子」「再建で自民が苦言」など「ふるさと村」を巡る三セク特有の問題点を多面鏡であぶり出した。当初は、無署名か末尾にイニシャルの（M）（T）とか（正）だけしかなかった。ある日、自民県連政調会長の馬場潤一郎県議が、県政記者室に顔を出し、「この記事を書いたのは誰だ」と声を荒らげ、「人を名指しで批判するなら、まず名前を名乗れ」と抗議に来たことがきっかけになり、「新潟ふるさと村」関連で書いた「中野社長自ら自民根回し？」〈高橋（正）記者〉（93年9月18日付）が、多面鏡の署名記事第1号となった。「事務局も心配　県議の病気」（94年1月28日付）からフルネーム高橋正秀の署名記事が定着した。

一方、国政も揺れていた。リクルート事件、佐川急便事件、金丸巨額脱税事件で「政治とカネ」の問題が相次いだ93年8月、自民党は分裂、宮沢喜一内閣が退陣。非自民8党派連立の細川護熙《もりひろ》内閣が誕生、55年体制は崩壊した。

多面鏡　ふるさと村は道楽息子

（1993・7・1）

「道楽息子も、ここまできては県の身上をつぶしてしまう」と社会党委員が非難すれば、すかさず自民党委員が「道楽息子ほどかわいい」と牽制《けんせい》。社党委員も「仏の顔も三度まで」と軽いジャブで応酬する。

第三セクター「新潟ふるさと村」の県の経営再建方針を巡り紛糾した29日の県会産経委員会。審議中断の雑談で自社両党の委員が「ふるさと村」を道楽息子に例えた論戦の一幕だ。

この日、県側は33億円の借入金の重圧を盾に、佐川の10億円借り換えだけでなく、土地、建物の買い入れによる四十数億円とみられる県の資金導入による負債金全額帳消しを強く訴えた。

最初は質問も抑え気味だった自民党委員も徐々に追及型に。「新潟交通社長のような経済界を代表する立派な経営陣がいて何で赤字になるのか」と皮肉交じりに経営責任を追及する声も相次いだ。

経営責任も財政措置に伴う財源も曖昧にしたままで、赤字だからと言って、巨額な血税を注ぎ込もうとする安易な県の姿勢では県民は納得しない。

「三セクだから助けてくれる」という〝親方・県〟という甘えの構造を断ち切らない限り、佐川急便と縁切りできてもふるさと村の抜本再建への道は険しい。(T)

(1993・7・3)

多面鏡 再建策で自民が知事に苦言

「新潟ふるさと村」の再建問題での県議会対応を巡り、自民党県連の轡田幹事長らが2日午後、平山知事に苦言を呈した。知事室を訪れたのは、幹事長のほか、馬場政調会長、須藤総務会長、水倉議対委員長の4人。「議会への説明不足に遺憾の意」と「具体的な再建プランの早急な提示」の2点を同日の党議決定を受け、知事に申し入れた。

新潟ふるさと村の再建策は四十数億円もの予算措置を伴う重要案件。こうした問題では、議会与党と執行部側が十分な根回しをしてきたのがこれまでの慣例。だが今回、佐川の10億円肩代わりは事前説明があったが、土地、建物など会社資産買い入れ、多額な借入金まで一括返済する再建方針は、議対委員長ですら、寝耳に水だったという。

幹事長によれば、この日の申し入れに、平山知事は、「党をないがしろにするつもりはなかった」と陳謝。再建プランについては、早急に各党会派に図ることで合意した、という。

議会では自民県議が44人の最大会派。今回の抗議行動は、その自民党を結果的に軽んじた「相乗り知事」のスタンスを自民寄りに軌道修正する作戦と見る向きもある。会談後、平山知事は、話し合いの雰囲気を「和やかであり、かつ厳しくかな」と神妙に語っていた。（M）

（1993・8・3）

多面鏡　バッジの威力是認する官僚

「後はバッジ（国会議員）が動きますよ」。2日、県庁で開かれた「農業集落排水を支える女性の集い」の席上、農水官僚から、バッジの威力利用を是認する発言が飛び出し、政治改革論議がにぎやかな現状にもかかわらず、相も変わらぬ役人感覚を浮き彫りにした。

この発言は、農水省構造改善局・建設部整備課長補佐が、「農家の下水道・農業集落排水事業について講演後の質疑で出た。同事業を希望している市町村担当者や、農家の主婦から「この場で（1日も早い事業採択の）約束をしてもらわないと困る」と同課長補佐に陳情が相次いだ。

これに対し、同課長補佐。「1年目は準備期間。少し遅れても、そう大差はない。計画だけしっかりしておけば、後はバッジが動きますよ」と、暗に政治家の圧力を容認した。これには「政治家の横やりを推奨するようなことを堂々と言われては…」と困惑顔。

ゼネコン汚職で政・官・業の癒着構造が摘発される中、政治家圧力を推奨するとも受け取れる「バッジ発言」に政・官の根深いもたれ合いの構図を見た思いがした。（T）

多面鏡

中野社長自ら自民根回し？

（1993・9・18）

「新潟ふるさと村」問題で中野進社長が17日午前、自民党県連九役会議で経営の現状や県の再建策に対する考えを事前説明した。同社長が議会人の事情聴取の場に臨んだのは初めて。自民党側の要請と、中野社長自身も以前から釈明の場を求めていた意向が一致して実現したとか。

自民幹部によると、中野社長は「アピール館はふるさと村のシンボルだが、十分機能していない。バザール館は門前町で、ドライブインとしては評判が良い」とした上で「10億円はイメージアップ。30億円は財務内容の改善に必要」と県の財政支援の必要性を強調した、という。

自民党側は「ざっくばらんな懇談。今後、県民や専門家など幅広い意見を聴き、社会党よりよい再建案作りの一環」としている。

一方、県議会で再三再四、中野社長の参考人出席を求めてきた社会党県議から「9月県会での提案見送りに追い込まれた県に代わって、ついに中野社長自ら自民党に根回しを始めたのか」との憶測も出ている。これに対し、「中野社長の動きは、寝耳に水。こちらからは頼んでいない。全く苦々しい」

とは県首脳。

6月県会では、唐突に30億円が出てきたため、自民党の反発を買い、轡田幹事長が平山知事に苦言を申し入れるなど県執行部の議会対応のまずさが表面化。この際、中野社長からの説得工作の申し出を、県は「混乱を招く」として断った経緯があったからだ。

中野社長の独自行動に社会党幹部は「改めて県会で社長の出席を求め、経営責任を追及したい」としており、社長喚問が9月県会の新たな焦点に浮上しそうな気配だ。〈高橋（正）記者〉

【追記】 県は1993年12月議会で経営危機に陥った第三セクター・新潟ふるさと村に対し、41億円余の財政支援を決定。佐川急便からの10億円無利子融資を肩代わり返済、所有資産購入費に30億円を充てた。このほか、94年、95年には約15億円を投入し施設改善、ふるさと村テコ入れに多額の税金が投入された。94年1月の株主総会では社長の中野進新潟交通社長（当時）以下全役員が引責辞任。佐渡汽船から3人を経営陣に迎えいれることで経営責任問題にケジメを付けた。

（1993・9・29）

多面鏡　自民が足並みの乱れを露呈

「私の個人的意見としては、（ふるさと村は）つぶした方がいい」。自民県議の発言に同僚議員は慌てて「自民党としてはそういう見解でまとまっていない」と弁明した。中野社長の参考人招致を論議した28日の各党会派代表者会議で自民党内の足並みの乱れをさらけ出す一幕があった。

参考人招致に難色を示す自民党。一方、社会党は社長以外の専務、実務者レベルでも容認すると譲歩。共産党は予定質問や社長以外の同席も認める安全保障策まで提言した。

社共の譲歩案に一部自民県議から「社長に当たってみたら」と、流れは社長喚問へと傾きかけた場面もあった、という。しかし、「党議に諮りたい」との自民県議の一言で結論は翌日に持ち越された。

自民党はなぜ、党議にこだわり、結論を先送りしたのか。ある県議は、①自民党の足並みの悪さだけが露呈する、②代表者会議で決議しても党内がまとまらない――の2点を挙げる。

ふるさと村問題では、県が活性化案を作り、借金まで清算する「県主導・丸抱え」の姿勢に対し「そこまで何でやる必要が。三セク側から公式に釈明もなければ、再建案も出てこない」との批判が議会内にあるのも事実。再建への出発点となる経営責任のけじめを各党がどう付けるか。29日に続開する各党会派代表者会議に県民の熱い視線が向けられる。〈高橋（正）記者〉

多面鏡　「ふるさと村」で「毎日が残業デー」　（1993・11・13）

92年度の県庁本庁の課別超過勤務（残業）時間ランキングの8位に商工労働部観光課が入った。課別調査開始以来、10傑入りは初めて。92年度と言えば、担当する「新潟ふるさと村」を金子前知事と佐川急便との疑惑が取り沙汰され、県会対策などに忙殺された年。「ふるさと村」の再建論議が焦点となっている93年度も観光課の10傑入りは確実という。

観光課の超勤時間は、管理職を除く職員平均で月間35・3時間。ピークは出直し知事選が行われた昨年10月の58時間。「イベントが増えたことや、ふるさと村問題も重なって」と、人事課でも村効果を認める。

10傑の常連は、予算担当の財政課、公共事業部門の河川課、港湾空港局の4課、知事部局の秘書課など。観光課は現在、大詰めを迎えた再建案の12月議会提案に向け、「毎日が残業デー」の激務が続く。県では2年前から毎週水曜日を「ノー残業デー」に指定、午後10時以降の長時間残業に理由の報告を義務付けるなど縮減に努めている。

とはいえ、「村」問題は平山県政の試金石の一つでもあるだけに、「体だけは気を付けてくれ」と知事の職員を気遣う声が届いている。〈高橋（正）記者〉

多面鏡　ポーズと二枚舌は国会並み

（1993・12・15）


14日の県会建設公安員会で、細川連立与党政権の社会、新生と野党の自民がコメの部分開放をめぐってさや当てした。

開会直前、自民若手らが席に着くなり、「自由化反対は社会党の専売特許じゃなかったかなー」「離党しないんですか。自民党に来ませんか」と社会党を挑発した。

防戦一方だった社党も、新生・中川秀平県議を見つけて「あなたは離党しないんですか」と矛先をかわした。中川氏は、小沢辰男代議士系列で唯一、親分と共に自民党を離党、新生党入りしていたが、コメ問題で新生党に離党届を出していた。だが、13日に離党撤回の猫の目対応をしていたからだ。

すると中川氏。「やっと（自分が）復党したと思ったら、今度は（社党の）お前さんたちが離党しそうじゃないか」と応酬した。

「部分開放は反対だが、首相決断を容認」という社会党。政府を「うそつき」と非難するだけの自民党。コメ問題では、与野党とも有権者を意識したポーズと、政治家の二枚舌だけが目立ち、白けムードさえ漂う委員会ではあった。〈高橋（正）記者〉

多面鏡　事務局も心配　県議の病気

（1994・1・28）

63人いる県議のうち7人が病気でダウンしている。自民党では年末から年明けにかけて、中野清副議長ら3人が入院。ほか3人は長期療養者も含めて通院や自宅療養。社会党も安田誠書記長が暮れに入院、年明けから病院で体力回復に努めている。

国家予算編成の越年や大揺れの政治改革。混迷政局と軌を一にしたような大量ダウンに、自民党関係者は「うちの6人は78から57歳。年を取れば病気にかかりやすくなるが、ちょっと多すぎる」と困惑。自民に比べ安田書記長は44歳の現役ばりばり。「社会党内はコメや政治改革で大混乱。書記長は県本部の要だけに心労も重なったことは確か」とは政界関係者の解説だ。

政治の世界は非情な顔を持つ。現職政治家の病気は、政敵には〝チャンス〟。病気は「うわさが広がるたびに重くなる」だけにおちおちしていられないのが現実だ。しかも現県議の任期は来年4月末。改選期まで1年ちょっとだけに、頭痛のタネにもなっている。

県議の大量ダウンは、議会事務局にとっても気がもめる。そんな折の26日、中野副議長が検診帰りに県議会に元気な姿を見せた。２月県会には復帰の見通しという。「２月県会は新年度予算を決める大切な議会。全員元気な姿を見せてほしい」と事務局幹部は祈っている。（高橋正秀記者）

（１９９４・２・16）

多面鏡　「焦る自民の勇み足」の声も

知事の新年度予算会見前に、その大枠を自民党県連が記者会見で公表した真意を巡り「自民のスタンドプレー」「焦る自民の勇み足」「いや知事へのけん制」とさまざまな波紋を広げている。

知事の予算会見は、〝最大の見せ場〟であり、それなりの重みもある。ところが、14日に県側から事前説明を受けた自民党がその内容を会見で明かした。議会関係者は「執行部と議会の信義、信頼関係を崩しかねない事態」と困惑顔。社党県議団の渡辺幹事長は「誠に不可思議。議会人としての良識を疑う」とあきれ顔。１日遅れて15日に説明を受けた社党は息巻く。

国政で野党に転落、国家予算編成で蚊帳の外に置かれた自民党。「県の予算編成への絶大な影響力を誇示したかったのか。焦る自民の勇み足」（自民県議）とみる向きも。

轡田自民幹事長は「会見すれば、予算全般も聞かれることは承知していた。知能犯かな」と確信犯を示唆。自民若手県議は「自民党政権時代にもなかった失態。幹事長の暴走。知事の足を引っ張るだけ」と役員批判も飛び出る。

多面鏡

打ち出せるか「新潟らしさ」

（1994・3・11）

「新潟を日本のオアシス」は金子前知事のキャッチフレーズ。平山知事は「優しさと活力に満ちたニューにいがた」だが、どうもイメージが湧かない。新潟と言えば「コメ、酒、海の幸」と美味をまず連想するが、その先が出てこない。「低い進学率、鉛色の空、雪…」となぜか暗いイメージも付きまとう。10日の県議会総務文教委員会で「新潟らしさとは何か?」を巡って議論があった。

長津光三郎委員（自民・西蒲）が、新年度予算で6600万円を計上した県の新規事業「地域情報発信事業」に関連して「他県の人に新潟らしさをどう伝えるか」と本県のイメージをただした。これに答えて地主昭広報広聴課長は「新潟県のイメージは多様化している。発展する県のイメージ、好感が持たれるイメージなど具体的なものはこれから詰めたい」と、出遅れ感は否めない。

県は環日本海フロントなどイメージアップ作戦を展開中。広い県土で風俗、言葉も地形も気候も多様性に富む本県の統一イメージ作りは難しいだろうが、一刻も早く県民と一体感あるイメージ作りを推進してほしい。県のイメージは、観光面でも大きなインパクトを持つ。いつまでも、宣伝下手の県民性だから、という言い訳は通用しない。

多面鏡

〝ふるさと村の教訓〟どこへ

（1994・3・12）

「新潟ふるさと村」で問題にされた第三セクターのあり方が、11日の県会総文委で取り上げられた。「県出資の三セクはガラス張りにすべきだ。（経営が）大変になってから、〝ふるさと村流〟にやられたら大変だ」――。福島富委員（共産）がかみついた。

県も出資している三セク・当間高原リゾート（資本金10億円）のゴルフ場計画で、ゴルフ会員権の販売額などの「収支計画」について質問。これに対し、中川雅之県土地利用対策課長は「経営の根幹にかかわるのでコメントは、差し控えたい」と答弁。福島委員は、計画の見直しの可能性を示唆する社長発言を引用しても、「計画は順調に推移。見直しの必要なし」と突っぱねる県側の姿勢にヤキモキ。県の三セクへの対応を「戒厳令、企業秘密に属するものらしい」と揶揄《やゆ》した。

ふるさと村もそうだったが、最初は、議会側が経営内容を尋ねても「企業秘密」を盾に、一切経営状況が明らかにされず、議会側に示された時は、既に手遅れの末期状態だった。三セク企業の問題点は、出資比率によっては議会への報告義務がなく、経営責任が曖昧となり、チェック機能が甘い点だ。「村」と「当間」とでは県の出資額も違うが、この日の県の対応を見ている限り、一体、県はふるさと村で何を学んだのか、と思わざるを得ない。

東京支社報道（1994年4月～1997年3月）

▼野党転落の自民議員、党本部も閑古鳥

１９９４年４月に東京支社に異動した。新潟では大きく見えた県関係国会議員の姿が東京では小さく見えた。多面鏡は、東京発で「東京で見た原寸大の政治風景」「新潟の政治風土・政治力」を伝えるには打ってつけのコーナーだった。

赴任直後、国会議員会館にあいさつ回りしたが、野党転落した自民議員への面会者は激減。党本部も閑古鳥が鳴いていた。政権交代の激変ぶりを目の当たりにした。自民政権崩壊のきっかけを作った小沢一郎・新生党代表幹事が、国会内で会見すると記者が群がった。剛腕・小沢氏の会見は、強烈だった。記者が質問すると「人に聞く前に自分の意見を言いたまえ」と怒声が飛び、会見場は静寂に包まれた。

▼社会党村山政権誕生、森幹事長が舞台裏吐露

間もなく細川護熙内閣は佐川急便からの借入金問題で退陣を表明。政権を継承した羽田孜《つとむ》内閣も社会党の離脱などで少数与党に転落し、６月に退陣した。その後、自民が社会党の村山富市委員長を首相に担ぎ、自社さ連立政権が誕生、自民党は政権復帰する。村山政権誕生の94年６月29日夜、当時野党暮らしだった自民党の森喜朗幹事長が、国会内で懇談を始めた。「先ほど、河野洋平総裁と話して

きた。『あなたは自民党総裁だが、総理にはなれない。今回は社会党委員長を担ぐ。自民党が政権復帰するためには仕方ない』。すると、河野総裁は、涙を流していた」と、しみじみとした口調で語った。自民下野、政権復帰、目まぐるしい深夜の政変・政権交代劇を取材する日々が続いた。村山首相の後は、自民党の橋本竜太郎内閣が96年8月に誕生、自民党が総理の座を奪還した。

多面鏡

永田町に奇妙な現象

（1995・6・11）

最近、永田町の議員会館秘書に大卒女子の新人が目立つようになった。「無報酬でもいいから雇ってくれ、というんだ。就職浪人では娘の経歴に傷が付くという親心。年収400万円で雇えば、親の社長はそれ以上の献金を約束する」と、ベテラン男性秘書は解説する。

雇用の見返りは政治献金というから、カネ不足の代議士には不況さまさま。その結果〝金欠事務所〟ほど若い女性秘書があふれる奇妙な現象が起きている。

元経団連会長の斎藤英四郎氏が先月、東京の経済人の集まりで「〝大学は出たけれど〟という映画が昔あった。当時は大騒ぎしたが、今は騒がない。政治の責任は大きい」と、政府の無策ぶりを産業の空洞化ならぬ政治の空洞化だと批判した。

一方、旧東京協和、安全両信用組合の乱脈経営問題を集中審議した6日の衆院予算委。「バブル時の巨額な不良債権を金融機関は強く反省すべきだ。大蔵省、日銀、東京都は甘い点がある」――自民党の桜井新氏が、金融機関と監督官庁の責任を追及した。

バブル期の金融機関の乱脈、それを放置した行政府の責任をチェックするのは政治家の責務だ。が、山口元労相らもおこぼれをちょうだいしていた事実が指摘されるにつれ、底なしの政治不信を感じる。山口元労相ら政治家2人の証人喚問問題ですら政治の取引材料になっている。

政界再編で与野党の政策の違いが不明確な今、参院選、次期衆院選の争点は、理念より雇用不安解消をテーマにすべきだ。有効な景気対策に政治は真剣に取り組んでほしい。政治家の役割は、国民生活の安定であって「当選するのが目的」ではないはずだ。

（1995・10・5）

多面鏡　現実政治が生む官官接待

官官接待が問題になっている。当の役人は官官接待を楽しんでいるのだろうか。霞が関の官僚に本音を聞くと「無理して飲んでいる。時間の無駄で苦痛」（建設省幹部）「仕事とはいえ、本省の上司に気を使って飲むのは体に悪い」（自治省・元本県部長）――と、接待する方もされる側も必ずしも喜んではいない。

では、やめたらどうか。「県政の原点は他県との競争。公共事業予算をいかに国から取るかだ。県議会だって富山に負けるな、と追及する」と、元本県部長は必要悪論。民間が官僚を接待する民官接待は野放しでいいのか、という疑問も官僚には根強い。「官官を全廃するなら、地方の生の声が国に届かなくて、大企業のトップと霞が関だけで政策が決まってしまう」と、ある官僚は危機感を募らす。

例えば、新潟空港3千メートル化後の路線開設で、航空会社の運輸省への接待攻勢だけ許されるなら「不採算路線は無理」との大企業の論理が国に集中して開設は困難になる、という。

「役人としてリスクを回避するなら、何もしない方がいい」という声も出始めている。減点主義の役人社会では「仕事をしないからミスもない」無気力な役人の横行を許すことにつながりかねない。しかし「県民のため」と役人が弁明しても、食糧費＝宴会費という不明朗さが付きまとう。必要なら堂々と食糧費を予算要求し、相手の名前も公開、透明性を高めて県民の判断を仰げば節度も保たれる。全廃ならアイデア勝負で国にアピールするなど、予算獲得の手法再考の必要がある。

「現代の参勤交代」といわれながら、予算時期には大蔵省に地方役人が群れる。副知事ポストの中央人事だって〝公然の官官接待〟といえなくもない。国の予算のパイを奪い合う厳しい現実政治がある限り、きれい事だけでは済ませれないような気がする。

【追記】自治体が国の官僚を公金でもてなす「官官接待」が全国で問題となり当時は、社論である社説も「根絶は分権意識で」「不必要悪の認識」と官官接待批判一色だった。担当デスクは「社説と対立する原稿は載せられない」として、「官官接待は必要悪」の拙稿が一時、棚ざらしにされた。ところが、別のデスクが、「こんな異論も署名記事なら載せてもいい」「社内の多様な言論は認めるべきだ」とボツ原稿を復活させた。新潟日報の強さの源泉は、「多様な言論」を認める寛容さ、懐の深さだと確信した。

多面鏡

政策は二の次？　新党構想　（1995・10・26）

社会党はなぜ新党結成を急ぐのか――。その答えが23日、東京都内で聞いた「第三極」のキーマン・横路孝弘前北海道知事の講演でおぼろげながら見えてきた。

横路氏は「新進党ができて連合がまた裂きになり、身動きが取れなくなったという差し迫った事情がある。衆院選の2、3カ月前に新党ができなければ、選挙に間に合わない」と、正直に衰退・社会党の立場を代弁した。

小選挙区制は究極的には二大政党制へ向かう。次期衆院選で社会党は、自民党と新進党にはじき飛ばされ「生き残れない」。だから自民、新進両党に対抗する第三極が選挙前に必要というわけだ。

同氏はまた「政策の柱は大切だが、まだ議論していない。まずは枠組みづくりに全力投球している」と平然と言ってのけた。「社会党色を薄め、大きな政党が小さな政党の党首を担げばまとまりやすい」とも発言、社会・さきがけが基軸の新党の姿も示唆した。

しかし政策は二の次で「小選挙区に勝つため」だけの社会、さきがけ、市民ネットなどの仕組みづくり優先では、本末転倒ではないか。理念・政策なき新党では「民主・リベラル新党」が一体何を目指そうとしているかが見えてこなかったはずだ。社会党に限らず、小選挙区制導入で政治家は、自らの議席を守ろうとする生き残り策しか考えていない。「広範な市民パワーの結集」（同氏）といいながら、一皮むけば既成政党が透けて見える新党では、国民の政治不信を一層助長しかねない。

多面鏡　「官高政低」逆転は至難？　（1995・11・10）

大和銀行の不祥事を1カ月以上隠した大蔵省。イスラエル首相葬儀に先進7カ国首脳で唯一欠席しても恥じない外務省…。官僚主導の日本型システムにほころびが生じている。

「政治をゴルフに例えると、しっかりしたキャディー（官僚）付きのアマチュアゴルフをやってきた。これからはプロがやる」。7日、東京都内で開かれた政治シンポジウムで、自民党の加藤紘一幹事長は官僚政治打破を訴えた。

官僚の特性は「変化を嫌う前例主義」。激変する国際情勢に対応できない官僚に政治を任せておけない、との危機感は強い。しかし、〝官高政低〟の逆転は、現状では至難の業に映る。最近、国会議員は迫り来る小選挙区選挙で地元入りに忙しく、永田町滞在は短くなっている。今国会の委員会も空席が目立つ。週末は地元、国会中も夜は地元にとんぼ返りする本県の若手議員は「選挙で忙しく、政策勉強の時間がない。何のために国会議員になったのか…」とぼやく。官僚から一夜漬けでレクチャーを受け、質問している姿を見ると、脱官僚の大合唱が絵空事に聞こえる。

一方、大量生産からソフト開発への転換を迫られる経済界では「科学技術振興」は急務になっている。加藤幹事長は「300億円を科学技術振興に充てる」と力説する。

しかし、金さえ出せば簡単に科学技術が生まれるのか。ここでも、求められるのは前例にとらわれない独創的発想だが、はみ出さないエリートにマニュアルにない自由な発想を期待するのは難しい。

多面鏡

首都移転、雪国除外はなぜ？

（1995・11・16）

首都移転候補地として「特別豪雪地は対象外」とする政府の国会等移転調査会の最終報告が固まった。豪雪地帯が大半の本県は、候補地から外されたと同じだが、県、経済界、県選出国会議員の反応は鈍い。首都移転を最大の地方分権と位置付け、官民一体で積極的に誘致合戦を展開する宮城、福島両県に比べ、本県は名乗りも上げていない。

「雪国除外」の背景には、今年1月の阪神大震災で早急な遷都論が急浮上、危機管理面からの「災害もなく東京からも近い安全地帯」への首都移転が基本路線になったことが挙げられる。「雪は災害」という固定概念が根強い霞が関の反映とも言える。耐雪から克雪、利雪・親雪へとプラス転換してきた雪のイメージを逆行させるものでもある。しかし、首都機能移転は本来、超過密化し限界に来ている東京から国会、霞が関、裁判所を移転し、東京一極集中を解消するのが狙い。インフラ整備の遅れている地方に首都を移転し、地方分権、国土の均衡ある発展を図ることに意義があったはずだ。

雪国の後進性脱却を目指し、〝表日本〟政治に挑戦した故田中元首相は「豪雪地帯ほど工業化に適している。雪は天然のダムであり、水は豊かで土地は広く、優れた滞在労働力を擁しているからだ」（『日本列島改造論』）と、雪国時代の到来を予言した。全国雪寒地帯対策協議会長でもある平山知事は「雪国は首都不適格」の烙印《らくいん》が押されても反論しないのか。候補地に名乗りすら上げないのか。無反応な国会議員にも真意を聞いてみたい。

多面鏡

どう変える「災害」のイメージ　（1995・11・26）

首都移転問題で政府の国会等移転調査会が最終報告案に盛り込む予定だった「豪雪地除外」の選定条件が、国土庁局長の撤回発言で削除される見通しが強まった。形の上では、政が官を押さえ込んだ格好だが、今回の首都移転論議は地方と中央、「裏」日本と「表」日本の対決など、現在の日本政治が抱える矛盾やタブーをあぶり出している。

「豪雪地除外」は「雪国はイヤ」という霞が関官僚の本音を露呈させた。雪国差別とも受け取れる、まさに〝中央＝表〟の本音だ。

霞が関は今、予算時期を迎え陳情ラッシュ。雪国の首長も官僚には「いかに雪国は大変か」を切々と訴える。予算獲得のために豪雪被害を訴えれば訴えるほど「雪は災害」というイメージを官僚に植え付けるジレンマを抱える。雪を知らない官僚の「雪国イコール災害」とするマインドコントロールを、どう解き放つかが課題になる。

「原発が世界一あるのが新潟です」。桜井新氏らが国土庁幹部と会談した際、役人の一人が「悪いのだけが新潟に集中している」という意味で、本県に同情的発言をしたという。しかし、本人の意図はともかく「原発立地県に首都が行けますか」とも聞こえる。ある代議士は「特豪除外は、原発は危険だから除外と同じタブー」と指摘した。

「これはだれも大きな声で言わないいんだが…。国会召集、衆院解散には天皇の署名が必要で、皇居と1時間以内の地域になる」と、首都移転と天皇の国事行為の関係に言及する国会議員もいる。

【追記】１９９５年10月に政府の国会等移転調査会（96年に審議会）が審議していた首都移転先の選定条件案に「豪雪地除外」が盛り込まれたことに県選出国会議員、平山知事らが「地域への冒瀆《ぼうとく》」「役人の都合」と強く反発。本紙は、平山知事、猪口孝氏（国連大学上級副学長）、田村重信氏（自民政調会総裁担当）ら6人にインタビュー、「首都機能移転『豪雪地除外』を問う」シリーズを95年11月28日から12月3日まで6回キャンペーン報道。最終報告では「豪雪地除外」条件が削除された。

多面鏡　納得できぬ血税投入

（１９９６・１・28）

本格論議が始まった住専国会で「金融システムの安定」という錦の御旗が闊歩《かっぽ》している。国は、バブル崩壊―不動産価格・株価下落―不良債権―金融機関の破綻―金融恐慌という最悪のシナリオ回避を、公的資金投入の最大理由に挙げる。

国民は「金融恐慌が本当に起きてもいいのか」と国から脅されている気分になり、「出ないお化けにおびえる」ムードが浸透しようとしている。しかし、財政支出しないと本当に金融パニックに陥るのか。バブル経済に踊った金融機関の穴埋めに投じられるのは、国民1人当たり５４００円強もの血税だ。にもかかわらず政府は、住専の大口融資先すら匿名発表。刑事責任追及も、二信組事件など破綻した表面化したケースだけで、氷山の一角でしかない。

阪神大震災では多くの人が家を失い、二重の住宅ローンに苦しんでいる。それでも国は「自助努力と自己責任」を理由に個人補償はしない。

一方、災害でもバブル崩壊で不良債権を抱える金融機関だけは「社会の血液、動脈」（大蔵省銀行局幹部）と特別扱い。銀行員の高額給与についても「長年の労使関係で築き上げたものだから、下げろとは言えない」と大甘。大銀行はどこも、一等地に巨大で堅牢《けんろう》なビルを構えている。本店を売却したとか、賃金を大幅カットしたとかの話は聞いたことがない。住専の大口融資先には、暴力団と関係のある不動産会社もある。一滴の血も流さないで「悪いやつほどよく眠る」では納得できない。

（1996・2・22）

多面鏡　首都移転論議と大学移転

「子供のことなら母親は夢中になる。子供の教育がしっかりできないと、新首都には人は集まらない」。東京都内で開かれた首都機能移転シンポジウム（北海道・東北21世紀構想推進会議主催）でパネリストの大学教授が「首都移転と教育」の不可分の関係に言及した。この教授は「早稲田、慶応を持ってくれれば、首都移転は必ず実現する」と持論を展開した。国会、官庁街などハードだけでは、官僚の家族は来ない。有名大学を一緒に移転すれば、地域には人も集まる——というわけだ。

東京では幼稚園、小学校から受験戦争が始まる。永田町の国会議員、とりわけ2世議員には、中高から東京の付属中に入学—卒業したケースが多い。某代議士秘書も今春、中高大一貫教育の付属校を目指して家族一丸の2世受験作戦を繰り広げた。めでたく合格させた父親は「これで一安心」と胸をなで下ろすが、国会が移転しても「単身赴任だよ」と話す。

そういえば、県庁に出向している霞が関官僚の中にも家族を東京に残し、新潟での単身赴任に耐えている幹部がいる。平山知事も確か、お嬢さんの教育問題を理由に全国でも珍しい単身赴任知事だ。教育問題がいかに人の移動に深くかかわっているかの証左といえる。

国会移転後も東京は依然として経済、文化の中心。新首都は政治の中心との位置付けだが、国会都市は国際都市でもある。教育、文化都市の顔も必要な気がする。首都圏の大学の地方分散の視点も首都移転論議に見逃せない。

多面鏡　混迷政局が不信感増幅

（1996・3・17）

住専処理を巡り空転国会が続いている。新進党の予算委員会前の座り込みも、16日で13日目に突入した。本県選出代議士のベテラン秘書は「永田町が本当に嫌になった。政治に関わる身が恥ずかしい」とうんざりした表情だ。

調停役・土井たか子衆院議長は、話し合いを勧告するだけ。10日の自民党4区支部設立総会で、田中真紀子氏は「議長がなぜ衛視を使って立ち退かせないのか。権力を行使しないのは責任回避」と批判した。

橋本首相も強いリーダーシップを発揮できていないが、次は新進党・小沢一郎党首の著書『日本改造計画』の一節だ。「これまで権力を行使する危険性ばかりが喧伝《けんでん》されてきた。現在の政治の閉塞《へいそく》状況をもたらしているのは、むしろ権力を行使しない危険性によるものだ。首相が権力を行使せず、混迷の事態を放置していたことである」――立場違えば、信念も変わるらしい。

いかに「時代の風」をつかむかが政治の要諦という。国会議員は与野党とも、次の小選挙区選挙で「住専風」を「追い風」にしようという戦略だけが見え隠れする。座り込みも選挙戦術の一環といえなくはない。梶山官房長官は最近、会見で「株価2万円割れ」を「それを見たことか」と言わんばかりに他人事のように強調する。連立与党政権の「不作為の罪」も重い。政・官・業の深い闇の世界をあぶり出した住専問題は、政治の混迷と不信をも浮き彫りにしている。

多面鏡　落差大きい「人命の代償」　（1996・4・2）

エイズウイルス（HIV）訴訟の和解が先週末の3月29日、提訴以来7年ぶりに成立した。2月下旬には新潟水俣病二次訴訟が和解し、連立政権下で公害、薬害訴訟が相次いで決着している。

「水俣病の論議でも感じたことが、行政はいったん方向を決めると、なかなか変えられない体質を持っている。その性格が悪い形で出ると、不幸な結果を生むのが過去の例だ」。エイズ問題を集中審議した衆院厚生委で、菅厚相は〝お役所体質〟を批判した。

厚生省と環境庁。エイズと、水俣病を所管する行政官庁とは異なるが、硬直化した体質は同じ。しかし、厚相が国の法的責任を認めて謝罪したHIV訴訟に比べ、最後まで国の責任を認めなかった水俣病訴訟は、救済面でも対照的な「不幸な結果」を招いた。

HIVの和解一時金は1人当たり4500万円。一方、新潟水俣病はその17分の1わずか260万円。「人の命の値段に、何であんなに落差があるのかね」――水俣病訴訟の早期解決に加わった本県選出自民国会議員のつぶやきだ。水俣病も不治の病。長期化する裁判で、偽患者の汚名と偏見に耐えながら鬼籍に入った貴い人命の代償が、なぜこんなにも違うのか。高度成長を推進し、利益第一主義の企業の論理を黙認した国の結果責任は、同罪ではないか。

高齢化で国への訴えを取り下げざるを得なかった水俣病患者の無念。そして、今も苦しむ患者の苦悩を思うと、両訴訟の賠償額の落差は何とも釈然としない。

多面鏡　分かりにくい先送り決着

（1996・4・12）

「あの座り込みは一体何だったのか」。1996年度予算案が衆院を通過した11日、本県選出の新進党議員は天を仰いだ。何とも分かりにくい玉虫色決着だった。住専予算の財政支出を事実上、凍結した与野党同意のことである。

本会議に先立った予算委論議も、強行採決を巡り同党がピケを張った先月の殺気ムードから一転、緊張感はゼロ。住専処理への血税投入も、闇献金疑惑が浮上した加藤自民党幹事長の喚問問題も不透明なまま先送りされた格好だ。

住専予算を巡る与野党の攻防の底流は、突き詰めれば次期総選挙をにらんだ生きるか死ぬかの激しい権力闘争にほかならない。小選挙区選の争点が住専処理の血税投入になれば、与党にとって何より怖いのが国民の不満・批判票だ。一方野党は、税金投入を決めた与党を批判することで有利な展開を狙っていた。しかし、血税を投入するのしかしないのか分からない玉虫色決着では、国民の批判・不満はどこへ向かうのか。選挙になっても判断しようがない。

住専問題での大蔵省、HIV訴訟の厚生省、さらにTBS問題でも、正確な情報公開が叫ばれている。だが、永田町の国対政治は、途中経過だけでなく、結末の意味すら国民に伝えていない。党利党略だけが目立つ談合政治を葬り去ることは、たとえ政界再々編が行われても実現性が薄い。国民に選挙の判断材料すら示せない分かりにくい政治は、百害あって一利なしだ。

多面鏡　危うい橋本色を許した社民　（1996・4・20）

大統領選を控えたクリントン米大統領と住専問題で支持率急降下の橋本首相が、共に人気回復を狙う政治ショーの側面もあった日米首脳会談は、日米関係の固い絆を確認し、18日終わった。

安保共同宣言に盛り込まれた「防衛協力指針」の見直しは、極東有事の際の日米協力研究を開始することを含み「米軍の武力行使と一体となる後方支援は違憲」とした集団的自衛権の政府見解の見直し、有事立法着手を意味する。

自民党政策担当者は、「今回は完全に政治主導。強いリーダーシップを発揮した」と首相の指導性を評価する。だが同党内には「得点を稼いだが、性急過ぎはしないか。有頂天になっていると、過大な防衛負担を要求される」と警戒する声が出ている。

大体、違憲としていたはずの国防政策の根幹を、国会審議や国民的論議抜きの「共同宣言」方式で、トップがなし崩し的に方向転換させていいものか。橋本カラーの危うさを感じる——と危惧する声さえある。しかも、やはり宣言に入った沖縄の米軍基地縮小には、普天間基地返還というアメの代わりに本土にも基地機能を分散し、日本全土の軍事基地化に道を開く危険が見え隠れする。

極東有事の際の「民間飛行場、港湾施設の提供」が検討課題になったが、文字通り受け取れば、緊迫する朝鮮半島に最も近い新潟空港や佐渡空港も、決して例外ではないということだ。こうした政府首脳のトップダウン方式を簡単に許してしまう背景には、与党内に埋没してしまった社民党の存在の希薄さがある。オール保守化の今、政府首脳の行き過ぎを牽制する政党の存在と責任が問われている。

多面鏡　不可解な小沢氏の動き　（1996・5・10）

新進党は野党なのか。そんな疑問を持たざるをえないほど、小沢一郎党首の最近の動きは不可解だ。細川・羽田政権で当時の社会党に次々と高いハードルを突きつけ、政策変更を迫った豪腕ぶりから一転、自らハードルを低くし、政権にすり寄る姿が目立つからだ。

「ワールドカップの日韓共同開催と同じ。こちらから頼んだ覚えはない」。訪中した竹下登元首相に同行した旧経世会の自民党国会議員は、北京での小沢氏の「自民と連携」発言に不快感を示し「新進は野党ではない。非与党だ」と皮肉った。

保保連合への布石かと憶測を呼んだ5日の竹下・小沢北京会談。同行自民議員は「ゴルフの話だけ」と政局絡みを否定。「小沢氏の方から酒とつまみを持ってきた」と、同氏側のすり寄りを強調した。

同氏は先月発行した著書『語る』で「迎合型政治というのは、国民に対していろいろ耳触りのいい話をしながらやっていく」と責任型政治を訴えている。

だが、竹下・小沢会談は、旧経世会の分裂以来、たもとを分かった竹下氏への迎合と映る。普天間基地返還決定後の「集団的自衛権合憲発言」といい、相次ぐ与党迎合発言に「こちらが自民党と生きるか死ぬかの戦いをしている最中、どうなっているんだ」(新進党県選出議員)と、党内からも批判が出ている。

政権維持のために路線を変更した、と社民党を批判した小沢氏だが、保保連合＝与党復帰のために与党にすり寄る姿とどう違うのか。「男が媚《こび》を売る姿は酷く悲しい」。旧経世会のかつての同僚議員は、こうつぶやいた。

(1996・5・19)

多面鏡　今こそ本格憲法論議を

「55年体制の時代から、仮定で論争をして自縄自縛になってきた。必要なのは神学論争じゃない」。橋本首相は先月、モスクワで極東有事研究について憲法論争先送りを強調した。

確かに「改憲＝戦争・軍国主義」「護憲＝平和・民主主義」という政治スローガンが先行した自社対立時代は、有事対応の検討すらタブー。過去の侵略戦争への負い目もあってか、国民は平和ムードにどっぷり浸り、政府も曖昧な答弁に終始して、防衛問題に限らず危機管理対策を怠ってきた。

昨年の阪神大震災では、当初「自衛隊はなぜ自主出動しなかったのか」という疑問が出た。記者も自治体の出動要請がないから自衛隊派遣が遅れた、との政府答弁に怒りすら覚えた。地下鉄サリン事件でも、危機管理対策の欠如が批判された。

しかし、自衛隊は単なる災害救助隊ではない。憲法で禁止された「武力行使」の軍隊だとの主張が、国民の間に依然として根強い存在である。正真正銘の軍隊だとすれば、自主出動が許されるはずがない。違憲か合憲かの憲法論議を棚上げにした危機管理対策論の危うさに、愕然《がくぜん》とした覚えがある。

朝鮮半島、中台問題など極東有事への具体的対策を検討するのは政府の仕事である。だが、憲法論議を先送りした有事研究には、なし崩し的な解釈改憲につながりかねない姑息《こそく》な政治戦略が見え隠れする。湾岸戦争とは違う極東周辺の「今そこにある危機」を前にした今こそ、たとえ神学論争といわれても、国民的な憲法論議を巻き起こす必要があると思う。

多面鏡　非常識極まる永田町の感覚

（1996・6・9）

今国会のハイライトになるはずだった4日の加藤紘一・自民党幹事長の参考人招致は、野党の追及不足もあって共和献金疑惑の真相解明とならなかったが、傍聴していて疑惑は一層深まったように感じた。同幹事長は「献金があったのが事実なら、チャンスをみて返してほしい」と、元後援会長に1千万円を渡したという。献金の事実を否定しながら、ともかく返済をするのが永田町の常識らしい。「もらってはいないが返した、というのが一番の疑問」（共産党）—これが国民の常識だろう。「1千万円といえばポケットに入るカネではない」と新進党議員が発言したときには、与党席から

「1千万円くらい何とかなるよ」とヤジが飛んだ。この金銭まひも〝非常識な永田町感覚〟の氷山の一角だ。

議員報酬だけでなく、政党助成法で共産党以外は政治活動費にも血税が投入される「補助金政党」になった事実と自覚を、当の国会議員が既に忘れているとしか思えない。

金融特別委では当初、大蔵省中心の金融行政の見直しも重要テーマに入っていた。大蔵改革の急先鋒《せんぽう》・加藤幹事長が疑惑で立ち往生したこともあるが、税金投入だけに議論が集中してしまい、大蔵解体論が立ち消えになったことも残念でならない。

「大蔵を敵に回せば、予算で手痛いしっぺ返しを食らう」(県選出代議士)という大蔵省への及び腰も、与野党共通の永田町の常識らしい。国民の疑問にも不満にもこたえられない住専国会の姿は、永田町の非常識を次々とあぶり出している。

(1996・6・23)

多面鏡　無防備な日本の危機管理

「新潟に敵が上陸しても、現行法では自衛隊の戦車が信号機でストップしなければならない。これでは戦争にならない」。自民党の安保調査会で13日、講演した宮沢喜一元首相は、朝鮮半島有事の新潟上陸のシミュレーションを示し、無防備な日本の危機管理を嘆いた。

突然の本県登場にびっくりさせられたが、それ以上の具体的な言及はなし。「有事立法は福田内閣で立法化しようとしたが、当時は社会党の反対でできなかった。今まで怠けていた」と、元首相の話は政治の怠慢に対する自戒と、有事法整備の強調へと続いた。

先月、朝鮮民主主義人民共和国（北朝鮮）の兵士がミグ戦闘機で韓国に亡命した際、ソウルで鳴るはずの空襲警報が作動せず、担当者が逮捕された。しかし、日本では「東京が空襲を受けても警報すらならない。どう対応するか決まっていない」と言い、国連平和維持活動（ＰＫＯ）の自衛隊派遣では「部隊で襲われても、個人の正当防衛でなければ反撃・発砲できない。行く方の身になって考えてほしい」とも言った。

同党内ハト派の代表格にしては思い切った発言と感じたが、一方で「集団的自衛権の伝統的解釈に挑戦しようとは思わない。海外で武力行使してはならない」と、集団的自衛権合憲に転じた小沢一郎党首とは一線を画した。

その新進党内には「党首の外交政策は自民党の右、連合赤軍ならぬ極右の連合白軍。このままでは少数派」（閣僚経験者）と、迫る選挙を意識した指導勘定で安保・有事問題をとらえる向きもある。

有事論議は憲法問題。選挙戦術や政界再編の利害と切り離し、与野党を超えた議論が必要と思える。

（１９９６・７・10）

多面鏡　首都機能誘致、見えない知事の顔

「福島県は首都機能移転誘致に熱心で、いろいろパンフレットを作っている。知事は乗り気でないようだが…」。９日開かれた県の国家予算要望の席上、吉川芳男参院議員が首都機能の本県誘致に消極的な平山征夫知事にやんわりと注文を付けた。

自民党雪寒地帯委員長でもある吉川氏は昨年、桜井新氏らと国会等移転調査会が示した新首都選定基準案の「豪雪地除外」に抗議、撤回させた。本県が新首都に立候補する露払い的役割をした同氏にとって、名乗りを上げない知事の姿勢が不満らしい。

知事は「県内の特定の市町村からの要望はない。県議会からも、特定地域を挙げた誘致の声は聞こえてこない」と、地元希望がないことを誘致運動をしない最大理由に挙げた。「県民の大多数が必ずしも望んでいない」とする知事の判断基準の一つが「県政モニター」のアンケート結果である。

150人のモニターの調査結果では、本県への首都移転に反対が約54%と、賛成を18ポイント上回った。しかし昨年12月、県議会は「本県は広大な平坦地…、高速交通の利便性にも優れ、移転先として極めて好適な条件」と移転要望の意見書を採択、国に提出している。吉川氏は「県政モニターがどの程度の権限があるのか。最終的には県議会が決めるのではないか」と知事にただした。県議会よりモニターの意見を優先させる知事の政治手法に、異論を唱えたとも取れる。

県議会意見書も県政モニターも共に民意。どちらを尊重するかは平山知事の政治手法ではあるが、知事自身の判断は伝わってこない。知事選目前、そろそろ「顔」が見えてきてもいいころだ。

（1996・7・21）

多面鏡　「小選挙区」に苦悩する長老

1区新進党公認の小沢辰男氏比例代表転出話が17日、本人の口から飛び出した。12月の誕生日で80歳を迎える当選12回、厚生族のドンは、35年間も「小沢」と書き続けた支持者と党のはざまで揺れる胸中を語り、ときに涙した。自民党の村山達雄氏も当選11回、大蔵官僚出身で「税の村山」と異名を取る大蔵族の重鎮。81歳ながら党税制調査会長で活躍、比例代表の名簿登載上位が決まっている。

同党が公認候補を決めた昨年の初夏だった。比例に回った村山氏に「なぜ比例か」と問うと「もう汗をかく年ではないよ。若い桜井（新）さんたちに頑張ってもらいたい」と寂しげに語ったものだ。県内長老議員の両雄の姿は、熾烈《しれつ》な小選挙区が、知識と経験にたけたベテラン議員を比例に押し出しかねない残酷な一面をあらわにしているとも言える。

小沢氏が新潟市で比例転出要請を説明した同じ日、東京・永田町の自民党本部では、中曽根康弘元首相をはじめとする同党難航区の候補者調整が、最終盤に入っていた。翌日未明の決着は、同元首相は「比例で終身名簿1位」。これで「終身議員として選挙の憂いなく、引退せずやっていただける」（加藤紘一同党幹事長）ことが可能になった。

しかし「終身議員を保証する」党裁定は、国民が選挙で議員を選ぶという議会制民主主義の根本を否定するものではないか。候補者選びで政党が終身議員の称号を授与するような与党のおごりが、新選挙制度の欠陥をもあぶり出している。

（1996・8・29）

多面鏡

見えない「鳩バス」の行き先

「日本人は殿様は好きだけど、金持ちは嫌いなんだ」。鳩山・武村会談が決裂含みで始まった27日夜、鳩山新党への同調者が広がらない様相を、ある自民党代議士はこう言い切ってみせた。殿様とは、前回総選挙前に新党ブームを巻き起こした細川護熙元首相。金持ちとは、音羽御殿の主の鳩山由紀夫氏のことだ。

新進党の船田元氏との蜜月時代は、船田氏側の申し出もあって「鳩船」新党だった。その後、由紀夫氏の弟の邦夫氏（新進党）も加えて「兄弟船」新党に。そして「船」色が薄れた「鳩バス」に乗り遅れるなとばかり、新党さきがけの武村正義代表らが参加しようとすると、由紀夫氏は乗車拒否した。

武村代表といえば、政局のキャスチングボートをつかむ名人。一度も野党経験がなく、当選わずか3回で官房長官、大蔵大臣と出世の階段を上った。ジェラシーの海の永田町に敵は多いが、今回ばかりは初めて挫折を味わった同代表に同情的だ。武村嫌いを公言する県選出与党代議士も「政治は情の世界だ。世話になった先輩を切って捨てるような人に、だれも付いていていかない」と言う。

しかし、鳩バスツアーの行き先（政策・理念）を明示しないままの見切り発車も問題だが、決まっていないのを知りながら、ブームを当て込んで乗り込もうとする節操のなさもいかがなものか。どっちもどっちというのが、大方の見方ではないか。

「政治は愛」と言い切るスマートさは当初、権謀術数が渦巻く永田町で新鮮だった。だが、個人参加といいながら「排除の理論」で兄弟新党の性格を強める鳩山新党。「愛だけでは食えない」庶民に「金持ちの道楽新党」と映っては、風が吹くはずがない。

多面鏡

不安と期待入り交じるXデー

（1996・9・7）

ここに来て年内の衆院解散・総選挙が確実な情勢になり「10月解散」風が一気に吹き出した。9月に入っても、東京・永田町の衆院議員会館は、主不在が続いていた。未体験ゾーンの小選挙区を前に、県選出代議士は背水の陣で地元に張り付いているからだ。上京しても「総選挙はいつなんだ」と、解散風の行方を探る日々だった。

解散を見極める政治課題は、景気・沖縄・新党の3点セット。4日、都内で開かれた参院自民研修会には衆院議員も出席、解散権を握る橋本竜太郎首相の一言一句に注目が集まった。が「どんなに先に延ばしても来年7月までには選挙がある」との肩透かしに、落胆だけが広がった。

ただ、首相は「景気回復は、従来の経験が役に立たない時代だ」と、公共事業主体の景気対策に疑問を投げかけた。これが大型補正予算を先送りする臨時国会冒頭解散＝「10月危機説」のシグナルといえなくもない。

野党時代の自民党政調会長だった首相と苦楽を共にした側近の一人は「竜ちゃんは義理人情の人。総理の席を禅譲してもらったトンちゃんとの信義を第一に考える。トンちゃんがＯＫを出さない限り、解散には踏み切らない」と、社民党首・村山富市前首相との合意を解散条件に挙げる。

「早くやってもらわないと、カネが続かないよ」と悲鳴を上げていた県選出自民代議士も、臨戦態勢に入った。不安と期待が入り交じった解散Xデーのカウントダウンが始まった。

多面鏡　パソコン会談で新党ゲーム　（1996・9・15）

マルチメディア時代が、義理人情の永田町の風景を変えつつある。合従連衡を繰り広げる政界では、いつ、だれがどこで会ったかは、政界再編の先を読む情報として極めて有力だった。ところが最近は、議員同士がパソコン通信で会談、意思の疎通を図る。「鳩船新党」が騒がれた際、船田元氏は「鳩山（由紀夫）氏とはパソコン通信で、毎日話している」と語っていた。

小沢一郎党首の党運営を月刊誌で批判した熊谷弘元官房長官も、論文の中で「必ずしも顔を合わせずとも、現代においてはパソコン通信など、さまざまな通信手段を駆使し、協議を重ねることができる」と述べている。鳩山氏と菅直人厚相の「菅鳩新党」（民主党）は、基本理念で「戦後生まれ・戦後育ちの世代中心」の新党を目指すとした。具体的政策でも「2010年までに全家庭に情報ネットワークの端末設定」を掲げ、インターネット世代の若年層に照準を当てている。

派閥で酒を酌み交わし、顔を見ながら互いの結束を確認し合った永田町の親分・子分の縦社会は、こうしてパソコン通信の並列社会に転換しつつある。パソコン会談でだれかが「集団離党」のキーを押すと、ある日突然、一斉に政界再編のドラマが始まることも、まんざらありえぬ話ではない。マスコミにとっても怖い話だ。いずれにしろ、真夏の夜の「新党結成劇」が、観客（国民）に何の感動も呼び起こさないのは、観客と対面もしない永田町の数合わせ一人芝居に見えたからではないのか。国民不在の「新党ゲーム」に観客は飽き飽きしている。

多面鏡

迷走航路どこへ行く社民党

（1996・9・29）

村山政権が発足した2年前の夏だった。首相官邸を2人の社会党（当時）県本部幹部が訪れた。基本政策を次々と転換した総理は「党の理念より連立の理念を優先させないと、この内閣はもたん」と言ってのけた。

県幹部らは官邸フリーパスに喜色満面、支持者を引き連れた官邸もうでに、国会議員も〝与党の春〟を謳歌《おうか》した。

その党がいま、小選挙区を目前に混迷。かつてマドンナ旋風を巻き起こした救世主・土井たか子氏を、再び「船長」に迎え、1人生き残り小選挙区という荒波に船出させようとしている。

「消費税、安保など政権時代の政策と行動の点検が大事」と〝再生スタート〟で原点を強調するオタカさん。だが、村山氏だけに社党衰退の責任を負わせていいものか。小選挙区法案の参院可決後、本意でなかったといえ、当時の土井議長あっせんが細川護熙首相、河野洋平自民党総裁のトップ会談を成立させたいきさつもある。反対票を投じた志苫裕氏は「党は集団自殺しようとしている」と嘆いたものだ。

「消費税反対で国民の支持を得た党が、与党になると税額アップの提案者になる。これが社民党の政治ですか。朝令暮改の節操なし。もう手遅れです」（大阪・女性）。土井氏に届いた手厳しいファクスに、選挙戦でどう応えていくか。

多面鏡　**重複性の矛盾に戸惑い**

（1996・10・16）

「今度は、たった1人を選ぶ厳しい選挙なんです」。県内でこんな生き残りを掛けた候補者の必死の訴えが響き渡っている。本当だろうか。厳密に言えば答えは×。重複立候補者には小選挙区で落ちても比例で当選するダブルチャンスがあり、1選挙区から複数当選者の可能性があるからだ。

自民公認で重複（比例6位）の高鳥修候補と新進、民主など推薦の無所属・筒井信隆候補の事実上の一騎打ちとなっている6区。両陣営から垂涎《すいぜん》の的になっているのが宮越馨上越市長の動向。市長は今のところ両陣営の総決起大会に顔を出し、二股の構えだ。

来年の市長選を控えている市長にとって敵を作らない等距離外交こそ最善策というわけだ。双方から踏み絵を突き付けられる市長はハムレットの心境。「（重複の）高鳥さんも（小選挙区のみの）筒井さんも両方が当選するのが一番良い。それができれば神業だね」と〝2人当選〟を祈る。

小選挙区制の死票の救済手段のはずだった重複制だが、投票日の20日に落選候補が再び生き返る奇妙な風景が全国あちこちで起きることを想像すると、どこか釈然としない。

重複制の〝盲点〟を突いた戦略も横行している。県内の一部無所属や、公認候補ですら陣営の末端では「小選挙区は（自分の名前の）○○を、比例は（相手候補の）○○党を」というねじれ戦術が出ている。「比例は相手候補名を」との無効票の奨励まであるという。過渡期とはいえ有権者を戸惑わせる何でもありの選挙風景は、重複制の矛盾を露呈している。

多面鏡　非情なドラマに1票の重さ　（1996・10・27）

「落ちればただの人」――都内一等地の宿舎も数々の議員特権も、一夜にして奪われる落選議員。首相官邸や国会がある国政の表舞台・東京「永田町」。その一角、2棟の衆院議員会館では、選挙の翌日から新旧交代の非情なドラマが始まっていた。

今回立候補した前職は、全国で456人。このうち永田町にカムバックできたのは349人。107人がバッジを失い〝帰れぬ人〟となった。本県でも3前職が涙をのんだ。主を失った議員会館では、人目に触れぬよう引っ越し作業の真っ最中。「この時期、普段開けているドアを閉めるのが永田町のルールなんです。明日はわが身。武士の情けですよ」。敗者にはどこまでも冷酷な政治の世界だが、当選県選出議員の秘書氏は、段ボール箱を廊下に積み上げた隣の落選事務所を気遣う。

「議員会館裏に早急に返却してください」。こんなステッカーが張られた台車が、廊下を絶え間なく行き交う。引っ越し必需品の台車が、落選議員同士で奪い合いになるからだ。「これからどうなるか。2日間で出ろといわれても…」。引っ越し業者が出入りする事務所でわびしくカップラーメンをすする落選した県選出前職の秘書氏。騒然としたムードは、倒産企業の慌ただしい撤退風景と重なる。

1票でも多い方が笑う新制度は、多くの課題も残した。10万3千票を獲得しながら散った筒井信隆氏は、全国一の高得票落選者という「不本意な記録保持者」となった。敗者復活の重複制の矛盾も浮き彫りになった。1票の重さの意味と格差を、今回ほど痛感した選挙はなかった。

多面鏡

〝閣外与党〟は責任逃れ

（1996・10・31）

政権協議が続く永田町だが、自民党単独政権の方向で固まりそうだ。さきがけはともかく、是々非々対応の閣外協力という社民は。与党なのか野党なのか、さっぱり分からない。

「安保・防衛問題もまた一からやり直し。もうやってられないよ」。社民との政権協議に加わった自民政調会の一人は、うんざり顔でつぶやく。

土井たか子党首をいただき、参院で一定勢力を占める社民党は「自社さ連立政権では埋没した。各法案に是々非々で臨み、党の存在を主張したい」（大渕絹子参院議員）としている。大渕氏は「でも閣外協力ならば、首相指名では橋本、不信任案にも賛成できない」と、与党色に割り切れぬ様子。

鳩山由紀夫代表が「権力にはすり寄らない」と明言していた民主党は、日に日に野党色を強め、かつての抵抗野党・社会党とは違う責任野党を目指すという。民主党のもう一人の代表、菅直人氏は「国会で立法を通じて行政を動かす」と、政策ごとの是々非々を強調する。だが、その菅氏にしても、与党の閣僚・厚生大臣だったからこそ、厚生省改革が可能だったのではないのか。

かつて「左（野党）の夢（政策）は、右（与党）でなければ実現できない」として右旋回した政治家がいたように、権力の中枢に入って改革する方が、責任も重いし、自覚もいるとするのが大方の見方だ。是々非々といえば聞こえはいいが、国民の反発を買う部分は反対し、おいしいところだけをつまみ食いする〝閣外与党〟なら「責任逃れ」としか映らない。

多面鏡

武闘派大臣の官僚改革期待

（1996・11・9）

「人生50年、おれは（織田）信長より生きた。後の人生は死んだつもりで政治にささげる」。50歳を迎えた昨秋、今回最年少で入閣した白川勝彦自治大臣は、敬愛する戦国の武将を引き合いにワイシャツを腕まくりしながら語った。

公家集団と揶揄される宏池会（旧宮沢派）にあってエネルギッシュな行動力とパワーは異色の存在。目的に向かって脇目も振らず一直線に突っ走る直情径行ぶりから「敵も多い」という永田町評もある。最近は「学会は政界のサリン」と創価学会攻撃の急先鋒で鳴らした。

自らもキャッチフレーズに〝闘う〟を使う。自社連立政権の基礎となった「リベラル政権を創《つく》る会」代表では「闘うリベラル」を標榜《ひょうぼう》した。8日の自治省での就任あいさつでも「私は武闘派」と官僚機構との対決姿勢を示した。昨年9月には「橋本総裁を実現する会」事務局長として多数派工作に不眠不休で奔走した。その際の過激なパワーを知り抜いている橋本首相は大臣就任直後に「君が全力を出すとあちこちで問題が起きるからほどほどに」と、〝減速指令〟を出したほどだ。

自治相・国家公安委員長といえば、地方分権だけでなく重複・敗者復活で評判が悪かった新選挙制度改革も課題。警察行政のトップとしてオウム事件を未然に防げなかった硬直化したシステムの見直しも迫られている。第2次橋本内閣は行革政権。橋本首相も恐れる武闘派大臣のパワー全開で官僚機構改革に切り込んでほしい。

多面鏡

現代版〝参勤交代〟の在り方に一石（1996・11・28）

国会周辺のイチョウが舞うこの時期は、永田町と霞が関が1年で最も活気づく季節だ。現代の〝参勤交代〟と揶揄されながらも、地方からの陳情ラッシュの波は止まらない。この陳情のあり方に一石を投じる一幕が、27日早朝の予算要望説明会であった。田中真紀子氏がホテルの朝食付き説明会にかみついた。「県職員40人。国会議員14人。一体いくらかけているんですか。朝飯なんて要りませんよ。地方の改革が必要というなら、こういうことから変えるべきです」と真紀子節。

平山征夫知事は最初「今後、検討したい」と答弁したが、「(県幹部の大挙上京で）県の機能がマヒしてしまうじゃない」との二の矢に「予算陳情だけに来ているのではない。心外」と色をなし「議員会館の会議室で十分。血税をどう使うか、若い知事さん考えて」と畳み掛けられると、ついに「やめることも含め…」と声を震わせた。

陳情を要望に言い換えても、中央が予算を握っている限り、お願いスタイルは変わらない。官官接待のルーツもそこにあった。予算だけでなく、県の副知事や部長ポストも中央官僚が握っている現実がある。

白川勝彦自治相は先の地元会見で「中央から行った人が、陳情会にずらっと並んでおり、漫画だ。陳情に並ぶ県幹部の半分以上が中央から来ている姿は、地方分権の立場で考え直したらいい」と発言した。では、陳情を一切やめたらどうなるのか――。権力構造が変わらない中で知事の悩みは深い。

多面鏡

志低い現代の〝低級官僚〟

（1996・12・1）

霞が関の高級官僚不祥事が相次いでいる。警視庁の捜査は、厚生省トップだった岡光序治前事務次官にも及び、贈賄容疑で逮捕した社会福祉法人理事長の6千万円提供供述を基に、収賄容疑での立件に乗り出した。その岡光前次官と田中真紀子氏が、さる6月18日、エイズ問題を審議する衆院厚生委員会で対決していた。

田中氏「岡光局長（当時保険局長）は厚生省のエースとうかがっておりますので、期待します」

岡光氏「私ども、あらゆるところに情報のアンテナを張り、国民の福利厚生を向上するという観点で仕事をしなきゃいけない…」

この模範的な役人答弁も、高級車の供与から始まり多額現金授受の疑惑が明らかになった今、「利権情報にアンテナを張り、自己利益を図る観点で」と聞こえてくる。

ほかの官僚はどう受け止めているのか。「接待は情報交換の場。飲食やゴルフくらいは許される」という声は多いが、東大同窓のキャリア組は「額がけた外れ。マンションなど形に残したのはまずい」とあきれ顔だ。官官接待批判が高まった1年前、本県の部長職を経験したある自治官僚は「批判の陰に隠れて、官官より悪い民間の接待攻勢は野放し」と、民間接待の危険性を指摘していた。民官接待という業・官癒着の実態は、情報公開も通用せず、司法当局のチェックしかないからだ。

ミスター通産省と呼ばれた事務次官・佐藤滋氏をモデルにした『官僚たちの夏』（城山三郎著）は、

「天下国家のために汗をかく通年残業省」を描いたドラマ。「政財界の思惑や利害に左右されない」を信条とした同氏は、退官後も天下りしなかった。現代の〝低級官僚〟とあまりに志が違う。

（1996・12・5）

多面鏡　かけ声倒れの綱紀粛正

2日から始まった国会論戦を傍聴したが、緊迫感がない。行革に「火だるまになっても」といきり立つ橋本竜太郎首相だが、公務員の綱紀粛正に関しては、与野党が公務員倫理法制定を求めても素っ気ない。

戦後、まだ55年体制が始まる前に、綱紀粛正が大きな政治テーマになったことがある。官僚を多用したワンマン宰相吉田茂内閣に次いで、1954（昭和29）年に政権を担当した鳩山一郎（民主党代表由紀夫氏の祖父）内閣においてである。

党人中心の鳩山内閣は「官僚政治からの脱却」を掲げ、前内閣が造船疑獄などを引き起こしたため、綱紀粛正を付け足した。戸川猪佐武著『小説吉田学校第二部』によると、大衆心理の掌握に巧みだった河野一郎農相は、具体的に「大臣の官公邸、護衛の廃止、公務員と民間経営者のゴルフ、マージャンの禁止」などを官房長官に指示したという。小泉純一郎厚相が、今回打ち出した利害関係のある業者との会食禁止などの綱紀粛正策と、二重写しに見えてくる。

しかし、県選出代議士のある秘書は、赤坂の料亭を舞台にした官僚接待のベテランだが、厚生省の不祥事にも「清濁併せ飲むくらいでないと、官僚は大成しない。仕事ができる官僚ほど誘惑も多く、落とし穴がある」とむしろ同情的。永田町の住人は、血税を吸う〝吸血官僚〟がなくなるとは思ってはいないのだ。国会議員も公務員。逮捕された厚生省元課長補佐は、自民党公認で先の総選挙に出馬していたが、一体、政治に何を求めたのだろうか。

多面鏡　小選挙区制の悪しき置き土産

（1996・12・8）

選挙の勝者が、敵陣営に予算を付けない報復予算。地方の長官が、応援しなかった土建業者を指名入札から外す意趣返しなどは、暗黙の了解で行われてきた〝悪しき慣習〟だ。

今、3年ぶりの単独政権のおごりからか、自民党幹部が報復予算を公然と声高に語っている。新進党が大勝した選挙区だけでなく、業界、団体にも粛清の嵐が吹き荒れている。

先月末の自民党米価対策委員会。広島の代議士が「広島のJA会長（全中会長）は先の選挙で新進党議員を応援した。そんなヤツの言うことは聞けない」と息巻いた。玉沢徳一郎団体総務局長は「この選挙で、あらゆる団体がどの党を支持していたか調査する」と〝報復宣言〟した。

かつて「越山会査定」があった。それは田中角栄元首相の後援会が、市町村単位で田中票の得票率をはじき出し、高い地域には予算を多く配分するシステムだ。これも報復予算の一種。票にはカネで恩返しする利権誘導型政治は、予算の私物化と批判も浴びた。

今回の報復予算は、当時と背景が違う。中選挙区時代は、同じ自民党同士の派閥抗争だった。ところが、小選挙区になって政党間の報復合戦となったのだ。

小選挙区の置き土産・報復予算が、単なる脅しでなく、本物であるなら6区独占の自民大勝県の本県には、さぞかし大型予算が付くはずであるが…。6850億円の血税投入を決めた住専国会の最中も、大蔵官僚が「ケチな大蔵省が今回は大盤振る舞い」と発言、ひんしゅくを買ったことがある。予算は、大蔵官僚や、政党や代議士のポケットマネーではないはずだ。

多面鏡　政治資金規正法の盲点早急に正せ

（1996・12・18）

霞が関で「時節柄」というあいさつが飛び交っている。今月初め、県選出自民党代議士の議員会館事務所でのこと。質問の説明に訪れた役人に、秘書が「あいさつ代わり」と地酒を渡そうとすると「時節柄、受け取れないことに…」と丁重に断った。

厚生省前次官のボーナス支給は、国家公務員法の不備も露呈させた。本県でもあった地方役人のカラ出張・接待の公費乱脈も深刻。政府は20日に、業者との禁止事項を定めた公務員の綱紀粛正策を閣議決定することにしており、粛清ムード一色だ。

一方、政治家も表向きは自粛ムードだが、1800人規模の白川勝彦自治大臣就任激励会には、地元で疑問の声が出た。政治資金規正法では、主催者が「収益目的でない」と言えば政治資金パーティーにならず、仮に収益が出ても「収入も使途も報告義務はなく、規正の網にはかからない」（自治省政治資金課）という。実態が集金パーティーでも、政治資金パーティーにならない法の盲点といえる。規正法といえば、1992（平成4）年、佐川急便の1億円闇献金で正式起訴された金子清前知事に対し、5億円授受の金丸信氏を聴取もせず、略式起訴（罰金）で済ませた罰則規定の不公平さにも批判が集中。これを契機に法改正されたことがあった。

国会は立法府だが、大半が官僚立法で、議員立法は極めてまれだ。官僚や政治家が身内に厳しい立法に積極的なはずがない、と国民の大多数は思っている。こうした誤解や不信感を招かないように、法の不備は早急に改正すべきだ。それができないなら行革など「百年河清を待つ」に等しい。

（1997・2・16）

多面鏡

新潟の魅力示すチャンスだが

13日の首都機能移転フォーラムであいさつに立った平山知事が「受け皿として最適地」とアピールした「北東地域」に本県は入っていなかった。

一昨年12月、県会では「本県は広大な緑に恵まれた平坦地、交通の利便性にも優れ、移転先としては極めて好適な条件」と本県誘致の意見書を可決した。だが、知事は「土地確保が困難」と消極的だからだ。国会等移転調査会が選定基準を策定する過程で「豪雪地除外」の文言を入れようとした際、知事は雪国を代表して国土庁に反発、撤回させた。その熱意は、単に全国雪寒地帯協議会長としての型通りのセレモニーには見えなかったが…。

その際のやりとりで、国土庁側が「果たして役人に豪雪地に行ってもらえるか、懸念される」と官僚の本音を漏らしたことがある。

今回のフォーラムでも、北海道在住のパネリストが「東京から３００キロ圏？　官僚が東京に家を持ち、通勤しようなんて問題にならない。審議会のほとんどが、東京の人じゃ駄目だ」と、霞が関中心の発想を批判した。別の教授は「新しい家（新首都）は、実家（東京）から遠い方がいい。嫁さん（官僚）がすぐ実家に帰ってしまう」と、通勤圏内移転に反論した。

本県の位置は、東北、北陸、関東甲信越と3ブロックに組み込まれ、〝国籍不明〟で顔が見えにくい。しかし、それだけ本県をアピールできるチャンスは多い。移転候補地に名乗りを上げるだけでも、本県の魅力も知事の顔も内外に示し、地方からの情報発信につながる。21世紀の日本の首都・ニイガタ、想像しただけでもわくわくする。

（1997・3・2）

多面鏡　政策本位で野党再建を

来年度予算も無修正通過が確実となり、国会に緊張感がない。スキャンダルが専売特許だった与党のお株を奪うオレンジ共済組合事件で、追及側の野党新進党が逆に追い込まれ「野党なき55年体制」になっているからだ。

2月26日の新進党両院議員懇談会では、小沢一郎党首体制を確認したが、内紛の火種は残ったままだ。小沢退陣論を張った旧公明党議員は「国会議員21年目。公明党で7回、8回目は新進党で当選したが、公明党支持者には本当に申し訳ないと思っている」と、旧政党の立場を強調した。

新進党結成から2年以上、衆参選挙も経験したのに旧党名が語られる現状が、危うい寄せ木細工ぶりを露呈している。それは新進党に付きまとう小選挙区対応の〝選挙互助会〟的側面に起因している。

この党の存在基盤は、創価学会＝旧公明、旧同盟＝旧民社、農村部＝旧自民、都市部＝旧日本新党など、さまざまな勢力の寄り合い所帯。それが利害対立を生み、肝心の党の政策にあいまいさを残した。ある同党議員も「新進党に完全に純化していない。政権を取るために安易に結び付いた烏合《うごう》の衆」と語る。小沢党首も「9会派の壁を乗り越えない限り駄目だ」と、党運営の難しさを強調した。

前回選挙でも、小沢氏の持論の消費税7％アップを言わず「18兆円減税」という大衆迎合的公約にいわば逃げたことに、失望した人も多かったはずだ。党存亡の危機の最大の問題点は、党首の党運営や身内の不祥事より、与党に対抗しうる政策の軸を打ち出せないことにある。

小沢党首のリーダーシップによる政策本位の野党再建こそ、政党政治の危機脱出の第一歩だ。

（1997・3・16）

多面鏡　国の情報公開法も急げ

行政調査会は本来、衆院のカーボンコピーと揶揄され、無用論まで語られる参院を改革する必要性から設置され、論議をスタートさせた。ところが最近の官官接待、カラ出張、厚生省前次官の逮捕など、相次ぐ公務員不祥事による行政不信の高まりが、3年をかける予定の行政監察審議を1年早めさせる結果になった。

現行の内部監査体制は、総務庁の行政監察局や各省庁の内部監査があるが、会計検査院を含めて広義では行政内部の組織で「公務員同士のなれ合い」の土壌があり、監視が甘くなるとの批判がある。結果的に官僚の腐敗・汚職を防止できなかった事実は、現行体制の限界を示している。

行政を国会がチェックするのは議会制民主主義の原点だが、行政監察常任委が設置されたとしても、数十人規模の調査スタッフで何ができるか、その陣容も含め「いまひとつパンチがない」との印象は否めない。同調査会では「国政調査権があるのに、外部の民間人に監視を任せるのは国会議員の権利放棄だ」と、オンブズマン制度に反対する議員がいた。

しかし現実には、国政調査権が行政監視に必ずしも十分に機能してこなかったのも事実。佐川急便事件など身内の国会議員の疑惑解明に、国政調査権が向けられるケースがほとんどだった。

同調査会の審議過程では、行政監視の〝特効薬〟として、国の情報公開法制定を望む声も多かった。地方の情報公開制度は、全都道府県が既に条例を施行、市民オンブズマンの手で全国的に多額な公費の不正支出が明らかにされ、行政監視に大きな力を発揮している。

一方、国レベルの情報公開法は、ようやく来年度中に国会提出の方向で、米国の制定より30年も遅れている。規制緩和、行政改革にも「情報公開後発国」返上が急務だ。

本社報道（2000年4月〜2007年）

2000年春、県政クラブキャップとして1年間、政治をウオッチした。その後、政治面を担当する自治デスク、社会面を担当する軟派デスクを務め、2003年9月から通年企画「拉致・北朝鮮」担当デスク。2005年に報道第2部長、2007年に報道部長、2008年に編集局次長。

多面鏡

「乱世・小沢」の因果は巡る（2000・4・7）

「女房役として総裁に首相の座を諦めてくれと説得した時は、断腸の思いだった」。自社さ連立の村山政権が誕生した1994年6月29日。当時野党暮らしだった自民党の森喜朗幹事長（62）は国会内で、声を詰まらせて記者団に語った。自民党総裁でただ一人首相になれなかった悲運の河野洋平氏（63）の女房役が今回、新首相となった森幹事長だった。

森氏といえば、同じ派閥だった桜井新・政調会長代理（66）と同じ早大出身。桜井氏にとっては大学の後輩だが、当選回数では森氏が4回先輩。桜井氏の政経パーティーで「昼間は私が先輩だが、夜は後輩」と、笑わせた。

巨漢だが、政界では名前の音読みをもじって「蜃気楼《しんきろう》」と揶揄され、影が薄い森内閣。首相以外の全閣僚再任の新鮮味のない選挙管理内閣の命運は「一寸先は闇」だ。

それにしても政界は非情だ。脳梗塞に倒れた小渕恵三前首相本人の意思とは関係なく、同情票を当て込んだ早期解散説が流れている。

小渕氏は94年4月、旧竹下派の経世会を政策集団平成政治研究会に名称変更し、会長となって再出発した。当時のメモでは、小渕氏は「経世会は自民党長期政権の中枢にいる間に権力闘争に傾きがちな印象を与えたばかりか、政治不信を招いた」と自戒している。旧田中派の流れをくむ小渕派の再出発は、派閥政治批判をかわす戦略だった。

政界再編のきっかけは93年6月、経世会の跡目争い。小渕氏に敗北した小沢一郎氏が自民党を割り旧新生党を結成したことだった。「田中元首相を脳梗塞に追い込んだ張本人は小沢氏。小渕さんも…」と小沢氏原因説を語る政界関係者は多い。

『私の田中角栄日記』（佐藤昭子著）でも「田中を一番憤慨させたのは、梶山静六、小沢一郎、羽田孜の3氏が創政会（経世会の前身）の発起人に名を連ねていたことだ。彼らは『田中の初年兵』を自任してきた人たちで、イッちゃんなどは『育ての親のオヤジさん』とまで言っていた」と指摘している。「乱世の小沢」が、今度は警察不祥事や有珠山噴火で過労が続いた小渕前首相に政権離脱騒動でとどめを刺した格好だ。因果は巡る。

（2000・4・15）

多面鏡　「蒲原政治」と知事選

「建設大臣の時、初めて会った。『本当は新幹線は、北陸・金沢の方に来るはずだった。それを角さん（田中元首相）が持っていったんだ』と言われた」。12日の定例会見で平山征夫知事は、森首相とのエピソードを語った。田中元首相の宿敵だった福田赳夫元首相を師と仰ぐ森首相が、上越新幹線に先を越された角福戦争の裏舞台を披露したものだった。

森首相と平山知事。2人が北陸新幹線建設を巡り、対峙《たいじ》したことがあった。1996年春から始まった自社さ連立与党の整備新幹線検討委員会が未着工区間の優先順位、財源を決める過程で沿線各県からヒアリングした時だ。

本県は当初、ＪＲ側がフル規格着工の前提条件とする信越本線（長野－直江津間）の並行在来線の経営分離問題で「反対」を主張。その後、他県と歩調を合わせ経営分離容認に方針転換したものの、「知事は消極的」と森首相には映った。

当時、自民総務会長で北陸新幹線建設促進議連会長だった森首相は「このままじゃ飯山トンネルは駄目だ。新潟の知事は、もっと積極的にやってもらわないと困る」と宮越馨上越市長にハッパをかけた。運輸省案では、長野以北と上越を結ぶ飯山トンネルは計画になく、北越北線（六日町－犀潟間）が翌年開通するため長野－上越ルートが外されていた。

４年前の知事選は衆院選とのダブル選挙。自民党県連の高鳥修会長は先月末、「前回はダブルで表に出なかったが、今回は積極的に正面に出て応援したい」と自民主導を表明、３選を目指す知事を牽制した。高鳥氏といえば、君知事死去を受けた平成元年の知事選出馬に強い意欲を示しながら、保守一本化で金子前知事に譲り、断念した経緯がある。地元・上越から遠い「蒲原政治」への複雑な心情ものぞく。県庁から遠いほど政治の光が薄い新潟の南北問題だ。

会見で「知事選は平山選対で仕切る」と、自民党との等距離姿勢を崩さなかった知事。早期解散、6月総選挙の場合、自民、民主など4党の推薦を受けた〝相乗り知事〟に、県庁から遠い蒲原政治に不満を持つ代議士や首長は、どんな注文を付けるのだろうか。

多面鏡

政治家は夢語ってほしい

（2000・6・24）

総選挙公示後、朝鮮半島の南北首脳会談が開かれ、ドイツで原発の全廃方針が決定された。本県とかかわり深く、21世紀を予兆させるような動きが相次いだ。

日韓のサッカー2002年ワールドカップ（W杯）も新潟で開かれる。南北統一への壁は高いが、自由貿易の海になれば、対岸の玄関口として本県の機能は一段と増すはずだ。

激動の1週間、韓国、中国を訪問中だった平山知事は21日の記者会見で、脱原発には従来通りの国の方針を語り、対決から統一へ動き出した南北情勢については、「北東アジア経済圏形成に弾みになる」と答えるにとどまった。

環日本海の拠点、対岸へのゲートウエーなどキャッチフレーズが躍る本県。朝鮮半島の緊張緩和を受け、米国政府は早速、朝鮮民主主義人民共和国（北朝鮮）への経済制裁緩和を実施した。中国、ロシア、朝鮮半島など対岸諸国の経済圏が活性化することは、新潟の拠点性を高めることになる。

空港3000メートル化、港湾整備も長期戦略を立て、中央に訴えれば、予算獲得の援軍となる。「日本における新潟の位置付けの重要性を説得できれば、予算は黙っていても付く。新潟は新幹線、高速道、重要港湾を生かしきっていない」。恵まれたインフラを使いこなせない郷土に県出身大蔵官僚がいら立っていた言葉を思い出した。

だが、県の長期戦略見直しを問われた知事は「東港の沖合展開など色々の夢はあるが、私の頭の中にある。まだ（実現性が）ないときに語るのは…。私は慎重な方だ」と夢を語ることはなかった。

小渕前首相が最後まで執念を見せた沖縄サミットのイメージ曲で安室奈美恵さんが歌う「ＮＥＶＥＲ　ＥＮＤ」（小室哲哉作詞）に「誰でも夢を見る」という一節がある。

10月の知事選で３選を目指す知事は、行政マンのトップで、県民の審判を受けた政治家でもある。時代の風向きを的確に読み取り、県民を代表してメッセージを発信するのも知事の仕事だと思う。殺伐とした時代だからこそ、政治家にはもっと夢を語ってほしい。


（２０００・７・１）

多面鏡　新潟応援団議員に期待

総選挙が終わった。県内６小選挙区では２人の閣僚経験者が落選、自民王国に風穴が開いた。選挙前に小渕恵三前首相、竹下登元首相などベテランが相次いで死去。県内でも小沢辰男元厚相（83）、村山達雄元蔵相（85）が引退。世代交代の予兆はあった。

終わってみれば、議員の平均年齢は単純計算で小選挙区が、選挙前の60歳から選挙後は54歳と６歳も若返った。戦後生まれも２人に増えた。５人から２人に減った比例でも、選挙前の70歳から63歳に７歳もダウンした。

世代交代の新風が吹いた半面、地盤、看板、カバンの「三バン」を備えた世襲議員が増加した。亡父が元農水相近藤元次氏の長男基彦氏の当選で、小選挙区では田中角栄元首相の長女真紀子氏、稲葉修元法相の長男大和氏と、代議士を父に持つ２世議員が半数となった。父が元県議の吉田六左エ門氏も入れると、3分の2を占める。

政治に新風が吹いたとはいえ、新規参入が極めて厳しい小選挙区制度の実態を浮き彫りにした。

今回、新潟選挙区ではないが、県関係者2人が自由党の近畿、九州比例ブロックで当選、国会議員の仲間入りをした。元代議士の星野行男氏の秘書を務めた中塚一宏氏（35）＝近畿＝と、柏崎市出身の元防衛庁官房長の藤島正之氏（57）＝九州＝。

中塚氏は星野氏落選で失職後は、出身地の京都市議選に出馬したが落選。代議士への道が険しい中、小沢一郎党首の政策ブレーンの1人として国政への意欲を失わず苦節4年。「三バン」なしで、念願の議員バッジを獲得した。

小選挙区の得票が供託金没収点を下回った重複立候補者が、復活できず、比例単独4位の中塚氏が当選する幸運にも恵まれた。「当選するとは思わなかった。新潟にも行きますよ」電話口の声が弾んでいた。県内事情に詳しい中塚、藤島両氏は、定数削減などで県選出代議士が減る中で、頼もしい新潟応援団になってくれるはずだ。

（2000・7・8）

多面鏡　塗り変わる県政界地図

「まさに火中のクリ（栗）だ」

クリとは文字通り、自民県連会長に決まった栗原博久氏。「県議不要論」の田中真紀子氏と対立する県議団との矢面に立たされる栗原丸の多難な船出を、ベテラン県議が暗示した。

国会議員団会議で高鳥修前県連会長は、1998年参院選、今総選挙で公認候補を失った責任を迫る田中氏に「あなたのせいだ」と応酬した。高鳥氏の真意は、真島一男氏の参院選落選原因は、田中氏の夫直紀氏出馬であり、総選挙で落選した桜井新氏の対抗馬を支援したのも田中夫妻ではなかったか、と言いたかったはずだ。

参院選、長岡市長選、総選挙と自民党公認、推薦候補の対抗馬を支援し、連勝する真紀子氏に対する県議側の恨みだけが増幅していった。

「真紀子かいらい・栗原県連会長」は、くすぶっていた真紀子氏への不満を一気に爆発させた格好。別の県議は、「闇将軍として君臨した父田中角栄元首相と同じ手法だ」と解説する。

6日に自民若手ら42人で旗揚げした「自民党の明日を創る会」に本県から真紀子、栗原、吉田六左エ門の3氏が加わった。党執行部批判の急先鋒だった真紀子氏の加入は当然だが、江藤・亀井派の栗原、吉田両氏の参加に県議サイドは、「同じ亀井派で党政調会長代理だった桜井氏が当選していたらまずありえない話。これでは田中派だ」と警戒する。

「自民県議団43人より、真紀子氏1人を味方に付けた方が有利。敵にしたら怖いということを選挙を通じて実感したはずだ」と代議士の本音を代弁する首長。代議士が県議を系列化していた中選挙区から、小選挙区時代に移行、ベテランの重しも失った今、県内政界地図は国会議員も県議も、大きく変わろうとしている。

多面鏡

県民不在の「抗争」を避けよ （2000・7・29）

混迷する自民党県連会長人事は、先の総選挙でベテラン代議士を失った後遺症の深刻さを象徴している。国会議員団が会長に選んだ栗原氏は、県関係衆参8人中で最年少の53歳。79歳を筆頭にした自民県議43人の平均年齢約59歳と比べても「若輩ぶり」は否めない。急激に若返った国会議員が、県議を抑えきれなくなったのも混乱の背景にある。栗原氏自身も「若造と思われても仕方ない」と反発の底流に世代対立を挙げている。

国会議員団が栗原氏の会長案を決めたのは7月6日。以後、県議団は、栗原氏の過去の金銭トラブルなど資質問題を持ち出し、猛反対。早ければ8月17日に開かれる総務会で決着するにしても「国会議員VS県議の40日抗争」となる。

「40日抗争」といえば、1979（昭和54）年10月の総選挙で過半数割れした自民党が、当時の田中角栄・大平正芳の党内主流派と福田赳夫・三木武夫の反主流派が首相指名を巡り激しく対立した「40日抗争」を想起させる。大平総裁の背後に控える田中元首相によって総裁の座を降ろされた三木、福田両氏の怨念が、抗争エネルギーの源泉だった。

県連会長人事を巡る抗争は、98年参院選と、総選挙で非公認の無所属候補を支援した田中真紀子氏への県議団の不満が根底にある。真紀子氏に近いとされる栗原氏を「真紀子氏かいらい」と敵視する県議も多い。怨念の対象が、背後の田中親子というのも歴史の皮肉かもしれない。

40日抗争は結局、翌年の大平内閣不信任案通過の「ハプニング解散」につながった。権力闘争むき出しの抗争を、「政治不信を招いた不毛の抗争だった」と振り返る政治家も多い。

国政、県政とも最大与党の「コップの中の嵐」は県民にどう映っているか。政治は妥協の産物。県民そっちのけの不毛な抗争だけは避けてほしい。

多面鏡　派閥政治の盛衰と非情さ

（2000・11・23）

「お公家集団に何ができる」。自民党加藤派の「加藤紘一会長の乱」が、熱を帯びていた先週末、東京で同党代議士秘書が吐き捨てた。今回のあっけないドラマは、小選挙区制時代の派閥の消長をも浮き彫りにした。

中選挙区時代の自民派閥は、領袖《りょうしゅう》が金とポストを与え、見返りに所属議員は忠誠を誓う「利と恩」の日本的構造が底流に流れていた。

非自民の細川、羽田連立政権の後、自民党は1994年に自社連立の村山内閣で政権復帰した。野党に転落した当時、永田町では「派閥は悪の温床」として解消論一色。各派閥とも勉強会へ衣替えしたが、いつの間にか派閥・料亭政治が復活していた。

この間、衆院選に小選挙区制が導入され、政党や派閥と議員の力関係は一変した。派閥より政党、派閥の大将より党幹事長がパワーを持ち始めた。無所属では政党助成金や政見放送もなく、ポスター枚数も制限される。当時、県関係自民党代議士は「今は派閥に会費を払う時代。派閥に入っていなければポストも回ってこない。でも離党すればバッジを失う。小選挙区になれば党に逆らえない」と政党優位論を予測していた。

複数候補が当選した中選挙区時代より、トップでないと落選する小選挙区では党除名は死活問題だ。野中広務幹事長の「除名カード」は、派閥の結束にくさびを打ち込んだ。

大平、福田の40日抗争も経験した秘書は「若手なんて週末、選挙区に帰ったら頭を冷やす。小選挙区で除名されたら永田町に帰ってこれない」と政変劇の幕切れを見抜いていた。

山崎派内で造反、不信任案に反対した稲葉大和氏も「中選挙区時代の40日抗争と、小選挙区時代では、抗争への対応の仕方が全く違う。オール・オア・ナッシング。負ければ終わりだ」と語る。

敗北宣言で見せた加藤氏の涙に、小選挙区時代の派閥の盛衰と政治の非情さを垣間見たような気がした。


（2002・3・27）

多面鏡　因縁めいた「出馬断念」

昨年3月24日。本紙1面トップに「吉川氏　出馬断念へ」という見出しが踊った。ちょうど1年後の今月24日、同じ1面に「高橋氏が出馬断念」の大見出しが踊った。

くしくも同じ日に同じ参院選絡みの出馬断念記事。しかも、元労相の吉川芳男氏の断念で、次に自民党公認となったのが真島一男氏で、真島氏の死去に伴って行われるのが今度の参院補選だ。何か、政治の因縁めいた世界を感じさせる。

今回の告示直前の公認候補更迭劇の責任問題はどうなるのだろう。出馬断念を迫った栗原博久県連会長は党議で「次回の選挙を辞退する。責任を取るから理解してもらいたい」と理解を訴えた。国会議員がバッジを外す覚悟まで口にする意味は重いが、果たして会長だけの責任なのか。

そもそも参院補選の原因を作ったのは昨年11月22日の真島氏の死去。その際、栗原会長は真島氏が当選後、国会で活動が出来なかったことについて「有権者の負託にこたえられなかったことには、県連として責任を感じている。後継選びはこの反省を踏まえて進めたい」と反省の弁を語っている。

自民県連は、公募で候補者を募った。結果は「65歳（当時）の新人」高橋正氏に決まった。県議団からは「参院は県議の指定席」との声が強く、公募ながら、高橋県議が有力視されていた。当時は小泉内閣支持率が高く、小泉人気の追い風があれば、高橋氏は「勝てる候補」だった。ところが田中真紀子前外相の更迭劇で小泉内閣支持率も急落。突然、「あなたでは勝てない」（栗原氏）候補になってしまった。今さら若くないとか、女性票が取れない、などといわれても高橋氏にとっては心外だろう。

党本部、国会議員主導の候補差し替えを県議団は批判しているが、県議側にも混乱の責任が一切ないとはいえない。真島氏が志半ばに病死したという反省があったならば、「若手起用」もあったはずだ。

高橋氏が公認候補として県内行脚し、支持を呼び掛けた3カ月は何だったのか。選挙の結果にかかわらず、政党として県民が納得できる説明と、この問題の責任、けじめはきっちりつけてほしい。

多面鏡　89年補選と似ている　（2002・5・3）

「あの時と似ている。嫌な予感が的中してしまった」（自民党関係者）。「あの時」とは自民党が全県で1議席を争う選挙で苦杯を初めて喫した、1989（平成元）年6月の参院補選。旧社会、自民、共産の三つどもえ戦は、旧社会・大渕絹子氏（現社民）が56万票で圧勝した。

当時はリクルート事件、消費税、農政批判の3点セットで自民に逆風が吹き荒れていた。深刻な政治不信に加え、当時の宇野首相の女性問題もあった。

民主、自由、社民など推薦の黒岩宇洋《たかひろ》氏（35）が圧勝した今回の参院補選も自民、共産との三つどもえ戦。疑惑・スキャンダルが相次ぎ、小泉内閣の景気雇用対策への不満など自民党政治への逆風が強かった政治状況と酷似している。幹事長の女性問題も報道された。敗北した自民候補は、ともに元知事の息子だった。

今回は自民候補の告示直前の差し替え劇。89年補選は知事選の直後だったという要因に違いはあるが、自民の集票部隊となる、県議、建設業界の動きが鈍かった点も共通している。

「54万票VS34万票」。今回、20万票差で惨敗した自民。「候補を替えなかったらもっと差が出た」との声もあるが、「こんなことなら差し替えなくても…。候補の問題ではなかった」という国会議員の嘆きが、逆風の激しさを物語っていた。

期待の小泉人気は予想以上に暴落していた。投票1週間前の新潟日報社電話世論調査で兆候は出ていた。小泉内閣支持率は34・4％。昨年の参院選直前の全国調査88％と比べると急落ぶりが分かる。結果は、過去最低になった自民党得票率33・7％とほぼ一致した。

補選が終わった途端、東京地検が加藤紘一元幹事長を聴取、4月30日には鈴木宗男衆院議員秘書を逮捕。2日には千葉地検が井上裕前参院議長の秘書を競売入札妨害容疑で逮捕し、「政治とカネ」が再びクローズアップされそうだ。「新潟県から政治を変えよう」「新潟が変われば日本が変わる」。大渕氏も全国注視の政治決戦で黒岩氏と同じメッセージを発信、勝利を手にした。あれから13年。「政治とカネ」を巡る永田町政治の深い闇は何も変わっていない。

89年補選の後、7月の参院選では初の与野党逆転。竹下内閣からバトンタッチした宇野内閣はわずか1カ月余で退陣表明する。さて小泉政権の命運はどうなるのか。目が離せない。

（2002・7・13）

多面鏡　世襲制と我田引水の世界

今、県政界を梅雨空のような「世襲制」と「我田引水」という重苦しい暗雲が覆っている。政治の世界は以前から世襲制が目立ったが、小選挙区制後は、新規参入が難しい「2世独占」時代になった。それが、政治の活力を奪う一因ともなっている。

本県では、国政だけに限っても田中真紀子前外相は、角栄元首相の長女。夫の直紀氏も福島選出の鈴木直人元代議士の三男。近藤基彦氏は元農相・元次氏の長男。先の参院補選で当選した黒岩宇洋氏の母は、元参院議員の秩子氏。

「政界は養殖アユばかり」と批判した稲葉修元法相も長男・大和氏になると「養殖アユにも良いアユがある」と擁護した。

桜井新氏の父実氏は元県議、元小出町長。吉田六左エ門氏の父吉平氏も県議。自民県連会長の高鳥修氏は祖父順作氏が元貴族院議員で合併前の旧能生町長。本人も合併能生町の初の町長選で当選、当時25歳の全国最年少町長となった。党員資格停止処分で無所属となった真紀子氏を含む自民現職8人中、2世でないのは栗原博久氏だけだ。

「息子が公認されるなら、次期衆院選で出馬を辞退する」。高鳥氏は昨年11月、国会議員団会議で引退と引き換えに長男の公認を求めた。県連大会では、自民公認を求める県議の世襲批判に父は会見で「我田引水とは心外」と反論した。

しかし、高鳥氏は先月25日、長男の衆院6区支部長（＝公認候補）就任を了承した国会議員団会議にも出席しており、「公認決定に私の情実が入る余地がない」とする同氏の反論が虚《むな》しく響く。

民間企業に例えれば、1人採用枠に父親が重役の長男が、面接も受けず、内定が決定。入社を希望するもう一人には「所信表明」の機会すら与えない門前払いでは、開かれた政党とは言えないだろう。

もう一つの我田引水は、平山征夫知事の肝いりで論議が進んでいる、柏崎市の県立美術館建設構想だ。知事の出身地になぜ、財政難の今、県立美術館か。構想段階で、県会議長が柏崎、自民県連幹事長も刈羽選出という「絶妙の地元コンビが、我田引水を加速させた」との指摘もある。

「ノーブレス・オブリージュ」という言葉がある。もとのフランス語では「高い身分に伴う義務」という言葉だが、転じて、社会的地位の高い人にはそれ相応の倫理や責任が求められる、という法律を越えた道徳観だ。当選11回、閣僚経験2回、自民県連会長の高鳥氏の発言は重い。当選3回の県政トップ・平山知事の発言も重い。最高権力者にとって、我田引水の疑いを持たれること自体が「恥」と思わなければならない。

（2002・11・21）

多面鏡

政治参加遠ざける合併

大合併構想が、住民の政治参加の機会を奪っている——。平成の大合併前夜、こんな危惧を予感させる「無投票現象」が県内の首長選で現れている。

今年の首長選も残すところ、26日告示の佐渡羽茂町長選だけとなったが、無投票の公算。そうなった場合、無投票は今年1年間の県内市町村長選24（うち町村長選16）のうち、54％に当たる13（同10）。町村長選で無投票選比率は、実に63％の高率。25首長選（同17）中、24％の6（同5）が無投票となった4年前と比べると、無投票は、全体、町村長選とも倍増した。

現在、県内111市町村中、合併に前向きな106市町村が、特例法期限（2005年3月まで）の合併を目指している。今年、当選しても、編入（吸収）合併で名前が残る市以外の市町村にとっては「最後の首長」となる公算が大。無投票激増の背景は、「合併され、消え去る運命にある中小企業の社長に立候補する人はいない」というわけだ。

新市名を決め、新たに首長選を行う新設（対等）合併でも、新市の中心以外で無投票の増加傾向がある。政治を遠ざける心配の種は、無投票が続くだけではない。合併後、大きくなった都市型選挙の

「棄権増＝低投票率」も懸念材料だ。

10日の県都・新潟市長選の投票率は39・18％、3回連続30％台と低迷した。当選した篠田昭市長の得票数は、昭和の大合併以来、同市長選史上最低。有権者数が現在の約半分だった昭和42年選挙（投票率76・28％）の次点候補より1000票少なかった。

県の合併パターンを軸に3年後には、現在の自治体数が30を切る可能性が高まっている。周辺11市町村と広域合併で日本海側唯一の政令指定都市を目指す新潟市は77万人にも人口が膨張。さらに低当票率が予想される。

合併で行政効率化は進むが、地方での「中央集権化」が進み、市本庁舎のある中心地から遠く離れた「政治過疎地」では、立候補も投票も敬遠する「政治空洞化」を招く恐れがある。

市町村の次は、都道府県の合併「道州制」も浮上しかねない。越後・新潟が「越州」の州都を外れた場合、州都知事選の投票率はどうなるか。来春は県内で66の統一地方選が行われる。合併論議が高まる中、どう「政治参加の後退」を克服するか。行政、住民双方とも重責を負っている。

多面鏡　震災で問われる「政治の空白域」

（2004・11・25）

中越地震から1カ月。死者40人、なお6000人を超す避難者、6万棟以上が損壊した大震災にもかかわらず「国会議員の姿が見えない」との声が聞こえる。新幹線神話も崩壊させた「地震の空白域」で起きた大震災は、本県の「政治の空白域」もあぶり出している。

本県は衆院6小選挙区で与党自民議席はわずか2。本県関係国会議員13人の党派別では、民主5、自民4、無所属3。公明1。保守王国も今や非自民が過半数を占める野党王国だ。

長岡、小千谷、川口、山古志など被災地は、田中角栄元首相の政治力を使って公共王国と言われた旧3区。現在は、自民を離党し、会派は民主に所属する元首相の娘・真紀子氏の5区。与野党が互いに切磋琢磨《せっさたくま》した中選挙区時代と違い、国会議員は一人領主。平穏なときならいざ知らず、今回は陳情嫌いでは済まされない。

被災地以外の議員も人ごとではない。被害額約3兆円と、県経済全体に被害が拡大しているのに、与野党一致して政府にアピールする姿が見えない。現職大臣ゼロ、当選1回組が衆参5人（民主3、無所属2）で「使える政治家がいない。戦後最低の政治力」と指摘される県政全体の「地盤沈下」を象徴している。

被災地を訪ね、被災者を励ますのも大事だが、阪神大震災並みの財政支援を求める特別立法制定へ向け、先頭に立つのが被災地の立法府議員の本分だろう。元職も含め総動員して震災復興へ全力を挙げるときだ。

震災翌日夜、平山征夫前知事から負の遺産2兆円と震災を引き継いだ泉田裕彦新知事は、国会議員とは対照的に被災市町村の首長と連携、特別立法制定など震災対策に奔走している。

「表日本・都市型」の阪神大震災との違いは、被災地が過疎・高齢の豪雪地だという点だ。冬を目前に雪の重みに損傷した家屋が耐えられるか。建て替え費用はどうなるか。現行の心細い住宅再建支援制度では、不安が重くのしかかる。

政治の光が届かなかった「裏日本」に新幹線・高速道を建設し、過疎地にトンネルを通したのが田中元首相だった。元首相側近が生前語った言葉がよみがえる。「新潟は普通以下の県になった」。国会議員よ、奮起してほしい。

第3章　安保法案、国・県政に強い危機感　２０１３年〜２０１７年

座標軸・デスク日誌・オピニオン 視点　編集局・広告事業・役員室

《第2の署名入り社説》

本社報道部時代の「デスク日誌」、兼務編集委員の「オピニオン 視点」。編集局を離れ、営業畑の広告事業本部に異動になっても兼務論説編集委員で担当した「座標軸」。座標軸は２０１２年４月１日、新潟日報の社説が２本から１本になった際、社説下に新設されたコラムで「第2の署名入り社説」だった。座標軸を担当した時期は、２０１２年12月の総選挙で民主党が大敗、自民党が政権復帰して歴代総理で最長政権を誇った安倍晋三政権が安保関連法案など「戦争のできる国作り」へ邁進《まいしん》している時代と重なる。戦後70年以上を経て、憲法改正を目指す安倍・自民党政権は、13年12月に特定秘密保護法、15年9月に集団的自衛権を行使できる安保関連法、17年6月には表現の自由と個人のプライバシーの権利を侵害する恐れのある「共謀罪」法を次々と成立させていった。安保関連法案が成立した15年は、法案成立の9月前、７月から8月の２カ月で「危うい戦争知らない議員」「岸内閣退陣の引き金激写」「政党独裁国家の様相だ」「リメンバー白菊」と立て続けに訴えた。「二度と戦争に加担してはいけない」という新聞人としての矜持《きょうじ》、使命感、危機感の表れだった。

座標軸 「母さん」詐欺　啓発よりも検挙が大事だ

（2013・5・24）

息子をかたり、金をだまし取る「おれおれ詐欺」の被害者の約8割は女性だという。なぜ母なのか。父親に電話で「会社の金を使い込んだ」などと言えば、一喝されてしまうだけかもしれない。

振り込め詐欺の新名称を公募していた警視庁が、「母さん助けて詐欺」を最優秀作品に選んだ。言い得て妙だが、犯罪の卑劣さと落差がありすぎないか。

携帯もメールもなかった時代、仕送りは振り込みでなく現金書留。生活費に困ると、はがきで、歯の治療代、教科書代…を口実に無心した。親もうそと承知でだまされたふりをしていたのだろう。

「新潟県人は、親子の情が深いのだね」。母だけでなく年老いた父までもが、都内まで多額の現金を持参した本県のケースを知った首都圏の知人の一言に悲しい気持ちになった。優しさを逆手に取られた高齢被害者には、むち打つ言葉に思えた。

犯罪の広域化や、携帯、ネット時代の手口の巧妙化で犯人逮捕が難しくなる一方だ。昨年は、県内でも振り込め詐欺の被害額は前年比倍増の1億7700万円、特殊詐欺全体では8億5千万円と約5倍に激増し、県警も街頭で特殊詐欺撲滅キャンペーンに躍起だ。

市民の協力が事件解決に不可欠な時代だ。犯罪名公募も啓発キャンペーンも大事だろう。だが、「検挙に勝る防犯なし」という標語を死語にしないでほしい。「どうせ届け出ても捕まらない」。市民の捜査当局への信頼が低下すれば、犯人が野放しになる。被害者を泣き寝入りさせてはいけない。

座標軸　石破氏デモ批判　選挙の絶叫街宣もテロか　（2013・12・5）

「単なる絶叫戦術はテロ行為とその本質においてあまり変わらない」。自民党の石破茂幹事長がブログで、特定秘密保護法案に反対する市民団体のデモをテロと批判した発言が波紋を呼んでいる。

石破氏は前段で「『特定秘密保護法絶対阻止』を叫ぶ大音量が鳴り響いています。人々の静穏を妨げるような行為は世論の共感を呼ぶことはない」と大音量を問題視している。

大音量を取り締まる条例が県内で問題視されたことがある。1994年に制定された、右翼団体などの街宣活動を規制する「拡声機による暴騒音規制条例」だ。県弁護士会、市民団体などが「表現の自由や市民団体、労組、政党の活動を規制する恐れがある」と強く反発した。

県警は拡大規制の歯止めとして「条例適用では、集会及び結社の自由、表現の自由など憲法に保障された基本的人権を尊重し、国民の権利を不当に侵害しないように留意する」との条文を盛り込んだ。

暴騒音条例は84年の岡山県を皮切りに、竹下登元首相への右翼ほめ殺し問題で東京都が92年に制定、全国に広がった。

当時も大音量自体の拡大解釈で、言論、表現の自由が「地域の平穏、公共の福祉」の名の下に侵害される危険性が指摘された。

大音量がテロというなら、選挙終盤、街宣車から流れる候補者の絶叫は全てテロになるのか。政権与党、国家に都合の悪いデモをテロ行為と断じる。「特定秘密」と同様に、恣意《しい》的解釈で法の適用範囲が拡大していく危うさと重なる。

石破氏の発言には巨大政権与党の傲《おご》りが見える。「廃案しかない」と大きな声を出すしかない。

座標軸　自民の報道圧力　危うい戦争知らない議員（2015・7・1）

「マスコミを懲らしめるには広告料収入をなくせばいい」。安倍晋三首相に近い自民党議員の勉強会での報道圧力発言が波紋を広げている。安倍首相は「党が企業に圧力を掛けて『スポンサーを降りろ』ということは考えられない」と述べている。

しかし、昨年末の総選挙では、安倍政権への報道姿勢で新聞、テレビへの政党広告を加減する自民党の「アメとムチ」が業界で話題になった。政党が広告主として、メディアへの報道圧力を黙認した格好だ。

政治とマスコミの攻防は、今に始まったことではない。意に沿わない報道に、「不買運動」や「広告を出さない」との兵糧攻めをほのめかす圧力発言は過去にもあった。ロッキード事件で逮捕された田中角栄元首相は、マスコミの集中砲火を浴びた。だが、佐藤昭子元秘書によると「マスコミも日本国民の一人だ。おれの悪口を書いて食していけるなら結構なことだ」と受け流していた。

「沖縄の二つの新聞はつぶせ」などと狭量で物騒な発言を支持する議員がなぜ生まれたのか。戦後70年、戦争を知る政治家がいなくなった。安倍一強体制の下、戦後最長の延長国会で安保法案成立へひた走る安倍政権に、平和が揺らぐ危機を感じる。

平和の花火・白菊を打ち上げる本紙の戦後70年県民キャンペーンにドナルド・キーンさんが「憲法9条は最も美しい世界の宝です。それを理解しない、戦争の醜さ悲惨さが分からない政治家や人々がいることを悲しみます」とメッセージを寄せた。「戦争を知らない世代ばかりになると日本は怖いことになる」。田中元首相の危惧が現実味を帯びて聞こえる。

座標軸　女子大学生の死　岸内閣退陣の引き金激写　（2015・7・18）

「女子大学生の死」と題された1枚の写真にくぎ付けになった。顔面に傷を負った女性が抱えて運ばれる生々しいシーンが激写されていた。キャプションは「国会議事堂構内、永田町・東京、1960年6月15日」。60年安保闘争の最中、機動隊が国会議事堂内でデモ隊と衝突、死亡した東大の女子学生・樺美智子さんの死を写していた。

撮影者は、生誕100年を記念し県立近代美術館で作品展が開かれている写真家・濱谷浩。「写真は芸術にあらず」との信条で時代の現実を追い続けた。当時の心境を「5月19日の（衆院特別委での改定安保条約批准承認案）強行採決、民主主義を崩壊に導く暴力が議事堂内部で起こった。私は戦前戦中戦後を生きてきた一人として、この危機について考慮し、カメラで対決することにした」と著書で述べている。

時代情勢は、憲法違反の疑いがある集団的自衛権を可能とする安保関連法案の衆院本会議採決強行で揺れる今と重なる。日米安保条約が調印された60年1月、日本側全権団を率いて訪米した岸信介首相は、安倍晋三首相の祖父。調印後、新条約承認を巡る審議が始まると国会は紛糾。一般市民、学生を巻き込んで連日デモ隊が国会を取り囲む中で起きた樺さんの死が、岸内閣を総辞職に追い込む引き金になった。

濱谷の作品に、疎開先の上越市で玉音放送を聞き、太陽に向かってシャッターを切った「終戦の日の太陽」がある。後に「日本は、絶対に戦争に近づいてはならぬ」と語った濱谷が生きていたら、「この国は戦争に近づいている」と憤るはずだ。

座標軸　ストッパー役不在　「政党独裁国家」の様相だ　（2015・8・10）

「戦争になりますよ。国民にその覚悟ができていますか。憲法上はもちろん駄目ですよ。私は賛成できません」（後藤田正晴回顧録『情と理』）。1987年9月、イラン・イラク戦争の際、ペルシャ湾の安全航行のため、海上保安庁から武装した巡視艇、または海上自衛隊の掃海艇を派遣したいと当時の中曽根康弘首相が主張した際、田中派の後藤田官房長官が真っ向から反対した。

安保関連法案の衆院審議では、安倍晋三首相は中東ホルムズ海峡での機雷掃海を巡り、イランの機雷敷設に言及。自衛隊海外派兵による掃海活動を挙げた。国会審議を見ていると、つくづく「安倍政権には、後藤田がいない」と思う。

当時は後藤田官房長官が政権の暴走のストッパー役を果たしていた。中選挙区制で各派閥がしのぎを削っていた自民党は、金権的派閥政治の弊害もあったが、各派閥が互いに牽制《けんせい》し、談論風発の末、物事を決める絶妙のバランス感覚を保っていた。だが、小選挙区制でカネもポストも公認権も全て牛耳る自民・安倍一強時代の現政権に後藤田役の「煙たい監視役」が不在。参院の衆院監視機能も怪しい。首相補佐官の「法的安定性は関係ない」との暴言にも党内からは擁護論しか聞こえない。

軍部が暴走し、政党政治を否定、侵略戦争に国民を巻き込んだ先の大戦から戦後70年、今は逆に政党が、歴代政権が違憲としてきた集団的自衛権行使容認の安保関連法案成立へ「この道しかない」と前のめりで、自衛隊をあおり、地球の裏側まで海外派兵させせようとしている。まるで「政党独裁国家」の様相だ。

（2015・8・20）

座標軸　リメンバー白菊　恩讐超え歴史の扉開ける

「リメンバー・パールハーバー」の語源となった真珠湾攻撃から74年。舞台となった米ハワイ州真珠湾で終戦記念日の15日（日本時間）、鎮魂の長岡花火・白菊3発の打ち上げに立ち会い胸が熱くなった。花火は火薬。9・11テロ以来、厳重警備が強化された米軍施設内で打ち上げるなど想像外の話だったが、森民夫・長岡市長ら関係者の熱意が、少しずつ共感を広げ、ついに日米の新たな歴史の扉をこじ開けたのだ。

長岡とホノルル両市の平和記念事業として真珠湾内の米軍施設・フォード島内で咲いた白菊を、泉下の山本五十六連合艦隊司令長官はどんな思いで見つめたか。日米開戦に最後まで反対、平和を希求しながら、自ら奇襲作戦の総指揮を執り、開戦の火ぶたを切らざるを得なかった山本長官の無念と苦悩を察すると、戦後70年、遠い郷里から運ばれてきた日米和解の花火に目を細めたはずだ。

１９４１年12月８日、真珠湾攻撃で戦死した米軍兵士は２３４５人、民間人も含むと約２４００人が犠牲になった。記念館になっている戦艦アリゾナは１１７７人の乗組員と海に沈んだ。一方、長岡市は45年８月１日、米軍の空襲を受け、１４８６人が亡くなった。太平洋戦争の始まりの舞台となったホノルルと、山本長官の出身地・長岡は、共に大きな戦禍に見舞われた被害者だった。

戦後70年とはいえ、両市には、いまだに複雑な感情を持っている犠牲者遺族もいる。こうした双方の恩讐《おんしゅう》を超えた交流事業が結実したのが白菊打ち上げだった。子供たちの交流も始まった。未来志向の平和の花火・白菊。「リメンバー・白菊」

座標軸　平和の長岡花火　東京五輪フィナーレ飾れ

（２０１６・12・７）

真珠湾攻撃から75年。安倍晋三首相がオバマ大統領と真珠湾で戦争犠牲者を慰霊することになった。日米両首脳が日米開戦の地ハワイ・真珠湾と、被爆地・広島という太平洋戦争の象徴的な地を相互訪問することは日米和解のフィナーレとなる。

和解の先鞭《せんべん》を付けたのは、真珠湾攻撃の総指揮を執った山本五十六連合艦隊司令長官の出身地長岡市とホノルル市との地道な平和交流だ。昨夏の終戦記念日、真珠湾で慰霊の長岡花火白菊が打ち上げられた。9・11テロ以降、厳重警備の米軍施設内での長岡花火に多くの米市民が歓声を上げる姿に深い感動を覚えた。「世界中の爆弾が花火に変わったら、きっとこの世から戦争がなくなるのにな」。長岡花火を観た山下清の言葉は、長岡空襲の慰霊として始まったDNAを象徴している。

真珠湾攻撃で米国人約2400人が死亡。一方、1945年8月1日の米軍による長岡空襲の犠牲者は1486人。真珠湾の白菊打ち上げは、複雑な感情を持つ犠牲者遺族もいる中で山本長官の孫源太郎さんも式典で紹介され、双方の恩讐を超えた交流事業の深さを感じさせた。

真珠湾での花火打ち上げを終え、帰途に就く空港で長岡市の森民夫前市長は「2020年の東京オリンピックのフィナーレで長岡花火を上げたい」と夢を語った。東京五輪の主会場となる新国立競技場の設計者は、アオーレと同じ隈研吾氏。森前市長のレガシーでもある「花火を武器にした平和交流」を五輪の夢舞台で結実できないか。県内唯一の国宝の火焔型土器を聖火台に、平和の長岡花火が打ち上がる。想像しただけでワクワクする。

座標軸　**将棋の三浦九段　忍の一字で疑惑晴らして**　（2017・1・22）

身の引き締まる静寂と、張り詰めた空気の中、駒を指す音だけが盤上に響く。対局に立ち会った者なら将棋ソフト不正使用疑惑のニュースを聞いた時、あの神聖な場での不正は、信じられなかったはずだ。

渦中の三浦弘行九段との初対面は2014年2月1日、新潟グランドホテルでの第39期棋王戦・第1局前夜祭。父が佐渡市出身の三浦九段は「新潟は以前、棋聖のタイトルを取った思い出の場所」と語った。思い出の勝負とは、三浦九段が1996年の棋聖戦で2年連続挑戦者となり、当時7冠独占の羽生善治を破って初タイトルを獲得した、県内開催の5番勝負最終局だった。

日本将棋連盟会長の辞任に発展した将棋ソフト疑惑。騒動の引き金は、ソフト優勢が、スマホ依存時代にプロ棋士同士の疑心暗鬼を生み、一部棋士の指摘につながったのではないか。プロ棋士とコンピューターソフトが対決する電王戦では、プロが大きく負け越し、三浦九段も13年に敗北している。連盟も三浦九段が疑惑を否定したのに第三者調査委員会に委ねることなく翌日、公式戦出場停止処分を発表した。勇み足の裁定といえよう。

将棋ソフトに限らず、自動運転車、スパコンによる医療ビッグデータ活用など人工知能（ＡＩ）の普及が、人間の職業領域を脅かしている。先の前夜祭で三浦九段は、記念撮影に気軽に応じ、ツーショットのポラロイド写真に「忍」とサインした。三浦九段の復帰戦は2月、羽生3冠との因縁対局と決まった。まだ42歳、忍の一字で人間の知力を振り絞って勝利、疑惑を晴らしてほしい。

（２０１７・２・24）

座標軸　2＋2＝5　世界は混沌としている

世界は混沌《こんとん》としている。民主主義と自由の国・米国のトランプ新大統領が、会見で「フェイクニュース」と指弾し、主要メディア批判を繰り返している。大統領就任式ではメディアが、前大統領就任式に比べ「人出が少なかった」と報道したら、報道官が「過去最高」と反論。大統領顧問も「オルタナティブ・ファクト」（もう一つの真実）と追認した。

大統領の最大武器は、2千万人以上のフォロワーがいるツイッター。そのトランプ旋風吹き荒れる米で売れているのが、独裁者ビッグ・ブラザーが支配する監視国家の恐怖を描いた近未来小説『1984年』（ジョージ・オーウェル著）。「自由は隷従なり」がスローガンの党が2＋2は5と発表する。「自由とは2＋2が4であると言える自由である」と主人公は禁じられた日記に書いた。

政治体制は違っても最高権力者にとって不都合な真実は虚偽になり、公式発表した「オルタナティブ・ファクト」が真実になるらしい。北朝鮮は、大使館員関与が濃厚となったマレーシアの金正男殺害事件でも関与を全面否定、遺体が正男氏とすら認めていない。北朝鮮は過去の大韓航空機爆破などテロ事件でも関与を否定、韓国の陰謀と主張した。

例外的に認め、謝罪した日本人拉致事件の被害者家族らは、白昼、「空の玄関口」で正男氏に実行犯が襲いかかる今回の凶行映像をどんな思いで見つめただろう。気がかりは、暗殺事件で北朝鮮が国際的孤立を深め、事件解決が遠のくことだ。

恐怖政治に対抗するには、権力側の「隠された事実」を追求する報道を続けるしかない。

デスク日誌

デスク日誌　国政に挑戦しない県議たち

（2001・5・10）

政治のパワーは闘いから生まれる。ＫＳＤ汚職、機密費など森内閣時代の不人気を一掃する〝脱派閥〟小泉内閣誕生劇にしたたかな自民流再生術をみた思いだ。「自民党も人材枯渇」とまで言われたが、小泉内閣は、田中真紀子外相ら女性５人を含む斬新な顔ぶれで驚異の支持率。人気タッグの「真紀子（小）泉内閣」と、野党を慌てさせている。

参院選前に引退表明した吉川芳男氏は、県議から国政に挑戦、３期務めた。「自民県議の指定席」だった後継に県議は名乗りを上げていない。

かつて県議は国会議員の登竜門だった。55年体制、中選挙区時代の平成５年の宮沢内閣当時は、選挙区（定数13）で自民の高鳥修、桜井新、故近藤元次、岩村卯一郎の４氏。旧社会では関山信之、目黒吉之助両氏の計６人で約半数を占めた。参院も吉川、社会の志苫裕両氏がいた。

ところが現在、現職で県議出は吉川氏のほかは高鳥修、吉田六左エ門両氏のみ。「今さら、陣笠で苦労するより県議が楽だから」「県会議長が最終目標」との声も聞く。田中元首相のような強力なリーダー不在からか、奇妙な安定が県議団のパワーを奪っている。

共産を除くオール与党の平山県政がいまひとつ元気がないのも県議から久しく国会議員が出ていないことも一因のようで寂しい。豪雪地の苦労を知る地方議員から国政へというルートは必要だ。都会育ちの2世議員が目立つ現状に不安になる。

夏の参院選は新潟選挙区に戦後初の女性複数候補が出馬予定で話題も豊富。熱い選挙戦から県政に活力を与える国会議員の誕生を期待したい。

デスク日誌　なれ合いでない熱い論戦を（2001・10・4）

議会の季節。国会では、米同時テロに対応した自衛隊派遣問題で論戦が開幕。県会も質疑が始まったが、最近、論戦とはほど遠い「静かな議会」が、この国を覆っているような気がする。そんな危惧を抱かせる出来事が先月19日、国会と新潟市議会で同時多発した。

その日、国会参院予算委では、田中真紀子外相が、野党議員の質問に「通告にない質問なので」と答弁に窮し、審議が一時中断、騒然となった。

新潟市議会では、納得いく市長答弁が得られなかった議員が、「一般質問を通告すると（市の事務方が）飛んでくるが、こんなずさんな答弁書では何のための打ち合わせか」と怒り、出来レースぶりを暴露した。

県議会も共産を除くオール与党体制で事務方が作った答弁書の棒読みが横行している。6月には県土木汚職事件で被害届を出さない知事と県警本部長の直接対決を回避するため、県が県議側に「質問制限」を要請する一幕もあった。

慣例になった事前通告制が議員の質問権を形がい化させ、討論の場を「執行部提案を追認する静かな儀式」に変えている一端を露呈した格好だ。

国会では、不利な質問提出の動きをしただけで議員会館に役人が駆け付け、質問をしないように泣き落とし作戦。先輩議員まで動員、「するな」と迫る場面も目にした。

6月、田中外相自ら、外務委員会で鈴木宗男氏の質問制限を働きかけた問題は記憶に新しい。開かれた議会を目指し、県内でも土日開催を模索する議会もあるが、熱い論戦なしでは、傍聴席は閑古鳥だろう。なれ合いでない論戦を期待して議会に行ってみよう。


（2002・5・30）

デスク日誌

若手胎動で県政界活性化へ

1年前の本欄で「国政に挑戦しない県議たち」という記事を書いた。昨年夏の参院選比例代表で復活した県議出身の桜井新氏（69）を除けば、この1年で県議出身が国会議員のバッジを付けることはなかった。先の参院新潟補選では、自民公認となった県議候補が告示直前に差し替えられ、本番挑戦の機会を奪われた。

「県議を何期もやっていると先輩後輩の関係ができてしまって、先輩を飛び越し、出る勇気がなくなってしまう」。県議に安住し、国政に挑戦する意欲を失ってしまう本音を聞いたことがある。だが、「出てこい若手新人」と言いたい。

今回補選で当選した黒岩宇洋《たかひろ》氏は35歳。自民党公認で敗れた塚田一郎氏は38歳。銀行マン、衆院議員秘書を経験し、飛び出した塚田氏は選挙後、「チャンスは取りに行かないと駄目。待っていてはつかめない」と語った。事実、塚田氏は公募に手を挙げていたから、公認のチャンスも巡ってきたのだ。現在、衆院1区では民主県議・西村智奈美氏（35）の名前が取り沙汰され、4区では、前回善戦した自由・菊田真紀子氏（32）、6区では自民県議・風間直樹氏（35）、高鳥修一氏（41）ら若手が名乗りを上げている。

30代対決となった今回補選の遺産ともいえる若手胎動の波は、次期総選挙、来年の統一地方選でも着実に世代交代を加速させ、各党県連組織、県議会、県政界を活性化の渦に巻き込むはずだ。

オピニオン　視点

視点　「性犯罪天国」の汚名返上早急に　（２００３・12・20）

「罪を憎んで人を憎まず」という。だが、最愛の娘や家族が性犯罪の被害者になったら冷静に対応できるか。自信はない。死刑廃止論者も家族がレイプ魔に殺害されたら犯人を許せるだろうか。

いつから日本は、「性犯罪大国」になったのか。車での少女連れ去り事件が全国で頻発。日本人を拉致した北朝鮮のメディアまでも、「日本こそ拉致国家」と皮肉るほど。

強姦《ごうかん》の全国被害者数は増加傾向で２０００年に初めて2千人を突破。02年は２３５７人。告訴しないケースも多く数字は氷山の一角だ。早大生らによる集団女性暴行事件などを契機に法務省はようやく、集団強姦罪新設や性犯罪の罰則強化を柱とした刑法改正に乗り出す方針。

海外では、性犯罪に厳しく対処している。米国は１９９６年、刑期を終えた危険人物が町に入ると、州当局が住民に住所、犯罪歴を知らせるメーガン法を制定した。メーガンちゃん＝当時（7つ）＝の暴行殺人犯が2度も逮捕歴があったことがきっかけだった。

韓国は、有罪の性犯罪者リストを政府のネットで半年公開。英国も97年、有罪となった人物の情報を学校に提供する制度を設けた。

最近、読者から痛ましい手紙が届いた。少女時代にレイプされた女性は、40代になった今も、PTSD（心的外傷後ストレス障害）に苦しみ通院し、「結婚も出産もあきらめた」とあった。プライバシー保護もあるが、日本も監視カメラや防犯灯の増設のほか、地域ぐるみで再犯性の高い性犯罪者を監視する法制化を検討する時期に来ている。そして一刻も早く「性犯罪天国」の汚名を返上してほしい。

視点　本物を見抜く力　有権者に必要

（2004・3・6）

「あいつは頭はいいが、キレないよな」。若いサラリーマンが電車の中で同期入社の同僚を評価をしていた。話題の主は一流大卒のエリート。知識は豊富だが実社会では「いまひとつ」らしい。

かつて東大卒のプロ野球選手が話題になった。最近は、学歴社会とは無関係な実力社会に見える芸能界でも、学歴社会を売りにした「東大卒の女優」「慶大卒のお笑い芸人」が登場している。

東大生初のプロ棋士も誕生し、渦中の人になった。将棋より学歴だけが注目されるのも大変だ。

バッグ、洋服、時計…ブランドに弱い日本人は、海外でも有名。確かにブランドは、一定レベルの品質保証で、購入の目安になっている。学歴も人物評価の材料の一つだが〝偽ブランド〟にだまされることもしばしば。

学歴問題で民主党を除名された古賀潤一郎衆院議員。米国の大学卒業を目指すという。大卒か中退かではなく、有権者をだましたことが問題だということに本人が気づいていない。社民前副党首の学歴疑惑も出てきた。

史上最年少で蔵相になった田中元首相は、就任あいさつで語った。「私が田中角栄だ。小学校高等科卒業である。諸君は日本中の秀才代表であり、財政金融の専門家だ。私は素人だが、トゲの多い門松をたくさんくぐってきて、いささか仕事のこつを知っている」（『入門田中角栄』）。小学卒を公言できる自信が、東大卒官僚を圧倒した。

自伝でも語っている。「学歴は年がたっていけば、過去の栄光みたいなものになってしまう。学問は現在に生きている」。学歴に惑わされず、本物を見抜く力が有権者にも求められている。

視点　地域の力で幼児虐待ストップを

（2004・4・10）


塾を嫌がる小2の長男を絞殺した疑いで母親（37）が6日、川崎市で逮捕された。同じ日、大阪では、生後4カ月の二男の下腹部を切除した傷害容疑で母親（24）が逮捕された。乳児虐待まできたか。背筋が寒くなった。

「鳥ですら、くちばしだけで子育てするのに…」。近所のオヤジさんは動物より人間が「子育て下手」になった現状を嘆く。小言は続く。「道路側に子供を歩かせる母親がいる。親が道路側を歩いて子供を車から守るのが常識だろ」

「様子のおかしい子供を見かけませんか」。児童相談所への通報を呼びかけるコマーシャルが頻繁に流れる。見て見ぬふりが多くの幼い生命を奪ってきたからだろう。おかしいのは親たちだ。親が自分を犠牲にしても子供を守る。そんな常識が通用しない時代だ。

日本小児科学会の調査では、親らの虐待で脳死や重度障害になった子供が、1999年から5年間で全国70カ所の医療機関で130人もいたという発見が遅れるのは、周囲が虐待を疑っても「しつけ」と言われると、警察などの介入が難しい点にある。

だが、事態は司法が量刑を重くしなければならないほど深刻。2000年、愛知県で当時3歳の女児が両親の虐待を受け、餓死した事件で一、二審は児童虐待の育児放棄に、保護責任者遺棄致死罪でなく、異例の殺人罪（未必の故意）を適用、懲役7年の実刑とした。

なぜ、親たちは虐待に走るのか。核家族化で、家や地域にも駄目親たちを叱る大人がいなくなったのも一因。他人の子供も、親も叱って育てる「地域の総合力」が試されている。

（2004・12・18）

視点　「リーダーの力量」震災で真価

「これまで三十数年間、一生懸命コツコツやってきた。その積み重ねがあの一晩で出た」（『プロジェクトX　リーダーたちの言葉』文春文庫）。1986年11月、伊豆大島・三原山の大噴火で、1人の犠牲者も出さず13時間で全島1万人を脱出させた秋田壽・大島町元助役の言葉だ。

中越地震でも知事や首長、政治家の底力が試されている。「わが町にも山古志村の長島（忠美《ただよし》）村長がいてくれたらなあ…」。ほかの被災地の男性がつぶやいた。その一言は、2200人の全村民離村を決断、不眠不休で陣頭指揮する村長の頼もしい姿に感銘した県民の声を代弁していた。

被災市町村によって各種証明書交付窓口の休日対応や手数料もまちまち。家屋被害のランク判定も調査方法に違いがあった。特に被害判定はお金が絡むだけに、再調査申請が続出。「○○町では大規模半壊なのに、なぜ、うちの町では一部損壊」と行政不信も増大させた。これもリーダーの現場を掌握し、指揮する力量の差ではないか。

一人暮らしの女性の高齢者から地震当夜の様子を聞いた。怖くて家に戻れないとき、普段は目立たない若者が、一軒一軒、大きな声を掛けて高齢者を避難所に誘導した。何人もの「震災ヒーロー」が生まれたという。機能不全に陥った役場に代わり、地域の絆に救われたのだ。

今年3月再選した長島村長は本紙に抱負を語った。「合併を控えた今こそ、村民自らの手で自らの地域をつくるという自立の意識を持ってほしい。山古志を生かせば、新・長岡市も輝くはず」。村民の心を一つに束ね、村の財産である闘牛、錦鯉、棚田を復興させれば、きっとムラは日本一輝く地域になれるはずだ。

（2005・3・5）

視点　分権遠のく〝合併バブル〟議会

「これからは地方分権の時代」と叫ばれ出したころ、ある霞が関官僚が言い放った。「地方、地方と言うけれど、地方に人材がいるんですか。とても任せられない」。地方を侮辱する物言いに腹が立ったが、最近、「まんざら嘘《うそ》ではなかったか」と認めざるを得ないような醜態が県内で目立つ。

旧町村議が、そのまま新市議になる〝合併バブル〟議会の風景だ。北魚6町村が合併、昨年11月に誕生した魚沼市の議員数は、特例で県内最多の95人。住民団体が「経費削減に反する。2億円以上の血税の無駄遣い」と市議会解散を求める署名活動を始めた。

13町村と合併した上越市も議員定数の上限は38だが、定数特例で48。2012年4月までに2回も選挙を行うことになり、7年強の議員報酬だけで3億3千万円の負担増。新市議の政務調査費も新年度から倍増、1人当たり年額60万円。合併前の11自治体では10倍増のお手盛りぶりだ。

合併で大揺れの市町村に対し、「唯我独尊」ムードなのが、県内で最高レベルとされる県会議員。07年の次期県議選も現行の区割りで行う特例条例を昨年9月に自民、社会民主県民連合が共同提案、公明も含め賛成多数で可決した。その言い分は「有権者の混乱を避けるため激変緩和が必要」というからあきれる。

官製談合を巡る新潟市議会の対応も大甘だ。市の調査報告書で「少なくとも5人以上の市議が関与」と指摘されたのに百条委も設置されず、自浄能力が見えてこない。

保身と党利党略だけの議会人は有権者から見放され、地方分権は遠のくばかりだ。

「欲深き　人の心と　降る雪は　積もるにつれて　道を失う」（高橋泥舟）

（2005・10・15）

視点　小泉チルドレン〝祝宴〟の後に…

政治家の信念とは何か。刺客と死闘の末、必死に勝ち上がってきた元自民造反組が、首相指名で小泉を選び、郵政法案にも続々賛成に回る姿は、権力に背いた者の悲哀がにじむ。先の総選挙で吹き荒れた小泉ハリケーンの後に残ったのは小泉巨大自民党と新人議員83人の小泉チルドレンという名の派閥。首相の演説に一糸乱れず拍手する場面は、大勝に酔うチルドレンの〝祝宴〟のようだ。

棚ぼた当選組の「黒塗りのハイヤーで料亭に行ってみたい」など新人の発言がやり玉になった。党本部は大勝自民のおごりの象徴に映るとして新人向け取材対応マニュアルを作る警戒ぶり。

小泉圧勝は、中曽根首相の下、1986年の衆参同日選で衆議院300議席の大勝利を収めた当時を連想させる。中曽根首相は、国鉄の分割民営化を実現。自民圧勝で任期を1年延長した。郵政民営化を掲げ、圧勝した小泉首相の任期延長論が出ている状況も似ている。

「好事魔多し」。89年の参院選で自民党はリクルート事件の余波で与野党逆転という歴史的大敗。90年衆院選は社会党が躍進、自民に逆風が吹いたが、275議席を獲得した。当時は中選挙区制。県内も86年は田中元首相（無所属）の3区以外の3選挙区で自民が1位だったが、田中元首相が政界引退後の90年は全区で社会党が首位を奪還。小選挙区だったら大敗の可能性もあった。

07年の参院選はどうか。来年9月に小泉首相が辞めた後のポスト小泉政権は、消費税上げ必至といわれる。今回、自民に投票した有権者にも「勝たせ過ぎた」の声も出てきた。「反動が怖い」と危機感を募らす先輩議員の声も大勝の熱狂にかき消されがち。党内で抵抗勢力もない大統領的宰相にとって最大の敵は「国民の絶妙のバランス感覚」かもしれない。

視点　品格失った不公正な「勝ち組」（2006・2・4）

「松下電器より心からのお願いです」。こんな表書きの「はがき」が届いた。裏面には「20年～14年前のナショナルFF式石油暖房機を探しています」。同社が一酸化炭素中毒事故を引き起こした温風機回収を進めるために、全国約6000万カ所に出した1枚だった。

企業の製造物責任が重く問われる時代。死亡事故の恐れがあるとはいえ、20年前の暖房機の欠陥にも責任を負う姿勢は、過剰と思えるほどの消費者保護の徹底ぶりだ。

その一方でマンション耐震強度偽装問題、ライブドア事件、東横イン不正改造問題など平然と顧客、消費者を欺くような経営者が目立っている。

人の命にかかわる耐震強度偽装の事実を知りながら設計、施工、販売したとしたら「殺人罪」に匹敵する重大事件だ。粉飾決算のライブドア事件は、公正な株式市場を八百長マネーゲームにしてしまった。拝金主義に染まった経営者から企業倫理のかけらも見えない。

「金銭至上主義に取り憑《つ》かれた日本人は、マネーゲームとしての、財力にまかせた法律違反すれすれのメディア買収を卑怯とも下品とも思わなくなってしまった」。市場原理、金銭至上主義についてはライブドア事件摘発前の昨年末に出版された『国家の品格』（藤原正彦著）が警鐘を鳴らしていた。

藤原氏は日本人は、世界に誇るべきわが国古来の「情緒と形」を忘れ、国家の品格をなくしてしまった、と強調。情緒の一つに「敗者、弱者への共感の涙」を挙げる。

額に汗して働く労働者や、法律を守って経済活動している企業が、「負け組」になって、惻隠《そくいん》の情を忘れた不公正な「勝ち組」が、大手を振って歩くような「勝ち組至上主義」では「闇の社会」になってしまう。

視点 死語なのか「検挙は最大の防犯」

（2006・7・22）

「『検挙に勝る防犯なし』という標語がありますが、最近、死語になったようです」。自治会役員をしている県警OBから手紙をもらった。

秋田の連続児童殺人事件で容疑者の長女の死を「事故死」扱いした秋田県警の初動捜査ミスが批判されている。事件として捜査していれば「息子は死なずに済んだのに」という遺族の無念さが痛ましい。「検挙こそ最大の防犯」の実例だ。

県警OBは指摘する。「町内には、『子供110番の家』がありません。全世帯が110番の家のつもりで対応するよう広報しています」。この町内は夜間パトロールもしていないのに昨年の認知事件はゼロ。パトロールには①足音、拍子木などで巡回を認知させて防犯効果を発揮させる②猫がネズミを捕まえるようにひそかに回って犯人を逮捕する――の2種類があるが、警察職務に当たる②が効果抜群という。

最近の刑法犯検挙率は約30％だが、未解決事件が続くとどうなるか。「どうせ届けても捕まえられない。被害届、指紋採取、現場立ち会いなど面倒くさいから届けない」ために実際の検挙率はさらに低くなるとみられる。

県内では先月中旬から、ドラッグ店、郵便局、コンビニなど強盗事件が8件相次いだが、5件は未解決のままだ。

点滅する防犯灯や腐食している道路標識の交換など防犯意識徹底で、「この地域は連携意識が強いぞ」と思わせる連携の大切さを訴える県警OBは、わが町流の防犯活動を紹介する。

犯罪広域化、多国籍化、スピード化など捜査が難しくなっている事情もあるだろう。だが、司法当局は、聞き込みなど万全な捜査を尽くして事件を解決してほしい。「検挙に勝る防犯なし」を死語にしてはいけない。

視点　ネット社会の「落とし穴」自覚を　（2006・9・9）

少年による短絡的な暗い凶悪事件が相次いでいる。高1の長男が逮捕された稚内女性刺殺事件。埼玉では夏休みの宿題を注意した父に反発した中1の長男が自宅に放火、弟が死亡。6月には高1の長男が自宅に放火、母子3人死亡の奈良放火殺人事件が発生した。4日には岡山の小6男児が同級生を教室で刺した。

新潟市でも、母親の小言に中学生男子が金属バットで母親の頭を殴る事件が起きた。どこの家庭でもある日常風景が一転、殺傷事件に発展する不気味な怖さを親たちは感じている。

犯罪に至る動機は、親子関係崩壊など複雑な要因もあるが、それだけでは到底理解できない。最近の若者は「キレやすい」といわれる。テレビゲーム世代で自分の思い通りにならないと、リセットを繰り返す。だが現実は、一度奪われた命は、リセットできない。

奈良の高1放火殺人の場合、長男は教育熱心な医師の父親に反発を覚え、「全てをなくしてしまいたい」という衝動に駆られ犯行に及んだと供述している。全て灰にしてしまう放火は、リセット行為ではないか。

インターネット、メール、携帯などネット社会の影響も大きい。いつでもどこでも誰とでもつながる便利なツールだが、瞬時に答えと返信を求めるシステムが、つながらない場合、怒りを増幅させる起爆剤として作用し、こらえ性のない性格を形成する一因になっているような気がする。

携帯の相手の電源が切れていたり、メールの返信が遅いと、相手に無視されたのではないかといらつく。帰宅が遅い子供に何度、連絡してもつながらないと、怒りの連鎖から乱暴な言葉になることがある。大人も子供もネット社会の落とし穴を自覚しないといけない。

（2007・2・10）

視点　女性蔑視の発言「政争の具」にするな

政治家の失言と、その後の対応は内閣の性格と、政治家本人の人間性が最も表れるドラマだ。中でも女性蔑視《べっし》発言が致命傷になることがある。有権者の半分を敵に回しかねないからだ。

柳沢伯夫厚生労働相の「産む機械」発言は、子育て支援の担当省庁トップだけに責任は重く、辞任を求める声が出るのは当然だ。共同通信の世論調査では、「辞任すべきだ」と答えたのは男性が女性を上回っていた。

安倍晋三政権にとって、官舎入居問題で政府税調の本間正明会長が更迭され、事務所費問題では佐田玄一郎前行改担当相が辞任に追い込まれた。柳沢氏辞任となれば、相次ぐ閣僚辞任に政権の求心力が失墜するため、安倍首相も柳沢氏擁護に回り、続投を決めた。

一方、民主党側も、通常国会冒頭に、民主党出身の角田義一参院副議長が献金不記載疑惑で辞任。小沢一郎代表の資金管理団体が2005年分の収支報告書で事務所費4億円超を計上した問題や、10億円余の不動産所有も判明、「政治とカネ」を巡る不透明さが残った。

こうした火種を抱える野党側にとって、与党の敵失・柳沢発言は、格好の攻撃材料となった。街頭演説で小沢氏は「単に女性蔑視という問題でなく、安倍内閣の政治そのものが非常に復古主義的、権威主義的な体質を持っている」と、批判の急先鋒《せんぽう》になった。

柳沢発言を巡る今回の与野党の攻防とは攻守の立場を変え、自民党が、小沢氏の失言を責め立てたことがあった。

「どの女と一緒に寝ようがいいじゃないか」。1994年4月、当時与党の新生党代表幹事・小沢氏が、羽田孜《つとむ》内閣成立で、社会党を除く連立統一会派を結成した際、語った女性蔑視発言だ。

社会党の女性・市民局長は「男性中心の視点から見た女性蔑視で、女性を性の対象としかとらえていないかのような差別と偏見に満ちたもの」と厳しく批判する党見解を発表した。その姿は今回、柳沢氏の罷免を求める女性議員と重なる。

参院本会議では、野党だった自民党副幹事長・吉川芳男氏（元労相）が代表質問で小沢発言を追及、官房長官から不適切と認める答弁を引き出した。社会党の政権離脱から2カ月後、羽田内閣は退陣、自社連立の村山富市政権が誕生した。

二つの失言を巡る攻防は、野党側の政権交代を狙った「政争の具」の側面も否定できない。今年は選挙の年とはいえ、与野党とも選挙目当ての党利党略・場外パフォーマンスでなく、少子化対策や格差問題、「政治とカネ」など喫緊な課題を国会で真剣論議してほしい。審議拒否など「無駄を生む国会議員」であってはならない。

視点　選挙としがらみ　「汚職の温床」と決別を

（2007・4・7）

「地元の○○です。最後のお願いです」。県内統一地方選も最終盤。各陣営ともあす8日の投票日に向け街宣車の音量いっぱいに声をからしてお願いコールが続く。政令市議と県議のダブル選挙となった新潟市では、両選挙の候補者が入り乱れた激戦となったが、政党名を連呼する候補は少なかった。

候補者12人が名乗りを上げた東京都知事選では、大半が、政党の公認や推薦を受けず、東国原《ひがしこくばる》英夫氏が宮崎県知事選で初当選した「脱政党」で勝利を目指している。東国原氏が自民、公明両党推薦の元経済産業省課長を破った構図は、「政党や既成組織とのしがらみを抱えた候補はノー」という政党不信の現れだった。

福島、和歌山、宮崎で知事が相次いで逮捕された官製談合事件でも背景には「選挙のしがらみ」があった。和歌山県発注工事を巡る汚職事件で、収賄容疑で逮捕された前知事は、調べに対し、贈賄側で知人の元ゴルフ場経営者を談合に介入させた理由について「初当選した2000年の選挙で恩義を受けた見返りだった」と供述した。選挙で元経営者から資金面で支援を受けたのが黒い癒着の発端になった。

1993年、宮城県知事のゼネコン汚職を受けた出直し選挙で、厚生省課長から出馬し初当選した浅野史郎氏は、97年選挙で、政党、団体の推薦を受けずに再選した。今回、都知事選に立候補した浅野氏は知事時代の2001年、「選挙のしがらみ」の怖さについて本紙に語っている。

「しがらみは特に選挙のときにできる。それを異常なまでに排除したかった。そこにからめ取られたくない」「選挙は勝った後が大変。勝った後は、敵より味方の方が大変」。巨額な予算執行権を握る知事経験者の言葉が、当選の見返りを要求する「闇の魔手」の深刻さを象徴している。

その浅野氏ですら、激戦を制するには「しがらみ」から完全に逃げ切れないのが政界の厳しい現状だ。都知事選では、自民、公明が支援する現職石原慎太郎氏に対抗するため、これまでの「脱政党・市民主役の浅野流」から一転、3月30日告示の都議補選を機に民主党の菅直人代表代行らと街頭演説に立ち、政党色を前面に出した。

地方だけでなく、中央政界でも事務所経費問題など「政治とカネ」の疑惑が後を絶たない。本県では89年の知事選に絡み佐川急便から1億円の闇献金が判明、92年に知事が辞任した。

政治家は奉仕の精神と高い倫理が求められる。公益精神を忘れ、選挙の恩返しに特定の企業や個人、団体の利権を優先する「政治屋」など論外だ。今年は選挙の年。政治を志す者も支援する側も、選挙のしがらみが「汚職の温床」にならないよう自重自戒してほしい。

視点

喫煙派VS禁煙派　マナー守って共存を　（2007・6・2）

大分県や名古屋市で全面禁煙を導入するなど禁煙タクシーが全国で増えている。県内では台数が少ないためか、夜は運転手には「魔の時間帯」。禁煙マークの屋上灯を出しても酔客から「何で吸えない」「社長を呼べ」とすごまれることもあるという。

禁煙エリアは、レストラン、病院、新幹線など公共空間に拡大している。県内では20市町村でいわゆる「ポイ捨禁止条例」が制定されたが、京都市は繁華街での「歩行喫煙禁止条例」を可決した。ホタル族には、息苦しい世の中になった。

30年前にニコチンの虜《とりこ》になって、煙害を振りまいていた1日3箱のヘビースモーカー時代を振り返ると冷や汗が出る。禁煙に失敗するたびに「たばこをやめるほど意志は弱くない」と強がった。8年前に禁煙して以来、においには敏感になったが、嫌煙派ではない。隔離されたガラス張り喫煙室の常連を見ると昔の自分の姿と重なって同情的になる。

厚生労働省が喫煙率調査を始めた1986年、男性は59・7％、女性が8・6％。2005年は、男性が39・3％と初めて4割を切った。20年で、3人に1人が禁煙した計算だ。一方、女性は05年が11・3％で約3ポイントアップ。20代、30代とも2割近くに上る。

「妊娠中の喫煙は、胎児の発育障害や早産の原因の一つになります」「喫煙は心筋梗塞の危険性を高めます」。賞味・消費期限が1日でも過ぎた食品が売られだけで大騒ぎするこの国で、肺がん、肺気腫で死亡率が高まる、とパッケージの裏表に、ドクロマークのように堂々と警告されて売られている不思議と矛盾。

政府が国を挙げて禁煙を進めるなら、麻薬並みの撲滅キャンペーンや禁煙教育を徹底すべきだが、厚生労働省のがん対策推進基本計画案に「喫煙率半減」の数値目標設定は盛り込まれなかった。喫煙者はがん予防には厄介者だが、税収面では、2兆円を超える立派な納税者。たばこ事業を所管する財務省に配慮したとの見方が有力だ。

たばこは合法といいながら、場所や時間が厳しく制限され、違法行為者のように扱われる喫煙者。ニコチン中毒になり、税金だけは徴収される構図は被害者の側面もある。昨年、禁煙治療が保険適用されたが、ニコチンパッチ中毒になったという笑えない話もある。

世界保健機構は5月31日の世界禁煙デーに合わせ、受動喫煙の害を防ぐため、飲食店を含む公共施設と職場を「屋内全面禁煙」にするよう勧告した。愛煙家からは、最近の「禁煙狂騒曲」に近い包囲網に「まるで魔女狩り」との嘆きが聞こえる。男も女もＴＰＯに合った禁煙・分煙のマナーを守り、喫煙・禁煙両派が、互いに思いやりと寛容の心を持てば、両派の共存は可能なはずだ。

（２００７・12・８）

視点　「蒲田の家」の門柱　無頼派安吾の時代凝縮

そして門柱だけが残った――。東京都大田区東矢口２の６の27。この住所に坂口安吾が１９３０（昭和５）年から約20年過ごした「蒲田の家」があった。家は安吾の長兄で新潟日報第２代社長・坂口献吉の自宅だったが、改築して新潟日報東京支社社員寮として利用されてきた。79年に取り壊された後、建てられた「蒲田寮」に3年間住んだことがあった。

「安吾が住んでいた家の跡地の住人」という意識はあった。だが、月刊誌『東京人』95年8月号特集「安吾のいる風景」の中の「蒲田の家」（文・佐々木幹郎氏）を読んでからは、「無頼派作家が住んだ由緒ある屋敷跡の住人」というプライドに近い意識が芽生えた気がする。

46年12月、林忠彦氏が撮った有名な写真。2年間、掃除をしたことがない万年床、机の回りに雑誌や原稿、手紙類が散乱した部屋で丸眼鏡の安吾がペンを握りしめ、原稿と向き合っている異空間が蒲田の家だったことに衝撃を受けた。「堕落論」「白痴」「不連続殺人事件」「日本文化私観」を書いた舞台となった「万年床と紙のゴミの巣窟」の2階書斎があった空間に住んでいるという奇妙な連帯感があった。

特集では「敷地はそのまま残っているが、当時の建物はない。ただ、敷地入り口の両側に建てられていた煉瓦《れんが》製の門柱は現存する。門を入った左側には松が植えられ、右側には山茶花《さざんか》の木があったのだが、それも健在だ。つまり入り口付近だけは昭和20年代当時のままなのだ』『今もシュロの木が2本、健在である」とある。

2004年春、蒲田寮は取り壊され、駐車場になった。松も山茶花もシュロも撤去され、当時の面影を残すのは駐車場の片隅に立つ煉瓦製の門柱だけになってしまった。

寮の住人にとって、門柱は鬼門だった。普通車1台がようやく通行可能な幅だったため、住人の車は何度もドアを傷付けられた。その安吾ゆかりの門柱が3日、新潟日報から文学碑として安吾が代用教員を務めた世田谷区の代沢小学校に移譲された。寮の取り壊し計画を聞いて「由緒ある門柱を残すべきだ」と保存の声を上げた一人として感慨深いものがある。

敗戦後、価値観が一変し、焦土と化した東京では人々が生きるために闇市でごった返していた。伝統主義や市民社会のモラルを批判し、人生さえも「無駄さ」と虚無的に語った無頼派作家は、門柱が文学碑として残されることを泉下でどう思っているのだろうか。

安吾を慕うファンにとって日本の戦後小説が生まれる瞬間を見つめてきた「蒲田の家」の門柱は、安吾の思想と、生きた時代の空気を凝縮した記念碑なのかもしれない。

視点　安全・新潟ブランド　食の情報公開でPRを　（2008・3・1）

猛毒の殺虫剤メタミドホス混入による中国製冷凍ギョーザ中毒事件は、食のグローバル化と日本の危うい食卓事情、さらに39％という食料自給率の低さを改めて浮き彫りにした。その後も中国製冷凍かつから別の殺虫剤が検出され、全国最多の２４００個を販売した市民生協にいがた生協（新潟市）は、回収作業に追われた。

米農務省は牛海綿状脳症（ＢＳＥ）感染が疑われるへたり牛を処理していた疑いで、処理会社が出荷した6万5千トンの回収命令を出した。対日輸出はなかったが、米国の食肉処理のずさんさを露呈した。国内でも昨年以来、赤福、船場吉兆など老舗ブランド企業で消費期限や中身を偽った食品偽装事件が相次ぎ、国内外の食品業界全体への不信感がピークに達している。

スーパーでは、急に国産ラベルが目立つが、新潟産のネギ、ジャガイモなど野菜を売る地元産コーナーが完売する場面を見るようになった。中国製食品の不安が、逆に地元産への評価を高め、地産地消を促進している。

新潟県は、国内で唯一、食味「特A」19年連続を誇る魚沼コシヒカリをはじめ、コメ、魚、酒など食の宝庫である。中国、ロシアなど対岸に近い拠点都市・新潟にとっては、食の不安時代の今こそ、安全・安心の「新潟ブランド」を売り出す好機だ。国内市場だけでなく、海外をターゲットにしたグローバルな視点が必要な時代、セールスのキーワードは「安全・安心」になっている。

泉田裕彦知事の「情報隠し」発言で表示を巡り、問題になっているコシヒカリBLも、むしろ表示によって安全な減農薬米をアピールする武器になるかもしれない。

残留農薬への消費者の不安が高まる中、雪国まいたけ（南魚沼市）では、同社のキノコやもやしの残留農薬と重金属検査結果をホームページ上で確認できるサービスを始めた。遺伝子組み換え作物、BSE、偽装表示問題発生などで、どこで生産され、どのような流通経路で食卓に運ばれたかが分かる「トレーサビリティー」も注目されている。食の不安・不信時代は、「食の情報公開」が切り札になりそうだ。

北陸新幹線の金沢延伸後に上越新幹線の地位低下が懸念される2014年問題、道州制を巡る動きなど厳しい試練が待ち受ける中、日本の中の新潟の位置付け、未来をどうするか。安全・安心な「日本の食料基地・新潟」のイメージ戦略を官民挙げて構築することが産業面でも観光面でも急務になっている。そのためには、輸出促進の物流拠点として新潟港、新潟空港の整備充実が一層求められる。

第4章　追憶の国会議員　1995年～2018年

東風新風・評伝・追憶・回顧　東京支社・本社報道・役員室

《強烈な個性と存在感放った一国一城の主たち》

「末は博士か大臣か」。随分、昔流行った言葉だが、博士はまだしも子供たちの憧れの職業と言えば最近は、ユーチューバーやサッカー選手。今では大臣になった途端にスキャンダルが噴出、辞任に追い込まれるケースもあり、大臣が、必ずしも一般国民から尊敬の対象でなく、「大臣か」は死語になりつつある。だが、国会や首相官邸、議員会館のある日本政治の中心地で「嫉妬（ジェラシー）の海」と言われる東京永田町では、大臣病は今でも流行しているらしい。私が出会った選挙区で何万人も自分の名前を書かせる一国一城の主たちは、個性的な風貌と強烈な存在感を漂わせる政治家が多かった。政界再編や選挙制度改革の取材を通じて激動の時代を刻んだ国会議員たちの素顔を追憶してみたい。

■桜井　新氏（1933〜2017年・84歳没）

評伝　雪国政治家の熱意継承　県議から田中元首相に挑む（2017・11・11）

個性的な昭和の政治家が、また一人亡くなった。政治家は、その時代と風土によってつくられる。雪深い魚沼出身の桜井新氏は、田中角栄元首相ら実力政治家がしのぎを削った旧新潟3区が生んだ中選挙区時代の申し子だった。

1979年、県議から衆院に無所属で初挑戦するも139票差で落選。ロッキード事件後とはいえ、元越山会青年部長が、強大な政治力を誇った元首相に挑んだパワーは、今も語り草だ。

翌80年の衆参ダブル選挙で初当選。自民党内では元首相の政敵・福田赳夫氏が立ち上げた派閥清和会に所属。農林族として頭角を現し、米価闘争の行動力と、風貌から「南魚の熊」と異名を取ったが、内面はシャイで心優しい越後人だった。

自民党が野党時代の94年、社会党の村山富市委員長を総理に担いだ自社さ連立政権樹立の舞台裏では、森喜朗氏らと政権復帰の立役者の一人となった。

村山政権では、論功行賞から環境庁長官に初入閣。しかし、8月12日の閣議後会見で歴史認識を問う質問に「日本は侵略戦争をしようと思って戦ったわけではない」と発言。単刀直入の物言いが裏目に出て、韓国政府の反発を買い、就任わずか1カ月余で辞任に追い込まれた。痛恨の極みだったろう。

「政治とカネ」の問題が絶えない永田町に政治改革の波が押し寄せていた。

小選挙区比例代表並立制が初めて導入された96年10月の総選挙前に5区は当時、人気絶頂の田中真紀子氏との公認調整が難航。結局、桜井氏が地盤の魚沼から、佐渡、西蒲、柏崎の2区への国替えを了承した。「先輩格の俺が譲ることで、県内6区が全てまとまる。それでいいじゃないか」。地盤を追われた桜井氏の悔しさをにじませたつぶやきが耳に残る。

首都機能移転論議が盛り上がった95年11月。政府の国会等移転調査会が選定基準案に「豪雪地は避ける」との1項目を盛り込んだことに、桜井氏が猛反発したことがあった。

「そんな役人は辞めてもらえばいい」――。「役人に果たして雪国に行ってもらえるかどうか心配」との政府側答弁に野太い声を響かせた。「日本の半数は豪雪地帯だ。雪国も随分住みやすくなった。それ自体悪いように言われる、雪国差別と同じ」と語気を強め、雪国除外条項を削除させた。

雪に苦しむ地方の声を国政に届ける「雪国政治家」の面目躍如。表日本・暖国政治を打破、「裏日本」に光を当てようとした田中政治のDNAを見た思いだった。雪国政治家の遺伝子は、現在の県選出国会議員にどれだけ受け継がれているだろうか。合掌。

（本社取締役）

【追記】農林族議員の桜井新氏、米価闘争の時期になるとベトコン議員と言われ、精力的に国会内を走り回った。ギョロリとした目でにらまれると怖いが、どこか眼鏡越しの目の奥が笑っているような親近感があった。首都機能移転論議で新潟を候補地から外す「豪雪地を除外する」との政府方針に猛然とかみついた。豪雪地を蔑ろにするような政府方針に雪国出身議員の先導役になって役人を痛烈に批判、ついに方針撤回に追い込んだ。

多面鏡

南北戦争あおる公共事業見直し

（2000・8・4）

「桜井新さんが消えたとたんに、清津川ダムが見直し対象になるとは…」

自民党の公共事業見直し対象に国が南魚湯沢町で計画中の清津川ダム建設が入ったことが表面化した2日、県選出代議士が、本県の政治パワー低下を嘆いた。

先の総選挙で落選した桜井氏は当選6回、党政調会長代理で、公共事業見直し作業の中心人物・亀井静香政調会長の右腕だった。それだけに、選挙区をくら替えしたとはいえ、南魚出身の桜井氏の地盤の事業見直しを、先の代議士は「桜井さんがいたら、あり得ない話」と政治の非情さを指摘した。

桜井氏落選の直後、県首脳も「うるさ型の桜井先生を失ったことは、本県にとって大打撃。どんな影響が出るやら」と語っていた。急に清津川ダムの見直しが浮上するというタイミングが、「桜井ショック」を一層神話化する格好となっている。

今回の公共事業見直しは、先の総選挙では東京など都市圏で多くの大臣経験者を失った自民党の選挙対策だ、との指摘がある。都市住民の「地方への財源ばらまき批判」をかわす側面もあるという。与野党の公共事業悪者論の大合唱が気になる。都市と地方の対立、いわゆる日本の〝南北戦争〟につながるのではないかとの懸念だ。

都会からみれば一見、無駄に映る公共事業も、産業のない過疎地では、重要な産業。「出稼ぎにいかなくても済むようになった」という農家の言葉が地方の実態を物語っている。また一方で、ダムだって都市生活者のためだとの見方もあるほどだ。

「政治とは高い理想を掲げながら、冷厳な現実の上に大地に足を置いて、一歩一歩前進することだ」とかつて田中角栄元首相は、政治の提要を説いた。景気面からも公共事業に頼らなければならない、地方の冷厳な現実がある。それを忘れた一方的な見直し論からは、都市票奪回を狙う政党・政治家の保身だけが透けて見えてくる。

■吉川　芳男氏（1931～2018年・86歳没）

評伝　「桃李」貫いた政治家　超党派で拉致解決に尽力

（2018・4・8）

権謀術数渦巻く永田町にあって、86歳で亡くなった元自民党参院議員で労相も務めた吉川芳男氏は、どこか不器用な政治家らしからぬ政治家だった。

県議5期を経て1983年参院選で初当選。派閥は田中（角栄元首相）派に入ったが、85年2月の竹下登元首相を中心とする創政会結成による田中派分裂で、非主流の田中元首相直系二階堂グループに属した。生前、本人は「山下元利さんに誘われて行ったら、そこが二階堂派の会合だった」と淡々と語っていた。

その後、宮沢派入りし、98年参院選では自民公認の真島一男氏ではなく、「田中角栄先生に大恩がある」として田中真紀子氏の夫直紀氏を推した。

何度も入閣がささやかれながら、非主流派ゆえの悲哀を味わったが、２０００年7月、第2次森喜朗内閣で労働大臣として初入閣を果たす。参院議員当選3回、国会議員歴17年、遅咲きの政治家がつかんだ大臣の椅子だった。

座右の銘は「桃李成蹊《とうりせいけい》」（徳ある人には、自然に人が慕って集まる比喩）。自民県連会長時代は、桃李の心で「県民生活に直結する問題を解決するのに与党も野党もない」と、超党派で先頭に立って水俣病や拉致問題の解決に尽力した。

特に横田めぐみさんらの拉致事件解決に向け、署名活動を展開。97年5月1日の参院決算委員会では、「横田さんの事件が数に入っていないのはなぜか」と質問。「6件、9人」の従来見解にめぐみさん事件を加えた「7件、10人」との答弁を警察庁警備局長から引き出し、政府にめぐみさん事件を初めて拉致疑惑事件として認めさせた。

4選を目指した01年の参院選で単独公認となったが、3年前の直紀氏応援による自民党内のしこりから県議団が落選中の真島氏を強く推し、事実上の分裂状態となった。「結党以来の党人」を自任する氏にとっては、心労も重なり狭心症などの合併症を引き起こし入院、出馬断念、政界引退に追い込まれた。

06年夏、療養していた吉川氏は肺炎を併発、生死の境をさまよったことがあった。病院に見舞った際、目を見開いて握った右手で何度も力強く握り返した。既に言葉は失っていたが、何度も夫婦で危機を乗り越えてきた戦友の範子夫人が「パパが久々に笑った。良かったね」とつぶやいた。

「私利」「党利」より「桃李」の心を貫いた義理堅い政治家の最期は、長く病床にあったが、範子夫人と次男にみとられながら温和な顔で旅立った。県議から国政へ、と個性派が群雄割拠した昭和の政治家がまた、鬼籍に入った。合掌。

（本社常務取締役）

▼妻、範子さんの「一番淋しいクリスマス」

【追記】普段は温厚な吉川芳男・元労相が、鬼の形相で激怒したことがあった。1994年5月末、議員会館に入るなり、「何だよ、これは。私をピエロにして」と27日付新潟日報朝刊を投げつけられた。93年8月に非自民の細川連立内閣が発足、55年体制が崩壊。自民党は下野していた。朝刊には、自民党県選出国会議員団会議の採録が出ていた。吉川氏の県連会長再任了承後、論議の中心は次期県議選での新生党対策だった。会場は自民党本部会議室。取材は冒頭の頭撮りが許されたが非公開となり、記者は壁に耳を当て聞き取る「壁耳」でメモした詳細を生録した。

田中真紀子氏が、「裏表を使い分けるような双方（自民、新生両党への公認）申請は駄目。県議クラスの色分けが分からないと利用されるだけ」のテーブルを叩きながら会長に迫った。迫力に押され、吉川会長が「毛沢東語録には、革命において最も重要なことは敵味方の識別から始めろ、とある」と得意の語録の解説から始めた途端、真紀子氏が「そんな悠長なことを言っている場合じゃない」と一喝。「誰が新生党か、具体名はちょっと」とたじたじ。集中砲火を浴び、弱々しい姿を記事にされ、「茶化された」と感じたのだろう。

吉川氏は県議時代の1965（昭和40）年12月22日、当時の塚田十一郎知事が知事選を前に自民党県議に現金20万円を手渡した「20万円中元事件」を巡る公選法違反（被買収）の疑いで逮捕された。

翌年2月、塚田知事は辞意を表明。その2カ月後、新潟地検は塚田氏と自民県議42人を証拠不十分で不起訴にした。

「20万円中元事件」を取り上げた『新潟日報140年・事件編』（2019年・新潟日報社編）では最後の下りで筆者は、「塚田がスキャンダルで知事辞職してから53年後の2019年7月21日、参院選で3選を目指した5男の一郎が敗北を喫した。一郎の落選で自民党は1955年の結党以降初めて、参院新潟選挙区の議席を全て失った。知事辞任後、参院に転身し、新潟選挙区から3回当選を果たした塚田。中元事件で公選法違反の疑いで逮捕された自民県議4人の1人で後に参院議員となり、当選3回、『結党以来の党人』を自認した吉川芳男元労相。ともに新潟選挙区を守り続けた党人は、泉下で『自民党議席ゼロ』を嘆いているに違いない（敬称略）」と書いた。

『新潟日報140年』を吉川氏の妻、範子さん（2022年9月死去）に贈呈した。届いた礼状には「50年以上の時を経て吉川に温かい言葉を添えて頂き、心が和みました。20万円事件。まだ、私は30歳を過ぎたばかり。色々な思いが噴き出して参ります。只、私にとって一番淋しいクリスマスでした」とあった。逮捕は、クリスマスイブ直前の12月22日。牧師の家に生まれ、クリスチャンの洗礼を受けた範子さんの「一番淋しいクリスマス」の一節に胸が熱くなった。「吉川は自分の思いを貫く時、それは、それは強く、深く考えて実行に移します。その考えの話し相手が私。その時の苦悩もよく知っておりますが、必ず道が開けてくる不思議な人でした」と最後まで信念を貫いた夫を信じ、気遣う政治家の妻の覚悟が、胸を打った。

■真島　一男氏（1932〜2001年・69歳没）

多面鏡　雪辱果たし「生涯で最もうれしい」

（2002・10・31）

「生涯で最もうれしい」「人生最高の喜び」。2人の政治家が語った当選の喜びのコメントが、くしくも重なった。前者は1998年、田中真紀子前外相の夫直紀氏に敗れた真島一男氏が、昨年の参院選で返り咲いた時の声。後者は、小選挙区制になった96年衆院5区選挙で前外相に敗北し、今回の5区補選で国政復帰した星野行男氏（70）の言葉だ。ともに真紀子氏に雪辱を果たした老政治家の怨念の叫びに聞こえた。

与党が7選挙区のうち、5勝で圧倒した衆参統一補選。星野氏を除くと、50代と40代が各1人、30代4人で、平均38歳の若々しい顔ぶれが並んだ。全国的に若手が台頭する中、70歳・元職を国政復帰させた原動力を探ると、自民党への追い風だけでない、5区特有の断面が見えてくる。

星野氏といえば、大みそかの長岡市の平潟神社で頭を下げ、松の内も明けないおとそ気分の支持者宅を回る典型的なドブ板政治家。「落ち穂拾いの星野」と言われるほど地べたをはうような選挙活動を展開したが、真紀子氏の大きな壁の前に散った。

時として有権者は絶妙な選択をする。真紀子氏がワイドショー政治のスターなら、星野氏は地道な陳情政治家だ。陳情政治を否定した真紀子氏不在の今補選では、陳情空白区となった5区で陳情に飢えていた有権者が、星野氏に一票を投じた側面がある。

本社の真紀子票・移動分析によると、支持層の半数が棄権に回り、45%が星野氏に入れた。再出馬が取り沙汰される真紀子氏の支持層からすると、70歳・元職を、「本命へのつなぎ役に最適」と選択したとの解釈も説得力がある。

しかし、復帰をうかがう真紀子氏にとって最大の敵は、議員辞職のきっかけとなった公設秘書給与流用疑惑への対応だ。今補選では、真紀子票の影におびえ、野党でさえ真紀子批判はトーンダウン。「政治とカネ」がかすんだが、当初、小さなトゲとみられた疑惑が、今や真紀子さんのスカートの裾に刺さる大きな杭《くい》になっていることも事実だ。

真紀子氏の疑惑について「説明責任を果たす義務がある」と対抗する星野氏だけに、「つなぎ役」などという汚名は返上し、地方の経済不況の窮状を国政へつなぐパイプ役としての「本格・陳情政治家」に徹してもらいたい。

▼政界復帰に鬼気迫る執念

【追記】選挙の終盤情勢を探る「世論調査」報道を巡って、候補者から「日報の見出しで当落が決まる」と慎重な言い回しで厳しい意見を頂戴することが多かった。見出しで「独走」「抜け出す」「リード」など優勢ムードが出ると、「勝ち馬」に乗る有権者が多くなり圧勝との見方が強まる半面、陣営が安泰ムードで緩み、投票に行かず、結果的に敗北するリスクがあるというのだ。2番手に位置し、見出しが「猛追」「追い上げ」とあると、終盤の選挙活動に熱が入り勝利する「逆転の方程式」が歓迎されることが多かった。

1998年の参院選で新潟選挙区（定数2）の終盤情勢を報じる本紙1面は「真島氏が先行」と大きく横見出しカット。現職の真島一男氏が優勢と報道した。結果は、真島氏は次点に泣き、落選。真紀子氏の夫の田中直紀氏がトップ当選。現職の大渕絹子氏が当選した。世論調査の前文の末尾には「ただ、3割近くの有権者が調査時点で、どの候補に投票するか未定としており、投票率の動向とも絡んで今後の行方に大きく影響を与えそうだ」と、お断りがあり、真島氏に当落を本紙の世調報道が左右したとは、考えたくなかったが、後味の悪さが残った。

真島氏は2001年の参院選で4選を目指した吉川芳男氏と因縁の公認争いを演じ、公認を獲得、トップ当選で返り咲いた。世論調査の紙面の見出しは、1面トップで「真島氏　抜け出す」の圧勝ムード。前回と違い、結果は42万票に迫る圧勝で世論調査通りになった。

真島氏は政界復帰後、わずか3カ月余で病に倒れ、帰らぬ人となった。病を押してでも政界復帰に命を燃やし尽くした鬼気迫る姿に政治家の執念を見た思いだった。世論調査の紙面が出る直前、私の携帯電話に直接電話してきて「日報さん。先行、リードだけはやめてくださいよ」と3年前の恨み節を吐露した。電話口の向こうで、いつもは笑っている眼鏡の下のつぶらな瞳が、にらんでいるように見えた。その独特の甲高い声が、今も耳に残っている。

■小沢　辰男氏（1916〜2013年・96歳没）

二大政党の夢、今も　議員生活40年に幕

（2000・4・28）

「私は33年間自民党代議士。脱党は断腸の思い。政治改革はしなければならない」。自民党一党支配が崩れ、政界再編に揺れた1993年6月。新潟市のホテル新潟3階「飛翔の間」で閣僚経験3回の自民党長老・小沢辰男代議士が支持者を前に離党表明した。

そして7年後の2000年4月27日。同じ「飛翔の間」で後援会・沢竜会幹部を前に今度は「政界引退」を告げた。長く仕えた女性秘書は「先生は、いつも突然なんです」とそっと涙をぬぐった。83歳のベテラン政治家は27日、県庁で開いた引退会見で「余力を残して政界を引退したい」と語ったが、「二大政党制で緊張した議会政治を実現させたかった」と夢を追う姿は、情熱いまだ衰えず、を実感させた。

引退理由について「次の選挙で勝てないからか」と質問が飛ぶと、「失礼ですけど（あなたは）私を支持してくれる団体をご存じない」と独特の甲高い声でぴしゃり。一呼吸置いて目を見開き「敗戦主義の考えはない。選挙区トップで来たんだから」と連続13回当選の実力を誇示した。

「晴耕雨読にはまだ早い」と語る小沢氏。会見、支持者説明会でも中国の古典の一節「1年の計は穀にあり。10年の計は植にあり。100年の計は教育にあり」を引用し「新潟国際情報大学理事長と

して若い人の教育に当たりたい」と教育への情熱を語った。

「一寸先は闇」の永田町を40年も泳ぎ切ってきた長老。「引き際が肝心」と議員バッジを付けたまま政界では異例の引退会見を終えた小沢氏の目は潤んでいたが、表情は吹っ切れていた。

【追記】小沢辰男氏との出会いは東京支社。平河町の砂防会館の事務所に通い詰めた。「元首相・角さんの拠点」を継承し、城主となった小沢氏は、80歳を過ぎても昼食は、分厚いステーキをペロリと食べる健啖家。ある日、「実は、不義理をしているクラブが赤坂にある。僕も年を取ってなかなか、1人で行けなくなった。一緒に行ってくれないか」。新潟市の双葉中出身のママが切り盛りするクラブに同行したことがある。地下の店は、ゼネコン関係者で賑わっていた。老いてなお、東京の県人を気遣う目配りに元首相の影を見た思いがした。

2000年回顧　長老議員の引退　政治の非情さ

（2000・12・25）

総選挙、知事選と選挙に暮れた年。世代交代の陰で静かに政界を去った長老2人の引き際が心に残った。

連続当選13回の小沢辰男・元厚相（84）が、引退宣言したのは4月末。記者会見では「悔いのない40年。余力を残して引退したい」と心情を吐露した。

小沢氏は、田中（角栄元首相）派の大番頭として権力の象徴だった東京・平河町「砂防会館」を守り続けた。幾多の政治ドラマの舞台となった3階執務室で「ここは角さんの城。僕が最後まで守る」

と何度も語った言葉が、忘れられない。

今年は小渕恵三、竹下登、梶山静六ら旧田中派幹部が相次いで鬼籍に入った。病に倒れなお、復活に執念を燃やす大政治家の引き際の難しさを目の当たりにしたのが、潔い決断の裏にあったかもしれない。

自民党税調会長を長く務め、連続当選12回の村山達雄・元蔵相（85）は、衆院比例名簿不登載で引退表明した。80歳を超えても数字がポンポン。「その数字、1けた違うよ」と記者をたしなめ、元大蔵官僚の記憶力と現役ぶりを強調した。

消費税導入で自民に逆風が吹いた90年総選挙でも必要性を訴え、「税の村山」を貫いた。異彩を放った政治家たちを排除してしまう小選挙区制。その現実政治の非情さに世紀末風景を垣間見た思いだった。

【追記】現行の小選挙区比例代表並立制は1994（平成6）年の法改正で成立。96年10月20日に初めて実施された。初の小選挙区となった前回選挙で小沢（新進）、村山（自民）の2人の長老は、単独比例に回り当選したが、2000年6月の衆院選前に引退を表明した。村山氏は2010年死去、95歳だった。

■村山　富市氏（1924年〜　100歳）

社会党委員長が首相、官邸単独取材に自衛隊合憲の苦衷明かす　（1994・7・23）

1994年7月22日の本紙紙面は「非武装中立　役割終えた　首相明言」の大見出しで自社さ政権で総理の座を射止めた社会党の村山富市首相が21日の国会答弁で「自衛隊合憲」に続き、「非武装中立の政策的役割は終わった」と明言し、党の看板政策を次々と転換・放棄するさまを伝えていた。22日午後6時過ぎ、首相官邸。村山首相を社会党県本部の目黒吉之助委員長、田鹿義男書記長が表敬訪問した。直前に情報を察知した筆者は、官邸単独取材を試みた。首相番記者が詰める官邸取材は、ガードが固く、「首相動静」に見られるように来訪者は一人一人がチェックされ、急な単独取材は幹事社を通じた手続きが煩雑で難しい。そこで表敬する社会党県本部の一団に紛れ込み、官邸応接室に入った。22日の「首相動静」は、「【午後】6時12分、目黒吉之助社会党県本部委員長、山下八洲夫衆院議員同席」とあり、新潟日報記者も田鹿書記長も記載されていなかった。

「日米安保体制堅持」「自衛隊合憲」「日の丸・君が代容認」。社会党の基本政策を次々と転換した村山首相は、記者がいるとは知らず、内輪だけの気安さから警戒心を解き、大分弁を交えて真情を吐露した。

「あそこまで踏み込んで言わないと9月の臨時国会が持たんのじゃ。旧連立与党側は社会党の綱領、過去の発言まで詳細に調べている。予算委で自社の政策の違いを必ず突いてくる。最初からはっきりさせた方がいいと判断したんじゃ。党の理念より連立の理念を優先させせないとこの内閣は持たん。(国会答弁の）前の晩は一睡も出来んかった」

目黒委員長らは、前日の非武装中立放棄の国会答弁について「踏み込み過ぎでは」とただした。首相は「非武装中立では、自衛隊の存在と矛盾を起こすんじゃ。わしゃ、3軍の長じゃけんのう」と反論。社会党総理の立場が、連立政権維持のためには「党の理念放棄もやむなし」との苦渋の選択に追い込んでいた。

一同、写真撮影も終えた段階で、私が「実は、地元の新潟日報記者です」と名刺を差し出すと、村山首相は、トレードマークの長い白髪の眉を揺らせた満面の笑みから一転、真顔になった。

会談の様子は翌日、本紙に「訪問の目黒氏に首相が胸の内」の見出しで囲み記事で載った。記事は、首相単独取材をぼかすために目黒委員長からの伝聞形式だった。

写真付きの詳報は、1カ月後の8月28日、「東風新風」で「基本政策転換の社会党　本県国会議員の評価と批判」のまとめ記事で掲載された。記事には、目黒委員長、田鹿書記長を笑顔で迎え、「こんなことになってのう…」と握手する村山首相の写真がバッチリ。「確かに私はそこにいた」という証拠写真が、突撃取材の成果として掲載された。

30年後の24年3月3日、村山元首相は大分市の自宅で１００歳の誕生日を迎え、「長寿の秘訣は無理せず、自然体で暮らすこと。日本がどこまでも平和な国であり続けることを願っている」とコメントした。百寿のトンちゃんは、トレードマークの白髪眉も健在だった。

社会党の両雄が党議決定に造反

■志苫　裕氏（1927〜2006年・78歳没）▼小選挙区法案に青票
■関山　信之氏（1934〜2014年・80歳没）▼首相指名選挙で白票

「55年体制」の下、自民党と激しく対立した社会党の村山富市委員長が首相に就任した。この驚天動地の出来事に万年野党だった社会党国会議員は「これで社会党も官邸フリーパス」と一挙に与党気分に浸った。本県社会党国会議員の中にも、首相官邸で支持者を呼び、社会党総理と記念撮影するという「奇妙な政治風景」が現れた。本県社会党の両雄、志苫裕、関山信之両氏は、政界再編や選挙制度を巡り、時に信念に基づき、党議決定に造反する、熱き闘士として政界ニュースを提供した。

社会党左派の村山氏が首相になったため、左派は政策転換にクレームを付けにくくなった。左派の志苫氏は「政権は政権、党は党だ」と党の主体性を強調した。1994年1月22日、志苫氏は小選挙区比例代表並立制の政治改革法案を採決する参院本会議で、小党を消滅させ、二大政党化につながる選挙制度を嫌い、青（反対）票を投じ、法案否決に追い込み、党の決定に背いた造反によって党員権停止処分を受けた。

青票を投じる前も「(小選挙区制で) 社会党は集団自殺しようとしている」と猛反対するなど、政局の転換点で常に的確なコメントをした。わずか1週間後の28日、細川護熙《もりひろ》首相と河野洋平自民党総裁がトップ会談、小選挙区比例代表制（小選挙区３００、比例２００）、政党交付金（公費助成）などを柱とする政治改革法案修正で合意し、29日に小選挙区制は衆参両院本会議で可決した。

一方、右派の党政審会長関山氏は、旧連立政権復帰を志向、94年6月、自社連立の首相指名選挙で「村山委員長に投票」という党議決定を無視して白票を投じた。「旧連立与党の政策担当者として（村山氏に投票することは）良心が許さなかった」と苦渋の選択を語った。

新橋の烏森神社近くの焼き鳥屋で、関山氏と政治談議すると、小選挙区制に反対した志苫氏ら青票組に対する批判を口にした。白票投票後は「社会党が総理を出している重みは、極めて大きな変化。その象徴的な出来事が総理の自衛隊合憲発言」と社会党総理を擁護した。

95年1月17日、現実路線で山花貞夫氏らと新会派「民主連合・民主新党クラブ」（民主）結成を届け出たが当日、阪神大震災が発生、頓挫した。志苫氏は「1党籍2会派は認められない。除名すべきだ」と新会派の関山氏と激しく対立した。想定外の大震災によって「政治の夢」が断たれた関山氏のその後は、何か運に見放された感があった。

▼幻想だった特効薬「小選挙区制」

小選挙区制が初めて衆議院選挙が行われたのは96年。２０１７年の公職選挙法改正で小選挙区は全国で２８９、比例代表も全国で１７６、衆院議員数は４６５となり21年の前回衆院選から戦後最少となった。

贈収賄の立件が相次いだ１９８９年のリクルート事件を契機に、「政治とカネ」問題が沸騰、自民党が制定した「政治改革大綱」で、カネの掛かる中選挙区制から政策本位の政党政治実現のため、小選挙区制導入を基本とした選挙制度の抜本改革検討が盛り込まれた。与野党とも政治改革の「切り札」として94年に合意、「小選挙区比例代表並立制」が導入されて30年。24年1月に国会議員の逮捕者を出した自民党派閥による「政治資金パーティー裏金事件」で、「小選挙区制になれば政治は良くなる」との選挙制度改革・至上主義が幻想だった、ことが分かった。

第5章　1面コラムで喜怒哀楽　2004年～2009年

日報抄　本社報道部長・編集局次長

《営業・編集の「二刀流」で看板コラム執筆》

「日報抄」は、新潟日報1面の看板人気コラム。2003年4月、報道部長代理兼編集委員となって「多面鏡」「デスク日誌」「オピニオン視点」などの署名記事の肩書が、「報道部」から「編集委員（現・論説編集委員）」に変わり、閲読率が最も高いコーナーを書くことを許された。「日報抄」は無署名だが、「日報抄」を書くことは記者冥利《みょうり》に尽きる喜びでもあった。日報抄は専任ライターがいるが、助っ人の兼務編集委員にもローテーションが回ってきた。2009年4月から編集局次長から広告事業本部に異動後も当時の新聞業界では、「広告部長兼編集局編集委員」という「営業・編集」の異業種セクションを融合する異例の「二刀流」を許された。

▼拉致、原発問題は第8章、知事関連は第6章に収録

全体の3割を占めたテーマは、拉致問題。通年企画「拉致・北朝鮮」（04年度の新聞協会賞）取材班代表の責任と自負が、自然と執筆に駆り立てたのだろう。拉致・原発をテーマにした日報抄は、第8章に収録した。また、知事に関する日報抄は、第6章に収めた。

日報抄

■無署名の看板コラム、テーマも多彩

署名記事は、記事へのクレームや間違いの指摘が直接、著者本人に来る点で全責任を個人で負うため、より綿密な取材が求められた。一方、無署名とはいえ、日報抄は読者の反応も大きく、間違いは許されない緊張感と気負いがあった。

時に「日報抄」の枠組みを飛び出し、私見が強すぎる際は、原稿をチェックする論説委員室から「これは署名の方がいいのでは」と、署名記事の「多面鏡」「視点」への「トレード」をやんわり促されることもあった。

日報抄には、見出しもなく、読んでみないと内容は分からない。改めて読み返して担当した分野の事件・事故、政治のテーマが多いことが分かった。具体的には、県政批判、中越地震、原発・拉致問題、名刑事など個人を扱った随想と多岐にわたる。

なお、本書をまとめるに当って「日報抄」にも見出しを付け直した。

日報抄

食料自給率　感染症でお寒い実態露呈

（２００４・２・７）

牛海綿状脳症（ＢＳＥ）、コイヘルペス、鳥インフルエンザ。次々と襲いかかる感染症で、日本の食料自給率のお寒い実態が露呈した▼１９６５年度にカロリーベースで73％だった自給率は、２００２年度には主要先進国で最低水準の40％に落ちた。この数字に農水省調査では消費者の90％が不安を感じている▼米国は世界一の牛肉生産国。その米国産牛肉の最大の輸入国が日本である。ＢＳＥ騒動で米国産牛の輸入が止まっただけで、「牛丼騒動」が起きている。長期の輸入禁止は米国畜産農家にとって死活問題と、米政府は日本に強く輸入再開を求めている。だが日本でＢＳＥが発生した際、米国は日本産牛肉の輸入を禁止した。それは、全頭検査が実行に移された今も続いている▼何とも厚かましい米国の要求だ。農水省幹部は「政治のごり押しで輸入再開しても消費者がソッポを向いたら意味がない。あの国は何でもありですから」と言う。食の安全性確保の観点からも、全頭検査は欠かせない条件だ▼子供のころ、食用動物の「生と死」が身近にあった。家で鶏を飼っていた。凍てつく冬の朝、藁《わら》の上の産みたての卵を手にしたときのぬくもりが記憶に残る。養豚農家で去勢風景を見て哀れを感じ、ヤギの生乳を飲んで濃厚な味を知った。飼っていたマゴイも母親が料理した。食のグローバル化で、究極的には自給自足でしか身を守れない時代になったのか▼「アメリカがくしゃみをすると日本は風邪をひく」。日米の経済関係の例えだが、食糧安保でも同じ追従関係になってはいけない。飽食列島日本の危うさを再認識し、食を見直すきっかけにしたい。

日報抄　**総額内税方式は「消費税隠し」**　（２００４・５・４）

消費税の「総額表示」実施から1カ月が過ぎた。戸惑うことが多い。「レギュラー現金１０５円」という表示に、ガソリン価格急騰かと思ったら、消費税込みの価格だった。外税時代は支払うたびにプラス５％の割高感を味わったが、総額内税方式になって消費税の存在が希薄になった気がする▼レシートを見ると内税額が記載されているが、合計金額だけのものもある。「商品価格には消費税等を含みます」との断り書きがあるが、これでは払った消費税額は分からない。そこに「消費税隠し」の怖さがある。国の財政が破綻状態の中、消費税を引き上げやすくする環境づくりではないのか▼竹下政権時代に３％で始まった消費税は１９９７年に５％に増税された。95年に福祉国家デンマークを旅したとき、消費税に当たる付加価値税が25％と聞いて驚いた。車は物品税１８０％に付加価値税が加わり、店頭価格の３倍となる。庶民にはマイカーは高根の花だった。半面、医療、教育費は無料である▼大きな政府か小さな政府か。国の目指す方向で税の在り方も違ってくるが、古今東西、為政者にとって税制はいったん創設すると、必ず税率を上げたい誘惑に駆られるものらしい▼年金改革法案でも民主党案は、財源確保策で税率３～４％の「年金目的消費税」導入を盛り込んだ。高齢社会をにらんだ福祉目的税だが、消費税は「打ち出の小槌《こづち》」ではない▼年金改革でもそうだが、国が身を削らないで、安易に国民に負担増を強いることは、あってはならない。税を安易に扱う国は国民の信頼を失うことを、為政者は肝に銘じてほしい。

日報抄

リコール隠し　頑固な棟梁のプロ意識見習え

（2004・6・13）

三菱のスリーダイヤがすっかり輝きを失っている。トラック、バスに次いで、乗用車でもリコール隠しが発覚し、10日には三菱自動車の元社長らが逮捕された。泥沼の様相だ。築き上げてきたブランドが消費者の信頼を失った瞬間、経営の危機に直面した「雪印」の教訓を生かせなかったのか▼信頼といえば、自宅の増築を請け負った棟梁《とうりょう》の仕事ぶりが忘れられない。1階和室の天井板にハンマーが落ちて傷がついた。1枚交換すれば済むのに、8枚全部張り替えた。「全部変えないと色むらが出る」。棟梁の意地が、小さな傷も許さなかった。棟梁夫妻と息子で切り盛りする工務店だが、信頼では大企業に劣らない▼天井の色むらと違って車の欠陥は死亡事故につながるだけに、リコール隠しの罪は重い。5月は前年同月比で三菱の乗用車販売が約56％も減少、消費者の三菱離れが一段と加速している。消費者も「三菱の車に乗っているのが恥ずかしい」と嘆いている。系列販売店も肩身の狭い思いをしていることだろう。信用失墜を招いたトップの責任は免れない▼政界でも年金未納の国会議員に有権者の政治不信が広がっている。本紙が4選不出馬を表明した平山征夫知事の後継者像を街角で聞いたら「政治家は信用できない」という声が多かったことも、不信の根深さを物語る▼頑固な棟梁は、息子が手掛けた和室の出来が気に入らない、と言って造り直させたという逸話の持ち主だ。「商売の基本は信用第一。高い授業料だったが、二度と手を抜かないだろう」。採算を度外視しても信用を守り抜く小さな工務店のプロ意識を見習いたい。

日報抄　**検挙率低下　巡回しないパソコン刑事**　（2005・1・10）

最近、お巡りさんの姿を見なくなった。転勤で新潟市に戻って何年もたつのに一度もわが家に警察官が来たことがない。家族調書も昔のままで更新されていないことになる▼県警OBが嘆いていた。「今の警察官は事件処理に追われ、一軒一軒巡回している暇もない。これでは事件が挙がらない」。足で稼ぐ巡回連絡は今や評価の対象外。点数にならないので上司も積極的に勧めないという。努力目標という名の検挙数字・ノルマ優先の陰で巡回連絡が二の次になり、管内把握はお寒い状況だという▼半年も検挙数がゼロだと本部から呼び出される。現場警察官が飛びつくのが、目先の検挙件数。自転車盗の摘発に熱心な警察官が多くなる。盗難自転車を昼夜見張ったのに、ちょっと目を離したすきに別の自転車盗に乗り去られたという笑えぬ話もある▼盗品を被害者の元に戻すより犯人検挙という手柄を優先させた結果だ。世界に誇った日本の刑事警察の検挙率低下は、OBの目に「当然」と映る。「どこに誰が住んでいるか分からない。事件発生後に一から管内把握を始めるから時間がかかる」▼世界共通語にもなった「KOBAN（交番）」制度が病んでいる。交番の警察官がお茶を飲みながら得た地域情報は、大事件になれば威力を発揮した。「奈良の女児誘拐殺人事件も昔なら1週間で解決したはずだ」▼さらに、事件概要を全国どこでも検索できるシステム構築のための入力が刑事の仕事に加わった。IT時代とはいえ、人間と接触しない「パソコン刑事」には、何気ない会話から端緒をつかみ内偵捜査で巨悪に迫る仕事など、夢のまた夢だろう。

日報抄

ＮＨＫ不祥事　あきれる「親方日の丸」体質

（２００５・４・５）

不祥事に揺れるＮＨＫは1月に会長が辞任したのに続き、今度は理事8人の全員交代も決まった。それでも、受信料不払いは収まりそうにない。元職員の制作費着服事件に、従軍慰安婦特番改編問題で表面化した政治家の圧力疑惑が追い打ちをかけた▼金銭を巡る黒い噂《うわさ》は昔からあった。島桂次・元会長の『シマゲジ風雲録』（文藝春秋）に驚く。１９８８年12月、番組制作局長が大物右翼の関係するプロダクションから金銭を受け取って紅白歌合戦に出場させようとしたタレントが、選考に漏れて大騒ぎになった▼「表沙汰になってもいいのか」とねじこんできた右翼に対応した当時副会長の島氏は、内部調査で愕然とする。金銭を受け取った局長は「芸能関係の先輩たちがみなやってきたこと」と釈明したのだ。それでも島氏は解雇せずに「温情退職」を許した▼「懲戒解雇に相当するが、歴代の体質がそうさせたのも理解できる」と考えたという。調査で上層部まで疑惑に関与していた事実が判明したものの、トカゲのしっぽ切りで済ませたことが、不祥事体質を温存させる結果となった▼ＮＨＫは予算の議決権を握る政治家の圧力にも弱かった。「国会は企業の株主総会。族議員は大株主。予算審議が始まると、総会屋対策に政治部記者が根回しに奔走する」「政治家は総会屋。ＮＨＫは郵政省渋谷出張所」。島氏が自嘲を込めて書いた言葉だ▼受信料に対する公金意識も薄かった。年度末に「予算を残すな」と命令が下る。「若い連中を連れて連日どんちゃん騒ぎをした」というからあきれる。「親方日の丸」体質が改まらない限り不払いは続く。

日報抄

佐渡百万観光　「宝の山」活かして復活を

（2005・5・12）

佐渡観光は120万人を記録した1991年をピークに減少を続け、昨年は60万人台にまで落ち込んだ。「100万観光」復活へ、特効薬が見つからない▼高度経済成長で観光も右肩上がりの時代に、佐渡勤務を体験した。転勤で離れた後も何度か訪れたが、観光客になって見えてきたものがあった。驚いたのがホテルの早過ぎる朝。同僚と寝ていたら、朝7時に仲居さんが布団を上げに来て朝食をせかされた▼別の日、1人で泊まったホテルは門限があった。「夜12時までにお帰りください。玄関を閉めます」。時間が気になって、昔なじみの店でゆっくり旧交を温められない。翌朝、朝食を頼んだら「予約がないから駄目です」。たまたま運が悪かったのかもしれないが、少数の宿でもこうした「土産話」が与える影響は無視できない▼泉田裕彦知事は佐渡を「新潟県の宝の山」として、重要な戦略地域に位置付ける。先月末に佐渡で開かれたタウンミーティングで、泉田知事は語った。「(旧畑野町の) 長谷寺で一休和尚直筆の掛け軸に感動した。こんなにも文化的な佐渡は、鎌倉にも負けない」▼だが「宝の山」に気付いていない地元の人も多い。旧羽茂町の国道沿いにあった「緑のトンネル」は、拡幅のため伐採された。反対の声は届かなかった。管理が行き届かない能舞台や由緒ある寺の存在も気になる▼佐渡はもっと地元の景観や歴史・文化に自信を持ってほしい。オンリーワンのトキもいる。海や山の幸も、もっと観光に生かせるはずだ。浮足立って焦ることはない。そこに熱いもてなしの心が加われば、佐渡に繰り返し訪れる人も増えるだろう。

日報抄

県内ＪＡ不祥事　合併引き継ぎで表面化

（2005・6・14）

県内ＪＡ職員による不祥事が底無しの様相を見せている。判明分だけで全35ＪＡ中、半数近くの16ＪＡで着服が発覚した。「氷山の一角。着服のない農協を探す方が難しい」という声が聞かれる▼合併に伴う事務引き継ぎなどで旧農協時代の「負の遺産」が一挙に表面化したとの見方が有力だ。指導する立場にある県農協中央会が情報開示に消極的なことも、不祥事を温存し、拡大させたといえる▼県が公表した過去5年間の被害総額は2億円を超えるが、捜査当局の動きは鈍い。不正が発覚したＪＡは、着服職員が被害を弁済し、懲戒免職処分を受けていることを理由に、告訴・告発を見送るケースが大半だ。県警は、ＪＡ側の資料提供が難しいとして「摘発は簡単ではない」とみているという▼「（不祥事などの）地道な内偵捜査を避けていては、捜査力のバロメーターといわれる汚職事件の摘発も望めない」。贈収賄事件など、公的な立場を悪用した事件の摘発が久しく無いことを、元県警幹部は苦々しく語る。新潟市職員が逮捕された官製談合事件、西蒲中央病院の補助金詐欺事件で県警は蚊帳の外だった。新潟地検に手柄をさらわれた▼「多発する事件に追われて、内偵捜査ができないと言い訳するのは怠慢」。犯罪捜査に執念を燃やした県警ＯＢの言葉である。ＪＡ不祥事の中身は共済掛け金やガソリン代、葬儀代の着服から不正経理と、不正のオンパレードだ▼「返したからおとがめなし、では警察はいらない」と県警ＯＢは嘆く。一罰百戒を忘れ、法的制裁がないままで、ＪＡに深く浸透している不祥事体質を根絶できるのだろうか。

日報抄

シベリア抑留　墓参で日本人の無念痛感

（2005・7・18）

今月初め、ロシア極東のウラジオストクとハバロフスクを訪ねた。中世ヨーロッパ風の煉瓦《れんが》造りの建物が残る街並みに異国情緒を楽しみながら、日本の「常識」との違いに戸惑わされた▼例えばウラジオでは、日本製中古車の多くが洗車も、修理もすることなく走っていた。フロントガラスにひびが入ったバスが客を乗せて、どんどん加速する。怖くないのだろうか。レストランではトイレの便座も取り外されていた。確かに便座がなくても用は足せる▼ビールを注文しても、冷えたビールが出てくるのは最初だけ。即売り切れになる。ビールを冷やして飲む習慣がなく、冷たいビールは観光客用だという。ジョッキはふぞろいだし、注文したビールが一斉に出てくることはなく、乾杯のタイミングがつかめない▼ゆったりとした大陸風の生活リズムが、世界一厳格な列車ダイヤや、マニュアル化されたサービスに慣れた生活をしている人間には、ストレス促進剤となる。エンジントラブルで飛行機の発着が4時間も遅れたのに誰一人文句を言わないロシア人の国民性に、自らの度量の狭さを思い知らされた▼帰国の日、ハバロフスク空港近くのシベリア抑留日本人墓地を参った。終戦直前に参戦した旧ソ連に抑留された日本人の多くが、厳寒の強制労働で亡くなった。望郷の念を抱きつつ、異国で最期を遂げた日本人の無念が胸に迫る。「今年は戦勝60周年記念パレードがレーニン広場で盛大に行われました」と軽やかに語る若い現地ガイドの言葉に、複雑な心境になった▼受けた痛みは戦後60年を経ても消えない。重い歴史を痛感した旅だった。

日報抄　**中越地震　自宅離れない独居の老母**　（2005・7・26）

中越地震から9カ月。長岡市や小千谷市で避難指示・避難勧告が一部解除されたのを受けて、初めて自宅で一夜を過ごす家族がにぎやかに食卓を囲む情景に心が和んだ▼地震発生直後、被災した中越地方の実家に車で駆け付けた。70歳を過ぎた独り暮らしの母は、地域の人とバスに避難していた。家は土壁が崩れ落ち、2階のタンスは全て倒れていた。被害判定は半壊で、修理すれば住める状態だった▼新潟市の息子宅への一時避難を説得したが、「わが家が一番。友達もいるし、私だけ逃げるわけにはいかない」とかたくなに拒む。激しい余震が続く中で、電気もなく、プロパンガスと井戸水だけが頼りの被災地に老いた母を一人残して帰るのは、後ろ髪を引かれる思いだった▼母にとって、住み慣れた家を離れることより、地域を離れることが耐え難いことだったと、後で分かった。豪雪地に生きる人々は屋根の雪下ろしや農業用水路の手入れなど村落共同体を維持する作業を通じて地域の絆を深めてきた。田畑を耕し、収穫の喜びを分かち合ってきた村人と別れ、一人安全な場所に身を置くことが「逃げる」という言葉になった▼自宅に住み続けることができる人はまだいい。旧山古志村などでは、避難勧告が解除されてもライフラインが復旧しないため、帰られない住民が多い。自宅の修理費を工面できず、田畑も崩壊したため、帰村を断念した人もいる▼一人でも多くの人が、元の暮らしに戻れるようにすることが真の復興であり、行政の役割だ。それが国土の7割を占める中山間地を守ることになるが、まだまだ支援が足りない。

日報抄

捜査の神様　犯人と信頼築き改悛させる

（2005・9・3）

「新潟県巡査ヲ命ス月俸参拾五圓給與」。終戦から間もない1945年9月、復員してきた一人の男が巡査を拝命した。後輩から「捜査の神様」と慕われた船見宗平さんだ▼30年以上犯罪捜査一筋。殺人、強盗、放火など数々の凶悪犯と対決した足跡は、終戦直後の混乱期から高度経済成長期までの県内事件史と重なる。退職2年前、本部捜査1課強行犯係長だった1978年、『刑事の一灯』を出版した▼全38話には、派手な立ち回り場面はなく、地味で愚直な刑事の姿しかない。頑強に否認する犯人と信頼関係を築いて改悛《かいしゅん》させていく真骨頂は、後輩の刑事に引き継がれた▼最初は凶悪犯に対する怒りに燃えて捜査に臨んだ。そんな船見さんの目に、犯人検挙の陰で泣く家族も被害者に映った。そして「怒りは調べに禁物。最後は人柄、相手の心を開くには自分の心を開く」という調べの要諦に辿《たど》り着く。長岡市の殺人事件では犯人が自供後、「大声で調べられればまだ頑張ったのに…」と泣き崩れた。凶悪犯にも最後まで「性善説」の立場を貫いた▼全面自供を得ても名刑事には仕事が残されていた。犯人が後顧の憂いなく服役できるよう、後に残される家族の生活の世話を頼んで回った。著書で「捜査員は多数に流されず、自分なりの意見と責任感を持ち、万が一、捜査方針を誤らせるようなことがあれば『刑事の鑑札』を返上すべきだ」と覚悟を語っている▼船見さんは現在83歳、新潟市内で自適の日々を過ごす。検挙率の低下など刑事警察の危機が叫ばれる中、「自分で汗水たらして足で苦労しないと身に付かない」の一言が重い。

日報抄

教員給与引き上げ　田中元首相の政治的遺産

（２００５・11・11）

どうも小泉純一郎首相は、田中角栄元首相の政治的遺産が嫌いらしい。旧田中派の牙城だった郵政や道路公団を民営化し、解体する流れをつくった。田中元首相が議員立法でつくった道路特定財源の一般財源化も狙う▼次は何かと思っていたら、財務相の諮問機関が教員給与削減要求を出してきた。教員給与を引き上げる人材確保法を１９７４年に成立させたのも田中内閣だった。「大学の先生が勲一等で、一番苦労する小中学校の先生が勲八等じゃ話にならない」。そう語った元首相は、教員給与が低く「デモシカ先生」が目立つといわれた教育現場が心配だったのだろう▼元首相の義務教育への思いは熱かった。「子供は、本質的に小さな猛獣なんだ。先生たちはそういう子供を親に代わって仕込んでくれるんだから、待遇をよくして当然なんだ。だから総理大臣の時、義務教育の先生の給料を50％引き上げた」（『早坂茂三の田中角栄回想録』小学館）▼教員給与の引き下げを求める論拠の一つに「校長の年金は事務次官より上」という声がある。天下り先が確保された霞が関官僚と、校長を同列に比べること自体がおかしい▼小泉改革にとって、地方と中央との格差是正を訴え、国土の均衡発展を目指して地方に予算配分した田中型政治は否定の対象だが、充実した教育を実現する人材の確保は、大切な国の基本だ。教師も給与に込められた期待を肝に銘じてほしい▼「小学校の教師の影響は人生を左右する。学問を教える以上に魂を教えるんだ。現在の自分があるのは小学校の先生のおかげだ」。そこまで元首相に言わせるような熱血先生に出会いたかった。

日報抄

耐震強度偽装　プロ不在、命よりコスト優先

（2005・12・18）

師走の慌ただしさの中で、荒涼とした風景が列島を覆っている。相次ぐ女児殺害、耐震強度偽装問題など「あってはならない」出来事の背景に見え隠れするキーワードは、不安の時代を象徴する「プロ不在」だ▼京都の小6殺害事件では安全なはずの教室内で、アルバイトとはいえ子供を守るべき塾講師が教え子を刺殺した。マンションの耐震強度偽装では、1級建築士が住民の命よりもコストダウンを優先して鉄筋を減らした。死者107人を出したJR尼崎脱線事故では、運転手が人命よりダイヤを優先した▼母親が娘を18年間軟禁して義務教育を受けさせなかった福岡市の事件もため息が出る。市教委も児童相談所も、学齢期を迎えた少女に一度も面会していなかった。それらの全てに、プロの自覚を欠いた無責任体質が顔をのぞかせる▼みずほ証券のジェイコム株大量発注ミスでは、担当者がコンピューター端末の誤入力を知らせる警告表示を無視して注文し、巨額の損失を与えた。東証側にも注文取り消しができないシステム不具合があったというから、笑うに笑えない▼胎内市の水沢化学工業中条工場は、地下水汚染を把握してから県に報告するまでに8カ月も要した。市から検査結果の報告を受けた県は、地下水の飲用中止や事態の公表までに約2週間かかった。結果的に半月近くも緊急対応が遅れた行政担当者から、住民の健康を第一に守るプロ意識は見えてこない▼コンピューター化で社会の仕組みが変わっても、自分の仕事に対するプロ意識と誇りは、変わってほしくない。どんな職業にも、最低限守らなければならない倫理があるはずだ。

日報抄　「スクープなき警察記者は記者にあらず」　（2005・12・26）

暮れの大掃除を兼ねて机の整理をしていたら、「警察記者25章」というコピーが出てきた。先輩から譲り受けた事件記者の心得集だった▼第1章は「警察の階級を恐れるな。我々と同じ人間がいる」。初めて取材で警察署を訪れた遠い日の記憶がよみがえった。署長の貫録と、捜査課長の鋭い眼光に、何を話したか覚えていない。話題に困って「いい天気ですね」と言ったら外は雨。冷や汗の連続だった▼第7章は「毎日、捜査の部屋を必ずのぞき、腕利き刑事と顔見知りになれ」。最近はこれが難しい。情報管理が進んで刑事部屋はマスコミ出入り禁止。一線署でも広報は副署長が担当、2階の刑事部屋を訪ねようとすると「ちょっと待った」となる▼最終章は「スクープなき警察記者は記者にあらず。特ダネを逃がすな」。当時を振り返ると、不思議とスクープより抜かれた記憶だけが鮮明によみがえる。大みそかの朝だった。特ダネ原稿の詰めに慎重を期したばかりに、他紙に抜かれた悔しい記憶がうずく▼日航ジャンボ機の御巣鷹山墜落事故で地元紙記者の活躍を描いた小説『クライマーズ・ハイ』（横山秀夫著）に出てくる主人公デスクの思いも同じだ。事故原因をつかんだ一線記者のスクープの裏付けに手間取り、掲載を締め切り時間ぎりぎりに断念したら、同じ記事が翌日の他紙1面トップを飾っていた▼「信ずるところがあってスクープの誘惑をねじ伏せた。なのに悔いている。それが情けなかった」と主人公。「それでも」と思う。スクープの高揚感を「スクープ・ハイ」と呼ぶなら、その誘惑に打ち勝つ勇気と、冷静な判断を記者の心得に加えたい。

日報抄　**重要参考人の自殺　異変見抜くプロが不在**　（2006・3・10）

2002年5月、新潟市笹口で会社役員の妻が殺害された事件は、事件後に自殺した男が被疑者死亡のまま書類送検され、発生から4年ぶりに決着した▼基礎捜査段階での被疑者死亡で捜査が難航する中、DNA鑑定を駆使した科学捜査の勝利ともいえる。一方で、元捜査幹部は「DNAが一致したのは最近の話じゃないだろ。あまりに遅すぎる。被疑者を自殺させてしまったことは猛省しなければならない」と自戒を込めて語る▼この1カ月前の4月、新潟市万代で発生した金券ショップ夫妻殺害事件でも、連日聴取された男が事件の4日後に家族への遺書を残し、自宅で自殺した。当時、新潟東署管内の二つの殺人事件の重要参考人が相次いで聴取後に自殺したことに、県警は大きなショックを受けた。初動捜査の甘さにも批判が出た。「身柄を確保し、慎重に監視下に置くべきだった」と▼耐震偽装問題やライブドア事件でも家宅捜索に立ち会った関係者が自殺した。殺人事件では、凶器の隠し場所など犯人しか知り得ない「秘密の暴露」が期待できる人物の自殺は、真相解明の大きな支障となる▼犯人を懇々と諭して心を開かせる調べの名刑事が県警から消えたといわれて久しい。なぜ重要参考人の自殺を防げなかったのか。捜査対象者のそぶりのちょっとした異変や心の動揺を見抜けなくてはプロの捜査員とはいえない▼事件は解決したが、遺族の思いは複雑だろう。笹口の女性殺害事件で夫は被疑者が自殺したことに「（動機などの）真相が分からずじまいで残念だ」と語った。釈然としない思いが遺族の心に残ったことを、県警は重く受け止めてほしい。

日報抄

書家・中野北溟さん　プロの真髄示す「一以貫之」（２００６・５・30）

事件・事故や選挙など過去の取材で会った人をふとしたきっかけで、懐かしく思い出すことがある。新潟市で開催中の県展・書道部門の審査員で近代詩文書の第一人者である中野北溟《ほくめい》さんとの出会いも忘れられない▼札幌市の自宅を訪問したのは10年前の春だった。自宅内のギャラリーで取材を終えた後、一期一会の記念にとの軽い気持ちで安物の色紙に揮毫《きごう》をお願いした。中野さんは色紙を手に取るなり、「これは練習紙にもなりませんね」と、不快感をあらわにした。次に出た言葉は「書は芸能人のサインではないのです」▼まずい展開になったと思ったときは、既に遅かった。「私はこれで食べているんですよ。あなたの頼みは、居酒屋に入って酒をただで飲ませろと言っているのと同じ」と、たしなめられた。「大体、今すぐに書けといわれても無理。１枚の書を世に出すのに、何枚も捨てているんです」と、とどめを刺された▼全身全霊を打ち込んで文字を書ききるプロの書道家の気迫が伝わってきて、自分の不明を恥じるしかなかった。しかし、ここからが大御所たる懐の深さなのだろうか。「そうは言っても、こんなことを頼んだのは君が初めてだよ」と、笑いかけてくれた▼２階に駆け上がって戻ってきた中野さんの手には、１枚の色紙の完成品があった。無礼な記者になぜか意気投合してくれ、夜の街に繰り出した記憶がある▼県展審査で10年ぶりに新潟市を訪れた中野さんの声は、電話だったが82歳の年齢を感じさせないほど弾んでいた。あの時の色紙にはプロの神髄を示す「一以貫之」（一以《もっ》て之を貫く）の文字が、墨痕鮮やかに躍動していた。

日報抄　**医師の一言　不十分な「救急医療」実感**　（2006・6・10）

未明のことだった。2階に寝ていた娘が突然、全身の節々が痛いと1階の母親に携帯電話で訴えた。夫婦で駆け付けると、娘が泣きながら足をさすっている。夜中の急病で苦しむ子供の姿を前に、朝まで待てるものではない▼かかりつけの医院に電話をしたが、留守番電話のテープが回り続けるだけ。次にかけた近くの総合病院には専門医不在を理由に断られ、急患診療センターを紹介された。原因不明の痛みと不安に襲われる娘を車に乗せてセンターに着いた▼若い当直医は症状を聞いただけ。触診もしないで、「難病の可能性があります。一生の付き合いになるかもしれません」と、ある病名を告げた。目の前が真っ暗になる。思春期の娘の目から大粒の涙が落ちた。帰宅して3時間、親子に沈黙の時が流れた▼後にかかりつけの医院で精密検査したところ、難病ではなかったが、医師の一言の重大さ、不十分な救急医療を実感した。本紙の地域医療連載で、救急車に乗せられて13もの病院をたらい回しされた事例が紹介されていた▼一刻を争う場合、誤診や対応の遅れが生死を分ける。都市部ですら当直医が不足している。「医療の死角」の犠牲者にいつなるか分からないと思うと、背筋が寒くなった。最近の若手医師には産婦人科や脳外科、救急など、24時間勤務で患者の生命にかかわる医療現場を敬遠する傾向があるという▼医療過誤訴訟の増加も一因だが、研修医の首都圏などへの流出や大学離れも進んでいる。少子・高齢社会への不安が募る。腹回りや血圧が気になりだしたわが身にとっても、命を守る医療の充実と地域格差解消は切実だ。

日報抄

日銀のプリンス　村上ファンド投資で批判

（２００６・７・４）

村上ファンド投資問題で批判を浴びている福井俊彦日銀総裁に、与党の一部からも辞任を促す声が出ている。もはや「日銀のプリンス」の面影はないが、それでもよほど居心地のいいポストらしい▼総裁の給与は、金融不祥事を契機に１９９７年に公開された。当時の総裁の年収は約５１００万円。任命権者の首相より1千万円も高給と驚かれた。地方の支店長の年収も、県知事より高給と話題になった▼98年3月に発覚した幹部接待汚職事件の責任を取って、副総裁だった福井氏は辞任した。各地で広大な敷地を持つ支店長住宅が「豪華すぎる」と批判されたのはこのころである。新潟市に売却された旧新潟支店長住宅は、海に近い高台にあった▼重厚な和風住宅で敷地面積は１７００平方メートル、延べ床面積は５００平方メートル。文化活動の場に生まれ変わった「砂丘館」でボランティアをしている、85歳男性の怒りが本紙窓欄に載った。「この建物は日銀が贅《ぜい》を尽くして建てた豪邸である。しがない年金生活者が庭掃除のボランティアをする。漫画にもならない」▼福井氏が総裁の座に居座り続ける中で最大の功績は、「総裁夫妻の資産3億4千万円」「外貨預金12万ドルも保有」など、究極のインサイダーである人の「利殖行為」の一端が開示されたことだろう。村上ファンドへの投資窓口が、匿名性を狙った一部特権階層しか参加できないとされるオリックス傘下の投資事業組合だったことも、明るみに出た▼公平・中立というイメージを支えにしてきた日銀職員約5千人とＯＢも、憂うつな日々を送っている。「通貨の番人」の番人は、国民の厳しい視線しかない。

日報抄

相次ぐ横領事件　トップ決断で告訴見送り不公平　（２００６・７・28）

「返して済むなら警察はいらない」。盗品を後で返しても刑事罰の対象になるという戒めの言葉だが、公的な職務にかかわる団体や会社で、半ば死語になっているところが目に付く▼患者の預金通帳から約６５０万円を横領し、競馬などに使っていた国立病院機構さいがた病院（上越市）の看護師長は、懲戒免職の処分を受けた。しかし全額返済を理由に、国立病院機構関東信越ブロック事務所は刑事告発をしない方針という▼同様の事件が昨春、村上市と岩船郡が運営する福祉団体の特養老人ホームでも発覚した。次長兼生活相談員が入所者13人の口座から約１４００万円を横領したのだ。この事件では理事長が刑事告発を表明、解雇された職員は逮捕されて有罪判決を受けた▼昨年、県内18のＪＡで50件の不祥事が判明した。この処理も腑《ふ》に落ちない。横領などで損失額が６２００万円に上った佐渡農協の不祥事をはじめ全てが、全額弁済されたなどとして刑事告訴を見送られた▼批判を受ける中で今年2月に不正流用が発覚したＪＡえちご上越は、全額返済した職員を懲戒解雇した上で告訴に踏み切った。逮捕の知らせに専務理事は「不正は、内部処分だけでなく司法の手に委ねる方針は変わらない」と毅然《きぜん》とした態度を示した▼トップの決断次第で法廷に立たされる者と、名前も公表されず刑事罰を免れる者とに分かれる。不公平感が否めない。「返せばおとがめなし」が、法治国家で許されるのか。セコム上信越の子会社の公金不正流用問題で、新潟市はチェックの甘さを認めつつも刑事告訴を表明した。司法当局の厳正な対応を望みたい。

日報抄

100歳祖母の死　高齢社会に老いを考える

（2006・9・23）

「おばあちゃん、天国でも元気でね」。老人養護施設から自宅に戻った亡きがらの枕元に添えられた、ひ孫の描いた似顔絵と、死の意味も分からず無邪気に遊ぶ幼子の姿に、通夜の悲しみが癒やされていく思いだった▼子供のころ、かわいがってもらった母方のおばあさんが亡くなった。数え年で100歳だった。晩年は施設の世話になった。最期は朝食の途中、スプーンが手から落ちて眠るような大往生だったという。明治、大正、昭和、平成と激動の1世紀を農家の嫁として生き抜いた人とは思えないほど、死に顔は穏やかだった▼顔や手足の肌もつやつやかで弾力があった。通夜の読経が流れる古い家で、いろりでもちを焼いて食べさせてもらった日々を思い出しながら、100歳の自分を想像したが輪郭すら浮かばない。熟年世代になったが、老いはまだ人ごとに思えた▼だが、国内の100歳以上は9月末で過去最高の2万8395人。65歳以上の高齢者人口も20%を突破し、国際的にも最高水準の高齢社会になった。気になるのは厚生労働省が年齢の高い順に約1000人を公表していた「長寿番付」が今年から、掲載を望まない人の増加を理由になくなったことだ▼確かに100歳以上になれば、寝たきりの人も多くなり、他人の世話になっていることからくる遠慮もあるだろう。しかし、長生きがめでたいという長寿の大前提が崩れ始めているとしたら、社会の未来は暗い▼死だけは必ず万人に平等に訪れる。日暮れが早くなった秋の彼岸、多くの人が墓前で、明日はわが身の老いの意味を考えていることだろう。「死者老いず生者老いゆく恨みかな」（菊池寛）

日報抄

新潟は特異県　豊富な水、電力、食料の国際拠点

（2006・10・4）

秋晴れの1日、角田山に登った。遠くに見える朱鷺メッセ、県庁、ビッグスワンを穀倉地帯が包み込み、左側に日本海が広がる▼豊かな田園型都市の光景を前に、来春、本州日本海側初の政令市となる新潟市と県の明日に思いをはせた。安倍晋三首相は3年で道州制の骨格を決める意向を明言している。本県は所属地域が明確でない「特異県」の一つとなっている。どのブロックに属するのが最適なのだろうか▼国の地方制度調査会の区割り例では、本県は茨城、栃木、群馬、長野との「北関東信越」と、富山、石川、福井との「北陸」の2案。新潟経済同友会の例会で、野村総合研究所上級研究員の荒井弘正さんは語った。「経済的な結び付きからは北関東が望ましいが、全国最悪の新潟県の財政力では州都にこだわると参加しにくくなる」▼州都から外れると、県全体が衰退するという最悪のシナリオも懸念される。一方で荒井さんは「いつまでも定まらないと、新潟は仲間外れになる可能性もある」と指摘する▼県内では、市町村合併で本庁から遠くなった周辺部の過疎化の加速が心配されている。道州制で、東京と地方の格差をこれ以上拡大させてはならない。本県の面積や人口はほぼ北陸3県分。豊富な水と電力、食料のほか、対岸に開かれた国際拠点としての潜在力もある▼泉田知事は道州制の課題や意義を論議する有識者懇談会の設置を表明した。区割り先行論に流されず、じっくり論議してほしい。「鶏口となるも牛後となるなかれ」のことわざが頭に浮かぶ。首都圏の新潟人脈と連携し、政令市を核にした「単独論」を選択肢に挙げる声も聞かれる。

日報抄

いじめ問題隠蔽　生徒の人権より学校側の保身

（２００６・10・30）

県内の高校でも必修科目の未履修が相次いで発覚し、動揺が広がっている。県教育委員会は当初、「本県は該当なし」としていた▼現場の虚偽報告を見抜けず、報告がなければ「なかったことにする」姿勢に、いじめ自殺に対する教育界の隠蔽《いんぺい》体質と共通するものを感じる。その一端を、県内のある作文コンクールの審査で垣間見たことがあった▼小学校低学年時代に同級生をいじめた中学生が深く反省し、いじめの防止を訴える作文の入賞に、県教委の選考委員が難色を示したのである。「この作文は困ります。この学校からいじめの報告はありません」。切々といじめを告白する作文に、うそがあるとは思えなかった▼県教委側は「作文が賞を取って公表されると、いじめられた生徒が特定されかねない。いじめた側の責任も出てくる」とも主張した。結局作文は入賞となったが、教育界幹部の事なかれ主義を強く感じた。選考のいきさつは、この作文を応募作に選んで生徒を励ました現場の教師にも伝えられたようだ。どんな思いをしただろうか▼10年以上前に下越地方の中学校で起きた校内暴力を取材した際の、校長の発言が耳に残る。「生徒の人権」を盾に全面否定していた校長は、認めた後でつぶやいた。「何で私が校長の時に…」▼履修漏れ、いじめなどが発覚するたびに県教委、校長が頭を下げる姿を、子供たちはじっと見ている。隠そうとして不信を広げる姿に、生徒よりも自分の保身を考える背信のにおいを感じ取ったはずだ。政府の「教育再生会議」が優先すべき課題は、教育界の隠蔽体質を排し、教師と教え子の信頼関係の再生だろう。

日報抄　**総理も使い捨て　信念なく有権者甘く見ると**　（2006・11・29）

わが家の家電製品が「故障の連鎖」を起こしている。テレビのスイッチが入らない。アイロンのスチームが出なくなった▼洗濯機はガタガタと危ないサインを出している。自転車もパンク修理が3千円といわれ、7千円の「新車」購入を勧められた。修理代の高さに反比例した低価格商品が、「使い捨て」の風潮を助長する▼「100円ライターみたいな候補も結構当選したな」。佐渡観光協会の大坂三郎元事務局長が、本紙佐渡版に寄稿したエッセーの一節を思い出した。その心は「政治権力に使い捨てにされるのが関の山」である。自社連立政権下、新進党が比例で自民党を上回った1995年夏の参院選への辛口評だ▼小泉純一郎前首相は「小泉チルドレン」を前に、「政治家は使い捨てにされることを嫌がってはいけない。首相も使い捨て。甘えてはいけない」と語った。一方、竹下登元首相は「歌手1年、総理2年の使い捨てはやめなければならない」と短命内閣を憂慮したが、自身もリクルート疑獄に倒れ、首相在任はわずか1年半だった▼安倍晋三首相が、小泉前首相の「置き土産」ともいうべき郵政造反組11人の復党を認めた。有権者不在の復党劇では、政治家の信念も問われた。「自ら反《かえり》みて縮《なお》くんば千万人といえども吾《われ》ゆかん」。安倍首相は著著『美しい国へ』で孟子の言葉を引用し、「確固たる信念に裏打ちされているなら、批判はもとより覚悟のうえだ」と書いている▼自民党と復党を願い出た政治家、どちらにも確固たる信念が見えない。高支持率で始動した安倍政権だが、有権者を甘く見ると、「総理の使い捨て」を招きかねない。

日報抄

学級崩壊現象　求心力低下の安倍内閣でも

（2007・2・20）

先生の言うことを聞かない生徒が勝手に騒ぎ立てて、授業が成立しない。いわゆる「学級崩壊」現象は、小中学校だけではないらしい▼国権の最高機関・国会の議場でも、やじの応酬で論戦がかき消されることが日常茶飯事だ。安倍内閣の求心力が低下する「内閣崩壊」現象も起きているようだ。自民党の中川秀直幹事長が18日、「首相が（閣議で）入室しても起立できない。私語を慎めない政治家は閣僚にふさわしくない」と批判した▼閣僚の失言は政権のたがが緩んでいる証拠とはいえ、子供ではあるまいにとも思ったが、事態は深刻だ。中川氏のいら立ちが、総裁選での論功行賞色の強い「仲良しグループ内閣」の脇の甘さを象徴している▼だが、「閣僚や官僚には安倍首相への絶対的忠誠、自己犠牲の精神が求められる。自分優先の政治家は官邸を去るべきだ」となると、絶対君主への忠誠を強要するような前時代的なムードを感じさせる。「絶対的忠誠、自己犠牲」。そこまで締め直さないと政権が維持できないほど、切迫しているのだろうか▼柳沢伯夫厚生労働相の「産む機械」発言や、米国のイラク開戦判断を批判した久間章生防衛相の閣内不統一発言が、安倍内閣の支持率低下に拍車を掛けている。文部科学省は学校教育法で禁止されている体罰の範囲について、居残り指導や起立のほか、教室内の秩序を維持するために「教室外退去」も容認する体罰基準を全国の教育委員会に通知した▼中川氏の「閣外退去発言」は、文科省の体罰基準を連想させる。しかし、いくら周りのたがを締め付けても桶《おけ》に当たる政権そのものが脆弱《ぜいじゃく》では、崩壊するしかないだろう。

日報抄

「いじめ」と「からかい」 被害者の立場で判断 (2007・3・31)

「いじめ」と「からかい」の境界線はどこにあるのだろうか。県内の中学男子自殺問題の事故調査委員会が「自殺の原因はいじめではなく、『からかい』を深刻に受け止め衝動的に自殺した」という調査結果を公表した。それを疑問視する投書が届いた▼「このままだと自殺した生徒の弱さが、自殺の原因の全てのように受け取られてしまう。いじめは悪いが、からかいは許されるという風潮が起こりそうで心配だ」とあった▼男子生徒は昨年、清掃中に同級生からズボンと下着を下ろされ、その夜、自殺した。調査委は、ズボン下ろしを生徒同士が「からかい」として日常的に行っていたと報告。「下着まで下ろされたことが多くの生徒に伝わってしまい、深く傷ついた」と背景を説明した▼文部科学省はいじめを、「自分より弱い者に対して一方的に身体的・心理的な攻撃を継続的に加え、相手が深刻な苦痛を感じているもの」と定義していた。しかし、「継続的で深刻でないといじめでない」との解釈が統計上の「7年連続いじめ自殺ゼロ」につながったとして、「継続的」「深刻」の文言を削除した新しい定義に変えた▼調査委ではズボン下ろし行為自体は生徒間の「からかい」の範囲で、ほかに継続的ないじめもなかったとしていじめ自殺を否定する。一方、昨年10月の福岡中2自殺では、調査委が長期間の「からかいと冷やかしの言葉」によるいじめ自殺と断定した▼自殺に追い込んだ結果においで、からかいといじめに差はない。相手に屈辱感を与える点でも同じだ。行為の形にとらわれるのではなく、被害者の心に立ち入って考えたい。

日報抄

子供のしつけ　「おせっかい」の効用見直し

（２００７・４・20）

子供をしつけ、他人の迷惑にも気を配る。そんな親の力の低下を思わせる場面によく出合う。昼食時、デパートのそば店で注文を終えたときのことだった▼近くの席で、赤ちゃんが激しく泣き出した。母親はあやすこともしない。見かねた店員が赤ちゃんの機嫌をとるが、親でないと駄目なようだ。泣き声は延々と続き、店内にいら立ちの空気が流れる▼当方も、旬の山菜天ぷらそばの味が台無しになってしまった。新潟市郊外のあるレストランは、未就学児の入店を断っている。店内で騒ぐ子供を制止できない親が増えているからだという▼スーパーで見た光景にも驚いた。子供が豆腐や果物を指で突ついているのに、親は「駄目でしょ」というだけで、きちんと制止しない。店員が遠慮がちに注意すると、初めて声を荒らげた。「ほら、お母さんが叱られたじゃないの」。子供はどんな行動規範を身に付けるのだろうかと心配になる▼夜の街でたむろする若者に声を掛ける「夜回り先生」の水谷修さんは著書で語る。「わたしたち大人は、どのように若者と関《かか》わっているのだろう。目を背け、近づかないようにしているのではないか。『社会に出れば、分かるだろう』と自分に言い聞かせ、放置してはいないだろうか」▼周りの大人との関わりが足りない若者は、大人になっても分からないことを抱えたまま親になっている。心の中では子育てに悩んでいるに違いない。夜回り先生ならそば店やスーパーで、どんなふうに「指導」の声を掛けるだろうか。見知らぬ子供や若い親たちに、年長者が注意する。昔の「おせっかい」の効用を見直したい。

日報抄

県内逮捕者ゼロ　統一選取締り「見て見ぬふり」（2007・5・10）

前代未聞の「県内逮捕者ゼロ」に終わった統一地方選の取り締まり結果が、県警OBに衝撃を与えている。1963年の統一地方選では、県内で155人が逮捕された▼当時、一線の捜査員だった元県警幹部は「選挙後の会議では逮捕者ゼロの署長は肩身が狭く、机の下に潜り込みたい心境だったといいます。隔世の感がする」と寂しそうだ。平成の大合併後初の統一地方選は、新区割りや定数減の影響で激戦が伝えられた。警告件数は前回より大幅に増えた▼県警は飲食接待など買収供応の疑いで十数人を事情聴取してきたが、結局立件を断念した。「有力な情報を前にしても、最近の刑事は料理の仕方を知らない」とOBは捜査力低下を嘆く。汚職と選挙違反は捜査力のバロメーターである。常日ごろの人脈づくりが欠かせない。「捜査は人なり。組織ではない」は警察の決まり文句だった▼しかし、職人的刑事に支えられてきた「世界一安全な国」「優秀な日本警察」も、検挙率が低下している。団塊世代のベテラン警察官の大量退職に加えて、一般市民の「見て見ぬふり」の風潮が警察への情報提供を鈍らせ、刑事警察の弱体化に拍車を掛けている▼多くの乗客がいる特急列車内での女性暴行事件に「見て見ぬふり社会」を象徴すると驚いていたら、警察庁が新しい制度を導入した。重要事件の解決に結び付く情報提供者に、公費の懸賞金を出すという。金を出さないと情報を提供しない風潮が生まれないか心配だ▼事件の端緒をつかみながら、結果的に「見て見ぬふり」と同じ逮捕者ゼロでは困る。2カ月後に迫った参院選では、県警の威信が問われている。

日報抄　年金記録不備問題　安倍内閣の支持率急落 （2007・6・15）

社会保険庁の「宙に浮いた5千万件」の年金記録不備問題が、参院選の最大争点になってきた。全国の社会保険事務所に問い合わせが殺到している。国民の不満が噴出し、安倍内閣の支持率が急落した▼安倍晋三首相の脳裏を、3年前の「悪夢」がよぎっているのかもしれない。年金問題を争点にして民主党に敗れた参院選である。選挙を指揮した安倍自民党幹事長は辞任に追い込まれた。「あの時の嫌なムードが永田町を覆っている。政権与党にお灸《きゅう》を据える一票一揆が怖い」と自民関係者はいう▼前回は、負担を重くするなど、加入者に痛みを強いる年金改革法案を審議中に3閣僚の未納が発覚した。小泉純一郎前首相が勤務実態のないまま厚生年金に加入していたことも露見し、「人生いろいろ、会社もいろいろ」の居直り発言が世論の怒りを買った▼安倍首相は、年金問題を追及する民主党の菅直人代表代行を、「基礎年金番号導入時の厚相だった」と非難した。泥仕合に持ち込みたいのかもしれないが、責任転嫁作戦には自民党内にも批判があって迫力に欠ける▼逆風下、小泉前首相は再訪朝というサプライズを演出、拉致被害者家族5人が帰国した。安倍首相は、「拉致問題の政治利用」との異論がある中、自民党比例代表の目玉候補に中山恭子首相補佐官を擁立する。拉致問題を前面に支持率回復を目指す▼訪問介護最大手コムスンの不祥事に伴う事業所指定打ち切り処分で、介護への不安も広がる。大量退職を迎えた団塊世代や、格差社会に悩む若者が「年金・介護選挙」にどんな審判を下すか。いつにも増して「1票」が重い選挙になりそうだ。

日報抄

昼の外灯消灯運動　地球温暖化阻止へ努力

（2007・10・31）

紅葉前線の足踏みも地球温暖化の影響なのか。暮らしが便利になるにつれ、温暖化要因となる二酸化炭素など温室効果ガスの排出量は増える一方だ▼政府は京都議定書の目標達成へ、産業界21業種に自主行動計画の見直しを要請した。温室効果ガス約2千万トンを追加削減するという。排出量が急増している家庭部門の対策も急務だが、家の中を見渡せば、省エネとは縁遠い▼スイッチ一つでエアコンが温風を運び、シャワーからはお湯が出る。炊飯器、電子レンジ、冷蔵庫で埋まった台所や、パソコンのある居間も一晩中、待機電力状態でランプが点滅し、暗くすると小さなプラネタリウムだ。10月の家の電気使用量を見てがっかりした。せっせと廊下やトイレのスイッチを切っては家族に笑われたのに、使用量は増えている▼メタボリックな体をスリムにしようと出掛けた朝の散歩道で、「あの街灯、なぜ消えないと思いますか」と声を掛けられた。無駄な街灯点灯をなくす運動をしているNPO「昼行灯《あんどん》をなくす会」代表の森田勇さんだった▼新潟市郊外の住宅街を見下ろすと、明るいのに点灯したままの街灯が列をなしている。県地球温暖化防止活動推進委員の肩書も持つ森田さんは、そんな街灯を見ながら嘆く。「市役所や東北電力に訴えても、自治会の仕事だ、と相手にしてくれなかったんです」▼無駄な点灯の大半は、自動点滅器の不良が原因といい、自治会に依頼しても対応は鈍い。人間の活動が地球温暖化の元凶という「不都合な真実」を前にしながら、「昼行灯」のようにぼんやりしている人や組織がまだ多いと、自戒を込めながら思う。

日報抄

雪だるま論争　新潟市には迷惑ですか　（2007・11・4）

「新潟市の位置に雪だるまばかりあるのは困る」。気象庁とＮＨＫに自民党新潟市議会議連が、本県の予報の表示を海岸と山間地域の2地点にしてほしいと要望した。新潟市は少雪なのに雪だるまが続くと、豪雪に埋まっているイメージを持たれ、観光や企業誘致などに影響があるという▼政令指定都市移行を機に生まれた市議団の行動に、「雪だるまはけしからん」とＮＨＫにかみついた小林孝平元長岡市長を思い出した。「まむしの孝平」と異名を取った元市長が「天から雪だるまがドスンドスンと降ってくるような誤解を与える。雪の結晶に変更できないか」と直訴したのは、25年前である▼今回の雪だるま問題では、新潟市議が気象庁に「風評被害みたいなもの」と訴えた。県都の一部議員の「雪だるま悪玉論」に、上越地方の女性が本社に電話を寄せた。「雪だるまは新潟市にとって迷惑なのですか。豪雪地帯の難儀さに共感できないのですね。都合のいいときだけ雪国を利用している感じがして嫌な気分」▼同じ雪だるま論議でも小林元市長には、雪国のイメージにロマンを持たせせたいという思いがあった。一方、新潟市の自民市議連の行動からは、「新潟市以外は雪だるまでもいい」という思いが感じられる▼『上』の字が入らなくて良かった。県全体で見たら申し訳ないが、中越に泥をかぶっていただく」。中越沖地震の命名で上越が外れたことを歓迎した県議の失言を連想させる▼雪だるまを見て県外から「雪の新潟」を目指す観光客がいる。県全体の視点と、豪雪地への配慮を欠いた行動は、同じ雪国に暮らす住民感情を逆なでしかねない。

日報抄

広田弘毅元首相　平成の無責任官僚どう思う

（２００７・12・14）

東京裁判で処刑されたA級戦犯のうち唯一文官出身だった広田弘毅元首相の生涯を描いた作家城山三郎さんの『落日燃ゆ』に、広田が土地探しをする場面がある▼広田は息子に言う。「政治家が土地を買うときは、注意しなくちゃいかん。安かったら買っちゃいけない」。格好の土地があったが、「広田さんなら」と安い値段を示されたために断念する。夫婦で接待ゴルフにまみれ、賄賂まで受け取って逮捕された前防衛事務次官に聞かせてやりたい話だ▼灯油やガソリンが最高値を更新している。灯油を18リットル容器三つに入れたら5千円を超えた。最近は暖房代を節約するためスーパーの無料休憩コーナーなどでたむろする人がいて、「灯油難民」の言葉まで生まれた。値上げラッシュに防戦必死の庶民と腐敗官僚の対比が、この国の貧相さを象徴しているようだ▼地方の役人が霞が関官僚を持てなす官官接待が庶民の怒りを買った１９９０年代半ばのことだ。予算編成時の年末、官僚に「最近、料亭に行っていないね」とねだられた国会議員秘書が宴会をセットする場面に出合ったことがある▼高校同級生の官僚を地方から訪ねた知人は、高級焼肉店で業者と癒着する官僚の姿に驚いた。業者に「よろしく」の電話一本で飲食代金を付け回した揚げ句、知人に「これで帰って」と業者のタクシーチケットまで渡そうとしたという▼首相、外相として戦争回避に努めながら抗しきれなかった広田の悔いはいかばかりだったろう。裁判で一切弁解しなかった広田が、消えた年金問題や薬害問題を起こしながら責任を取らない平成の官僚を見たら、何と思うだろうか。

日報抄

「パブコメ依存症」行政のアリバイ作りか（2007・12・22）

「パブリックコメント依存症」とでもいうべき空気が、県庁内に広がっている。気になるのは県民の意見を広く聴き政策判断に生かすという制度の理念が、本当に生かされているのかという声である▼公営住宅への暴力団員の入居を制限する県条例改正は意見募集を巡って作業が遅れ、12月議会に提案できなかった。「暴力団追放は緊急の課題なのに」と困惑する声が聞かれる。県職員の自己啓発休業条例素案への意見募集もあった▼県人事課は「休業理由に専門学校進学を含むべきかなどを聞きたい」という。県民生活に影響を与える規制や命令の制定に意見を求めるのは分かるが、職員の自己啓発目的の休業のあり方にまで必要だろうか▼赤字に悩む佐渡汽船の小木―直江津航路減便問題では、県などが公表した運航体制8案について意見を募集した。最大株主の県が佐渡汽船の経営再建や公共交通確保の根幹にかかわる減便問題の判断を県民に問いかけた格好だが、8案には具体的な収支見通しがない▼さらに師走も押し詰まる中で新潟市と県警が、一方通行の東堀と西堀通りの交互通行化について意見を募集する方針を固めた。交互通行を強く要望していた地元関係者は「今さら遅すぎる」と手厳しい▼県民の意見を広く募るというパブリックコメントの「総論」には誰も反対しない。疑問の声が消えない背景に、県立高校普通科の全県1学区案に対する意見公募がある。反対が圧倒的だったのに無視された。意見をどう生かすかのルールもあいまいなまま為政者に都合の良い意見は利用し、悪い意見は排除するのでは行政の停滞と不信を招くだけだ。

日報抄

中国製ギョーザ事件　地産地消はぜいたくな食卓　（2008・2・10）

手作り料理がことのほかありがたい。ひじきと豆の煮物に白いご飯と連想するだけで、食欲がわく。中国製ギョーザ中毒事件の余波で、食の安全を巡る家族の会話も増えた▼「この豆、国産だよね」との問い掛けに「中国産かな」と自信なさそうな言葉が返ってくる。買い置きの煮豆の袋には有機栽培と大きな表示があったが、裏をよく見ると中国産だった。「捨てようと思ったけどもったいなくて」の一言にサラリーマン川柳を思い出した。「箸《はし》つけた　オレを見てから　食べる妻」▼節分の豆まき用に買ってきた落花生も中国産だった。電子レンジやお湯で温めるだけで調理できる冷凍・レトルト食品が、スーパーにあふれている。ギョーザ事件は、冷凍食品だけでなく、ネギなど生鮮野菜も含め中国産食材に大きく依存した「日本の食卓」の危うさを浮き彫りにした▼食肉偽装事件で摘発された北海道のミートホープ社長は、「安いものばかり求める消費者も悪い」と言い放った。自分の悪業を棚上げした暴言だが、「安さと安全」の両立には一定の限界があるだろう。安い労働力と食材を求めて広がる食のグローバル化には負の側面も少なくない▼ギョーザ事件以来、食料品の購入に時間がかかるようになった。パックの裏を見て生産国を確かめながら、包装紙に穴や異臭はないかと不安に駆られる。丹念に点検して日本製と確認しても、原材料は国籍不明ということもあるから悩ましい▼本県は旬の食材に恵まれていることを見直したい。たとえ粗食でも、地産地消のスローフードほどぜいたくな食卓はないとギョーザ事件から教えられる。

日報抄

名刑事「最後の弟子」　捜査一筋「仕事馬鹿に」（2008・3・26）

凶悪犯も泣いて改悛したという県警の故・小黒量次さんの「最後の弟子」といわれた警察官が、定年を迎える▼捜査一筋の警察官人生を「刑事警察は階級でない、頭でない、馬鹿《ばか》でもっている」と振り返っていた。刑事は、仕事馬鹿になれとの意味だ。年に7日しか休めず母子家庭といわれた。相次ぐ冤罪《えんざい》事件に警察庁は一部事件を対象に調べを録画録音する可視化を決めた。自白強要など、不当捜査が明るみに出るたびに胸を痛める▼凶悪犯と全人格をさらけ出して向き合う調べ室では、容疑者との信頼関係の構築が欠かせない。殺人事件で遺体を埋めたという山中に容疑者を車で連行したときは、高速道をひた走った。ほかの刑事が昼食にカツ丼を食べて仮眠している間も、容疑者と同じおにぎりを食べて睡魔と闘った▼その姿勢が容疑者の心を開かせ、埋めた場所の解明につながったという。殺人を黙秘する容疑者の故郷を訪ね、生い立ちを聞いて歩いたこともある。犯人の立場に身を置いて懇々と諭す調べが、重い口を開かせた▼自白偏重に対する批判が高まる中で、地道な証拠集めに身を削ってきた団塊世代の刑事が次々と定年を迎えている。階級章の星の数より、塀の中から届いた罪を悔いる被告からの手紙が、彼らの勲章なのだろう。「更生を誓った反省こそ真の自供」と、口をそろえる▼調べの目的は事件解決だけでなく、更生させ、社会復帰への第一歩とする、との思いをどう継承していくか。捜査力の低下が指摘される中、県警の大切な課題である。

日報抄

愛鳥週間　巣立ち前に消えた雛に喪失感

（２００８・５・６）

先月初旬、家の生け垣にキジバトが巣を作った。抱卵する姿を家人と静かに見守り、双眼鏡で産毛に覆われた雛《ひな》の姿を確認するのを楽しみにしていた▼成長を観察し始めて間もなく悲劇が起きた。早朝、「雛がいない」という家人の鋭い声で起こされた。前日まで雛の姿を目にしていただけに、もぬけの殻の巣にぼうぜん自失の状態だ▼すぐに巣の下を捜したが、産毛の一片も見つからない。庭の巣から巣立つばかりになっていたキジバトの雛が、カラスに狙われたという知人の話を思い出した。「カラスは賢い。じっと雛が食べごろになるまで待って襲う」。そういえば先日、カラスが上空で舞い、親鳥が雛を覆い隠すようにしていた。戦いはその時から始まっていたのかもしれない▼いなくなった雛を探して親鳥が巣を何度も出入りする。巣の周りを離れず、悲しげに「クークー」と中をのぞき込む姿が切なかった。親鳥は次の日も巣に戻っていた。子を思う親心は鳥も人も同じだ。雨の日も風の日も卵を抱き続ける親鳥のけなげな姿に、自分が励まされていた▼それだけに、現実を受け入れるには抵抗があった。これもペットロス症候群か。空っぽの巣を見ていると喪失感が広がった。自分が飼っているペットでもないのに一緒に子育てしているような連帯感が芽生えていたのだろう▼本紙連載の「野鳥日誌」の筆者風間辰夫さんによると、繁殖期の雄はほとんど食べないで子育てに心血を注ぐという。10日から愛鳥週間が始まる。子育て熱心な鳥から学ぶことは多い。

日報抄

中村真衣さん「自分は自分を裏切らない」

（2008・5・29）

世界的アスリート、特に五輪メダリストには名言が多い。オリンピックという晴れ舞台のために、想像を絶する試練を乗り越えてきた人のみに共通するドラマが言葉を研ぎ澄ますからだろう▼2000年シドニー五輪100メートル背泳ぎ銀メダリスト中村真衣さんの講演を聞いた。04年アテネ五輪では金メダルへの重圧で代表を逃した。引退の2文字が脳裏をよぎった時、サッカー日本代表の川口能活選手の言葉に励まされた。「真のアスリートの負けは、戦いをやめること」▼夢を砕かれた娘に母文枝さんの手紙が届いた。「長岡に帰ってきた翌日、朝練に行った真衣ちゃんを見て、感服しました。外国で一人苦しんでいた真衣ちゃんのことを思って私も一人布団の中で泣きました」▼10月23日、中越地震が襲う。長岡市の自宅が被災、車中泊を経験した。中越地震では全国から物資だけでなく、心を送られている、と気付いた真衣さんは「泳ぐことで恩返ししよう」と奮起。半年後、50メートルで日本選手権を制した▼真衣さんが好きな言葉がある。「誰だって調子の良いときは大きな顔をしていられる。でも本当に強いやつは不調のどん底からはい上がって来た人だ。負けるということは、次にもっと強くなるためのステップにすぎない」。シドニーで女子200メートル自由形を制したスーザン・オニールの言葉だ▼多くの人の励ましで23年間泳ぐことができたと感謝する真衣さん。「自分は自分を裏切らない」と色紙に書いた。今度は言葉の力で多くの人を励ましてほしい。

日報抄

トキ自然放鳥　今度は中国に環境農業を

（2008・10・24）

自然放鳥から25日で1カ月、トキが餌をついばむ姿は佐渡の風景にすっかり溶け込んでいるようだ。国産トキを絶滅に追い込んだ一因とされる高度成長下の環境悪化、過剰な農薬散布への反省から無農薬の稲作が始まった。田んぼでは、トキの餌となるカエルやヤゴなども復活しつつある▼野生トキが生息する中国陝西省には、豊かな自然環境が広がっている。それなのに、このところの中国のイメージは、食の安全を脅かす環境への配慮が乏しい国というのがもっぱらだ▼農薬入りギョーザに続いて、冷凍インゲンから高濃度の殺虫剤が検出された。食料自給率が40%に低迷し、中国の食に依存する日本にとっては、由々しき事態である▼残り少なくなっていた日本のトキは、近親交配を余儀なくされ、鳥の生命力が低くなった。日本産の人工繁殖がうまくいかなかった要因ともされる。「普通だったら克服できる細菌や寄生虫にあっけなくやられてしまう。血管がもろく、パワーが落ちていると感じた。あんなに悔しいことはなかった」▼トキ保護センター開設時から人工飼育に携わった近辻宏帰さんに聞いたことがある。農薬や寄生虫に汚染された餌から、トキを隔離して守る水際作戦も人工飼育の狙いだった▼佐渡の空に再びトキが舞うことができたのは、9年前に中国が贈ってくれたペアの人工孵化《ふか》に成功したからだ。国産種絶滅や公害の痛みを知る日本である。今度は減農薬や汚染対策を含め、環境保全型農業が中国全土に広まるよう応援していく番だろう。

日報抄

お金持ち政治家　庶民の心のひだ理解できるか

（2008・10・26）

「まずは景気だ」。麻生太郎首相が悲壮な顔つきで訴える自民党ポスターが目につくようになった。だが、解散・総選挙は越年ムードも漂い、選挙モード全開の議員らからは悲鳴も聞こえる▼高級ホテルのバーで「夜の会合」を続ける麻生首相が話題だ。資産家の当人は「ホテルのバーは安全で安い」と反発するが、ウイスキー1杯の値段まで報道される。有名税とはいえ、かまびすしい▼バブル後の連立政権下、先祖が殿様だった細川護熙《もりひろ》首相のアフターファイブも注目された。細川氏は料亭政治脱却をアピールしようとホテル利用に転換した。当時は官官接待批判も重なり、赤坂の料亭街に閑古鳥が鳴いた▼「民主主義の原点は居酒屋にあり」。お金持ちでは引けをとらない民主党の鳩山由紀夫幹事長も、かつて新橋に居酒屋を開き、庶民派を強調した。でも、逆に鳩山家ゆかりの音羽御殿の豪勢さを思い出す人もいた▼閣僚資産トップの弟、鳩山邦夫総務相は、首相の高級バー通いを「喫茶店でお茶を飲むのに毛が生えたような話」と言う。10年前に麻生氏の講演を聴いたが、話の中身より高級そうなオーダーの背広とワイシャツが記憶に残った▼株安と円高に歯止めがかからない。この金融危機をどう克服するのか。庶民派パフォーマンスを競う暇はない。高級ホテルで名案が浮かぶなら結構なことだ。ただ、1泊千数百円の個室ビデオ店に泊まるしかない日雇い派遣の若者や、資金繰りに青ざめている中小企業主の心のひだが、本当に理解できているのか、それが心配なのだ。

日報抄

死亡ひき逃げ事件　捜査の手から逃れられない

（2008・11・19）

飲酒運転で人をひいた上、そのまま何キロも引きずり死なせる事件が相次いでいる。大阪では、16歳の若者が、先月は30歳の会社員が犠牲になり、男2人が殺人容疑などで逮捕された。いずれも飲酒運転がばれるのを恐れて逃げていた▼福岡市の3幼児死亡事故を契機に飲酒運転の厳罰化が進んだ。昨年、刑法と道交法が相次いで改正され、全国の交通事故死者数は前年より1割減り、飲酒死亡事故は3割も減った。厳罰化の効果てきめんと言いたいところだ▼それなのになぜ、卑劣な「引きずり事件」が続くのか。17日夜は交通課長の経験もある警視庁警視が飲酒当て逃げで逮捕された。言語道断だ。飲酒運転など一部の不心得者には、重罪化が「まずい。逃げよう」という心理を呼び起こしている側面があるのではないか▼「逃げないで助けていれば、死ななかった。ひき逃げは殺人と同じ」。被害者の家族がそろって口にする無念の思いだ。「少女の死に顔があまりにきれいで哀れで」。セピア色になった死亡事故の捜査ファイルから1枚の写真を県警幹部から見せられたことがある▼昭和40年代半ば、下越地方で頭から血を流した少女が道端で倒れていた。検視の結果、車のはね石が頭部を直撃したことが判明、懸命の聞き込みで1台のトラックを割り出し、運転手を摘発した▼「逃げ得は許さない」。県警ひき逃げ捜査班はこの執念で2003年から5年連続で死亡ひき逃げの検挙率100%を記録している。その場から逃げられても、捜査の手からは逃れられない。

日報抄

真珠湾攻撃指揮　開戦反対した五十六の苦悩　（2008・12・8）

67年前の12月8日、旧日本海軍の山本五十六・連合艦隊司令長官が作戦を立てた真珠湾攻撃で対米戦争に突入した。開戦日の山本長官の遺書ともいえる肉筆の「述志《じゅつし》」が親友だった堀悌吉・海軍中将の遺品から発見された▼述志では「未曾有の大戦にしていろいろ曲折もあるべく名を惜しみ己を潔くせむの私心ありてはとても此《この》大任は成し遂げ得まじ」と覚悟を吐露。「大君の御楯《みたて》とただに思う身は名をも命も惜しまざらなむ」と詠んだ▼山本長官の長男義正氏の『父山本五十六』（恒文社）によると、長官は開戦直前、堀中将に手紙を出している。「個人としての意見と正反対の決意を固め、その方向に一途邁進《まいしん》の外《ほか》なき現在の立場は誠に変なもの。これも天命といふべきか」。開戦に反対しながら、大戦の先頭に立たなければならないその苦悩は、いかばかりだったろう▼義正氏は、長官が肌身離さず持ち歩き、開いては閉じて瞑想《めいそう》していた手帳を見つけた。階級、姓名、戦死の日と場所、遺族の名前が克明に記されていた。手帳は戦死した部下の墓碑銘だった▼長官は、暇があると遺族を訪問し、霊前に線香をあげてくるのを習慣にしていた。「将又《はたまた》逝きし戦友の　父兄に告げむ言葉なし」。長官が書き残した述懐という詩の一節だ。戦陣に倒れた部下と、その遺族の行く末を案じ、心を痛める人間・五十六像が浮かび上がる▼未曾有といえば、現下の世界不況である。この難局を前に気概を持った指導者の顔が浮かんでこないのが悲しい。

日報抄

お金の渡し方　不快にさせない気配り必要

（２００９・１・18）

旅館や宴会でお世話になった客室係にさりげなく心付けを渡すのは難しい。タイミングや渡し方によっては、相手に不快な思いをさせてしまう▼評判の悪い定額給付金２兆円は、渡す側にその気配りが感じられない。財源はもともと私たちの税金であり、施しではない。それを人の財布に手を突っ込むように、「使え、使え」と消費拡大を迫る。そんな政府の物腰に対する庶民の反感があるのではないか▼「人さまに差し上げるんだから、ヨレヨレの札では失礼だ。必ずピン札にしろ」「カネはむき出しで渡すな。相手をバカにしたことになる」。田中角栄元首相の秘書だった早坂茂三さんは、『オヤジの遺言』で元首相から学んだ寸志の渡し方を書いている▼早坂さんは日米安保騒動最中の１９６０年、新聞記者時代に自民党国会議員を取材していて出合った光景を回想している。この議員は訪ねてきた都議に「またカネの無心か」と言い放ち、机の引き出しから二、三十枚の札を取り出し、投げ与えた。床にばらまかれたヨレヨレの札を、都議はかがみ込んで拾い集めた、という▼早坂さんは「屈辱に歪《ゆが》んだ（都議の）顔が今もまぶたに浮かぶ。『あの手合が多くてね』。製薬会社オーナーの資産家が苦笑した。究極の人間侮辱に立ち会った原風景だった」と記す▼政治家の場合、ポケットマネーの寸志は選挙目当てのばらまきとの批判を浴びかねない。その点、給付金も同じだ。ましてや血税である。一国のリーダーの心が、どれほどこもっているのかが問われている。

日報抄

東京小国会　雪国育ちの粘りと優しさ

（2012・10・17）

食欲の秋、新米がうまい。テーブルに盛られた豪華料理の中に白米だけの小さなお握りがあった。「このみそ付けて」と隣人に促されて食べてみた。懐かしいおふくろの味が口に広がった。東京で開かれた「東京小国会《おぐに》」創立55周年記念総会で出された郷土の特別メニューだ▼コメは大橋悟会長(74)が持ち込んだ長岡市（旧刈羽郡）小国町森光《もりみつ》の「もりひかり」、みそも地元産。上京して半世紀、出稼ぎや集団就職の苦労を共にした仲間から「一番うまかった」と褒められると笑みがこぼれた▼会も終盤、余興の騒がしさの中で大橋さんがつぶやいた。「この会も5年後は開けるかどうか。このままでは自然消滅です」。小国会は1957年、「ふるさとを失って心の根なし草になってはならない」との思いから発足。翌年の総会には39歳で郵政大臣に就任した田中角栄元首相が登壇、気勢を上げた▼戦後、日本の高度成長を支えた血気盛んな若者も高齢化が進み、「足腰が痛い」「病院通い」「年金生活で余裕がない」と年1回の総会も欠席者が目立つ。この日は出席者160人のうち地元からの来賓が3割を占めた。会員は25年前に比べ8割減少、千人を切った▼窮状は小国会に限らない。貧しくて、職業選択の自由など無かったに等しい時代に、東京で肩を寄せ合った県人会の内実は、若者離れもあり先細りの一途だ▼震災や水害の度に、郷里に見舞金を送り続けた新潟応援団の危機に胸が痛むが、雪国育ちの越後人の粘りと優しさのＤＮＡは東京にしっかり根付いている。

第6章　県政トップと向き合う　1993年～2008年

潮流／時流・多面鏡・日報抄・オピニオン 視点　本社報道

《覚悟を持っての署名記事》

県政トップの知事とさまざまな場面で対峙《たいじ》してきた。事件記者時代、金子清知事には、辞任の引き金になった佐川急便事件絡みで突撃取材した。平山征夫知事とは県政記者として佐川急便闇献金事件の負の遺産といわれた「新潟ふるさと村」の対応や政治手法を巡り、会見場で度々、論争した。泉田裕彦知事とは報道部長時代、政治姿勢に疑問を持ち、ペンを握った。地元紙の権力監視機能を担う使命感から覚悟を持って署名記事で歴代知事と向き合った。

■環日本海を提唱、佐川急便事件で失脚

金子清知事　1989（平成元）年～1992（平成4）年

副知事から4期15年にわたって君臨した君健男知事の急逝で知事に就任した。1991（平成3）年夏、89（平成元）年6月の知事選で陣営が佐川急便から億単位の闇献金を受け取った疑惑が浮上。東京地検特捜部の捜査を受けた金子清知事は1期目を全うすることなく92年9月1日、県庁で辞意表明、3年3カ月で辞任に追い込まれた。94年10月25日、新潟地裁は佐川急便事件新潟ルート判決で、佐川急便から1億円を受け取りながら政治資金収支報告書にうその記載をしたとして政治資金規正法違反（虚偽記入）に問われた金子前知事に禁固1年、執行猶予3年の有罪判決を下した。選対幹部の2人の元県出納長にもそれぞれ禁固10カ月、禁固8カ月（いずれも執行猶予3年）を言い渡した。知事経験者が有罪判決を受けるのは県政史上初めて。政治家本人の責任追及が難しい「ざる法」といわれていた政治資金規正法違反で禁固以上の自由を束縛する刑が下されたケースは全国初だった。3被告は11月に控訴断念、判決が確定した。

▼知事当選の金子氏「佐川」会長が祝宴　（新潟日報・1992年2月6日・社会面）

佐川献金疑惑が発覚した91年8月16日、金子知事は午前の記者会見で「（献金を受けた）事実はない」と全面否定。以後、県議会で度々追及されるが、疑惑を全面否定していた。

当時は県警司法記者クラブキャップ。別の事件で夜回りしていたある日、警備畑の県警幹部が、「知事は、献金疑惑を全面否定しているが、当選祝いまでしてもらっている」と佐川との親密な関係をポツリと漏らした。すると、いったん席を外し、知事選があった1989（平成元）年の「黒表紙の手帳」を手に戻ってきた。

「この日だよ。6月29日夜、新潟市の高級料亭」。手帳をめくりながら、出席者の名前を読み上げた。「佐川清（佐川急便）会長、天野（光晴）元建設大臣、小針暦二・福島交通会長、中野進・新潟交通社長、プロレスラーのアントニオ猪木、青木太一郎前黒埼町長」。当選祝いなら主催者が宴会費用を払っているはず。「お客の情報は秘して口外しない」。裏付け取材は、老舗料亭、花柳界が長年守り続けてきた守秘義務の厚い壁に難航した。各界に人脈を持つ先輩の応援も得て、出席者や関係者に当たりながらようやく裏取りを固め、知事本人に直接取材する日を迎えた。

1992年2月5日夕方、上司のデスク、部長にも事前に報告せず、知事室がある県庁3階秘書課にアポなしの単独突撃取材を敢行した。県市長会長とも昵懇《じっこん》で実力派と言われた秘書課長は筆者の「新潟日報記者　編集局報道部司法担当　県警記者クラブ（県警本部内）」という名刺の肩書を一瞥《いちべつ》すると、「司法記者?」「そんな不埒な記者を知事に会わせるわけにいかない」と言い放った。しばらく秘書課長と押し問答となったが、課長は机の下に身を隠しながら本紙県政担当と電話で密談を始めた。最終的に秘書課長は、「新潟日報の県政キャップが同席するなら」との条件付きで渋々、知事取材を認めた。

先輩記者のUキャップが同席しながら、取材は始まった。

筆者　「平成元年6月29日、新潟市の料亭で佐川急便から当選祝いをしてもらってますよね」
知事　「コメントは一切差し控えたい」「佐川側から当選祝いをしてもらったという認識はない」「選挙では資金面での協力は一切ない」

取材メモしながら、知事を見つめると知事の口元がかすかに震えていた。

記事は翌2月6日付の新潟日報朝刊社会面トップの扱い。〈「佐川」会長が祝宴　知事当選の金子氏招待〉の渦巻き地紋・横カット。セットで〈元年6月　新潟の料亭〉〈福島の政財界人も同席〉〈親密ぶり裏付け?〉の5段縦見出しが躍り、金子知事、佐川会長ら出席者5人の顔写真も掲載された。記事はこう書いた。

「平成元年6月の知事選挙後に金子知事が、佐川急便グループの佐川清会長が主催し、新潟・福島両県政財界関係者も同席して新潟市の料亭で開かれた当選祝いの宴席に出席していたことが5日、関係者らの証言で明らかになった。金子知事は、佐川会長との面談についてはこれまで、新潟ふるさと村への10億円融資や選挙期間中に『一般的なお願い』で会ったことは認めているが、今回当選祝いを主催してもらったことが明らかになったことで、緊密な間柄が一層、浮き彫りになった。金子知事はこの宴席について5日、『コメントは一切差し控えたい』と明言を避けるとともに『佐川側から当選祝いをしてもらったという認識はない』と述べた。面談について県議会では社会・共産両党を中心に3億円献金疑惑と絡めた追及が行われており、24日からの2月定例会では厳しい論議が展開されることは必至の情勢だ」

さらに「会合は金子知事が当選後初の県議会で所信表明を行った翌日の6月29日夜、新潟市の料亭で開かれた。出席者は金子知事と佐川会長のほか天野光晴代議士（当時、福島1区）、小針暦二福島交通会長、伊藤稔北陸佐川急便社長、中野進新潟交通社長、プロレスラーアントニオ猪木氏、青木太一郎前黒埼町長」。出席者と佐賀急便グループとの関係を指摘した後、佐川会長との面談と献金疑惑について「金子知事は『選挙での資金面での協力は一切ない』と改めて全面否定し、佐川会長との付き合いについては『ふるさと村の10億円融資でお世話になっているということ』と話している」とコメントを載せた。

１９９２年3月3日の県議会2月定例会。金子知事は、佐川会長主催の当選祝いの宴席について「日時などは明確でないが、お尋ねの会合には出席したような記憶はある」と初めて事実関係を大筋で認めた。ただ、「当選祝いではなく、会長がたまたま新潟に来られたので出席しないかとの依頼があって出席した一般的な会合」と説明した。

半年後、金子知事の辞任を受け、知事の座は平山、泉田知事に引き継がれた。その後、県財政の危機を招いたと言われる「失われた30年」で、人口も県内総生産も宮城県に逆転を許し、新潟県政は停滞してしまった。歴史にイフはないが、金子知事はライバル視した宮城県仙台市の後背地が東北地方なら、新潟は対岸諸国だと意気込み、ロシアや中国東北部、韓国、北朝鮮を後背地として対岸交流を進める「環日本海」構想を打ち立て、「新潟を日本のオアシスに」と高らかに政治公約を宣言。新潟空港の滑走路3千メートル化や上越新幹線の空港乗り入れなどの大構想を描いた金子県政がもし、続いていれば…。そう思うと「疑惑」追及の最前線にいたマスメディアの一員として複雑な心境になる。

■朱鷺メッセ、ビッグスワン建設　終盤は財政危機

平山征夫知事　1992（平成4）年〜2004（平成16）年

金子清知事の辞任に伴う1992年10月の知事選で日銀マンから転身、県政史上初の与野党相乗りで勝利した。目立ったのは「ハコモノ」大型事業。サッカーの「ビッグスワンスタジアム」、国際展示場、ホテルの複合施設「朱鷺メッセ」などを建設。県債残高が3期12年で8千億円から2兆円に拡大し、財政危機に陥った。

平山知事が誕生する前段階の候補者選びに平山敏雄・元新潟日報社長が関与したことが、「不偏不党の立場を貫き、政治家とは一線を画してきたわが社の報道姿勢を根底から覆す」と新潟日報社内でも問題となり、当時組合員で本社報道部員だった筆者は1992年11月2日付、組合（新聞労連新潟日報労働組合）の機関紙「ひろば」（新聞研究部）に「許せぬ平山氏の行動」と題し署名投稿した。選挙報道を巡り、健全なジャーナリズムを守るために新潟日報社内の自由な論争が行われていた証左として投稿全文を掲載する。

▼「許せぬ元社長・平山氏の行動」（新潟日報労組機関紙「ひろば」・1992年11月2日）

10月25日に投票が行われた県知事選挙期間中に公平、公正な選挙報道を期する報道職場にとって「県民読者の信頼を損ない、誤解を与えかねない」元社長の危惧すべき行動があった。既にこの問題

では9月28日付1面社告「新潟日報社名誉顧問　平山敏雄氏が辞任」で新潟日報としての立場を明確にしている。しかし、平山敏雄元社長（1984年～90年在任）の取った行動は、これまで田中角栄報道などでも不偏不党の立場を貫き、政治家とは一線を画してきたわが社の報道姿勢を根底から覆すものであった。しかし、辞任からわずか1カ月で「顧問復帰」の動きもあった。組合側の指摘で復帰は回避されたものの、これを許しかねない経営陣の姿勢は、県民に対する重大な背信行為と言わざるを得ない。一連の経過を含めて、報道職場から「公平な選挙報道とは何か」の問題提起を行い、全職場の組合員から広く社内論議を高めてもらいたい。（編集局報道職場）

《経過》平山氏の名前が日報紙面に初めて登場したのは9月9日付の自治面。財界、農業団体が中心になった候補者選考組織「溌剌《はつらつ》とした新潟県を作るための県民会議」の世話人代表としてだ。肩書は「平山敏雄・新潟日報社名誉顧問＝座長」だった。県民会議は後の平山征夫知事の確認団体「新しい新潟県を作る県民の会」の母体となった。

平山座長は記者会見で「県政の危機に当たり、既存の政治、政治色を超えた候補者選びを行う」と会の趣旨を説明している。政党色のない保革の統一候補を選ぶのに「公平・中立」の代名詞の報道機関の元社長が音頭を取ってなぜ悪い、正に打って付け、と言いたげだ。

だが、結果的に、先輩たちが営々と築き上げてきた新聞社の生命線とも言える「公平な報道」への疑念を読者に抱かせることになってしまった。

県民会議は設立当初から「自民党のダミー」（関山信之社会党県本部委員長）、「自民党がお膳立てした」（連合新潟・滝沢剛会長）組織と各界から非難が集中した。

今回の知事選は、佐川闇献金事件による金子知事の引責辞任に伴う選挙。金丸信氏の5億円献金問題と合わせ、自民党が前面に出られないため、「脱政党色」の異例の選挙戦となった。このため、県民会議は表に出られない「自民党のカムフラージュ組織」との批判を浴びかねない状況にあった。桜井新・自民党県連会長の「県民会議のメンバーはみんな自民党支持者」との発言は、県民に「日報は自民党寄り」との疑念を一層深め、印象付けた。

こうした状況下で、「新潟日報名誉顧問」の肩書がある平山元社長が自民党、社会党に根回しに行脚する姿は、連日、テレビ・新聞で報道され、読者に「日報が選挙に深く関与している」と誤解を与える結果となった。

報道職場など社内からも「公平な選挙報道に支障になる」との異論が噴出。9月28付社告「名誉顧問辞任」、社会面の「ご挨拶」突き出し広告となった。

《検証》平山氏は突き出し広告で「私は今回、名誉顧問を辞退することにしました。今の新潟県の経済的不振の現状にかんがみ、知事選での保革の激突は避けるべきだという信念から統一候補の実現を図りましたが、その結果、選挙運動にも参画せざるを得なくなりました。このことが、新潟日報の報道の公平さに対する疑いにとなっては、後輩諸君に申し訳がないので今回の（名誉顧問）辞退となったわけです。また、私と候補予定者とは血縁関係は全然ないことを申し添えておきます」と述べている。

既に県民に対し「報道姿勢が偏向ではないか」という疑いと誤解を与え、批判が出ている中での発言とはとても思えません。さらに辞任の理由は「後輩諸君に申し訳ない」とする「社内向け広告」。

そこには県民読者に対する一片のお詫《わ》びの言葉もない。

社告では「個人の立場で座長を務めてきた」と釈明した。個人の立場と言っても、名誉顧問の肩書がなければ、座長に選ばれていたか、を考えれば、平山社長が「文字通り日報の顔」(『新潟日報50年史』)を利用したのは明らかだ。

辞任の理由は「具体的な選挙活動に入ることになったので公平な報道を期する新潟日報とは無関係な立場を明確にするため」としている。しかし、候補者選びそれ自体が、具体的な選挙活動の一環であり、重要な部分と考えるのが一般的であり、その意味では、選考組織のトップに就任した時点で「公平な報道」を歪《ゆが》める重大な規律違反と言わざるを得ない。

《復権の動き》 社告まで出して、「平山、日報とは無関係」との立場を県民に示したはずなのに、辞任1カ月で名誉顧問復帰の動きがあったことが10月29日の団交で明らかになった。

団交の席上、労務担当は平山氏の復帰問題で懸念を表明した組合側に対し、「一切、役員会で取り上げられてはいない」と断言した。だが、社員名簿、写真集に平山氏が名誉顧問のまま残り、復帰することが何よりも復帰の動きがあったことの物証だ。

労務担当は「これは誤記であり、私のミス」と弁明したものの、社告まで出した重大性を全く認識していない「役員会の甘い体質・認識」を露呈した。公平な報道を侵害しただけでなく、「県民に対する二重の背信行為」と言えよう。

県民の会は、選挙後も存続、平山氏が再び会長代行に就くと言われている。「平山県政と地元紙の癒着」と言われないために復帰は絶対に認められない。10月28日の取締役会で平山氏の復帰が議題になるとの情報を得た組合側が、社に対し遺憾の意を伝えたため、「復帰のシナリオ」が崩れたのが事実のようだ。

こうした社のトップの甘い認識はどこから来るのか。そもそも平山氏が県民会議の座長に就任する際、役員会で異論は出なかったのか。辞任の社告が出た時点でこの問題について、毅然《きぜん》とした対応を取らず、チェック機能を怠った労働組合側にも「復帰の動きを助長した責任がある」と言われてもしかたない。

『新潟日報50年史』では平山社長の項を大きなスペースを割いてその功績を伝えている。それによると「54年、専務取締役に昇格して以降は、文字通り『日報の顔』の役割を果たしてきた。(中略)退任に当たっての言葉は、民主的な社風を守ってほしい、であった」という。

今回の平山元社長の一連の行動は、先輩たちが「自由・独立・誠実・公正」とする社是を守り、公平な報道を貫き、築いてきた「県民読者の信頼」に汚点を残すものである。3期6年にわたり、社長を努め、社業の発展に貢献した功績は功績として、これ以上晩節を汚すことだけは「後輩諸君」の一員として耐えられないし、許されることではありません。

平山元社長が望む「民主的な社風」を守るためにも今回の問題を契機に社内の論議を深めることが急務と思われる。わが社の報道姿勢を250万県民が厳しい目で見守っているのだから…。(了)

【追記】 この投稿を契機に日報労組新聞研究部では、「考えよう平山問題」「改めて考えよう報道の中立」をテーマに2回にわたって座談会形式で討論、平山問題を追及した。その後、平山氏が顧問に復帰することはなかった。

潮流／時流

県東南アジア親善協会に〝平山後援会〟の憶測（1993・12・12）

平山知事が名誉会長になって10日、設立された県東南アジア親善協会（会長・平山敏雄元新潟日報社長）を巡って政界関係者の間から「さては平山知事後援会では…」との憶測が飛んでいる。構成メンバーが昨年知事選の選対幹部の顔触れとほぼ重なっているのが根拠。2年目に入った平山県政を巡って、政界、経済界、労働界の思惑も顕在化してきており、波紋は広がりそうだ。

知事選での平山陣営の確認団体は「新しい新潟県をつくる県民の会」で会長には栗原祐一県農協中央会長が就任した。平山知事の候補者選考は民間組織で行われ、中心的な役割を果たしたのが、元新潟日報社長の平山敏雄氏と県総合生協理事長の仲村哲夫氏、連合新潟会長の滝沢剛氏。これらの中心的顔触れが「県東南アジア親善協会」でもズラリと並んだ。

設立総会で平山知事は「私の当時の選挙後援会のメンバーがいるので中身はだれかの後援会ではないか、とうがった見方をする人もある」と意味深なあいさつ。

知事選は自社公民4党相乗りの平山氏と共産党系が中心となって推した長崎明元新大学長が一騎打ち。こうした経緯もあって、共産党の福島富県議は「顔触れを見ると知事後援会だ。後援会を作れない、動けない中で模索した結果、国際交流に名を借りた知事をバックアップする組織の疑いが強い。そういう組織にお手盛りで補助金を出すとなると、県民の批判も出てくる」と手厳しい。

知事選では、佐川急便スキャンダルで身動きの取れなかった自民幹部も関心を示す。「親善協会のメンバーは、去年の連合、JC中心の知事応援団。次の知事選ではこちらが主導権を握る。後援会組織は折り返しの来年には、自民独自でつくる」とある自民県議は語る。

県民の会が、知事選での自民党とのしこりから活動できず、昨年3月ごろから事実上の休眠状態に追い込まれたことも、憶測を呼ぶ背景の一つになった。

親善協会設立に動いたのは元県副知事の関昭一・県生産性本部会長（新潟青陵女子短大学長）。「知事からつくってくれと頼まれたのではなく、以心伝心」と知事〝肝いり〟の団体を強く示唆する。

当の平山知事は「知事就任1年を過ぎ、後援会結成の動きはあるがペンディングのまま。（親善協会には）政治的な意味は全くないよ」と笑い飛ばすのだが…。

（2000・8・12）

【追記】 この原稿は、しばらく「お蔵入り」となった。「元社長を批判するような原稿はどうか」と担当デスクも悩んだらしいが、最終的に紙面化された。記事では、県東南アジア親善協会の設立総会で談笑する平山知事と元新潟日報社長の平山会長のツーショット写真を掲載した。元社長でも忖度《そんたく》せず取材対象とする「民主的な社風」は機能していた。

多面鏡　控えめから粘り強い知事へ

「（岡山は）政治的な決着でそれを決めたということで、やむを得ない」。9日の定例会見で平山征夫知事は、福岡―マレーシア線岡山延伸の空路誘致合戦で、岡山に敗れ、断念した格好になった新潟―岡山―マレーシア線の「政治的敗北」をあっさり認めた。

岡山県知事は、7月11日、マレーシアのマハティール首相に直談判、空路開設を決めた。岡山出身の橋本竜太郎元首相―マハティール首相の人脈から「政治決着」の側面もあるが、知事の熱意が空路誘致の勝因になったことは否めない。同じ日の会見。今度はサッカーの2002年ワールドカップ（W杯）開幕戦新潟開催の誘致合戦が話題になった。札幌、新潟開催のFIFA（国際サッカー連盟）案に対し、JAWOC（W杯日本組織委）は、札幌、大分を主張した。

「陳情合戦してお互い引きずり降ろし合うということはやるべきではない、と思っていたので、大きな運動はやっていない」。知事は陳情合戦に否定的な見解を示し、「新潟県人らしくつつましやかにやってきた。10会場がエゴを張り出したら収拾がつかなくなる」と協調路線を強調した。

平山知事の1期目、1993年10月、島根県で開かれた環日本海シンポ「北東アジア地域自治体会議」。富山県知事らは「富山は日本海側の中央。日本地図を逆にすると、東京は富山県」と環日本海拠点化の先陣争いで火花を散らした。この時も、知事は控えめ。「会議の趣旨は地域間連携」としてスタンドプレー的な発言は一切しなかった。当時、答申された県の第5次長期総合計画案では、平山ビジョンとなる「日本海・関越ベルト地帯振興構想」で、他県との共存路線を明確に打ち出した。

鳥取県の片山善博知事は、このほど朝鮮民主主義人民共和国（北朝鮮）を訪問、羅新港と境港との定期航路を提案するなど他県知事の積極外交が目立つ。

ひるがえって各政党と等距離外交を続け、3選を目指す平山知事。誘致合戦でも「等距離作戦」というわけでもあるまい。そろそろ、控えめな県人気質から、粘り強い積極型知事に脱皮する時期ではないか。

記者つれづれ

知事選報道　抗議の電話は熱気の証し

（2000・9・30）

◯…11年ぶりの三つどもえ戦が濃厚になっている知事選が5日の告示を前に、にわかに熱を帯びている。第三の候補が出馬表明するまで関心が低く、「低投票率が心配」（県選管）だったのがうそのようだ。激しい前哨戦の裏側で日本的な人情ドラマが展開されている。議員や経営者の中には親子、夫婦が両陣営の集会に出席、一家総出の二股路線で義理立てするケースもある。応援弁士の熱弁に耳をすまし、出席者の視線を注視すると、しがらみから逃れられない人間の裏表が見えてくる。

◯…最近の選挙は読めない。何が起きるか分からない。世論調査と、実際の結果が違うことも多々ある。選挙のプロの話だけを聞いていても全体像が見えにくい。かといって勝敗だけを追う選挙の予想屋でもない。「だれが21世紀の県政を託すにふさわしい人物か」。選挙報道の目的は、有権者に判断材料や論議のネタを多く提供することだ、と思っている。

◯…「◯◯党です。××まで来てください」「きょうの記事はどうなっているの」。最近、県庁の本社専用内線電話に抗議、苦情、助言が増えている。知事選の争点や、政策の違いを客観報道するため神経を遣っているが、立場が異なると全方位から抗議の矢が飛んでくる。選挙戦がヒートアップしている証明だろう。22日の投票日まで気が抜けない日々が続く。あっ、また内線が鳴っている…。

多面鏡

意味深長な得票率順位表

（2000・10・28）

知事選後、久々に3選を果たした盟主が古巣に戻った。その県庁内の一部で、今知事選で平山征夫知事が獲得した出所不明の「市町村（112）別・得票率順位表」が出回っている。順位表では、小林一三、富樫昭次両氏の地元新津市が県内最低。注目の上越市は50位の善戦。時期が時期だけに何やら意味深長な〝怪文書〟となっている。

先の総選挙で自民党現職代議士が敗れた2区と6区には、その後、与党3党が行った公共事業見直し中止が集中した。まさか知事の得票率で新年度の予算査定を行う「報復編成」はないと思うが、「選挙の結果で予算にメリハリを付けるのが政治の常識」と政界関係者が語るのが気がかりだ。

初登庁の会見で「保守が割れる大変厳しい選挙だった。どういう状況で戦っているか。勝てるのか、勝てないのか。中盤まで読めない状況だった」と振り返る知事。投票結果について何度も使った〝控えめ〟の言葉が激戦を物語っていた。「55万票の批判票は真摯《しんし》に…。相手候補が訴えた農業やリーダーシップという点も謙虚に受け止めたい」

序盤、その激戦ぶりを反映してか、上越市入りした知事は日ごろの温厚なイメージをかなぐり捨て、小林氏の支援に回った宮越馨上越市長との対決姿勢を鮮明にした。「上越市は大切な場所。引き続き全力を挙げて頑張れるような結果を出していただきたい」と票の出方で予算の濃淡を付けるかのような発言も、怪文書に真実味を持たせている。

知事は職員訓示で「人は厳しくなくては生きていけない。優しくなくては生きていく資格がない」と外国人作家のことわざを引用し、厳しい国際競争時代に「優しさ」をアピールした。

記憶では、「男はタフでなければ生きられない。優しくなければ生きる資格がない」だったと思うが、「優しさだけでは生きていけない」のも冷厳な事実。知事は選挙戦で鍛えたフットワークと「強いリーダーシップ」で21世紀の改革に邁進《まいしん》してほしい。

多面鏡　重大事故報告なし　〃裸の殿〃はご免

（2000・11・10）

「だから誠に遺憾だったと言っている」。県立がんセンター新潟病院の「乳がん手術医療事故」が発覚した翌日の8日、県庁で定例会見した平山征夫知事は、報道陣から前日まで事故を担当部局から全く知らされていなかった点を聞かれ、憮然《ぶぜん》とした表情で語気を強めた。

さながら医療事故釈明の場となった会見では「なぜ公表されなかったのか」「文書訓戒処分は妥当か」「処分の再検討は」などと集中砲火を浴びた。

女性の健康な乳房を誤って切除するという「通常考えられない事故、ミス」（知事）で示談が成立、処分者まで出ているのに、県政トップに一切報告がなかった。

県立病院の医師の任命、処分の権限を持っているのは病院局長で、処分内容など知事への報告義務はない。しかし、前例のないような重大過失を考慮すると、事故発生の事実は報告すべきだった。同日午後、県庁で釈明会見した三島直樹病院局長も「当然（前任者から知事に）報告がなされていると思っていた。私のミス」と陳謝した。

初当選した1992年10月、初登庁した知事は職員訓示で「公正、中立な県民参加型の県政をつくりたい。トップダウンも大事だが、ボトムアップの情報も大事」と下からの情報の重要性を強調した。

それだけに、結果的に病院局で内々処分し、知事にも報告しなかった事実は、知事にとって医療事故の重大さ以上に衝撃的だったはずだ。それは、県病院局長らの判断に「遺憾」「不適切」と何度も不快感をあらわにした表情からもうかがえた。

医療業界では近年、カルテ開示や、患者への説明責任など情報開示が急速に進んでいる。事故隠しともとれる今回のケースは、県立病院への県民の信用失墜を招いただけでなく、知事と県職員との「遠い距離」の一端や、県庁内の情報連絡網の不備をも露呈した。

今年、虚偽会見など不祥事が相次いだ県警では、中央キャリア出身の本部長は「殿」と呼ばれる。県警OBの1人は、「耳障りな情報や部下の不始末は極力報告しない。それが殿を守ること」と語る。知事が、情報過疎の「裸の殿」になっては困りものだ。


（2001・1・6）

多面鏡　変革遂行へ知事さい配注目

「何もしないことはリスクが拡大すること。座して待つのではなく挑戦してほしい」。仕事始めの4日、平山征夫知事は県建設業協会の新年交歓会で業界に激励のエールを送った。

1994年1月。同じ県建設業協会の賀詞交換会での知事あいさつが、業者の神経を逆なでし物議を醸したことがあった。「賀詞はガシでも、餓死しないように」

当時は建設不況、ゼネコン汚職の真っただ中。この日は駄ジャレで会場を白けさせた同じ知事とは思えないほど真剣さが目立った。

昨年秋の厳しい三つどもえの知事選を戦い抜いた自信と君健男知事以来の3選知事の自覚か。最近、県庁内から「選挙後、駄ジャレ知事といわれた軽さが消え、攻めの知事に変わった」との声が漏れる。知事は同日の庁議でも「必要な変革にチャレンジしなければリスクが増大する。私も初心に帰ってやりたい」と「無作為の罪」を訴えた。旅費食糧費などの不適正支出問題以降、県庁内に漂う「あつものに懲りてなますを吹く」ような委縮ムードをいさめる意味も込めたようだ。

年頭会見でも市町村合併に「必要なリーダーシップは最大限発揮したい」と改革への意欲を語り、職員訓示では「夢を持って仕事を」とハッパを掛けた。

会見で「新世紀の新潟」のイメージカラーを聞かれた知事は「雪の白と言いたいんだが…、新潟で言えば日本海のブルーかな」と答えた。新世紀については「成長、成熟の世紀か。でも物の豊かさ、心の豊かさの調和も大切。優しさも加えたい」と述べた。

市町村合併、県の組織機構改革、今年からスタートする新長期総合計画など課題山積の平山県政。変革遂行には、前世紀のしがらみも断ち切る痛みが伴う覚悟が必要だ。

決戦前に自身を鼓舞するように何度も変革をアピールした知事は、新雪の純白なキャンバスにどんな平山カラーで「新世紀・新潟の未来図」を描くのだろう。まずは、変革元年の新年度予算編成から見つめたい。

多面鏡　**県財政の危機　大ナタ振るう時**　（2001・2・23）

県民1人当たり約76万円。県の2001年度当初予算案から明らかになった総額1兆8901億円の県債残高（県の借金）を県人口で割った数字だ。県債は県予算の1・4倍に膨らむ一方、貯金の主要3基金は300億円を割った。

過去の県債の利払いや、償還分の支払いに充てる公債費は1554億4500万円。約2600億円の県税収入の約6割が借金返済に消える計算になる。

かつて県財政が赤字に苦しんだ時があった。「赤字退治の鬼」と呼ばれた知事が県政に登場したのは1955年（昭和30年）。「財政赤字解消」を掲げて立候補した北村一男氏は、初代民選知事で3選を目指した岡田正平氏に圧勝した。

54年度末の県の累積赤字は23億6200万円。同年度の歳入の14％を占める県税収入20億9千万円を上回る額だった。

赤字要因は、中央の地方委任事務増大による人件費増大。只見川政争の「宴会政治」横行などの公費乱費だった。

初登庁した北村知事は職員に「公僕精神を忘れるな」と訓示。「部課長の夏季手当返上」を実現、中途退職制度を導入、職員の1割強700人削減を断行した。財政再建計画は23億円の負債償還予定を9年から7年に短縮、完済した。

このまま景気が低迷、県税が伸びない場合、高齢化時代の介護など各種福祉給付など現行の行政サービスレベルが、維持できるのか。予算発表会見で平山征夫知事も「財政再建のために痛みを伴う対応を取らざるを得ない事態となり、県経済と県政に対して影響を及ぼす危険性がある」と危機感を語った。

北村知事は、人件費抑制だけでなく、大企業誘致による税収増を目指した。先人の教訓を生かしながら、「正念場」（財政課）を迎えている県も知恵を絞る時が来ている。

幼児医療費拡大など知事選後の予算編成は総花的な「公約実現型」との指摘もある。総額1兆3420億5000万円の予算。ごろ合わせすれば「いざ4選に向けてゴー」と読めるか。

何を優先し、何をリストラするのか。「宴の後」の巨額の債務を後世にツケ回さないためにも、県財政の窮状を県民に訴え、「豊かさの選択肢」を考える情報公開が必要。県財政が破たんしてからでは遅すぎる。

（2004・8・14）

視点　単身赴任の知事は遠慮願いたい

平山征夫知事が県政史上最多の4選目前に不出馬表明して既に2カ月以上。何人かの官僚らが出馬意欲を示しているが、正式表明は、共産系候補ただ一人。当の平山知事ですら「まず名乗りを上げて」という立ち始めた。一方、政党から市民団体まで、無い物ねだりの「理想像」オンパレード。

平山知事を支えた7団体の「有志の会」は、「県民党的知事」。民主・社民・連合の三者は「リーダーシップの発揮や脱・官僚主義が実現できる改革型知事」。市民グループでは「リーダーシップの取れる人」が出た。自民県連も理想像を県議に聞いたら「リーダーシップ」が大勢を占めた。政党、団体とも、よほど「リーダーシップ型知事」に飢えていたらしい。

平山県政は1992年、佐川急便事件で金子清前知事が引責辞任する混迷の中、県政史上初の4党推薦、相乗りで誕生した。相乗り＝オール与党は、等距離外交を招き、どこにも良い顔をする特性を持つ。対立を避け、公共事業など各党の既得権に大ナタを振るえず、今日の危機的財政を招いた元凶と言われている。

予算陳情や企業の誘致合戦でも常に控えめで協調路線に徹した平山知事も、不出馬表明会見で、理想の後継知事像を語っている。「大きな課題を克服する能力、気力、リーダーシップのある人」

現実とのギャップは世の常だが、知事の条件には、新潟への限りなき郷土愛を挙げたい。官僚でも政治家でもいい。新潟に骨を埋める覚悟で県民に日夜奉仕する心意気があれば、リーダーシップは、後から付いてくるはずだ。大過なく任期を重ねる単身赴任の官僚型知事だけは、遠慮願いたい。

（2004・9・2）

日報抄　ポスト平山　出馬表明と撤回は裏切り

「日本はおねだり型の民主主義。選ばれる側も『（財源の）ない打ち出の小槌』を振り続けた結果、借金が700兆円に膨らんだ」。衆院議員から三重県知事に転じ、2期務めた北川正恭・早大大学院教授が先日、東京で開かれた討論会で語っていた▼そして「日本は政治家が公約を守らない。首相までが公約を守らなくてもいいじゃないかと居直っている。無責任極まりない」と、自戒を込めて言い切った。「選んだ側の有権者もその責任を問われていない」とも付け加えた▼本県もオール与党・相乗りの平山県政３期12年で財政が悪化、約２兆円まで借金が膨張した。今後も補助金削減の厳しい情勢が続く。ポスト平山の知事選に名乗りを上げた候補が、どんな公約を掲げて戦うか注目される▼知事選の候補者選びで、いったん出馬を表明した政治家が、その後に撤回する姿が気にかかる。参院議員の黒岩宇洋《たかひろ》氏は、「県政を大胆に改革したい」と出馬の意向を表明しながら退いた。出馬表明と撤回は、県民の目には「二重の裏切り」に映る▼一つは参院補選で有権者に訴えた公約を果たさずに転出を表明した点。これはまだ政治家個人の生きざまでもあり理解できるにしても、議員バッジを捨てる覚悟で行ったはずの出馬表明の断念は重大だ▼一度は意欲を見せながら、不出馬表明をした森民夫長岡市長も軽率のそしりを免れない。市長を辞する覚悟で面接に出向いたのではなかったのか。政治家の出処進退は重く、有権者への説明責任がある。軽い政治家の発言と、政党や団体の思惑を優先させた県民不在の候補者選びは、政治への信頼を失わせるだけだ。

（２００４・９・11）

視点 〝火の車〟でも知事に高額退職金

○○力という言葉が流行らしい。老人力、地域力、新潟力…。知事選候補から「県民力」なる言葉も出てきた。逆に「政治力」という言葉は、県内で死語になったようだ。内閣改造も近いのに県関係議員は噂《うわさ》にもならない。

県政界を衆参議員でみると、最大は民主5人、自民が4人、無所属3人。与野党逆転が、知事選の候補者選びにも影響しているのか、政治力の影も見えてこない。

自民県連が自前候補を決められず、「新知事を考える会」、一部民主党議員が担いだ候補を「後追い推薦」する落日ぶりは、田中角栄元首相が「予算も選挙の仕切りも、目白で決めた」時代に比べ、隔世の感がある。

元首相側近で先日、死去した早坂茂三氏が嘆いたことがあった。「今の新潟は、まとめ役のいない小学校低学年のホームルーム。普通の県、いや普通以下になった」。自民6小選挙区独占時代の話だから、今、地下の早坂氏は何と表現するか。

2007年度に本県が「財政再建団体転落」の恐れがあると県が試算した。平山征夫知事の4選不出馬表明は、倒産前に社長が逃げ出すように県民には映る。銀行（国家）管理となる企業の社長公募（県知事選）に名乗りを上げた人は、相当の覚悟が必要だ。

ところで、3期で財政悪化を招いた平山知事の今期の退職金は、約4800万円。3期合計で約1億5千万円に上る。人件費削減、副知事公舎売却まで打ち出した県。そのトップなら返上、減額は当然のはずだが、知事は「特に考えていない」という。

知事選の最大争点は財政再建。新知事は、赤字退治の大ナタを振るう鬼として「政治力」を発揮してほしい。

■「災害知事」の印象、国の肩代わりない膨大な借金

泉田裕彦知事　2004（平成16）年〜2016（平成28）年

平山征夫知事の退任を受けた知事選で、経産官僚出身で岐阜県新産業労働局長から転身、知事の座を射止めた。中越地震などで復興支援に追われ「災害知事」のイメージが強い。一方で、県庁内外で摩擦を生じさせることが多く。北陸新幹線の建設負担金を巡って国や北陸3県と対立。日本海横断航路の中古船購入問題では責任回避の姿勢が目立った。16年8月30日、4選出馬する予定だった知事選から一転、不出馬表明した知事は、理由について日本海横断航路の船購入問題に関する新潟日報の報道を挙げ、「憶測記事や事実に反する報道が続いた。十分に訴えを県民に届けることは難しい」と異例の文書で発表した。現職の花角英世知事（2018年〜）時代の23年7月に本県が、借金に当たる「県債」の発行に国の許可が必要な起債許可団体に転落したのは、過去に膨大な借金をしたツケを支払うためだ。それは、泉田県政下の2000年代、中越地震や中越沖地震など大災害に見舞われ、復興財源に国の肩代わりのない借金「資金手当債」を大量に発行したことが要因とされている。

潮流／時流

泉田流「県外大進学・亡国論」を探る
波紋呼ぶ普通高たたき　人口減の元凶と熱弁
自分の子は都内名門校　目立つ言行不一致

（2007・1・31）

「新潟の弱点は普通高校偏重」「ステレオタイプを育てる普通高校を増やすことは地方の活力を奪う」――。泉田裕彦知事の〝普通高校バッシング〟が、波紋を広げている。県は、大学進学などで若者が県外に転出、7千人が戻ってこないことで毎年1千億円の「人財」が県外に流出と試算している。県外大学への進学を抑制したいかのような泉田流「県外大学進学・ふるさと亡国論」を探ってみた。

（編集委員）

「私のころは大学進学率は20％、現在は約50％。大学進学者の30％しか新潟に帰ってこない。飛島《とびしま》（山形県）は昔は、漁師の子どもは中卒で漁師になった。高校進学率上昇で島に若者が残らなくなった。新潟も毎年1万人ずつ人口が減っていく。進学と働く場を確保しないと飛島になってしまう」

新潟市でこのほど開かれた講演会で、知事は熱弁を振るった。

▼「普通高多いのがミスマッチ」

昔の本県農家などには「後継ぎに教育を付けると都会に出て帰ってこない」との声も聞かれたが、

知事も、県外大学進学で人口が減って地域が崩壊するというわば「県外大進学・亡国論」を展開。

さらに「いかに若い人たちに残ってもらうかが鍵。県内の求職状況は、事務職希望が多いが、求人は技能職が多い。普通高校が多いのがミスマッチ」と普通高批判を続けた。しかし、もともと一番の原因は、進学したい大学や、就職したい企業が新潟に少ないこととされてきた。

こうした知事発言に困惑や反発もささやかれる。「大学進学率アップを喜ばないんですよ」とある教育関係者。県幹部は「県人口減少の元凶が普通高で、大学進学率向上まで否定するかの発言は本末転倒」と懸念する。

大学全入時代を迎え、県内主要企業の多くが、技術職でも高卒部門を大卒採用に切り替えている。全国から受験生が集まる県立大学創設のほか、「まず県としては魅力ある大学や企業の育成、誘致の努力が必要」（県関係者）とする声が多い。

▼出てもニートやフリーター

昨年12月県議会で、知事後援会ホームページ（ＨＰ）に掲載された「ステレオタイプ育てる普通高」との認識が問題視され、知事が「大変遺憾であり、訂正したい」と陳謝する一幕があった。昨秋には、知事は会見で「普通高に行って事務職を目指し、ニートやフリーターになるのか」「職業高から大学に行くルートもある」とも語った。

２００８年春の入試からの導入が固まった県立高全県1学区制には、知事はコメントを控えている。だが一連の発言を受けて、一部進学校だけをレベルアップさせ、高校を序列化し、将来的には普通高を職業高に転換させるリストラ策と連動している――との指摘が出ている。

▼進学率全国一の専門学校には好意的

一方で知事は先の講演会で「ベストワンではなく、オンリーワンの人間をつくるのが大切。新潟は全国から若者が集まるようなCG（コンピューターグラフィックス）とか漫画の専門学校がある」と、専門学校には好意的な考えを示している。確かに本県は専門学校進学率が11年連続全国一だが、卒業者の地元就職率と定着率の向上も課題だ。

知事はこれまで「（偏差値という）一つの物差しで輪切りにされることは望ましくない」と偏差値輪切り教育を批判する一方、後援会ホームページでは、「高校時代は共通一次試験や偏差値テストで全県で抜群の成績」と自らの高い偏差値を誇示している。

「都会で満員電車で何時間もかけて通勤し、狭いマンションに住んで子ども2人持てるか。豊かな自然、新潟の広い家で子育てした方がいい」。知事の持論だが、以前会見で、自身の子どもの県内中学への入学を示唆しながら、実際は都内名門私立一貫校に進学している。

普通高校偏重による「県外大進学・亡国論」を展開するならこうした「言行不一致」にも答えるべきだ。公人たる知事は「言行一致」でなければ、説得力はない。

▼泉田知事の発言録

〈2006年2月〉「勤め人として清く正しく仕事をするステレオタイプの人を育てる普通高校を増や

していることは、地方の活力を自ら奪っていくこと」（後援会ホームページ）
〈7月14日〉「新潟の弱点は普通高校、公立偏重な点」（職業教育の日・シンポジウム）
〈9月13日〉「本県は普通高校志望が強すぎる。普通校に行って事務職を目指し、ニートやフリーターになるのか。職業高校に行って技能を身につけ、尊敬される匠《たくみ》になるという選択肢もある。手に職のある人が尊敬され匠になるいう社会的認知、キャリア教育を高めないと、巡り巡って少子化につながる」「職業高から大学に行くというルートもある。普通校からしか大学に行けないという意識を改める必要がある」（定例会見）
〈11月16日〉「（必修科目の未履修、振り替えは）偏差値を上げる教育が重視され、センター試験を念頭に置いた点数至上主義がこうした問題を招いたのではないか」（定例会見）
〈07年1月24日〉「（偏差値という）一つの物差しで輪切りにされて、優勝劣敗というような形になっていくというのはあまり望ましくない。偏差値が1点、2点違って、学校が違ったから人生が大きく変わるというものではない。学力だけの一斉テスト（の志願率）がどんどん上がったらよいかというのは、よく考えないといけない」（会見）

▼本県の大学進学率は年々上昇

１９８６～89年が18～19％台と4年連続で全国最下位だったが、年々上昇し、06年は過去最高の31位。今年の大学入試センター試験の本県の現役志願率は39％で、前年度の全国30位から19位に急上昇して過去最高となり、進学率はさらに高まりそうな気配だ。一方、専門学校進学率は95年から11年間全国トップ。06年は26・8％（6588人）で前年を1・3ポイント下回り、2年連続減だった。

【追記】24年の本県大学進学率（文科省調査）は55％で8830人、前年（全国31位）を1・2ポイント上回り過去最高。専門学校進学率は24・1％（前年比2ポイント減）で3866人だった。泉田元知事は、三条高・京大卒の通産官僚。24年8月、熊本県の木村敬知事（東大卒・自治省）が会議で「高校の普通科は要らない」と発言、その後会見で訂正・陳謝した。自身は普通高校から難関国立大を出て官僚となり、知事に転身した政治家の「過激な普通高校批判」発言・陳謝の歴史は繰り返す。

岐阜県庁裏金問題　尾を引く泉田知事返還拒否
「法的責任」だけでない　トップの重職・重責自覚を

（2007・1・20）

岐阜県庁裏金問題で、同県に出向していた泉田裕彦本県知事が返還金105万円の負担を留保している問題は、リーダーの責任論を巡り両県知事が応酬を繰り広げている。18日にも岐阜県議会が議長声明で泉田氏を念頭に「軽挙妄動ともいうべき批判を行う県職退職者」と痛烈批判するなどくすぶり続けている。

（編集委員）

▼部下が保管

泉田氏は返還を求める岐阜県の対応について「組織責任とか道義的責任という法的に曖昧な概念を持ち出して、責任の所在を曖昧にしている」として事実上返還を拒否した。その後、岐阜県側が泉田氏が同県新産業労働局長当時の部下が裏金を保管していたことを明らかにし、監督責任が浮上したが、泉田氏は「保管は事実として判明していない。風説が流されている」と批判。この発言に古田肇岐阜県知事が「風説でなく事実」と反論、両者とも譲る気配がない。

泉田氏と対照的な反応をしたのが長崎県の裏金問題当時に同県部長を務めた古川康佐賀県知事。古川氏は「在職中に裏金に気付くことができず恥ずかしい。求められれば義務として返還に応じる」と発言している。

泉田氏の「トップとしての在り方に疑問を感じる」という都内在住の県人女性から怒りの手紙が届いた。

「返還拒否は恥ずかしい限りです。筋を通すための留保ではなく、単に返還を惜しんで、ごねているようにしか見えません。新潟県で別件の疑惑が持ち上がったとき、知事は鼻の先に突き付けられない限り、自分の責任は認めない、悪いのは部下のせいでは、職員は知事をもり立てて県民のために働こうなどという気にはなりません」

▼「政治の師」

泉田氏は2003年経済産業省から岐阜に出向。着任2カ月後に梶原拓前岐阜県知事が全国知事会長に就任した。「梶原さんの仕事ぶりに触れ、自分の信念で政治判断できる知事ポストは魅力的だと思った」と知事選出馬に際し語った泉田氏は当選後、梶原前知事を表敬した際も「知事の背中を見て勉強させていただいた」と頭を下げた。

だが、裏金発覚後は、梶原氏について「裏金問題を公表しないことを了承していたのなら、大きな判断ミス」と批判。「政治の師」と仰いだ梶原氏は、泉田氏ら退職者への返還金の配分を決めた「退職者返還推進協議会」の会長で対立関係にある。梶原氏は3700万円を既に返還している。

▼地位と義務

「ノーブレス・オブリージュ」。フランス語で「高い身分に伴う義務」という言葉だが、転じて、社会的地位の高い人にはそれ相応の倫理や責任が求められるという法律を超えた道徳観だ。

泉田氏自身が昨年9月、飲酒運転による県職員の厳罰化について会見で、ノーブレス・オブリージュを引き合いに出し、「地域のリーダーは一般市民より、一段高い規範意識が求められる」と語っている。公職にある管理職は、法的責任は当然として、部下の監督責任だけでなく、社会的・道義的責任は民間以上に重い。

泉田氏の裏金返還の成り行きを部下たちは息を潜めて見守っている。仮に部下の不祥事に「法的責任以外は責任なし」となったら、管理職も含め県庁内に無責任体制が横行するのは必至だ。泉田氏は、出向当時の一幹部ではなく、県政トップ知事の重職・重責にあることを忘れてはならない。

（2005・2・21）

日報抄　単身赴任知事　新潟の小学校では問題？

昨秋、本紙窓欄に載ったある母親の忘れられない言葉がある。「新潟の小学校では何か問題があるのでしょうか」。それは東京都内に妻子を残し、岐阜県に単身赴任した泉田裕彦氏が知事選候補インタビューで語った言葉への、重い問いかけだった▼泉田氏は「（当選後は子供が）まだ小学生なので東京の（妻の）両親に預けようと思っています」と語っていた。首都機能移転論議が盛んになった10年前、政府最終案に盛られた「豪雪地除外」に本県議員が猛反発し、削除されたことを思い出す▼「雪国イコール災害多発地」というイメージもあるが、霞が関の官僚は「教育レベルの低い地方には行きたくない。まして雪国は嫌」と本音を漏らした。子供の教育問題が遷都論にまで影響を与えていることに愕然《がくぜん》とした。平山征夫前知事も、子供の教育問題から全国でも珍しい単身赴任知事だった▼だが、泉田氏はもう経産官僚ではない。自らの意志で立候補し、「新潟県のトップセールスマンになる」と公約した民選第8代知事だ。その子供が両親と離れて暮らす姿は、県民には「新潟の小学校では駄目なのか」と映る。企業誘致の先頭に立ち、新潟を売り込むトップセールスマンとして説得力を欠くのではないか▼「新潟で子供の教育を受けさせる考えはないか」という質問が16日の会見で出た。泉田氏は「（東京の小学校を）卒業させたい」と答えたが、卒業後、新潟に来るか、の問いには「そういうふうに考えています」と語った▼全国最年少知事が一父母として授業参観する姿は素晴らしい。地元に根を下ろしてこそ、見えてくるものがある。

（2005・6・18）

視点 知事は水俣病患者と対話して

「『人間らしき廃人』でなく裁判に勝って、せめて『廃人らしき人間』と呼ばれたい」

新潟水俣病公式発表から40年を迎えた12日、新潟市で記念講演した新潟水俣病一次訴訟原告補佐人で前滋賀大学長の宮本憲一氏が、一次訴訟最終弁論で訴えた農民の苦悩を披露した。昭和電工の水銀たれ流しで、人間としての尊厳まで奪われた認定患者今井一雄さん(72)の悔しさと怒りが凝縮された言葉だ。

未認定患者が救済を求め、原因企業の昭電と国を訴えた二次訴訟原告の被害者の会会長だった故・南熊三郎さんの言葉も忘れられない。「私も闘いたかったが、われわれにはもう時間がないのです」

1995年に村山内閣が掲げた政治的解決に沿って昭電と協定締結し、翌年和解した。苦渋の決断だった。偽患者の汚名をそそぎ、国、企業の責任を追及する裁判で和解を選択した無念さがにじんでいた。高齢化する被害者の「生きているうちに解決を」との声も無視できなかった。

南さんに差出人不明の年賀状を見せられたことがある。「お前、本当に水俣病か。水俣病だったら寝ていろ」。偽患者と言わんばかりの文面だった。健康だけでなく、地域や患者同士の人間関係まで差別と偏見でズタズタにするところに水俣病の病巣の根深さがある。

泉田裕彦知事が、被害者の言葉を直接聞くことなく、水俣病の教訓を伝える「ふるさとの環境づくり宣言」を出した。宣言を「政治的パフォーマンス」で終わらせないためにも、今も心身の苦しみが続く被害者と直接向き合い、具体的な救済策を検討してほしい。中越地震では、小千谷市で自衛隊の野営テントに1泊し、被災者の声を聞くなど現場主義を貫いた泉田知事ならきっとできるはずだ。

視点　**被災地の除雪に自衛隊投入も**

（2005・2・5）

子供のころ、かんじきを履いて家から県道まで雪踏みをした。寒い朝、20メートルの道が遠く感じられた。昭和30年代、道路除雪もお粗末だった。大黒柱が出稼ぎの家には、雪下ろしを手伝った。豪雪地では、地域の絆なくして冬を越せなかった。

雪国の過酷な自然は山古志村のコミュニティーの強さを生んだ一方で、諦観思想も植え付けた。田中角栄元首相側近だった故早坂茂三氏が、元首相が語った県民気質を伝えている。「新潟の連中は辛抱強くて働き者だ。半面、雪で苦労して諦めも早い。諦観思想が根強くてなあ。だから優柔不断で黒白明言せず、因循姑息《こそく》で煮え切らない。これじゃあ駄目だ」（『オヤジの遺言』集英社）

宿命と諦めていた雪国の代表として「雪も災害」と国に初めて認めさせた元首相が、昭和37年に議員立法で成立させたのが豪雪地帯対策特別措置法。三八豪雪では全国の除雪機を新潟に集め、財政をフル活用した。小千谷市の旅館風呂場が雪の重みで倒壊、仮設の被災者ら2人が死亡。同じ日、魚沼市で除雪作業事故で2人が命を失った。その後もドカ雪で被災家屋が倒壊している。

仮設のお年寄りが、遠い自宅の雪下ろしで事故に遭うような二次被害は繰り返してはならない。仮設被災者の除雪負担は個人の限界を超えている。自衛隊出動など行政支援を緊急に行うべきだ。

阪神大震災の被災地から中越に派遣された職員は「新潟の人はなぜあんなに我慢強いのか」と驚いた。元首相も言うはずだ。「沈黙は美徳ではない。我慢せず、要求しなきゃ駄目だ」と。

日報抄

知事のパフォーマンス　雪下ろしより自衛隊派遣要請（2006・1・8）

昨年末の「新潟大停電」を招いた異常寒波が、年明け後一段と猛威を振るっている。雪下ろし中の転落事故など、県内で2けた台になった雪の犠牲者が痛ましい▼一連の非常事態に際し、泉田裕彦知事のパフォーマンスが目立っている。7日、知事が十日町市の仮設住宅の雪下ろしをした。不足している雪下ろしボランティア呼び掛けの、広告塔を買って出たのだろう。だが最も重要な知事の職責は、県民の命を守るための大所高所に立った決断である。そこに手抜かりがあってはならない▼7日早朝、隣の長野県飯山市では、前夜に県の要請を受けた陸上自衛隊の派遣部隊約100人が除雪作業を始めた。はるかに雪の多い本県の自衛隊派遣要請は、「長野に陸自派遣」のニュースが流れた後だった▼大停電の際は、自家発電装置がダウンした暗闇の県庁で3回会見した。テレビの照明に浮かび上がった知事の姿は、逆に「県の中枢の県庁の危機管理はどうなっている」という不安を県民に招いたのではないか▼この会見で「おや」と思わせる一幕があった。記者「あす、東北電力の社長、担当者を呼んで話を聞く予定はあるのか」。知事「予定していないですが、絵がほしいという意味ですか」。緊迫した場面で、映像が欲しかったらサービスしますと言わんばかりの発言はちょっと心配だ▼「日本一のセールスマン知事」を自任し、マスコミへの露出度を高めてきた知事だが、平時と緊急時の対応を間違うと逆効果になる。家のきしみにおびえる独居老人の声なき声に心耳を澄まし、見えないところで孤独な決断をする。「日本一の雪国知事」を期待している。

日報抄

県立野球場　ドーム断念、完全屋外型を選択

（2006・7・9）

「知事も政治家になってきたということだ」。中越地震で凍結してきた県立野球場建設にゴーサインを出した泉田裕彦知事の対応に、ベテラン県議がつぶやいた。ドーム型への改装が前提だった当初案を10億円以上減額し、完全屋外型を選択した決断についてである▼県立野球場を巡っては、中越地震の復興途上で時期尚早との声がある。一方で、２００９年の2巡目新潟国体に向けて早期着工を求める声もあった。県予算の2年分に相当する約2兆４千億円もの県債残高を抱える厳しい財政状況で、被災地や国に配慮した格好だ▼だが、「雪国にはドームが望ましい。ここで削れば、将来ドーム型に変更する時にかえって無駄な出費を招く」との意見も根強い。先の県議は「知事はドーム型の要求が出てくることを予測して、観測気球として完全屋外型を提案したのではないか。そこまで先を読めば大した政治家」と語る▼「日本一のセールスマン」を自認する泉田知事は、クールビズのモデルになったり、狐の嫁入りに参加したりとパフォーマンスが目立つ。知事のジャワ島中部地震被災地への県職員派遣では、国土交通省出身職員が帰国後に「場当たり的」と知事の手法を批判した▼県立野球場の建設凍結解除では、知事はハムレットのような心境だったろう。特に民意が大きく割れる問題では、場当たり的対応はできない。揺るがぬ信念で将来を見据え、孤独な決断を迫られるのが知事の宿命である▼10年新潟開催が決まったプロ野球オールスター戦は、多くの県民が愛着を抱ける球場で見たい。被災地や雪国の球児に夢を与えるのも政治家の仕事だ。

日報抄　**知事の危機管理　北朝鮮核実験日に家族サービス**　（2006・10・17）

北朝鮮が核実験実施を発表した9日、泉田裕彦知事は東京ディズニーランドで家族サービス中だった。北朝鮮の核実験実施予告ともいえる声明を受け、「危ない」と世界中が警戒していた日である▼放射性物質漏れの影響も想定される中、県民の生命や安全を守るリーダーとして、危機管理能力を問われた場面だった。知事は新幹線で新潟に戻って会見、「拉致された方々、家族の心情を思うと胸が詰まる」と語った。拉致被害者の心に寄り添った言葉を口にする防災服姿の知事と、ディズニーとの落差が埋まらない▼日本の危機管理能力が大問題になった年があった。1995年1月の阪神大震災、3月の地下鉄サリン事件と、日本の安全神話を揺さぶる事件が相次いだ。自社連立の村山富市政権下だった。阪神大震災発生の情報が首相に届いたのは2時間近くたってからである。官邸の初動の鈍さに批判が集中した▼当時と比べ官邸の危機管理は格段に強化された。安倍晋三首相は政権発足直後に中国、韓国を訪問、北朝鮮の核実験実施声明に対し独自の制裁措置を決定した。素早い対応が、北朝鮮包囲網を構築する国連安保理全会一致の制裁決議につながった▼危機管理に詳しい評論家の佐々淳行さんは著書でいう。「危機管理とは『まさか』を『もしかしたら』という発想に切り換えることからすべてが始まる」▼核実験実施発表に多くの県民が「ついに」と反応したが、泉田知事の対応は佐々さんのいう「まさか」の発想といわれても仕方ない。「今そこにある危機」の兆候を見逃さない想像力と「もしかしたら」という発想が政治リーダーの必須要件だ。

日報抄

県立高全県1学区　新潟一極集中、格差拡大も　（2007・1・10）

「高校の序列化が進み、地域の衰退を招く」。県教育委員会が示した県立高校の普通科「全県1学区」構想に、受験生を持つ父母などから批判が高まっている。県内3会場での意見聴取会や、意見公募でも反対意見が大半を占めた▼だが、12月県議会で武藤克己教育長は「学区拡大の方向はおおむね理解を得られている」と答弁した。県教委は最終案を提示した後、3月の県教委で規則を改正し、2008年春の入試から新学区に移行したい考えだ。自民党が是認する方向で「このままでは全県一学区になってしまう」と、新潟市の主婦からファクスが届いた▼「教育長の発言には腹が立つ。広く意見を求めると言っておきながら、都合の悪い意見は無視する。何のための意見聴取か」。反対意見を県教委に述べた主婦の怒りは続く。「セレモニーにすぎず、形を変えた独裁政治だ」▼教育基本法改正を巡るタウンミーティングも、やらせ質問で世論を誘導していた。政府の教育再生会議では「われわれが提案した具体的部分は全部削られた」と批判が続出、骨子案了承が見送られた▼県内進出企業の社員の子供を進学校に通わせたい、とする陳情も学区再編を後押しし、企業誘致策の側面も見え隠れする。泉田裕彦知事は県内への技術者移入について「本人だけでなく家族に来てもらうためには教育や医療の高いレベルがないと」と語る▼政令市移行に全県1学区が加われば、新潟市内の進学校に生徒が一極集中し、受験競争の激化は必至だ。学区再編で求心力を失った学校と地域が衰退し、県内の地域間格差を拡大させては取り返しがつかない。

日報抄　官僚知事「霞が関のブルーギル」（2007・12・4）

外来種が在来種を駆逐し、生態系を破壊する例が全国で相次いでいる。琵琶湖に外来魚が侵入、在来種が激減した。天皇陛下が先月、滋賀県の全国豊かな海づくり大会でこの問題に触れて「ブルーギルは50年近く前、私が米国より持ち帰った」として「心を痛めている」と異例の言葉を述べた▼「政界は養殖アユばかり」と、世襲議員あふれる政界を嘆いたのは、「政界のご意見番」稲葉修元法相だ。「かばんも地盤もなく、大学教授という看板だけで飛び出したのだから無謀」と世襲議員でない苦労を回想録で語った▼その辛口政治家も「せがれの大和に託するほかはない」と長男への世襲を選んだ。現在、衆院では4人に1人が血縁ある身内の選挙地盤を引き継いだ2世議員といわれる。宮沢元首相から福田首相までの10人のうち、世襲議員でないのは村山富市元首相だけである▼地方への進出ぶりが目立つのが中央官僚からの転身組だ。本県の泉田裕彦知事はじめキャリア官僚出身知事は29人を数える。県職員出身で知事の座をつかんだのは栃木、滋賀のみ。権力機構のトップとして県庁に切り込む官僚知事は職員から「霞が関のブルーギル」と恐れられる▼サケが回帰するように県外の大海原に出て戻ってきた泉田知事は外来種ではない。トップダウンの色彩が強く県庁内の生ぬるい空気を一変させたと評価の声がある一方、「人事権の乱用で士気は低下、県庁は機能不全」との批判もある▼稲葉氏は「養殖アユにも良いアユと悪いアユがある」とも語った。官僚知事は果たしてどちらに育つか。本人の資質とともに、県職員の力量が試される。

日報抄

知事の責任論　負も引き継ぐのがトップ

（2008・6・11）

「男はつらいよ」といえば寅さんである。純情で面倒見がいい寅さんが、会社の課長になったら部下に「中間管理職はつらいよ」と嘆いたのではないか▼外食店長の訴訟で注目された「名ばかり管理職」は、不況下のサラリーマンにとって人ごとでない。管理職になった途端、労働時間が増えたのに残業代はなし。責任だけが重くなるでは「管理職残酷時代」だ▼都内の居酒屋で遭遇した場面が印象的だった。会計の際、「ここはおれが…」と、財布に手を掛けた上司が、部下から「名ばかり管理職なんですから無理しないで」とたしなめられていた▼「自分は（岐阜で）中間管理職でしたから。リーダーとは違う」。本紙「泉田流を問う」で泉田裕彦知事は、岐阜県新産業労働局長当時の部下の裏金問題で、返還拒否理由の一つとして独自の責任論を展開した。コシヒカリＢＬ問題や市町村合併でも、知事自身の責任には触れず、過去の県政を公然と批判してきた▼就任後発覚した県庁裏金問題で減給した宮崎県の東国原《ひがしこくばる》英夫知事は、『知事の世界』（幻冬舎）で責任論を説いている。「僕が裏金を作ったわけではないが、不祥事には責任がある。前任者から引き継ぐのは権限や地位だけではない。負の部分も引き継ぐのがトップであり責任者である」▼まっとうな見識だ。組織の頂点に立つ者が、過去のこととはいえ、「私は無関係」と抗弁するのはいかがか。リーダーシップは責任の取り方でも見えてくる。寅さんなら「それを言っちゃあおしめえよ」と諭すだろう。

第7章　戦慄の地下鉄サリン事件、環境報道　1994年〜2000年

傍聴席・記者つれづれ　東京支社・本社報道

《初公判で見た教祖、記者の哀歓、通年企画「緑のふるさと」》

世間を震撼させたオウム真理教による地下鉄サリン事件の首謀者・教祖麻原彰晃被告の初公判を傍聴した。法廷で見た教祖の姿に威厳はなく、「なぜこれほど多くの死傷者を出した大事件を引き起こしたのか」「日本の捜査機関はなぜ、事件を未然に防げなかったのか」など数々の疑問を感じた。「記者つれづれ」では、取材を通じて感じた記者の哀歓を伝えた。2000年を目前に「21世紀は環境の世紀」と位置付け、初の通年取材班キャップとして県内の環境問題を探る長期企画「緑のふるさと」シリーズを展開した。この連載は1冊にまとめられ、99年4月に新潟日報事業社から出版された。

傍聴席

■地下鉄サリン事件

オウム真理教による地下鉄サリン事件（1995年3月20日）は死者14人、重軽傷者6千人の被害を出した。教団による一連の事件では、松本智津夫元死刑囚＝執行時（63）、教祖名麻原彰晃＝ら13人の死刑が確定し、2018年7月に執行された。教団は、89年11月に信者の脱会活動を支援していた坂本堤弁護士一家3人を殺害したほか、94年6月には長野県松本市でサリンをまいて住民8人を殺害するなど次々に事件を起こした。

坂本事件では、上越市名立区の山中で坂本弁護士の遺体が発見された。96年4月、殺人罪などで起訴された教祖・麻原被告の初公判が東京地裁「104号法廷」で開かれた。新潟日報は田中角栄元首相のロッキード事件以来、同地裁に傍聴席を確保していたため、歴史的裁判に立ち会うことが出来た。

当時は、東京支社で毎日、霞が関、国会議事堂に電車で通っていた。地下鉄サリン事件発生は通勤時間帯の午前8時すぎ、もう少し遅かったら事件に巻き込まれていた、と思ったら背筋が寒くなった。事件後、駅のホームからごみ箱が全て撤去された。傘の先端でビニール袋を破り、サリンを拡散させた手口から、列車内での乗客の持ち物や動きに過敏になった。

■教団の暴走、なぜ止められなかった

一連の事件では信者ら192人が起訴され、犠牲者は30人に上った。教団の暴走をなぜ、止められなかったのか。憲法20条は、国による特定宗教への助長や干渉を禁じ、信教の自由を保障し、国家と宗教の分離（政教分離）を定めている。

坂本事件では、神奈川県警など司法当局に「信教の自由」を理由に、捜査への慎重論もあったという。２０２３年10月13日、国が解散命令請求を東京地裁に申し立てた世界平和統一家庭連合（旧統一教会）を巡る質問権の行使でも宗教法人を所管する文化庁は「信教の自由」との兼ね合いから慎重だった。

「信教の自由」は国民の重要な権利で権力行使には慎重な姿勢は当然必要だが、あまりに及び腰になり過ぎて、捜査機関も所管官庁も目の前の被害から目を逸らしていては、重大な事件を招きかねない。22年7月の安倍晋三元首相銃撃事件を契機に高額献金などが改めて問題視された旧統一教会への解散命令請求では、政治的思惑も見え隠れし、「政教分離」を危ぶむ声も上がる。国はオウム事件の教訓を肝に銘じるべきだ。

傍聴席

悲痛な叫び　耳傾けよ

（1996・4・25）

グル（尊師）と呼ばれた男が目の前にいた。記者席からわずか数メートルの被告席に座る「オウム真理教の主宰者」。トレードマークの長髪を後ろに束ね、白髪交じりのあごひげは伸び放題。頬はこけ、血の気がうせて青白い。一回り小さくなった姿に、かつての絶対権力者のイメージはない。

注目の人定質問。裁判長の戸籍名の確認も、あくまで教祖・麻原彰晃にこだわった。教団内の独裁者から一転、第一級刑事被告人に転落した屈辱を振り払うように、教祖のプライドを精いっぱい示そうとした一幕だった。

地下鉄サリン事件の被害者３８００人の名簿を、淡々と読み上げる検察官の声が法廷に響く。一見無味乾燥な退屈な時間。しかし記者には、一瞬にして人生を狂わされた被害者の一人一人の悲痛な叫び声に聞こえた。

昼休みを挟んで約3時間半。この間、時折がっくり頭を下げ、居眠りしているようにさえ見える無表情な麻原被告。史上まれにみる無差別大量殺人事件を指示したとされる同被告の耳に、何の落ち度もなく、命まで奪われた犠牲者と遺族の底知れぬ怒りと無念は、届いていたのだろうか。

同被告は「私に対して降り掛かるいかなる不自由に対し、頓着しない」と神妙な一面も見せたが、罪状認否そのものは留保した。起訴状通りとすれば、一連のオウム事件の首謀者として真相を語ってもらいたい。

傍聴席　「人間」に戻り罪償え　（1996・4・26）

「ポアするしかない」。信者の命すら虫けらのように奪ったオウム真理教と教祖・麻原被告の冷酷な素顔を、検察側は冒頭陳述で次々と明らかにしていった。

残忍な殺害手口の再現にも、時折薄笑いさえ浮かべる教祖。そのふてぶてしい態度だけは、何事にも動じない「最終解脱者」らしいというべきか。

「人間界では殺人だが、立派なポア」と、殺人行為をも正当化する恐ろしい教義を説く同被告には、検察側の冒陳はまさに〝馬の耳に念仏〟だったようだ。

ただ、地下鉄サリン事件で、同被告が「早くやれ、今日中に作れ」と、サリン製造を直接指示した場面では、鼻に手を当てたり、長髪やひげをなでたりと落ち着かないしぐさ。それまで人ごとのように聞き流していた教祖に、わずかに動揺の色が見えた瞬間だった。

首都圏を震撼《しんかん》させた無差別テロの動機は、強制捜査の妨害にあったという。愛する夫、生きる希望の光を奪われた営団地下鉄職員の妻は、法廷の片隅で目頭をそっとぬぐった。

組織防衛のためなら手段を選ばない身勝手な凶悪犯罪の性格が浮き彫りになるにつれ、乗客の生命を守る職務に徹した崇高な自己犠牲の精神が、ひときわ輝きを増す。

光を失った同被告の目には、涙はもう残っていないというのか。一日も早く人間・松本智津夫の心を取り戻し、被害者にしょく罪してほしい。

傍聴席　**釈然としない人権の落差**　（1996・5・24）

検察側の冒頭陳述が続行された午後2時半すぎだった。居眠りする麻原被告を裁判長が指さし、弁護団に起こすよう目配せした。法廷の権威を汚した被告に対する裁判長の異例の警告。弁護士に肩を突かれて深い眠りを妨げられた被告は、不快感をあらわに頭を振った。

一方、一般傍聴席の最前列で同被告を食い入るような目で見つめる松本サリン事件の被害者河野義行さんは、眠りこける首謀者の姿に、やりきれないという表情で天を仰いだ。発生当初に殺人扱いされ、報道被害者にもなった河野さんは、被害者にもかかわらず、二重三重の地獄の苦しみを味わった。「夕食後、自宅で妻とテレビを見てくつろいでいたところ、突然、妻が全身をけいれんさせ、あお向けに倒れ…」。冒陳が再現する2年前の悪夢に時折、目頭を押さえる河野さん。じっと見据える河野さんの鋭い視線は、眠りこける尊大な教祖には届かず「無言の法廷対決」は、すれ違いに終わった。

猛毒サリンを使った無差別大量殺人を平然と指示した同被告の人権は、法定内でも5人の拘置所員の人垣に、厳重に守られているように見えた。

一方、犯人扱いされた河野さん、命まで奪われながら何ら国家補償を受けない被害者とその家族の人権。両者の人権の重さのあまりにも大きすぎる落差に、釈然としない思いだけが残った。

傍聴席　「重い犠牲」強制捜査促す（1996・7・12）

「仮谷さんには本当に気の毒だが、あの事件が起きなければ大変なことになっていた」。教団施設への強制捜査が一段落した昨年初夏のある夜、警察庁幹部は記者につぶやいた。

平成7年3月21日の地下鉄サリン事件の2日後、仮谷さん事件をきっかけに、警視庁は山梨県上九一色村、東京・亀戸などのオウム教団施設を一斉捜索をした。

捜査着手の決め手になったのは、拉致に使われたレンタカーを借りる際、信者が残した指紋。「もし仮谷さん事件がなく、強制捜査が遅れていたら…」と同幹部が自分に言い聞かせるように繰り返したのが印象的だった。

捜査が進展し、ロシアから軍用ヘリや機関銃、戦車まで輸入する計画も明らかになるにつれ、オウムの武装化が予想以上に進んでいたことに、捜査当局は愕然《がくぜん》としたという。

この日、検察側は薬物や猛毒ガスのVXガスによる殺戮《さつりく》集団の素顔を次々に明らかにした。傍聴席には、元教祖の無実を信じる信者の姿があったが、起訴事実を否認する言葉を直接聞くことはできなかった。

一連のオウム事件は未然に防げなかったのか。松本サリン事件の長野県警、坂本事件の神奈川県警でも、オウムの影を感じながら強制捜査に踏み込めなかった。「警視庁だからできた」（同幹部）というが、捜査当局は何がオウムを膨張させたか、再検証してほしい。

記者つれづれ

地下鉄サリン事件　人間不信、不安渦巻く東京　（1995・3・31）

○…地下鉄の車内。マスクをした男が、紙包みをドスンと床に置いた。その瞬間、男に一斉集中する乗客の目が、今の東京人の不安と人間不信を象徴している。あの「地下鉄サリン事件」以来、妙に列車内の人間の動きに敏感になっている自分に気づく。普段は何でもない網棚の上の新聞でさえ不審物に見えてくるからやりきれない。神経質になっている自分に嫌気がさすと同時に言い知れぬ怒りが込み上げてくる。

○…阪神大震災の時は、「次は東京だ」と脅され、街を歩けば高層ビルの落下物が気になった。ようやく「なるようにしかならない」と覚悟を決めかけたころ、今度はサリン事件。背中合わせの都会の便利さと危険。同僚と飲んでいても「あまり遅くならないうちに今夜は早く帰るか」とブレーキがかかる。それは犯行目的が不明、犯人も逮捕されていないため、いつどこで被害者になるかもしれない不安が消えないからだ。

○…「サリンが怖いから、あまり遠出しちゃダメ」。家内は小学生の子供に自粛要請。息子の通う小学校も子供だけの電車を使った映画鑑賞などを禁止、父母同伴を通達している。サリン事件は遊び盛りの子供たちの世界にも深刻な影響を与え始めている。「警察庁長官狙撃される」のニュースが飛び込んできた。物騒な世の中になった。が、せめて子供だけには世紀末思想を持たせたくない。

記者つれづれ

1994年4月の夕刊改造で新設されたコラムが「記者つれづれ」。記者が署名で、取材を巡る裏話や日ごろ思っている本音、喜怒哀楽を読者目線で明かすことによって「読者との垣根」を低くして、親近感や共感をもたらすのがコーナーの狙いだった。夕刊コラムはその後、朝刊で掲載されるようになり、若手記者の登竜門となっている。

「記者つれづれ」第1号を書いた入社同期の本社報道部遊軍・山崎晃記者（故人）は、「読みたくなるような何かが必要です。それは読者の皆さんとの対話です。紙面を見ての感想や、日々感じている素朴な疑問や怒り。そうした生の声を遠慮なく寄せていただき、それに紙面で応えていくことが『読まれる夕刊』の第一歩ではないか」と書いている。読者の本音を引き出す窓口、誘発剤としての狙いを明かしている。

記者37歳から43歳。東京支社報道部の3年間と本社遊軍時代の3年間に書いた「記者つれづれ」の中で反応があったのは、大上段に振りかざした権力批判や正論ではなく、禁煙など個人的な体験に対する共感や、勝手に個人情報を暴露されたことに対するクレームが印象に残っている。

記者つれづれ

父の事故死で自問　書く側と書かれる側の心情（1994・2・24）

○…「新聞沙汰」という言葉があります。この言葉は、一般的に事件事故の関係者にとってあまりよい印象は持たれないようです。報道する側の記者の身内が、書かれる側に立つなどということは、思いもよらないこと、と〝その時〟までは思っていました。鉛色の空から降る雪を見るたびに。そして平野部でも降雪が多い今冬の「雪の事故」の記事を目にすると〝その時〟を思い出します。

○…その時とは、豪雪に見舞われた昭和59（1984）年12月27日。この日、57歳の父は、屋根の雪下ろし中に転落、首の骨を折って死にました。即死状態でした。「雪下ろし中に転落死亡」――。この記事は翌日の朝刊社会面の片隅にベタ（1段）扱いで載りました。事故の知らせで新潟市から刈羽小国町の実家に車で駆け付けた記者の目に入ったのは、病院から無言の帰宅をする父を乗せた救急車でした。

○…実家は3メートル近い雪。まさに白魔に覆われた様相。正月実家に帰る子供たちに危険な雪下ろしをさせまいと屋根に上った父。その親心を思うと胸が熱くなる。その後、続く暖冬小雪。「あの年も雪がなければね」。正月の帰省のたびに独り暮らしの母が漏らす恨めしそうなつぶやきが、親不孝で終わった自責の念を駆り立てる。父の死を契機に書かれる側になった時、自分ならどんな対応をするだろうと自問する。結論は、まだ出ていない。

記者つれづれ

東京残酷物語　猛暑、混雑に閉口、恋しや新潟（1994・7・29）

○…先日、多摩川と川崎の花火大会を一家5人で見に行った。久々の家族サービス。浴衣姿のカップルで電車内は華やいだ雰囲気。だが、会場近くにの駅に着いたとたん、ホームは身動きできない超混雑。帰りの駅も大群衆で埋まった。小1の娘は、ラッシュにもまれ、暑さで泣き出す。夜の満員電車に揺られ、帰宅すると疲れが一気に出る。普段の日も昼飯どきは長蛇の列、一杯飲み屋もちょっと出遅れると満員。ああ、東京人混み残酷物語。

○…東京の夏は、とにかく暑い。飲んで帰る夜の満員電車は、冷房も効かず、駅から寮までのアスファルト道路は、冷えることがない。新潟ではクーラーいらずのわが家も猛暑にたまらず入れたが、このクーラーがくせ者だ。運転初日で免疫ゼロの息子2人が風邪をひいた。高熱は三日三晩続いて、女房の看病疲れもピーク。揚げ句は「クーラーが悪い」と八つ当たり。ああ、東京砂漠残酷物語。

○…「狭い、ぼろい、暗い。新潟へ帰ろう」。転勤で一家が都民になった今春。一番下の息子が幼稚園を評して女房に言った第一声。小学校も新潟に比べ、ミニチュア。改めて新潟の豊かさ、東京一極集中を実感した。「夏休みは混んでもいいから、ディズニーランドに連れてって」などと言う懲りない妻子に、おやじのオアシスは人があふれるビアガーデンだけか。ああ、東京父親残酷物語。

記者つれづれ

いじめ自殺　今夜こそ子供と対話しよう（1994・12・16）

○…愛知県の中学生・清輝君がいじめで自殺した事件は、痛ましいの一言に尽きる。学校側の責任逃れの対応をワイドショーで見るにつけ思い出すのが、ある校内暴力事件取材での学校長の対応だった。その事件は、新潟市内の中学校内で起きた。生徒が教師を鉄パイプで殴り、けがをさせるという対教師暴力だった。校長は「うちの中学は伝統ある名門校。新聞沙汰になったら大変。教師もけがについては納得しているんです」と学校の体面ばかりを強調した。学校の閉鎖性と管理教育の一端を見る思いだった。

○…今回の事件で忘れてならないのは校長と保護者会の間で板挟みにあっている現場教師の苦悩だ。暴力生徒に手を上げれば「暴力教師」とＰＴＡから追及される。校内で事故が発生すれば管理者責任を問われ、ときには訴訟にも発展する。マスコミも追及側に回る。急に教師に「委縮するな」「熱血教師はどこへいった」と言うのも酷な話だ。「マスコミが一番悪い」と妻は私をにらむ。

○…いじめの被害者も加害者も家庭で子供の危険なサインを感じ取れなかった親の責任問題はどうなるのか。わが身を振り返ると「仕事だ」「付き合いだ」と午前さまを続け、小学生２人と園児の３人の育児も教育も全て妻に押しつけている実態を考えると自信はない。今夜こそ、ゆっくり子供たちに学校の話でも聞いてみよう。

記者つれづれ

政治の信頼回復　肝に銘じたい「国民のため」（1995・8・18）

○…「国や国民のために一身をささげる政治家が少なくなった。ある代議士が言うには1割以下。永田町に住んでいるのが恥ずかしくなった」。30年以上も国政の中枢にかかわってきた政界関係者の嘆きである。めまぐるしい政界再編、小選挙区制導入で、〝次の身の安泰〟にきゅうきゅうとするリーダーなき小粒政治家像が浮き彫りになる。

○…戦後50年、昔読んだ戦没学徒の手記『きけわだつみの声』を再読してみた。戦争に青春をささげた若き学徒の苦悩が行間から切々と伝わる。今では死語に近い「滅私奉公」という言葉には、戦争に若者を駆り立てた軍事教育のにおいが付きまとう。だが「お国のため。愛する家族や恋人を守るため」という自己犠牲の精神が、研ぎ澄まされた鋼のように美しい。それは、戦後の繁栄の中で失った日本人の大きな忘れ物なのかもしれない。

○…「豊かな時代の若者は政治に求めるものがないのだろうか」。投票率が5割を割った参院選直後の深夜、赤坂の交差点で口づけするカップルを横目に自民党選対幹部がつぶやいた。豊かな時代が無関心層を増やす一面もある。が、内閣改造劇でも大臣病患者の姿を見せつけられた国民にしてみれば、政治家自らが「権力者の地位につくこと」が目的ではなく、その権力で「国民のために何をなすか」を自覚し、体現することこそ、政治の信頼回復の近道のような気がする。

記者つれづれ

インターネット「世界へ情報発信」過信戒め（1995・12・4）

○…過日、日本新聞協会主催の新聞講座を受講した。主なテーマは「マルチメディア時代の経済報道」。対談の中で東京紙のメディア担当は、インターネットについて示唆に富む提言をした。「自治体が観光情報のページを開設すると、決まって『インターネットで世界に情報発信』という記事になるが、あのワンパターン報道は誤報に近い」と切り出した。本紙にも、その種の記事が目立つ。

○…メディア担当は「インターネット開設は、会社の窓口に会社案内のパンフレットを置いただけ。情報ファイルの一つの棚にすぎない」と過大評価にくぎを刺し、「会社まで足を運び、しかもお金まで出して採用募集のパンフレットを取りに行く人はいない」と指摘した。インターネット＝情報発信という固定観念に潜む重大な誤認に気付かされた。

○…担当氏はさらに、米英のインターネットにアクセスし、世界の情報を瞬時に画面に呼び出した。情報のネットワーク化の急速な進展に〝時代遅れ〟の焦りも実感した。今話題のパソコン用ソフトのウィンドウズ95にも無知で、メディア音痴の記者に、紙の文化・新聞の将来は?と不安がよぎる。パソコン、ポケベル、携帯電話…編集・取材機器が発達しても、生身の人間が人間を取材する記者の原則は変わらない、と信じ込みたい。それにしても、私自身が固定観念で記事を書いたことはないのか。自戒が続く。

記者つれづれ

ニイガタ系東京人　不屈の精神貫き各界で活躍（１９９６・３・22）

○…「どういがぁー」。東京都大田区のわが社宅近くの銭湯で、おばちゃんの快活な長岡弁が響き渡る。番台で孫と戯れるおばちゃんを見ていると、働き者の〝ニイガタ系東京人〟の血脈を感じる。このかいわいだけでもそば屋、酒屋、魚屋、総菜屋…と実に多彩な県人たちが息づく。銀座や赤坂の一流の料理屋、クラブで活躍する県人ママさんもいる。首都圏は新潟から電力だけでなく、多くの人材をものみ込んでいることを改めて実感する。

○…「やっぱり新潟県人は、野党なんだよ」。神奈川県内で開かれた労働界中心の県人会で〝その人〟はつぶやいた。私より九つ年上の兄貴分は、同郷の刈羽小国町の中学を卒業後、大阪の鉄工所に集団就職。学歴もない少年が、鉄工所で味わった悲哀と社会の矛盾は、不屈の野党精神を醸成したらしい。その後、定時制高校、大学を苦学しながら出て大手企業に再就職。今は労組専従20年の組合幹部だ。

○…会場となった料理屋も県人の経営。越後の銘酒に口も滑らか。論議は「地味だから粘り強い」「とにかく働き者で実直」と次第に白熱した県人論に発展していった。都会に華やかな夢を求め、一時は挫折しながらも、はい上がってきた〝敗れざる越後人〟。貧しさと青雲の志を胸に秘め、故郷を去った名もない多くの県人たちの汗が、戦後日本の奇跡の繁栄を今も支えている。

記者つれづれ

厚顔症候群　政治家顔負け　視線何のその　（1996・7・24）

○…「電車内で読書してはいけない。最大の人間観察の場だ」。どこかで読んだ記憶が頭をかすめる。確かに、電車内の風景は時代を映し出す。東京の朝の出勤ラッシュ。見知らぬ人の汗ばんだ体と密着するストレスでみんな無言。最近は車内の沈黙を、携帯電話の呼び出し音が破る。周りの迷惑も顧みず、大声でプライベートな会話に興じる若者に、ストレスも倍増だ。

○…昼の電車は、女子中高生の会話が耳障り。「あの子、超むかつくジャン。いじめたくなるヨー」。かわいい顔でよく言うよ。人前で平気で化粧を始める。髪の毛をくしでとかす。ＯＬも負けていない。堂々と車内で顔を作り直してしまう。見ている方が、秘めやかな舞台裏を見てしまったような罪悪感に襲われる。へそ出しルックも困ったものだ。目前の若い娘のへそは、刺激的で逆セクハラでないのか。おじさんは超むかつくのである。

○…夜の終電車は、もう老若男女の酔っぱらいが百家争鳴。アルコール臭が充満する中で上司の悪口を大声でわめくサラリーマン。堂々と立ったまま抱き合って「人前キス」するカップル。他人の目を気にしない一連の〝視線不感症〟は、他人の集合体・大都会の魔力なのか。政治家も公約破りをする世の中。選挙のときだけ〝票過敏症〟で、有権者の目を気にしない政治家の「厚顔症候群」が、Ｏ157並みの感染力で日本全土を覆っている。

記者つれづれ

登院風景　威厳や気配り…性格を映す（1996・11・8）

○…3年ぶりの自民単独政権が発足した7日、東京永田町の国会に新代議士500人が晴れやかに登院した。石造りの威厳に満ちた国会議事堂中央玄関。この開かずの扉は、選挙後の初登院だけはオープン、車での乗り入れが許される。普段は左右の小さな玄関から出入りする議員も、衛視の敬礼で出迎えられ代議士気分を実感する。

○…登院風景には議員の個性がにじみ出る。徒歩で夫婦そろって階段を踏みしめ当選の喜びをわかち合う新人議員。家族や支持者と記念撮影に興じる初当選組…。黒塗りの高級車で玄関に横付け、大物ぶりを見せつけるベテラン議員が多い中で、ひときわ目立った大物議員があった。政界に隠然たる影響力を持ち続ける旧経世会のドン・竹下登元首相である。

○…「かごに乗る人、担ぐ人、そのまたわらじを作る人」。竹下氏は、わらじ作りに徹し、首相の座を射止めた気配りの人。徒歩でしかも、玄関中央からではなく端から申し訳なさそうに登院。衛視にも丁寧に会釈するさまは、気配り名人そのものだった。議席を倍増させた共産党は不破委員長を先頭に一糸乱れず26人全員が一団となって登院。組織を大事にする党のイメージを鮮明にした。本県選出の吉田六左エ門氏は、「天守閣から城下を見下ろす気分」と語ったが、当選回数を重ねても初心を忘れず、謙虚な姿勢を貫いてほしい。

記者つれづれ

たばこと政治家　ヘビーな長老　元気のもと？　（1997・3・3）

○…4月からたばこが値上がりする。それでも音を上げない愛煙家記者は、禁煙ができない。（ここで一服）。小学生のころは作文で、おやじのたばこのにおいが大嫌いと書いた。健康にも悪い、カネも無駄。決してうまいものではない。女房からは「乳離れしていないいんじゃないの」と嫌みを言われ、子供にも煙たがれる存在だ。でも、たばこの束縛からは逃れられない。（もう2本目）。

○…本県の喫煙国会議員は、わずか3人。ヘビースモーカーの村山達雄元蔵相は、取材中もたばこを離すことはない。（ああ、3本目）。さすが元主税局長、税収への貢献度抜群。チェーンスモーカーでフィルターまで吸い続け、事務所のカーペットは焦げ跡だらけ。元厚相の小沢辰男氏も、震える手で火を付ける瞬間は至福の表情を浮かべる。両氏とも80歳を超えて元気はつらつ。白川勝彦自治相は会見では控えるが、懇談では禁煙の予算委に備えてスパスパ。

○…禁煙組の志苫裕参院議員は、ニコチンガムで紫煙地獄から脱出。坂上富男氏は、心臓病で縁切りした。政治家は健康が第一、と桜井新氏も紫煙を断ち切った。（おっと4本目）。官邸の記者クラブも禁煙、最近は禁煙会議も増えた。健康を犠牲にしてまで激論した昔の紫煙会議の方が、アイデアが出たよ、などと言うと「弁解がましい」の禁煙派の声が…。（無意識に5本目点火）。

【追記】「困るんだよ。あの記事のせいで『まだ、吸っていたの？』と、カミさんに怒られたよ」。記事が出た直後、小沢氏から「もう吸ってないことになっていたんだ」と、真顔で怒られた。

記者つれづれ

3年ひと昔　思い出探す切なき浦島太郎（1997・4・17）

○…3年ぶりに転勤で新潟市に帰ってきました。郊外の住宅地は空き地が消え、数年前まで子供たちがザリガニ捕りに熱中した田んぼも埋め立てられ新居が立ち並ぶ。「10年ひと昔」が、最近は時の流れがどんどん加速、街の変貌ぶりは〝3年ひと昔〟の感がある。街が変われば、人も変わる。かつて寝起きした長岡市の社員寮を14年ぶりに訪ねるとまさに浦島太郎状態。

○…「どうなっているかな」。既に取り壊しの話は聞いていたが、現場に近づくにつれドキドキ。石ころだらけの更地を目の当たりにして、何か自分の過去が切り取られたような切なさが胸にこみ上げました。この気持ち、3年前にも東京で味わった。予備校の寮を20年ぶりに訪ねると、アパートに建て替えられ、予備校も廃校になっていた。

○…社員寮を後に、気を取り直して独身時代に常連だった長岡駅前の洋服店に顔を出した。そこも主は変わり、転職したという。駅ビルに顔見知りの書店店長を訪ねれば「去年退職しました」。よく出前を頼んだ食堂は、看板は残っているものの店じまい。お気に入りの喫茶店もことごとく消えていました。自分の過去を探す旅は、そこまでにしました。思い出のままそっと胸にしまっておけばよかったという後悔の念は深まるばかり。胸にぽっかり穴が開いたまま、福島江を歩いた。当時と変わらない満開の桜を眺めていると少し心が晴れたような気がした。

記者つれづれ

ふるさとの味　うまさのルーツは水にあり（1998・1・14）

○…正月、田舎に帰っておふくろのおせち料理を食べた。大根煮、雑煮、のっぺい汁…。女房には失礼だが、どれを食べてもうまい。ご飯も新潟市で食べる味とは全然違う。同じコメなのになぜだろう。普段、朝はパン食の子供たちが、ご飯をお代わりする姿を見ると疑問は深まるばかり。以前、実家で飲んだお茶がうまいので、お茶っ葉を持ち帰ったが、その格差に愕然としたこともあった。家族会議の結論は「水が違う」ということだった。

○…取材で奥三面ダム建設で岩船朝日村を追われた住人から「村上に集団移転してからどうしても慣れなかったのは水だった」という話を聞いた。昔、郡部の実家からバスで1時間。長岡市のデパートの食堂の水は、カルキ臭くて喉を通らなかった。「これが都会の味か」。思ってはみたが、ソフトクリームで後味の悪さを消した覚えがある。

○…「ニイガタ・ブランド」のコメも地酒も水が原点。大気中の汚染物質を浄化する雪も天然の清浄機だ。清冽《せいれつ》な空気と澄んだ水という新潟の風土が豊かな食材を生み出す。そんな本県の自然もほころびが目立つ。何気なく味わっている自然の恵みも破壊が進むと本当に「幻の味」になってしまう。新潟に生まれてよかったと子孫が思い続けることができる環境を守ってやりたい。雪がちらつく夜。ふるさとの大地に思いをはせ、感謝しながら今夜も「淡麗辛口」を楽しむとするか。

記者つれづれ　凶悪化する中学生　乱れた「大人社会」の裏返し（1998・3・25）

○…中学生によるナイフ事件を聞くたびに、ある場面が浮かぶ。「中学生はいいなあ」「退学がないもの」。東京時代、数人の男子高校生が、寮の駐車場で隠れたばこを吸いながら、つぶやいた。以来、注意深く、中高校生の生活態度の違いに目を凝らすと納得するシーンに遭遇した。制服のまままくわえたばこで堂々と歩く中学生に対し、高校生はおどおどして塀の陰に隠れた。

○…文部省の調査研究協力者会議は、中学生の暴力事件対応で報告書をまとめ、「教師の正当防衛」「出席停止」など厳しい措置を提言した。県内の荒れる中学校でも凶悪化した生徒が、義務教育という名の「退学も出席停止もない」安全地帯にいる。それをよいことに粗暴化した中学生の牙は、あまりに教師に向く。「体罰は悪」「中学生の人権守れ」という耳当たりのよい大合唱の前に現場教師は、あまりに無抵抗だ。「生徒に殴られても絶対に手出しはいけない」と訓示する校長もいる。教師の人権はどうなるのか。

○…教室から教壇が消え、形の上では生徒と同じ目線になったが、生徒が教師を見下している。「殴ってみろ。暴力教師なってもいいのか」と先生を挑発する〝確信犯〟もいる。秩序なき学校にした責任は、親や大人社会にもある。大蔵・日銀汚職、政治家の不祥事…。親も自分だけが、という利己主義がはびこっている。中学生の父としてどんな背中を息子に見せてきたか。自省するばかりだ。

記者つれづれ

水害、毒物事件　被害者思いやる心忘れずに（1998・8・13）

○…昨日の朝5時、バケツをひっくり返したような雨音で目を覚ました。下越・新潟を襲った記録的な集中豪雨があったばかり。すぐに玄関に出ると駐車場まで水がヒタヒタ。嫌な予感は的中、今度もお盆を前に多くの世帯が浸水した。天災の前に人間の無力を思わざるを得ない。こちらも押し寄せる大事件に夏休みは自動的に返上。実家の墓参りもできないが、被災世帯の苦労の比ではない。

○…それにしても暗い全国ニュースが続く。テレビ画面に映し出されるニュースは、のどかな新潟の原風景とは無縁な殺伐としたものばかりだ。凶悪事件に対して一線の捜査員は、それこそ休日返上で地をはう汗みどろの捜査を展開している。全く頭が下がる思いだ。しかし、「新潟県警の会見は何でニヤついているんだ」と読者からお叱りをいただいた。確かにテレビ画面の捜査幹部の会見に、緊張感がいまひとつ感じられないのはどうしたことか。一つ間違えば、殺人事件。「被害者の気持ちを考えているのか」という読者の怒りの声が心に刺さった。

○…現実の取材では、当方も浸水した水をかき出す現場にカメラを向ける。毒物事件でも病院に押し掛け、入院患者にインタビューする。無礼な報道陣と批判されながらも、真実に一歩でも近づこうとする因果な記者稼業の宿命。でも悪を憎む心と、被害者を思いやる気持ちだけは、決して忘れないよう自戒したい。

記者つれづれ　**専業主婦　家庭を守ることも社会参加**　（1998・12・16）

○…「主婦労働って一体いくらになるかな。家政婦さんを雇うとかなり高いわ。もっと亭主からもらわないと割に合わないね」

「それほど働いてないじゃない。子育ても終わって、毎日掃除してないし、炊事洗濯で1日2時間。時給700円として…1カ月4万円？　安いわ…」

師走の昼食時。隣り合わせた主婦たちが、やや自虐的に無償の家内労働の価値論争を続けていた。

○…家事、育児、介護などの無償労働を金に換算する女性心理の奥底にあるもの。女性の社会参加を阻害しているのは「家事育児の負担」にあるとして「男女の役割崩し」を主張しながら、「男は女を搾取するだけの存在」という固定観念に縛られた考えが怖い。家内労働＝専業主婦と、市場労働＝共働き主婦の価値論争にもつながる。女性が外に出て働く時代。専業主婦の中には、仕事を持つ一部の同性からの「権利意識の薄い女性」というバッシングに肩身の狭い思いをしている人もいる。

○…家庭も社会の一部。自分の手で子育てし、夫を支える専業主婦労働も立派な社会参加、社会貢献であると思う。外で働く女性だけが偉いわけではないし、他人に価値観を強要するのもおかしい。3食昼寝付きは昔話。男も会社を休んで〝専業主夫〟をやったら分かる。奥の深い主婦稼業に全く頭が下がる。専業主婦の皆さん、もっと自信を持ってほしい。男たちもだ。

記者つれづれ

ガイドライン　危険な過剰反応、冷静審議を（1999・3・24）

○…佐渡沖の不審船の正体は何だったのか。海上自衛隊の発見から丸1日、自衛隊の護衛艦も出動、警告射撃したが、結局は追っ払っただけだった。防衛庁は「緊急避難にも正当防衛にも当たらない」としてかじを射撃するなどの武力行使はできなかったと現行法の限界を指摘した。昨年12月に朝鮮民主主義人民共和国（北朝鮮）所属とみられる不審な潜水艇が韓国領海に侵入した際、韓国軍は銃撃戦の末、潜水艇を撃沈した。韓国政府の対応と比べると日本の防衛は大丈夫だろうか、と心もとなく思った人も多いはずだ。

○…「新潟に敵が上陸しても現行法では自衛隊の戦車は信号機で止まらなければならない。これでは戦争になりません」。3年前、自民党本部の安保調査会で宮沢喜一元首相は、朝鮮半島有事の新潟上陸を想定、無防備な日本の危機管理を嘆き、そして有事法制整備の必要性を強調した。阪神大震災当時も自衛隊の出動を巡って危機管理問題が浮上した。

○…それにしてもなぜ今、不審船が、クローズアップされるのか。結果的にガイドライン関連法案の国会審議中に「現行法では何もできません」という格好の材料を提供した。この絶妙のタイミングに「今までは不審船を見逃がしておいて…」という懸念の声も聞こえてくる。マスコミも含めて過剰反応が一番怖い。ガイドライン問題を冷静に見つめる視点を忘れたくない。

記者つれづれ

登山のあいさつ　押し売りされるのもつらい　（1999・7・21）

○…25年も連れ添った〝恋人〟と別れて半年、起床から眠る前まで一心同体。女房より、付き合いが長かっただけに、別れた当初は寂しさのあまり、手は震え、愛しき君の夢まで見た。「紫の君」。たばこである。1日3、4箱も吸ったヘビースモーカーが今年1月、風邪をきっかけに禁煙。「たばこをやめるほど意志は弱くない」などと勝手な理論を展開して、職場で家庭で煙たがられた存在が、「目からうろこ」で〝離煙〟できた。

○…代わりに山歩きを始めた。42歳、男の厄年。週末は、近くの角田山から多くのことを学んでいる。稲島口のトイレにあった「挨拶《あいさつ》でいじめていませんか」の注意書き。挨拶の押し売りに警鐘を鳴らす趣旨に「目からうろこ」。必死に息を切らせ、汗だくの上りの人に、下りの人が挨拶の「お返し」を強要するのは酷な話。挨拶の主導権は上りの人にあるとした注意書きに救われた。浮世のしがらみから解放されるために山に来たのに、儀礼的な挨拶の応酬にうんざりしていたので、気が楽になった。

○…「分煙」「挨拶」も「男女平等」「セクハラ防止」も大変結構だが、後に「運動」が付くと、途端にファッショ的な魔女狩りになりがち。だから、自分が禁煙しても「紫煙狩り」する気にはどうしてもなれない。取材も少数派に対する寛容さを持ちたい。「分煙でいじめていませんか」

【追記】当時、新聞社内でも禁煙運動が盛んで分煙が進んでいた。入社当時、男社会の社内は紫煙が渦を巻き、机上の灰皿がてんこ盛りのヘビースモーカーが多かったが、今では少数派になった。

記者つれづれ

新潟中央銀行破綻　行員人生崩壊 重い経営責任（1999・10・27）

○…最近、「弱者」といっても一くくりにできない難しさを痛感している。今夏、身内の手術で受けたインフォームド・コンセントで医師の固定観念が崩れた。患者家族へ1時間以上もリスクを徹底説明する医師は、傲慢《ごうまん》な強者ではなく、悲しいまでにへりくだった弱者の姿だった。そういえば、若者より体力がある老人、男性より腕力も経済力もある女性。教師と生徒の力関係が逆転、学級崩壊しているケースもある。

○…迷走した新潟中央銀行の経営陣に破綻に追い込まれた「行員たちの無念」は弱者の立場で連載したつもりだ。取材班に同行員の妻から激励のお便りを頂いた。「新聞もテレビも、銀行も行員も一括して悪者扱い。頭を下げて歩いている状態」「特集で初めて行員にスポットを当ててもらい、少し救われました」。こちらこそ救われた気がした。一方で「行員を一方的に被害者のように扱うのはいかがか」「給料が高い銀行員も同罪だ」との厳しい見方もあった。

○…それでも先の妻の便りに目頭が熱くなった。「夫は、破綻から心労で先日は体調を崩してしまいました。35年間忙しさと単身赴任を我慢してきてボーナスも退職金もあてにならないと思うと毎晩遅い夫がかわいそうです」。日産、都銀の再編など大量リストラ時代。経営責任を逃れ、一線の弱者だけに痛みを押しつけるとしたら、トップの責任は重い。

記者つれづれ

試験後遺症　就職しても悪夢にうなされて

（2000・1・19）

○…着飾った晴れがましい成人式を見て、あのころ自分は何をしていたのだろうと思った。下宿の4畳半で「暗い青春、魔の退屈」が、ぴったりの寂しい1日。日ごろの不勉強を後悔しながら後期試験の一夜漬けに追われる悲惨な日々だった。試験といえば、大学のセンター試験、県内私立高も入試シーズンに突入した。最近こそ見なくなったが、卒業後も赤点の連続で必修科目を落とし、高校を留年する夢。就職後も単位不足で大学を卒業できない悪夢によくうなされた。

○…「何だ夢か」――それにしても「もう就職しているのに…」。夜中にハッと目が覚めるとじっとり冷や汗。試験の後遺症とは恐ろしいものだ。「おれの子供のころは塾なんてなかった」などと力んでも現実は、「塾通いさせないと、手遅れになりますよ」という親の強迫観念をあおる受験産業の戦略にすっかり、踊らされている。

○…高校時代、「大学で人生は決まる」などと暴言をはく先生がいた。「お受験」もそうだが、子供の純な心をむしばんでいるのは大人の「学歴信仰」の罪ではないか。「成績だけで人を評価してはいけない」などと、きれい事を言っても、子供たちはとっくに大人社会の醜い本音を見抜いている。かつて猛反発した親の言動と、同じ言葉を無意識に発している自分に嫌悪し、反省することがある。「子の怒り　親忘れ――」かもしれない。

通年企画「21世紀との約束　緑のふるさと」

１９９７年4月に東京支社から本社報道に異動。フリー（遊軍）と言われる記者クラブに所属しない部署で3年間、事件から選挙、何でも取材した。21世紀を目前にした１９９８年1月からスタートした通年企画「21世紀との約束―緑のふるさと」取材班キャップを務め、自然環境問題をテーマに県内の自然破壊の実態をルポした。概略は、日本新聞協会の「新聞研究１９９８年8月号」に詳しいので採録する。

■環境報道を考える

（新聞研究１９８８年8月号寄稿）

学者の提言より名もなき住民の一言が

21世紀を目前に、昨年12月の地球温暖化防止国際会議（京都会議）と相前後して、地球温暖化など自然環境のきしみを伝える報道が、洪水のように新聞紙面を飾った。「新潟の環境をテーマに長期連載ができないか」。ぼんやりとテーマを頭に浮かべながら、本格的なコンセプト作りが始まったのは、まだ夏の残暑がきついころだった。本社が元日付から6部構成で半年間連載した通年企画「21世紀との約束・緑のふるさと」。それは試行錯誤の連続だった。

連載の狙いを少し長くなるが、元日付の連載前文から引用する。『戦後のニッポン、人々は敗戦の廃虚から、豊かさと便利さを求めて開発の道をひた走ってきた。公共事業王国といわれる本県もその例外ではない。山を削り、トンネルを抜き、谷を埋めて新幹線や高速道を走らせた。原野を開き、川を広げ、湖沼を埋めて広い水田を生み出した。社会資本が整備され、快適さを手に入れた。しかし、巨額の借金も21世紀に残すことになった。山の木が立ち枯れ、川が濁り、身近な動植物が姿を消し始めるなど、自然環境の悪化も招いた。「残すのは負の遺産だけですか」――次代の声が聞こえてくる。「21世紀との約束・緑のふるさと」はその問いかけに答えようとする試みでもある』

タイトルの「21世紀との約束」は、今ある豊かな新潟の自然は、「次世代からの借り物」であるという認識に立って、その自然を守り、利息を付けて返済することが「21世紀（の子孫）との約束」であるとの願いを込めた。

▼足元の自然から

第1部は県北部のサケが戻る母なる川「三面川」流域のルポ。秘境・自然の宝庫と言われる三面地域が、巨大ダム工事など大規模開発でどう変貌し、人間と自然のかかわりがどう変わったのか。21世紀の環境問題を足元の自然を通して見つめ直すプロローグとした。地方紙として環境問題を掘り下げて報道する段になって、今までの「公共事業礼賛」を検証する機会にもなった。

地方分権時代とは名ばかりで現実政治は、依然として「霞が関」からの予算獲得競争に血道を上げる大蔵支配の構図は、変わっていない。毎年暮れになると大蔵省で深夜まで繰り広げられる大蔵原案内示レク。新年度の県の新規目玉事業や、継続事業への予算付けを大蔵の暗い部屋で全国の地方紙が説明役の若いキャリア官僚に群がって聞く姿が、中央支配を象徴していた。

かつて新幹線、高速道建設ラッシュで土木・公共事業王国といわれた新潟。それは、社会資本整備が遅れた裏日本・豪雪地出身の故田中角栄元首相が、太平洋側・表日本優先の暖国政治打破を目指してひた走った帰結でもあった。

戦後、人も電気も東京に流出をせざるを得なかった地方からすると、「地元利益誘導」と批判された田中型・開発政治も「貧しさからの脱却」という意味では有効性を持ち得た。しかし、今回、予算が投下された現場に足を踏み入れてみると、公共事業の陰で無残に踏みにじられた危うい自然と遭遇した。

▼「土建屋の遊び場だよ」

第1部の舞台となった新潟と山形の県境、朝日連峰に連なる岩船朝日村の奥三面地域。奥三面ダムの建設で13年前に集落42戸が集団移転した。かつて「マタギの里」と言われた秘境の集落跡を藤田佳秀記者と訪ねると、大型ダンプが行き交う砂利山の荒涼たる風景が広がっていた。同ダムは、平成13年の完成を目指す治水発電ダム。総工費730億円の巨大プロジェクトだ。「山の暮らしは良かった。800年続いた歴史あるムラを俺たちの代でなくすのは先祖様に申し訳なくて……」。ダムの湖底に沈む三面の古老は、今も豊かな山と自然と生き、生かされた日々を忘れてはいなかった。

当初、移転に猛反対していた人々も建設計画が出てから移転まで16年の長い歳月で切り崩され結局、

「下山」を決意する。16年で何が変わったのか。「どうせ水没するんだから雨漏りも修理しない」「山も荒れるに任せた」。肩を寄せ合い、まとまりの良かったムラは、補償金を巡りいがみ合ったり、マタギの文化・風土も記録映画に残るだけになってしまった。

洪水を防ぐという下流のダム公益論の前に、泣く泣く下山した三面の人々の切ない思いをメモしながら、「公共事業って何だ」という疑念に襲われた。

「1千万円もしない山に何億円も掛けて、あんな奥山をコンクリートの山にしてしまった。放っておけば、何年でも山と遊んでいる。まさに土建屋の遊び場だよ」。地元の木材会社社長は「何のための、だれのための公共工事か」と吐き捨てた。実際、「工事の巣・土建屋の遊び場」を訪ねるとコンクリートに覆われた山がそびえ立っていた。昭和61年から、地滑り防止、災害復旧工事の名目で山奥の集落共有林に投じられた公共予算は、7億5千万円に及んだ。

「公共工事は税金の無駄使い」「自然の敵は人間だ」――などという一方的で教条的な提言キャンペーンを展開するつもりは毛頭なかった。「人間と自然がうまく付き合えないか」「自然とどう共存するか」を模索するヒントを気負わずに読者に伝えられないか。全編を通して現状を淡々と伝える手法を基調に据えた。

朝日村高根地域の小さな山村も、ゴミ処分場建設で大きく揺れていた。「ゴミで汚れた水を使っている集落なんて嫁も来ない。米が駄目になったら生活できないし、閉村するしかない」。23戸の区長は悲壮感でさえ漂わせ語った。問題の処分場は、ゴミ焼却場の灰を捨てる一般廃棄物最終処分場。その直下を流れる川の水を水田などに生活雑用水に利用している地元は当初、ダイオキシンなどの有害物質流出を心配、猛反対した。「小さな集落で絶対反対を貫くだけの力もない。あまり反対していると、役場に陳情できなくなる」。行政権を握る自治体の無言の圧力の前に泣く泣く屈した区長。ここでもダムの建設同様に下流の公益論に住民の思いはかき消された。

ゴミ処分場などの迷惑施設は、必ず過疎地が狙われる。町村でも山奥の目立たない場所になる。迷惑施設の頂点に立つ「原発施設」も同じ宿命を背負っている。新潟県内には出力世界一の東京電力・柏崎刈羽原子力発電所がある。東京都内の電力の4割は、新潟、福島の原発産だ。2年前の夏、県内2番目の原発となる東北電力「巻原発」計画の是非を問う住民投票が実施され、全国的に注目された。推進・反対派に町を二分した結果、民意は「原発ノー」だった。

ムラのゴミ処分場の危険性を感じている地元住民に比べ、恩恵を受ける下流の町場の人たちは、こうした立地点の混乱や犠牲を全くといっていいほど感じていない。原発立地住民が、事故の不安におののきながら暮らしているのに、消費地の都会住民は感謝すら感じていない構図と相似形にある。

▼朝、新聞を読むのが楽しみだ

環境報道というと、マクロでは地球温暖化、酸性雨などグローバルなテーマと考えがちだが、ミクロには、ローカルな問題の積み重ねだ。その点では、地方の環境問題の蓄積が、国内の、ひいては世界の環境問題につながっていくという視点が必要だ。提言より現場の徹底検証に務め、現場を取材者が丹念に歩いた。名もなき地元住民の一言の方が、高名な学者や教授の提言より、迫力があった。

約束シリーズは、1部三面川流域ルポ「三面はるか」から、県内全域の山野、川、海の荒廃をリポートした2部「ゆがんだ風景」。そして、人間の開発行為によって絶滅寸前の佐渡の「トキ」などの傷つく動植物の生態を伝えた3部「震える野生」。4部「渇いた街から」では、新潟を離れ都会に旅立った県人たちが見た「ふるさと新潟の宝物・再発見」。長野県境にある秘境で生きる人と自然との共生の姿を描いた5部「秋山郷に生きる」。最終シリーズ「種まく人びと」では、自然との共生の大切さに気付き始めた人々の姿を追った。ふるさとの自然の現状を憂慮し、「何とかしなければ」と感じている人が至る所にいた。農家や林業家、漁師など過疎地に住む人々に危機意識が広がっているのは、それだけ荒廃が深刻だということなのだろう。

連載スタートから多くの反響があった。

30代の新潟市の会社員からの電話は、取材陣を勇気づけた。「これまでのキャンペーンは、役人とか、財界人と新聞だけが、レベルが高いところで肩を組んで、新潟日報は遠い存在になっていくような気がした。今年の緑のキャンペーンは、自然という身近で大切なテーマを取り上げている。今年は朝、新聞を読むのが楽しみだ」

写真への反響も大きかった。海岸に漂着したドラム缶、海に沈む日本海の夕日など汚染の実態と新潟の美しい原風景が心に訴えた。

環境問題を語ることは、自らの生き方を問うことでもある。過疎にあえぐムラが、大規模リゾートに活路を求めることを「自然破壊」の名の下に断罪するのはたやすい。が、それだけでは何も解決にもならない。山や田畑に入り、彼らとともに汗を流すボランティアが、地域住民の信頼を得つつあることがヒントにならないだろうか。

取材チーム6人は、冬山に分け入り、透き通った清流でイワナを発見、時には汚れた湖水も口に含んだ。山野を駆けた日々が今では懐かしいが、人間のおごりを自戒し、「人間も自然の一部だ」と痛感した。それは、ふるさと新潟の自然の豊かさを再発見する旅でもあった。（新潟日報社報道部）

第8章　拉致・原発問題を全国に発信

1996年～2013年

日報抄・多面鏡・オピニオン 視点　本社報道・広告事業

《進展ない拉致、能登地震で再稼働に影響》

横田めぐみさんら日本人拉致事件と、トラブルが続いた東京電力柏崎刈羽原発の再稼働問題は新潟県民にとって大きな関心事となっている。この二大テーマを長期連載企画、1面コラム日報抄や署名入りコラムの多面鏡、座標軸などで論じ、全国に発信してきた。拉致問題は2002年に蓮池薫さん夫妻、曽我ひとみさんら拉致被害者5人が帰国して以来、進展ゼロで「政治の怠慢」が目立つ中、めぐみさん（拉致当時13歳）は、24年10月5日に還暦60歳、母早紀江さんは、2月4日に米寿88歳の誕生日を迎えた。23年末に原子力規制委員会が事実上の運転禁止命令を解除した柏崎刈羽原発の再稼働問題は、24年1月1日に発生した最大震度7を観測した能登半島地震で大きく揺れた。北陸電力志賀原発（石川県志賀町）が、施設内外で設備が故障、事故時の避難に使う陸路は機能不全となり、変圧器破損や油流出など「想定外」が相次いだ。退陣表明後の「死に体」の岸田政権が9月、避難路整備強化策を打ち出すなど、政府一丸で再稼働要請の動きを強める中、「次の知事選までに判断する」とした花角英世知事の動向が注目される。

拉致問題

■本紙企画「拉致・北朝鮮」が2004年度新聞協会賞

報道部・自治（政治）、軟派（社会）各デスク、報道部長として時々刻々と起きる政治・社会の取材対象を俯瞰的にとらえ、多角的に論じるコラムが「デスク日誌」「オピニオン　視点」。デスク日誌の肩書は報道部であり、オピニオン面は編集委員だった。２００２年9月17日、小泉純一郎首相が、安倍晋三官房副長官らと訪朝した第1回日朝首脳会談で金正日総書記が日本人拉致を初めて認め謝罪。「5人生存、8人死亡」と発表した。10月15日には、蓮池薫さん、曽我ひとみさんら拉致被害者５人が帰国した。北朝鮮が拉致を認め、被害者が帰国したこの時期を境に国内では拉致報道が一気に過熱した。２００３年の横田めぐみさんが新潟市で拉致された11月15日から翌２００４年6月末まで続いた本紙長期連載「拉致・北朝鮮」は、２００４年度の新聞協会賞を受賞した。「新潟の海は、申し訳ないけど、今も大嫌い」。連載は冒頭から母早紀江さんの重い証言から始まった。シリーズは熊本日日新聞にも転載され、受賞理由は「改めて事件の非情さを認識させ、政府の対応を促したキャンペーン」として高く評価された。

２００５年からめぐみさんの拉致された11月15日に新潟市で毎年開催してきた「忘れるな拉致　県

民集会」は、24年で20回を重ねた。早紀江さん揮毫《きごう》の「祈り」ワッペンを新潟日報紙面で随時使用、拉致問題を継続的にキャンペーン報道してきた。父滋さんが死去した2020年は、七夕の7月7日に拉致被害者の再会を祈る追悼写真集を緊急出版するなど拉致問題を全国に発信してきた。こうした粘り強い「継続報道力」こそ地元紙の強みだ。

■政府高官　めぐみさん生存の可能性

（新潟日報2002年11月23日1面）

政府高官は22日までに、新潟日報の取材に対し、朝鮮民主主義人民共和国（北朝鮮）に拉致されて1993年に死亡したとされる横田めぐみさんについて「生きている可能性は十分ある」と初めて言及した。同高官は、「具体的根拠を示す段階でない」としながら「死亡情報のずさんさ」などを改めて強調。9月末に政府調査団に対し、北朝鮮が提出した被害者に関する資料について日本側が「不十分だ」と指摘すると、わずか2時間後に死亡診断書が出てきたが、「それも信用できる内容でなかった」と、やり取りの一部も明らかにした。また、その後の北側との接触でも「生存」の心証を強めているとした。

【追記】「めぐみさんは本当に生きているのか」と政府高官に率直な質問をぶつけた。返答は「生きている可能性は十分ある」だった。この日、政府高官は共同通信本社（東京港区）で開かれた加盟各新聞社の政治担当者研修会に招かれ講演。その後の懇親会で東京出張していた本社自治（県政担当）デスクの私との懇談で飛び出した。私は、懇親会場から携帯電話で本社に記事を読み上げた。記事は、

1面肩に「めぐみさん生存の可能性」の見出しで3段の扱いだった。

■若きプリンスが「拉致の安倍」で首相

当選2年目、後に首相となる40歳の若き自民党のプリンス安倍晋三氏に初めて知己を得たのは、95年3月4～5日、村山富市首相が出席したデンマークの首都コペンハーゲンで開かれた「国際社会開発サミット」に先立つ国際人口・国会議員会議に東京支社・報道部員で同行取材した際だった。人口会議には日本から桜井新・人口開発アジア議員フォーラム議長と、安倍氏が参加していた。

会議の詳報「東風新風」（1995・3・16）によると、「世界は、貧困―高い乳児死亡率―人口増―貧困の悪循環に。その根源を断つために女性の権利向上、貧困の根絶、人口抑制への処方箋を話し合った会議は、コペンハーゲン宣言を承認、閉幕した。しかし、膨大な対外債務にあえぐ途上国と先進国が対立し、問題の難しさを浮き彫りにした」「会議は世界55カ国から約100人、日本からは、自民党が運営委員会議長を務めた桜井新・人口開発アジア議員フォーラム議長と安倍晋三、社会党は沢藤礼次郎、新進党は東祥三の4氏が参加」とある。2年生議員の安倍氏にまだ役職の肩書はまだなかった。

同じ派閥・清和会の桜井、安倍両氏とはホテルも同宿、会議や夜のデンマーク日本大使歓迎レセプションも同一行動で懇親を深めた。同期当選組の栗原博久氏について「栗原さんは、お金持ちなんですって」と栗原氏本人の冗談話も疑わない素直な人柄を感じた。当時は、戦後憲政史上最長となる総理に君臨した安倍総理の面影はなく、総理を目前に志半ばで病に倒れた父、晋太郎氏の後継者、無邪気な「政界のプリンス」といった印象だった。

デンマーク日本大使主催の歓迎会が現地の日本食料理店で開かれた。桜井、安倍両氏と一緒に大使館関係者と懇親したが、「お父様が外務大臣の時、私は○○に居ました」などと大使側の話題も視線も常にサラブレッドに集中。短期間とはいえ大臣経験もあるのに主役の座をすっかり奪われた桜井氏が、不機嫌そうに「安倍君の話はもういいから」と声を荒げ、その場の空気が凍り付く一幕もあった。

コペンハーゲンでは、安倍氏と会議の合間も同一行動した。王室御用達の高級陶器「ロイヤルコペンハーゲン」や、銀細工ジュエリーの「ジョージジェンセン」本店を訪問。その時の安倍氏の爆買いぶりは今も忘れられない。品定めより、「ここからここまで」とケース買いを指示、「御曹司は買い方が違うね」と同行秘書団から驚きの声が上がった。安倍氏は「昨夜、妻(昭恵さん)から細かな買い物の指示があったが、面倒だからケースごと買った」と迷惑顔で語ったが、のろけ話に聞こえた。

▼非業の死後に旧統一教会、裏金事件

その後、小泉内閣の官房副長官で小泉首相と訪朝した2002年9月17日の日朝首脳会談で北朝鮮が日本人拉致を認め、謝罪した。以来、「拉致の安倍」として知名度を上げ、幹事長、官房長官、首相と、出世の階段を一気に駆け上ることになる。会合で同席すると、プリンスは、記者を呼び付けては「新潟日報さん、しっかり報道して」と、拉致被害者の住宅環境を指摘、「これは拉致問題でなく、県の福祉の問題です。知事に話して」と注文を付けたこともあった。

拉致被害者に優しく寄り添う安倍氏と、経済政策「アベノミクス」を推進し、戦後レジュームからの脱却を目指し、国会を取り巻く反対デモの声を無視して、安保関連法案を強行採決、軍備増強路線を強硬に貫く姿とが重ならなかった。2022年7月8日、奈良で参院選演説中に元海上自衛隊員の凶弾に倒れ、67歳で非業の死を遂げた元首相の訃報に接し、異国で親交を深めた若き日の屈託のない笑顔が脳裏をかすめた。

権力の中枢に長く君臨した安倍氏が、存命中には表面化しなかった旧統一教会との蜜月ぶりや、自民党派閥の「政治とカネ」問題が死去後、パンドラの箱を開けるように一挙に噴出。政治資金パーティー裏金事件で最大派閥安倍派（清和政策研究会）の所属議員が逮捕され、安倍派は解散に追い込まれた。その後、岸田派、二階派、茂木派も解散を表明、「政治とカネ」問題が岸田文雄政権を直撃、支持率低下を加速させ、退陣に追い込まれる大きな要因となった。

視点　**拉致を領土問題の二の舞いにするな**

（2003・9・13）

先の6カ国協議で、北朝鮮は拉致問題について、「日朝平壌宣言に則って一つ一つ解決していきたい」と拉致解決の必要性を認め、日朝が協議継続で合意した。だが、北朝鮮は当初、拉致問題を「既に解決済み」として被害者5人の永住帰国を「約束違反」と非難した。北朝鮮の「約束違反」発言に、蓮池薫さんの父秀量さんは「（残された）子供たちをカードとして経済支援へ揺さぶりをかけるとは人道上許せない」。母ハツイさんも自宅で「悔しい。お門違いだ」と怒りをにじませた。

拉致問題と重なって映るのが北方領土問題。国民も領土も国家の構成要素で国家主権にかかわる重大な問題だ。今回、平壌宣言を確認、拉致を未解決問題と認めたところに北朝鮮の狙いが透ける。

領土問題解決を目の前にちらつかされ、日本側が行ってきたロシアへの経済支援は、支援米同様に効果があったのか。領土問題では、1956年、日本はソ連と共同宣言に署名、国交回復したが、四島は45年以来、ソ連が、ロシアに地位を継承した今でも占領を続けたままだ。

日米安保条約でソ連は態度を硬化、「解決済み」と主張。73年には、訪ソした田中角栄首相がブレジネフ書記長と会談、四島問題の存在を確認させたといわれる。ゴルバチョフ、エリツィン時代も「存在」は認めたが、進展はなかった。領土問題と違うのは、拉致事件の被害者が、生身の人間で一刻の猶予もならない点だ。拉致問題を、長期化した領土問題の二の舞いにしないためにも、政府は毅然たる対応で、〝人質外交〟の悲劇の連鎖をこれ以上、繰り返してはならない。

日報抄

被害者帰国1年　膠着打破へ日本の外交力

（2003・10・5）

どれだけの涙が流されてきたのだろうか。娘や息子、姉や弟が、北朝鮮に拉致され、20年以上も生死不明だった被害者家族の悲しみを思う▼蓮池薫さん夫妻や曽我ひとみさんら被害者5人が、昨年10月15日に帰国して間もなく1年になる。横田めぐみさんの生還や孫娘の帰国を信じて待つ両親も、つらい日々が続いている。なぜ、拉致問題は膠着《こうちゃく》したままなのか。朝鮮日報の白眞勲・日本支社長は、「何をもって解決だ、という明確な道筋を日本側が示していない」と指摘する▼そして「北朝鮮側の『解決済み』は『解決したい』の意思表示です。金正日（総書記）が決断すれば解決する問題。核に比べれば簡単な話だ」と語る。正常化の条件には、被害者家族8人全員の帰国と、死亡したとされる被害者の生死を確認する日本調査団の無条件受け入れを挙げた▼人口2200万人の北朝鮮は、軍隊が110万人、兵役が最長10年に及ぶ軍事国家だ。13億人の中国の軍隊でさえ300万人だから、超軍事国家ぶりが分かる。「生きのいい男はみんな兵隊に取られて、食い物ができるわけがない」と白さんがいう軍事体制を脱しない限り、飢餓の解決は難しい▼北朝鮮の核開発も重大問題。日本は有事法制や監視衛星打ち上げで対抗し始めたが、中国は北朝鮮の脅威を利用した日本の軍事大国化を警戒している。米国は日本の核武装論までちらつかせ、中国による北朝鮮封じ込めを狙っている▼思惑が絡む国際情勢の中、東アジアの軍事バランスを崩させかねない北朝鮮にキーマン中国がどう出るか。関係国との連携も含めて、日本外交の力量が試される。

日報抄

被害者の母　生還を信じ全国駆け巡る

（2003・11・15）

26年前、1977年のきょう11月15日夜、1人の少女が新潟市で拉致された。当時中学1年生の横田めぐみさんだ▼昨年9月17日の日朝首脳会談で、北朝鮮側がめぐみさんの死亡情報を伝えたと聞いた母早紀江さんは、気丈にマイクを握った。「死んだとは信じられません。生きていることを信じて闘っていきます」と訴えて、涙をぬぐった姿が忘れられない▼拉致被害者・蓮池薫さんの母ハツイさんの強さにも感嘆する。「私は息子が死んだなんて、一度も思ったことはなかった」という。ハツイさんが薫さんの救出を祈って日記につづった思いを、『薫へ　届かなかった手紙』（新潮社）で読んだ。「鳥になり、あなたのそばに飛んでいきたい」「私の命はどうなってもいい。救ってやりたい」▼早紀江さんも、ハツイさんも生還を信じて諦めず、全国を駆け巡って街頭に立ち、世論を動かした。帰国した蓮池祐木子さん、曽我ひとみさん、地村富貴恵さんの3人も被害者でありながら、今は北朝鮮に残してきた子供たちの帰国を待ち続ける母でもある。そこに拉致事件の悲劇の連鎖がある▼子を持って知る親心、という。子供の帰りが少しでも遅いと、事件や事故に巻き込まれたのではないかと胸騒ぎがする。そんな体験を持つ父親として、拉致被害者の家族の不安と焦燥を考える。想像を絶する苦しみだったに違いない▼めぐみさんが拉致された現場を夕暮れ時に歩いた。近くに日本海の暗闇が広がっていた。あの日、両親は、どんな思いでめぐみさんを捜していただろう。家族を引き裂かれた日から四半世紀、長い夜の闇は明けていない。

日報抄

被害者同士の絆　事件のむごさを象徴

（2003・12・27）

「滂沱《ぼうだ》と流れる涙を禁じ得ません」。本紙の大型企画「拉致・北朝鮮」の「めぐみさんシリーズ」に、大きな反響が寄せられている。横田めぐみさんの両親を激励し、健康を気遣う。自分の身に置き換えて、一家が再び日本で暮らせる日を祈る手紙も多い▼読者の胸を揺さぶるのは、横田家の家族愛の深さに加え、同じ境遇の被害者家族同士の強い絆ではないだろうか。昨年9月の日朝首脳会談当日、北朝鮮からの「安否情報」が家族に伝えられた外務省の飯倉公館で何があったか。連載でその場面が詳細に再現された▼「死亡宣告」された、めぐみさんの母早紀江さんは、「まるで死刑宣告のようだった」という。一方で、生存を伝えられた家族の思いは複雑だった。安否情報で引き裂かれようとした家族会だが、最後まで結束した▼生存が伝えられた蓮池薫さんの母ハツイさんは、横田さん夫妻に泣きながら、駆け寄った。「ごめんなさい。私たちの子だけが生きていて…」。長年待ちわびたわが子の生存情報、うれしくないはずがないのに、横田夫妻の苦衷を察し、詫《わ》びたのだ。被害者が同じ被害者に謝罪する場面が、拉致事件のむごさを象徴している▼この1年、各地で家族の崩壊が招いた事件が頻発した。やりきれない思いの中で、拉致被害者家族の強い絆に何度勇気づけられたことか。それだけに、北朝鮮に残してきた子供や夫と離れ離れのまま2度目の年の瀬を迎える被害者家族の憔悴《しょうすい》が痛々しい▼なぜ力になれないのかと、もどかしさが募る。横田夫妻ら家族の叫びが日朝の重い扉をこじ開けたように、一人一人が声を出すしかないだろう。

日報抄

ひとみさんとめぐみさん　異国で探した母のぬくもり（2004・3・22）

「かあさんが　夜なべをして　手袋編んでくれた」で始まる「かあさんの歌」。口ずさむと郷愁を誘うフレーズに胸が熱くなる。「ふるさとの便りは届く　いろりの匂《にお》いがした」▼においから、子供のころの場面が、よみがえることがある。収穫の終わった田んぼの稲藁《わら》のにおいで、布団を連想する。母が布団を干してくれた夜、太陽のにおいをたっぷり含んだ暖かな藁入り布団の中で幸福感に包まれた▼拉致事件被害者の曽我ひとみさんと、横田めぐみさんの母の記憶もにおいだった。２人は北朝鮮で出会い、母親の話になった。めぐみさんは母早紀江さんを「いつも香水を付けていて、いいにおいがする」と話した。ひとみさんにとって一緒に拉致された母ミヨシさんのにおいは「油のにおい」だった▼「毎日工場に通って、帰ってくれば油のにおいしかしない母でした。母の油のにおいが今でも忘れられません」。油のにおいが、働きづめの母の象徴であり、誇りだったはずだ▼早春の佐渡を訪れ、母と娘が買い物帰りに拉致された旧佐渡真野町の現場を歩いた。自宅まで１００メートルだった。帰宅まで24年２カ月もの歳月を要した１００メートルとは、ひとみさんにとって何と遠い道のりだったろう。この間、異国で寂しいときは「油のにおい」に遠い母の記憶を何度求めたことか。その胸中を思うと切ない▼ひとみさんが「油のにおい」に母の面影を探したように、北朝鮮に残った２人の娘さんも今、母のにおいから、ぬくもりを探すつらい日々を送っているに違いない。海峡を隔て家族の絆を引き裂く卑劣な拉致。抱き合って懐かしいにおいに包まれる日が、１日も早く来てほしい。

日報抄

早紀江さん「半年後も未解決、切ない」

（2004・5・1）

「半年後も解決していないなんて、切ないわねぇ」。拉致被害者の横田めぐみさんの母早紀江さんが、昨年暮れに漏らした言葉が頭を離れない▼23日に新潟市で開かれる「拉致・県民シンポジウム」への出席要請を受けて、複雑な胸中を吐露した言葉だった。拉致解決を目指す集会の日程が、半年後も未解決という残酷な宣告に聞こえたのだろう。早紀江さんの懸念通り拉致事件は進展がなく、被害者や家族の焦りは強い▼イラクで人質になった日本人被害者の家族も、解放されるまで不眠不休で救出を訴え続けた。疲労の色が濃くなる父と母、必死にマイクを握る妹と弟の姿が、拉致被害者家族の姿と重なった▼イラク人質事件の被害者は、政府や国民年金保険料未納の閣僚から「自己責任論」を突き付けられた。確かに退避勧告が出ていた危険な国に自ら身を投じた日本人と、日本国内で北朝鮮に拉致された被害者とでは、事情が異なる。イラクの事件は武装集団が犯人だが、拉致事件は北朝鮮による国家犯罪だ▼しかし、イラクでわが子が人質となり「焼き殺す」と脅された親の心と、拉致事件被害者の親が子を思う心と、どこが違うのか。拉致事件でも北朝鮮に残った家族が事実上、人質になっている。福井県の地村保志さんの父の保さんは、本紙で「子供らが帰らんと言えんことがあるんや」と語っていた▼安否未確認者や特定失踪者の情報を口にしたくてもできない、息子夫妻の苦衷を代弁したのだ。イラクの人質事件で自己責任を連発した国は、被害者家族の無条件帰国実現を北朝鮮に毅《き》然《ぜん》として要求する「国家責任」を果たす義務がある。

日報抄

被害者家族　高齢化、待つにも限界

（2004・6・20）

1977年11月15日、新潟市の中学生だった横田めぐみさんが北朝鮮に拉致された直後の夜のことである。自宅を取材で訪れた本紙記者が玄関の戸を開けたとたん、めぐみさんの双子の弟が奥から脱兎《だっと》のように駆けてきた。「なーんだ。お姉ちゃんじゃないのか」▼落胆した声が、今も記者の耳に焼き付いている。眠れない夜が続いていた家族は、玄関が開くたびに「もしや」と胸を高鳴らせ、「ああ」と悲しみに突き落とされていた。あれから27年近く、父滋さんと母早紀江さんは今も娘の帰りを待ち続けている▼両親は、今回の小泉純一郎首相の再訪朝では「過度な期待はやめよう」と思った。裏切られたときの落胆が大きいからだ。安否不明者10人の新たな情報が示されなかったことで、被害者家族会が小泉首相に詰め寄った姿が、一部から批判された▼娘がなぜ行方不明になったかも分からず、期待と落胆を繰り返しながら闘ってきた両親を責める気にはなれない。首相再訪朝の翌日、新潟市で行われたシンポで早紀江さんは訴えた▼「拉致疑惑という疑惑の2文字があったころ、東京・銀座で街頭署名を始めた。日本の中心で、大勢の人がいるのに誰一人立ち止まってくれなかった。今はこんなに多くの人たちが応援してくれる」。中傷にも、県人の励ましで耐えることができたという▼夫の訴追問題が壁となって、家族との再会が実現しなかった心境を「悲しさの海を彷徨《さまよ》っていた」と手記に書いた曽我ひとみさんは、「いつまで待てばいいのですか」と語ったことがある。安否不明者家族の多くが高齢化する中、待つと言っても限界がある。

デスク日誌　「拉致」の全面解決まで追及（2004・7・8）

日朝首脳会談から1カ月半、曽我ひとみさんと家族との再会が9日、1年9カ月ぶりにインドネシアの首都ジャカルタで実現する。曽我さんの場合、脱走兵の夫ジェンキンスさんの訴追問題も複雑に絡み、再会場所が二転三転していた。イラク戦争が泥沼化し、米兵の死者が相次ぐ情勢下で、米国が訴追問題に厳しい姿勢を崩していないため、再会後の家族の来日・帰国問題は依然不透明だ。6日の会見でも曽我さんは「会うことじゃなくて、その先が一番心配」と不安をのぞかせた。

家族再会が実現しなかったときの心境を手記で「悲しさの海を彷徨っていた」とつづった曽我さんだが、会見では「家族そろって抱き合える時間が迫っています」と笑顔を見せた。そして「最後に住む場所は日本」と強い意思を示した。横田めぐみさんの生存を信じる両親、家族との再会後に不安を抱える曽我さん。親子、夫婦、家族が一緒に暮らすという当然のことが、できない不条理に胸が痛む。被害者家族が気丈に振る舞う姿でなく、家族水入らずで心から笑う姿を早く見たい。

昨年11月から始まった企画「拉致」が終了した。連載80回、特集5回を展開した取材陣を奮い立たせたのは、大きな反響と励ましだった。「あなたの娘や息子、妹や弟が拉致されたと思って考えてください」。めぐみさんの母早紀江さんの痛切な訴えだ。拉致問題は、帰国した子供たちの日本社会への順応や、安否不明者の再調査など課題が山積している。「自分の身に置き換えて」という母の訴えを胸に刻んで全面解決まで追及はやめない。

日報抄

曽我さん　家族と再会も母の安否不明

（2004・7・24）

「最初に（帰国の）タラップを降りた時は1人、今回は家族4人で降りた。次は母の手を引いて降りたい」▼1年9カ月ぶりに家族と再会を果たし、帰国した拉致被害者の曽我ひとみさんは20日、首相官邸に官房長官を訪ね、一緒に拉致された母ミヨシさんを含む安否不明者の再調査に最善を尽くすよう要請した▼曽我さんは帰国した被害者5人の中で唯一、安否不明者家族でもある。一家帰国で拉致問題幕引きという「最悪のシナリオ」を警戒するのは当然だ。横田めぐみさんら安否不明者の家族に共通する懸念でもある。めぐみさんの母早紀江さんは「他の被害者も早く救出して」と訴えている▼家族の絆のなせる業か。曽我さんの表情が、一家が引き裂かれ、気丈に振る舞っていたころに比べ、家族と再会後、穏やかになった。家族の誕生日が来るたびに、ケーキを作り、プレゼントを用意して祝い合ってきたという。昨年も娘の誕生日にプレゼントを用意して部屋の写真に語り掛けた▼23日は、曽我さんが家族再会の期限としてこだわった二女ブリンダさんの19歳の誕生日だった。都内で入院中の夫に付き添う曽我さんは、帰国後初めて娘2人と外出し、公園を散策した。日本の外気に触れ、新しい生活の始まりを実感したに違いない▼この日、夫の病状は現時点で命に別条なし、との検査結果が出た。曽我さん一家にとって何よりの誕生日プレゼントだったろう。北朝鮮側から最近、安否不明者情報の不備を認める発言が出ている。人の生死にかかわる情報が軽く扱われたこと自体、腹立たしいが、早急に正確な再調査報告を求めたい。

日報抄

めぐみさん死亡情報　北朝鮮が意図的改ざん

（2004・10・10）

どこまで北朝鮮は、拉致被害者家族の心を翻弄《ほんろう》すれば気が済むのか。先の日朝実務者協議で「1993年3月死亡」としてきた横田めぐみさんの情報を「93年10月まで入院」と訂正した。単純ミスの訂正ではなく、人の生死に関する情報まで国家が意図的に改ざんしていた▼2年前、被害者家族に政府調査団の結果が伝えられた。北朝鮮発表の死因は「自殺」。母早紀江さんは「あの明るい子が自殺するはずがない」と声を震わせた。調査では、担当医師が入院から自殺までの経緯を詳細に証言していたが、完全な作り話だった▼病院の診断書発給台帳も改ざんされていた疑いが濃厚だ。国家による偽装工作が次々と発覚しながら、拉致は「特殊機関の一部の妄動」とした金正日総書記からは一言の謝罪もない▼拉致された当時、中学1年生、13歳だっためぐみさんが5日、40歳の誕生日を迎えた。父滋さんは「めぐみは拉致当時の母の早紀江とほぼ同世代になった。こんなにも長い時間、北で過ごしていると考えると切ない」と、引き裂かれた歳月に苦悩をにじませた▼中山恭子内閣官房参与の退任も、被害者家族を落胆させた。中山参与といえば、曽我ひとみさんと夫ジェンキンスさんとの再会場所を巡り、北京案の外務省に対して「北京以外」という曽我さんの希望を代弁するなど、被害者側に立った姿勢が記憶に新しい▼15日で拉致被害者帰国から2年、安否不明者問題は何一つ進展していない。「知りたいのはめぐみが今、どこで何をしているかだ」。滋さんの叫びが悲痛だ。拉致問題の全面解決なくしては、正常化も経済支援も前に進まない。

日報抄　**めぐみさん遺骨　母の心もてあそぶ犯罪国家**　（２００４・11・29）

中学1年の横田めぐみさんが北朝鮮に拉致されて27年。９８５５日目の今月15日、「きっと生きている」と信じる両親の元に届いた安否調査の回答は、非情にも、めぐみさんのものとされる「遺骨」だった▼最初の小泉純一郎首相訪朝時の死亡宣告は「１９９３年3月に死亡」。先の日朝実務者協議では「93年10月まで入院」と訂正。今回は「94年4月死亡」と再訂正である。めぐみさんの分厚い受診カルテはあるのに、死亡カルテはなし。生徒手帳や写真など物証だけが示された▼政府はまず、交渉相手が犯罪国家であることを自覚すべきだ。北朝鮮は何の罪もない少女を拉致しておきながら「死亡」と言い切って、悪びれることのない相手なのだ▼米国は北朝鮮をテロ支援国家とする根拠として拉致問題とともに「よど号ハイジャック犯保護」を挙げている。よど号犯には「犯罪者と交渉の余地はない」としている政府が、北朝鮮には「日朝平壌宣言を誠実に履行する」と強調した▼高まる経済制裁論にも小泉首相は「コメ支援と今回の日朝協議は切り離して考えたい」と慎重姿勢だ。「対話と圧力」というが、嘘《うそ》が露見しても恥じることがない相手に国交正常化を前提とした「まず支援ありき」では、真実を引き出せるとは思えない▼代表団が持ち帰った、拉致直後に撮ったとみられる写真を母早紀江さんは「切なすぎて見るのも嫌」。長引く遺骨鑑定に「いつまでも生殺しのような状態ではたまらない」と怒る。娘の安否を気遣う母の心をもてあそぶ非道な犯罪国家に圧力なき「誠実と支援」で交渉しても、限界があることは明らかだ。

日報抄

新潟で国民大集会　国民の命守る主権国家に

（2005・8・12）

「8月12日、思い出したくもない忌まわしい日です。1年に1回、この日が近づくたびに母を思い出します」▼27年前のきょう、佐渡で北朝鮮に拉致された曽我ひとみさんが、新潟市で開かれた10日の国民大集会に寄せたメッセージである。安否不明の母ミヨシさんに寄せる思いが悲しい。中学生だった横田めぐみさんはその前年、1977年11月に新潟市で拉致された▼母早紀江さんは集会で、北朝鮮が拉致直後に撮影した娘の制服姿を見たときの衝撃を語った。「拉致されて泣き叫んだあの時のままのめぐみ。何かを訴えるような、何と悲しい目をしているんだろう。懐かしい思いがこみ上げ、写真の白いブラウスをなでて泣きました」。会場が静まり返った▼北朝鮮から家族を奪還した親にとっても、まだ拉致問題は終わっていない。集会に福井から駆け付けた拉致被害者の父地村保さんは、「未帰還の家族の胸中を思うと、孫や家族が帰っても心から喜べない」と複雑な思いを語った▼「他人の骨を出して死んだことにする。こんなことをされても経済制裁をしないのでは、黙認しているのと同じ。衆院解散で総理が見せた、あの顔で怒ってほしい」。集会で訴える被害者家族も、支援者も白髪が目立つ。救う会新潟の馬場吉衛会長は84歳。妻に5月に先立たれた悲しみを隠して、集会の準備に奔走した▼総選挙の争点は、小泉純一郎首相がこだわる郵政民営化だけではない。国民の命を他国から守れなくては、主権国家とはいえない。早紀江さんは各地で「凛《りん》とした国になって」と、声を振り絞ってきた。政党と候補の姿勢、力量を見極めたい。

日報抄 「めぐみさん偽遺骨」 政府は経済制裁も選択肢に （2005・9・23）

「この家族に生まれて本当によかった」。新潟市で開かれた「わたしの主張05県大会」で、中学生15人の弁論を聞いた。真剣な語り口に引き込まれ、胸が熱くなった▼テーマは多様だったが、親子の断絶を物語る事件が多発する中、家族の絆の大切さを考えさせる主張が目立った。最優秀賞に選ばれた上越市板倉中の横田未奈さんは「たくあんとキムチ」と題し、日韓友好を訴えた▼韓国人の母が、ほ乳瓶を消毒するため鍋を使おうとしたら、「お祭りに使う大事な鍋だから」と注意された話を披露した。日本の風習を理解できずに悩んでいた母の子守歌はいつも寂しい故郷の歌だった。「今では、たくあんとキムチが毎日食卓にある」と国境を越えた家族愛を語った▼弟を中越地震で失った東小千谷中の星野英恵さんは「全てがなくなった方が良かったかもしれない。家も家族も自分も」と深い悲しみを打ち明けた。柏崎松浜中の大島薫子さんは、知的障害のある姉について「障害は恥ずかしいことではない。人を和ませるすごい力がある」と語った▼大会のあった17日は、日朝平壌宣言3周年と重なった。新潟市で拉致された横田めぐみさん＝当時中1＝の母早紀江さんは秋田県内で「なぜ国会議員全員が、北朝鮮はいい加減にしろと言わないのか」と声を震わせていた▼めぐみさんの「偽遺骨」問題で途絶えていた日朝政府間協議が再開する見通しになったが、難航は必至だ。娘との絆を取り戻すために全国を奔走する両親の心をもてあそぶ不誠実な対応を北朝鮮が繰り返すなら、今度こそ政府は怒りのメッセージとして経済制裁を選択肢に加えるべきだ。

日報抄

早紀江さんの怒り「国会議員は使命忘れたか」（2005・11・17）

中学1年生だった横田めぐみさんが北朝鮮に拉致されてから、15日で28年。新潟市で開かれた「忘れるな拉致県民集会」で演壇に立っためぐみさんの同級生の姿が、引き裂かれた歳月の重さを物語っていた▼13歳のときに「めぐみさん失踪」の衝撃を受けた小中学校の同級生は、41歳になっていた。「めぐみさんが拉致されたときのお母さんと、同じ年齢になりました。もう待てません」▼そう訴えた間英法《はざま》さんは、めぐみさんが突然いなくなった翌日の教室の光景が忘れられない。「朝、担任の先生が『皆さんに重大な話があります』と言ってめぐみさんがいなくなったことを伝えると、女の子たちがワーンと泣き出したのです」▼中学校教師になった間さんは、学校に「子供がまだ帰らない」という家族の問い合わせがあるたびに緊張する。忌まわしい記憶がよみがえる。「教室で毎日、生徒を見ている。この姿を連れて行った輩《やから》がいると思うと許せない」。訴える声が震えていた▼「13歳のめぐみが屈強な北朝鮮の工作員に連れて行かれたまま、41歳になった」。凛とした母・早紀江さんが語り始めると、会場が静まり返った。「偽の骨を出した国に何で制裁できないんですか。国会議員は使命を忘れたんでしょうか。大事な子供たちを守らないで、何が国家ですか」。悲しみと怒りに満ちた叫びだった▼集会後、支援者が差し出した色紙に早紀江さんは「誠実」、夫の滋さん（73）は「家族の絆」と書いた。他人の骨を平然と出してくる不誠実な国家への母の強い意志と、まな娘を奪われた父の苦悩を象徴する言葉だった。

日報抄　**父が撮っためぐみさん写真に拉致のむごさ**　（２００６・１・28）

横田めぐみさんが北朝鮮に拉致されるまでの13年間を撮り続けた父滋さんの写真展が、新潟市の新潟大和で開かれている。２日間で来場者は約６千人。大ホールを埋め尽くした人の波が途切れることなく続いていた▼立錐《りっすい》の余地もない会場は私語一つなく、不思議な静寂と緊張感に包まれていた。「やわらかな肌、小さな手や足…。めぐみを抱き上げたこの時の温もりは今でも忘れません」。初節句のひな祭り、めぐみさんの頬に滋さんが顔を寄せている記念写真の説明文が心を揺さぶる▼入園、入学、卒業、家族旅行、運動会など、めぐみさんと家族の何気ないポートレートを順に見た。どこの家族にもある日常のひとこまが、ある日突然、一家からめぐみさんの愛くるしい笑顔を奪った拉致事件のむごさを訴えかける▼笑顔と対照的なのが、拉致直後に北朝鮮で撮られた制服姿のめぐみさんの写真だった。両親のメッセージが悲しい。「何と哀しい目をしていることでしょう。あんなに明るかった娘が何と寂しく不安に満ちた表情をしているのでしょう。どんなに悲しく恐ろしくつらかったでしょう」▼写真の前で立ち止まり、身を乗り出して説明文を読み目頭を押さえる女性。若い母親は「絶対に許せません」と涙声で語った。整然とゆっくり進む「沈黙の隊列」は、悲しみだけでなく怒りの行進のようだった▼小学５年のめぐみさんが外泊の自然教室から双子の弟に出した年賀状が目を引く。「賀正　たくや　てつや　おとうさん　おかあさん　もうすぐかえるよ！まっててね」。拉致から28年、家族と引き裂かれためぐみさんの叫び声に聞こえた。

日報抄

めぐみさん写真展　胸に迫る両親の苦闘する姿

（2006・4・12）

「消えし子よ残せるサボテン花咲けりかく小さくも生きよと願う」。北朝鮮に拉致された横田めぐみさんの母早紀江さんの歌である。突然引き裂かれてから29年、めぐみさんの夫が韓国の拉致被害者の可能性が強いという日本政府のDNA鑑定結果が伝えられた▼北朝鮮の闇の深さに、両親の苦悩を思う。2004年、北朝鮮を訪れた日本政府代表団に対し、めぐみさんの夫を名乗る男性は写真撮影や血液採取を拒んだ。北朝鮮は身元を隠そうとしたのだろう。太陽政策を掲げる韓国政府の反発も恐れたに違いない▼鑑定結果が出たことで、拉致問題解決へ日韓政府の連携が一気に進むかというと、そう単純ではなさそうだ。朝鮮戦争後の韓国の拉致被害者は約500人。1千万人といわれる南北離散家族の問題の陰に埋没しがちだ。そんな韓国の拉致被害者家族とメディアが注目しているのが、日本の運動である▼韓国世論を盛り上げるためにも、拉致被害者を積極的に支援したい。日朝協議で北朝鮮が警戒感をあらわにした「めぐみさん写真展」が、新潟展に次いで20日から上越市、5月3日からは長岡市で開かれる。父滋さんが撮り続けた写真に、本紙の報道写真も加わる▼会場ではBSN新潟放送制作のビデオも上映される。試写を見たが、初の街頭署名、厳冬の座り込み、炎天下の訴えと、夫妻の苦闘する姿が胸に迫る。増えていく白髪、深くなるしわが、残された時間の少なさを訴えている▼27日、米下院公聴会で母早紀江さんが事件を証言する。「拉致に関心を持ってもらうことが圧力になる」。両親を後押しするために、国際連携を強めたい。

日報抄

曽我さんの母　まぶしいセピア色の笑顔

（2006・8・7）

「母も年老いてきました。元気で1日も早く帰ってきてほしい」。佐渡市で7日まで開かれている拉致被害者横田めぐみさんらの写真展で、曽我ひとみさんが母ミヨシさんへの思いを語った▼ひとみさんと母は、28年前の8月12日に拉致された。19歳だったひとみさんは当時の母の年齢を一つ上回り47歳、母は74歳になった。北朝鮮でめぐみさんと一時生活したひとみさんは「写真を見ると、あのころのことが一つ一つ浮かんでくる」と語る▼2人の話題は母の思い出だった。めぐみさんは母早紀江さんを「香水のいいにおいがした」と話した。ひとみさんは「工場に通って、油のにおいしかしない母でした」。悲しい境遇の中で、2人は母のにおいを懐かしんだ▼タバコ乾燥作業の合間にひとみさんを抱く母の写真からは、働き者の汗のにおいが伝わってくる。青年団や会社の慰安旅行、そしてひとみさんの中学入学式の記念写真。ひとみさんは「生まれて初めて見た写真もあった」という。ミヨシさんのセピア色の笑顔がまぶしい▼会場には佐渡市で消息を絶った特定失踪者、大沢孝司さんの写真も展示された。高校生の孝司さんと母房《ふさ》さんの記念写真が目を引く。行方不明から半月、警察が必死に捜索したが手掛かりはなかった。家族が「自殺か」と不安を口にする中で、母だけは「遺書も書かないような無責任な男ではない」と否定した▼兄昭一さんは「気丈な母が一度だけ山で大声を上げて泣いた」と、亡き母を振り返る。ミヨシさん、早紀江さん、房さん、3人の母と子供たち。絆を引き裂かれた日々の悲しさが胸に迫る。

視点 全国の学校で「めぐみ」上映を　（2006・12・2）

「私はいじめ自殺のニュースをみると腹が立ちます。私は病気です。一般高校にも通えていません。過去にいじめられたこともありました。でもどんなに辛《つら》くても苦しくても病気と闘いながら頑張って生きています。いじめられて自殺する人はもっと健康であることの素晴らしさを実感すべきだと思います。死なないでほしい」

小中高生のいじめ自殺が連鎖している中、病気で苦しむ県内在住の16歳の少女からの手紙が本社に届いた。封書の裏にあった「絶対読んでください」の文字が、「多くの若者に伝えて」というメッセージに思えた。ノート3枚に書かれた手紙は「もっと他に苦しんでいる人がいることを分かってほしい」と締めくくられていた。死に急ぐ同世代の命を救いたいという必死の訴えだった。

いじめ自殺も高校の未履修も学校の対応がまずい。「いじめはなかった」ことにし、責任回避しようとする担任、校長、教委。「振り替えは未履修に当たらない」と独自の解釈をした県教委の姿勢を子供たちはじっと見ているはずだ。

ただ、学校側だけを非難してもいじめ自殺はなくならない。「日本人は何をしてきたのか。いじめで自殺したり、子供が親を、親が子供を殺す時代になった。私たちのころは悪いことをしたら本気になって親からたたかれた」。新潟市の「拉致・県民集会」で横田めぐみさんの母早紀江さんが訴えた。家族が子供を全力で守り、いじめは恥ずかしいことだと教える家庭も大事だ。

県内上映が始まった映画「めぐみ」を若者にぜひ見てほしい、と語る母の思いが切ない。子供を奪われた両親の深い嘆きと悲しみに触れれば、自殺しようとは思わないし、他人にも優しくなれるはずだ。全国の学校で上映してほしい。

日報抄

福田首相　被害者家族との信頼築け

（2007・10・2）

横田めぐみさんが北朝鮮に拉致されていたとの衝撃的な元工作員証言から10年。北朝鮮との交渉を指揮する首相はくるくる代わった。そのたびに焦燥感を募らせた拉致被害者家族は、福田康夫首相の所信表明演説を祈る思いで聞いたことだろう▼「全ての拉致被害者の一刻も早い帰国を実現するため、最大限の努力をします」と、福田首相は語った。拉致問題を全面解決した首相として、日本の外交史に名前を刻んでほしい▼拉致被害者家族は、福田首相に複雑な思いを抱いている。2002年、電撃訪朝した小泉純一郎元首相に北朝鮮が拉致被害者の「安否情報」を伝えた直後のことである。「家族会は一つの家族のようなもの。一緒に安否を聞きたい」と訴えた蓮池薫さんの母ハツイさんは、心が凍り付いた▼当時官房長官だった福田氏が、「黙って聞きなさい。あなた方の子は生きているのだから」と言ったのだ。「命の重みに配慮がない。涙が出た」とハツイさんは語る。福田首相は冷たい人なのか、心のゆとりを失っていたのか▼対北朝鮮外交で日本が置かれた状況は厳しい。政府は万景峰号の入港禁止など、日本独自の経済制裁を延長した。一方、6カ国協議は核施設の年内無能力化で暫定合意した。テロ支援国家解除についても話し合うなど米朝は核問題を優先し、日本を置き去りにしている感がある▼福田首相は何よりもまず、拉致被害者とその家族との強固な信頼関係を築かねばならない。ブッシュ米大統領の心を揺り動かした横田早紀江さんらの家族愛こそ、世界の世論を束ねる最大の力である。その力を背景に北朝鮮と毅然と交渉してほしい。

視点 めぐみさん拉致30年 家族の苦悩胸に交渉を （2007・10・6）

横田めぐみさんが新潟市で北朝鮮に拉致されて11月15日で30年。日朝首脳会談で北朝鮮が拉致を認めた2002年9月17日から5年の歳月が流れた。しかし、解決の道筋は見えず、老いが目立つ被害者家族には焦燥感が漂う。

9月10日の所信表明で「全ての拉致被害者が帰国するまで鉄の意志で取り組んでいく」と語った、対北朝鮮強硬派の安倍晋三首相が2日後に突然退陣表明。被害者5人が帰国した際、北朝鮮に戻すことを主張した、対話重視の福田康夫首相に交代したことが被害者家族に不安を与えている。

その福田首相は1日、「拉致被害者の一刻も早い帰国を実現し、不幸な過去を清算して日朝国交正常化を図るべく最大限努力する」と所信表明した。安倍前首相が1年前、初の所信表明で「拉致問題の解決なくして国交正常化はない」とした拉致最優先に比べると、後退した感が否めない。

政府は、昨年の北朝鮮のミサイル発射、核実験で万景峰号など同国籍船舶の入港全面禁止に踏み切った独自経済政策の延長を決めた。この間、米政府は北朝鮮に重油支援を決定、麻薬、偽札など北朝鮮の違法ビジネスで得た資金洗浄の温床になっていたマカオの口座凍結を解除。最近では、米国務長官が、日本人拉致問題未解決でも北朝鮮のテロ支援国家指定解除ができることを示唆した。

今回の6カ国協議では、年内の北朝鮮の核施設無能力化で暫定合意し、テロ支援国家解除も言及するなど米朝が核問題を優先し、日本だけが孤立を深めている感がある。

拉致問題に協力してきた関係者が表舞台から離脱したことも痛手になった。めぐみさん拉致を国会で追及してきた国会議員が一昨年に弁護士法違反容疑で、7月にはめぐみさんらを目撃したと証言した元工作員が覚醒剤密売容疑で逮捕された。家族の一人は「世間が拉致問題に無関心だった時代から励ましていただいた感謝の思いは今も変わりません」と唇をかむ。

被害者家族に残された時間は多くない。県内では、被害者のめぐみさん、曽我ひとみさんの母ミヨシさん。特定失踪者では、大沢孝司さん、中村三奈子さんら6人が安否不明のまま。拉致を巡る内外の逆風下、家族は必死に街頭署名など、救出活動を展開している。

めぐみさんの母早紀江さんと同じ71歳の福田首相にも長女がいる。「あなたの家族が拉致されたと思ってください」と、早紀江さんは講演で訴える。昨年4月、早紀江さんと会談したブッシュ米大統領は「母親が求めているのは娘との再会だけだ」と感極まって、母の思いを代弁した。日米首脳は、被害者家族の苦悩を胸に刻み、「拉致は重大な人権侵害でテロ行為」として国際世論に訴え、圧力と対話を駆使し、北朝鮮と対峙《たいじ》してほしい。

日報抄　**早紀江さん　胸打つ娘奪われた母の言葉**

（2008・1・10）

納戸から古い火鉢と俵に残っていた木炭を取り出した。灯油の高騰もあり、節約のつもりで始めたスローライフの一環である。赤い炭火を見ていると心までぬくもる。熾火《おきび》に命のエネルギーを感じる一方で、白い灰になっていく姿に消えゆくもののはかなさを思う▼殺伐とした時代。北朝鮮に拉致された横田めぐみさんの母早紀江さんの近著『めぐみへ　横田早紀江　母の言葉』（草思社）を読んだ。13歳の娘を奪われた母の愛に加え、「命」の重さを訴える言葉が胸を打つ▼「娘の命と魂と健康とを、あらゆる危害からお守りください」。37の「母の言葉」のうち、命を題材にした言葉が六つある。外務省が偽の遺骨を持ち帰った2004年11月の祈りが悲しい。「どんなにめぐみがぼろぼろになっていても、必ず命を与えたまま返してください」▼「救いを求めている大切な命が今もわめいて、叫んで、助けを求めているのです」。参院拉致特別委での訴えである。めぐみさん拉致30年に当たる昨年11月15日、新潟市の県民集会では「命には限りがあります。死んでしまったら、もう会うことができません」と焦燥を募らせた▼本紙新年特集で作家の高村薫さんが、初の原発震災で止まった柏崎刈羽原発問題に関連して問い掛けている。「今の政治は防災に限らず、国民の命を第一に守るという発想はない」▼柏崎原発の廃炉と運転再開を想定した経済的影響を県の学識者会議が分析した。断層に対する安全審査の深刻な誤りが次々と露呈している原発をどうするのか。拉致問題と同様に、国家が凛として国民の命を最優先する方策を探るしかない。

日報抄　**米のテロ支援国家　核申告だけで指定解除**　（2008・7・1）

「誠に忌まわしい出来事で率直にお詫びしたい。責任ある人々は処罰された」。2002年9月、日朝首脳会談で拉致事件への国家的関与を認め、謝罪した北朝鮮の金正日総書記の言葉だ。金総書記は横田めぐみさんらの拉致について「特殊機関の一部の妄動、英雄主義の結果」とし、自身の関与は否定したままだ▼米国は、拉致のほか「核兵器」開発疑惑や偽札、麻薬の製造に関与したなどとし、北朝鮮を悪の枢軸と非難してきた。そんな国に対するテロ支援国家指定を核申告しただけで解除した▼米国の食糧支援第一便が北朝鮮に届いたという。日本の暴力団対策法に例えれば、世界の警察を自任する米国が、銃器を保有する暴力団が拳銃を届け出たご褒美に、指定暴力団の対象から外すようなものだ▼日朝協議で政府は、被害者の再調査を約束した北朝鮮に、万景峰号入港など経済制裁の一部解除方針も決めた。日米双方ともに北朝鮮の〝誠意〟を認めた格好だ。拉致解決へのてこを失ったとの見方について、福田康夫首相は「全くそのようには考えておりません」と素っ気ない。ブッシュ米大統領も「拉致被害者を見捨てない」と言う▼「（指定解除までの）45日間、日本政府は一時間一時間を大事にして問題解決への計画を立ててほしい」。偽の遺骨まで送られ、何度もむごい仕打ちに遭ってきた、めぐみさんの母早紀江さんが怒りを抑え訴える姿が痛々しい▼高齢化する被害者家族に残された時間は少ない。北朝鮮の持ち時間だけが増えたような気がする。

デスク日誌

斬新な紙面作りに挑戦

（２００８・10・４）

佐渡の大空にトキが薄紅の翼を広げ舞った先月25日、一斉捕獲以来27年ぶりに野生復帰した歴史的瞬間に立ち会った関係者の喜びの表情が印象的だった。その笑顔を見ながら、２世誕生への期待と重圧の中、県トキ保護センターで飼育係だった故・高野高治さんの言葉が去来した。「センターで８羽死んでいる。私はカズちゃんを入れると９羽殺している」。トキの重い十字架を背負った自責の念だった。

放鳥前日の先月24日付本紙朝刊、いかがでしたか。卵と地球をイメージした図柄の上に「朱鷺《とき》から生まれる　日本の未来」のキャッチコピー。放鳥に合わせた「人と自然との共生」のメッセージを伝える紙面作りの一環で、表紙をめくると、青空に舞うトキの写真が飛び込んできた。１面と最終面の見開き紙面にくるまれた「ラッピング広告」紙面は、本紙では初の試み。読者からは「広告しか入っていない」との苦情もあったが、「おしゃれな紙面で朝からすがすがしい気分になった」との評価も。インパクトある紙面作りの狙いは成功だったと自負しています。

横田めぐみさん拉致30年の昨年11月15日の本紙朝刊は、めぐみさんの写真を22面にわたり掲載。前例のない企画は、第１回新潟写真文化賞特別賞を受賞。北京五輪開幕やトキ放鳥でも１面、最終面見開きのワイド写真を展開した。カラー化が進む中、写真のメッセージ性を強くアピールする斬新な紙面作りに挑戦していきます。

日報抄

めぐみさんの写真　直後の撮影、正視できない母

（２００８・11・25）

「つらすぎて見ることができません」。横田めぐみさんが拉致されて31年目の「11・15県民集会」で政府制作アニメ「めぐみ」が上映されたが、母の早紀江さんは席を外した▼北朝鮮に連れ去られる暗い船倉で「お母さん　お母さん」と泣き叫び、爪がはがれるほど壁をかきむしる。そんなシーンに会場から嗚咽《おえつ》が漏れた▼拉致直後に撮影された白いブラウス姿の娘は、不安そうな眼差しをカメラに向けている。早紀江さんはその写真も正視できないという。同じカットが載った本紙を手渡されると、何度も紙上の娘をさすった。失われた家族の時間と娘の記憶を、老いた指でなでてやることでしか確認できない。そのもどかしさを思うと切ない▼今月初め、めぐみさんが2歳まで住んでいた名古屋市のアパートを訪ねた早紀江さんは、「懐かしい地で泣きそうだが、泣かずに頑張る」と語っている。「涙はあの国の指導者を喜ばせるだけ」と思うからだ▼解決の糸口が見いだせない。集会では、北朝鮮への怒りに声を震わせ、政府に注文した。「子供をまるで紙くずのように引っさらった国」「私は官邸や外務省にはだしで駆け込んで『あなたのお子さんだったらどうしますか』と言いたくなる。日本政府は、6カ国協議で怒ってもいい」▼首相が変わるたび陳情を繰り返す家族たち。親の高齢化は進み、心身とも限界が近づいている。集会の日、拉致被害者市川修一さんの母トミさんが91歳で亡くなった。政府は、母たちの忍耐にいつまで甘えているのか。

聞く　田村重信さん　有事法制を推進する自民党の論客

（2003・5・17）

緊迫する北朝鮮情勢やイラク戦争を背景に与党が成立を目指していた有事関連3法案が修正協議の末に15日、衆院本会議を通過し、今国会で成立見通しとなった。「有事法制のない国はない。国民を守るために必要」とする政府に対し、国民の中に「市民を戦争に巻き込む悪法」とする不信感も根強い。今、なぜ有事法制なのか。自民党政務調査会で長く安全保障・防衛政策を担当、与党の安全保障プロジェクトチームの一員として政府の有事法案作りに深く関わった田村重信さん（50）に聞いた。

（聞き手・編集委員）

国民を守るために絶対必要

■今なぜ、有事法制が必要なのですか。

国家の最大の役割は国民の安全確保。有事法制は遅くなったが、当然必要な法律だった。敗戦で占領された結果、生まれたのが日本国憲法。日本が戦争しなければ周りはいい人たちだから、戦争は起きないという思想の下、憲法前文と戦力を保持しない9条で出発したが、周りには非常に危険な国もある。新潟で関係する拉致問題は、何で起きたか考える必要がある。国の防衛・治安対策が弱かった。国民の支持も高まっている。

■国民支持の根拠は何か。

春の統一地方選の結果で分かる。44道府県の議員選挙の特徴は、イラク戦争反対を主張した共産と社民の敗北。共産の議席は3分の2に激減。東京都では石原慎太郎氏が圧勝した。共産も社民も日米安保条約は戦争に巻き込まれるからない方がいいというが、平和憲法9条を世界にPRすれば、安全でいられるという話は国民の大多数が信用しなくなっている。

■核開発や拉致で北朝鮮の脅威が影響しているのか。

日本にとって北朝鮮の脅威にどう対処するかが大きな問題だ。日本の防衛政策では専守防衛、非核3原則が基本。北朝鮮を攻撃する武器を有していない。自衛隊と安保条約で守ることになっている。外に対する打撃力は米国に全面的に負う日米同盟がある。外部から攻撃されたら、米国が同盟国としてたたくという信頼関係がある。イラク戦争で米国が困っている時に支持表明するのは当たり前だ。

■有事の際に国民の生命、人権をどう守るかという国民保護法制が後回しにされた。基本的人権が守られるかどうか不安がある。

今回の有事法制で一番大事なのは自衛隊法改正で、防衛庁に任され、研究実績があったため、法案ができた。しかし、国民保護法制は、最近まで全く手つかずの状態で遅れた。国民保護法制は大事だから、1年以内に作るため急いでやっている。民主との修正協議で基本的人権の尊重規定が明記された。ただ、有事に、国民の安全を守るために多少我慢する必要はある。有事と平時は違う。風水害に対処する災害対策基本法でも有事法制と同じように人権を制約する条項がある。若干の制限は理解してもらえるはずだ。

■有事法制は、日本有事を名目に自治体や国民の権利を奪う立法でないかとの批判がある。

そうした批判は「国家は悪で信用できない」「軍隊は国民に銃を向けるもの」といった古い発想。有事法制で米国の戦争に巻き込まれるというのは全く根拠のない感情的論争。世界のどの国でも有事法制がある。韓国だって中国だってあるから批判しない。

■有事法制は憲法で禁止する集団的自衛権の行使につながるとの指摘がある。

日本から見れば個別的自衛権だけの世界。米国から見れば集団的自衛権。日本の場合、国際法上、権利はあるが、憲法上行使しないことになっている。9・11テロでも期限付きのテロ対策特措法を作り、米英などの後方支援だけ行う。

■武力攻撃予測事態で有事の定義が拡大されないか。

武力攻撃予測事態は、自衛隊法77条の防衛出動待機命令を下命し得る事態と同様であり、有事を拡大するものではない。

【取材後記】 自民党内で安保・防衛問題の論客である。自社連立時代を「有事法制の言葉自体がタブーだった」と振り返る。それが、北朝鮮ミサイル発射、9・11テロ、拉致事件、イラク戦争で一変、追い風を感じている。日米関係は、新防衛協力指針、周辺事態法、テロ対策特措法、有事法制と急激に強化されている。急ぎすぎて自衛隊の超法規的行動を抑える有事法制が、武力攻撃予測事態の拡大解釈で平時の準戦時下という「超法規事態」を生むことがないよう、国民保護法制はじっくり論議してほしい。

〈たむら・しげのぶ〉 1953年、栃尾市（現長岡市）生まれ。拓大卒。大平正芳事務所を経て自民党政調会。橋本竜太郎政調会長の政調会長室長。自民政調会主席専門員などを経て現在、政治評論家。著書に『憲法と安全保障』（南窓社）など多数。

聞く　馬場吉衛さん　めぐみさん救出へ先頭に立つ元校長

（2006・5・13）

横田めぐみさんの母早紀江さん（70）が4月末に訪米、ブッシュ大統領と面会し、苦悩する拉致被害者の母の心情を訴え、海を越えたブルーリボンが国際世論を盛り上げた。15日からは父滋さん（73）が、日本政府のDNA鑑定でめぐみさんの夫の可能性が高いと分かった韓国人被害者の家族と会うために訪韓する。拉致問題解決へ日米韓の連携機運が高まる中、街頭署名の先頭に立って横田夫妻を支えてきた、めぐみさんが通った新潟小学校の元校長で、救う会新潟会長の馬場吉衛《よしえい》さん（84）＝新潟市＝に救出運動にかける思いを聞いた。

（聞き手・編集委員）

「我がこととして悲しみを怒りに」

■なぜ被害者家族が訪米、訪韓しなければならないのか。北朝鮮に対し金融制裁を行っている米国に比べ、自国民が被害者の日本政府の動きが鈍いような気がします。今何が必要ですか。

歯がゆい思いがする。日本政府は対話と圧力と言うが、圧力が足りない。外交は話し合いが大事だというが、北朝鮮がどういう国か分かっているのか。圧力がなければ解決しない。北朝鮮に行ったドイツ人医師が「対話は譲歩と同じ」と語っている。その通りだ。対話などあの国に通用しない。米国に頼むより、日本の国では経済制裁しかない。新潟の場合、万景峰号の入港を阻止することです。麻薬や偽札製造疑惑を野放しにしているような状態はおかしい。特定船舶入港禁止法があるのになぜ、船を止めないのか。腹立たしい。

■めぐみさんの新潟小時代の思い出はありますか。

めぐみさんは、拉致される前年1976年9月、新潟小学校に拓也君と哲也君の双子の弟と転校してきた。めぐみさんより、双子の印象が強い。かわいくてね。2人とも立派に成長しましたね。めぐみさんに卒業証書を渡す際、「中学校に行っても頑張りなさいよ」と言いました。お下げ髪のかわいいお嬢さんでしたよ。

■めぐみさんの救出運動に加わったきっかけ。老いの身を駆り立てる原動力は何ですか。

1997年4月、横田夫妻がタスキ掛けで街頭署名を始めたことを報じる新聞にめぐみさんの同級生が写っていた。めぐみさんが行方不明になったことは知っていたが、北朝鮮に拉致されていたなんて夢にも思わなかった。教師として教え子が拉致されたら、どんなことをしてでも助けてやるのが当たり前じゃないですか。

■北朝鮮による死亡宣告、偽遺骨問題など何度打ちのめされても立ち向かう横田夫妻の凛とした姿が拉致運動のシンボル的存在になっています。夫妻の闘いぶりをどう評価しますか。

夫婦とも人柄が素晴らしい。特に早紀江さんは、普段決して他人の悪口を言わないが、拉致問題となると非道な北朝鮮に対して鋭く的確に怒りをぶつける。その発言内容が共感を呼んでいると思います。北朝鮮が拉致を認め、めぐみさんの死亡を告げた2002年9月17日、記者会見で涙ながら訴えた言葉が忘れられません。

「めぐみは本当に濃厚な足跡を残していった。これまで長い間放置され、犠牲になった日本の若者たちの心の内を思ってください」

■馬場さんはじめ、横田夫妻も高齢化しています。政府や県民に何を訴えたいですか。

めぐみさん写真展が今年1月の新潟に次いで上越、長岡でも開かれました。会場では、めぐみさんの写真を見て多くの人が涙を流していました。しかし、その悲しみを怒りに変えてぶつけてほしい。日本政府には早期解決へ向けた経済制裁を求め、北朝鮮には「一刻も早く返せ」と。横田さんにただ同情するのではなく、あなたの子供が拉致されたら、どうしなければならないのか、という気持ちを持ってほしい。人ごとでなく、当事者意識を持ってもらいたい。

【取材後記】猛暑、厳冬の日も古町十字路で街頭署名を呼び掛ける背の高い老紳士を何度も見かけた。めぐみさんが「校長先生は外国の俳優みたいで格好いい」と母に語っていた馬場さんだった。1枚の卒業写真がある。めぐみさんのクラス写真の両端に馬場校長と担任の姿がある。普通は中央最前列に校長が座るのに児童を両側から守るように位置する。「子供が主役ですから」と語る教育理念が救出運動に駆り立てる。昨年5月13日に妻照子さんに先立たれた。妻が入院前に台所に残した「あきらめないで」の書き置きが活動を見守る。

〈ばば・よしえい〉 1921年、旧新津市生まれ。新潟大学付属新潟小教頭、加茂・下条小校長、新潟小校長、白山小校長など歴任。2004年から救う会新潟会長。11年10月死去、90歳。

座標軸

拉致事件情報　秘密指定では検証も不能

（2013・11・20）

横田めぐみさん拉致から36年。新潟市で「忘れるな拉致　11・15県民集会」が開かれた。拉致事件を風化させないための県民集会だが、両親の滋さん、早紀江さんには「忘れたい悪夢の日」に違いない。娘が拉致された日付の県民集会に両親が毎年出席するようになって9年目。会場には進展しない事態に静かな怒りが渦巻いていた。北朝鮮が拉致を認めた02年から、何人の総理が全面解決を訴え、何人の拉致担当相がめぐみさんの拉致現場を訪れたか。弟の哲也さんが初めて壇上に上がり、「姉の拉致事件は現在進行中の国家テロ事件です。胸に青いバッジを付けているだけの国会議員。一体何をやっているのですか」と歴代政権のアリバイ証明的な対応に両親の怒りを代弁した。

会場で寄せられたメッセージでは「政府は国益を損ねてでも、めぐみさんら被害者の帰国をかなえたい、と本当に思っているのでしょうか」などと、膠着状態を招いた政府対応への不信感もあった。

「家族の方にも話せないことがある」。集会で政府拉致担当実務者が外交交渉の狭間で揺れる心情を吐露した一言に、大詰め審議の特定秘密保護法案が浮かんだ。与党の自民、公明両党は秘密の範囲を「防衛、外交、スパイ・テロ防止に関し、漏れると安全保障に著しく影響のある情報」としている。

生存情報も含め外交事案として拉致事件も秘密指定の恐れがある。秘密の指定期間30年超に延長可能な政府案では、事実が永遠に闇に葬られ、事件の検証すらできなくなる。政府の外交ミスまで隠蔽《いんぺい》されては被害者・家族は泣くに泣けない。

■平成16年度新聞協会賞・受賞報告

（新聞研究2004年10月号寄稿）

キャンペーン企画「拉致・北朝鮮」

〈授賞理由〉　丹念に取材、政府の対応を促す

新潟日報は、北朝鮮による日本人拉致事件の早期解決を訴え真相究明への道を探るため、横田めぐみさんが新潟市で拉致されて26年目の平成15年11月15日から、今年6月28日まで長期にわたるキャンペーンを展開した。

事件の全体を検証し、拉致被害の家族、友人や関係者を丹念に取材して、拉致被害者とのその家族の苦悩と闘いの日々を克明につづった。拉致問題が膠着状態から一部被害者家族の帰国・来日へと大きく進展する中、拉致問題にかかわった人々の全面的な解決を願う気持ちを深く丁寧に報道し、改めて事件の非情さを認識させ、政府の対応を促したキャンペーンとして高く評価され、新聞協会賞に値する。

▼県民世論喚起のために

小泉純一郎首相が再訪朝し、蓮池薫さん、福井県の地村保志さんの子供たちが帰国した翌日の今年5月23日、新潟市で約1500人が参加した「拉致・北朝鮮を考える県民シンポジウム」（新潟日報

社主催）で早紀江さんが訴えた。「めぐみは生きています。北朝鮮のどこかで助け出してくれるのを待っているのです。必ず救い出します」。気丈な母の姿があった。

昨年9月8日。残暑がきつい午後だった。北朝鮮による拉致事件の長期連載取材を始めるに当たり、企画の狙いを説明するため、新潟県柏崎市の拉致被害者蓮池薫さんの実家に両親を訪ねた。前年、24年ぶりに帰国した蓮池さんの父秀量さん、母ハツイさんに四半世紀をどのように過ごしてきたか、尋ねた時だった。

父は語った。「音信不通の24年間。心の中では、ともすれば覚悟しなければと思ったこともあった。死亡と言われた時、心の奥底で覚悟していた」。隣の母が割って入った。「私は息子が絶対に生きている、と信じてきた。どんなことがあっても生きている。人間は百まで生きられる。親が信じないで誰が信じてやるのですか」。ここにも母の強い愛があった。

２００２年9月17日、小泉首相初訪朝で北朝鮮の金正日総書記が、拉致を認めた日朝首脳会談を境に「疑惑」は「事件」になった。同年10月15日、蓮池夫妻、地村夫妻、佐渡市の曽我ひとみさんの拉致被害者５人が帰国した。

新潟日報社は、日朝首脳会談から1年余り、拉致問題の進展がない中、被害者が、家族の絆を取り戻し、「日本海を平和と友好の海」にするための長期キャンペーン企画「拉致・北朝鮮」を昨年11月の「めぐみさん」シリーズを皮切りにスタート。拉致事件の悲惨さを家族や友人の証言で訴える「証言編」、背景を分析する「検証編」の２本立てで、事件の早期解決と真相究明を目指し、県民世論の喚起を狙った。

取材班は大塚清一郎（報道部）キャップに、証言編を原崇（東京支社）、検証編を後藤貴宏（報道部）が主軸となって担当、平均28歳の若手記者12人が、精力的に取材を重ねた。被害者家族の証言を求め全国へ、韓国の被害者の声を求め海外へ飛んだ。佐渡の海岸では岩場を登り、洞窟に入り、工作員の痕跡を探った。

第1章は、めぐみさんが26年前に新潟市で拉致された悪夢の日、「11月15日」に朝刊から始めた。第1部「めぐみはどこへ」というタイトルで、失踪から北朝鮮による拉致事件発覚までの両親の苦悩を展開。第2部「めぐみを返して」では、事件判明から全国行脚を続ける両親の姿。日朝首脳会談で拉致を認めた北朝鮮から「死亡宣告」されても、娘の生存を信じ、立ち上がる両親の闘いを克明に追った。

「息子よ娘よ」では、帰国した蓮池薫さん、祐木子さん夫妻が北朝鮮に残してきた2人の子供と離れ離れで生きる苦悩。日朝首脳会談で拉致事件と分かるまで必死の捜索活動を続けた両親の姿。薫さん夫妻が日本永住を決意、子供の帰国を耐えて待つ日々を追った。「蓮池さんシリーズ」は、被害者本人が帰国しているのに直接取材が会見以外できない中、両親や家族の証言を積み重ねて核心に迫った。

検証編では、蓮池事件発生から10年後の88年、柏崎市の男女（蓮池さん夫妻）行方不明事件が県議会で取り上げられ、県警警備部長が「北朝鮮の工作員による拉致と見ている」と答弁したが、社会党議員が猛反発。部長答弁から「北の犯行」が事実上削除され、幻の答弁となった当時の政治情勢を含む時代背景を探った。

第3章「山も川も温かく」では、北朝鮮に夫と娘2人を残して佐渡に単身帰国した曽我ひとみさんの孤独。家族との再会を待つ母の胸中を友人らの証言を積み重ねて、心のひだに追った。第4章「生きていれば」では、福井の地村さん事件の現場も訪ね、検証した。「今も待っている」では金賢姫の教育係をさせられた田口八重子さんら県外安否不者を取り上げ、苦悩する家族を描いた。

第5章「きっと会える」では、拉致の疑いが濃厚な新潟県内関係特定失踪者の事件を取り上げた。第6章は事件全体の検証編。個別事件だけでなく、過去の日朝関係にメスを入れながら、「なぜ、海保、警察は不審船を防げなかったのか」などをテーマに展開。元県警幹部らを「夜討ち朝駆け」、証言を引き出していった。

協会賞の選考過程で「被害者や家族の証言がほとんど取れない中、よくぞここまで証言を引っ張り出した」との評価をいただいた。取材陣の苦悩が報われた講評だった。戦後も脈々と続いた新潟と北朝鮮の「友好親善のパイプ」が、拉致問題で悪化するのを恐れ、拉致問題追及に及び腰の政治家。陸(警察)と海(海保)の「縄張り意識」が強く、不審船を見て見ぬふりの姿を浮き彫りにした。

▼事件の痛みを読者と共有

1~6章8部構成で連載82回、主な特集5回を展開したシリーズで全体を通して、取材班は事件のむごさを伝える「証言の重さ」を前に言葉を失った。どんな修飾語も「事件の重さ」の前に無力で陳腐だった。連載では毎回、意見・感想を募集。解決の道を県民・読者と探り、痛みを共有した。開始と同時に、メール、ファックス、手紙が殺到し、大きな手応えを感じた、特徴的なのは、中高生からお年寄りまで、広範な年齢層から反響が相次いだことだった。

活字離れの若者にも訴えた。「いつも新聞なんて読まない私が、『息子よ娘よ』という言葉にひかれ、思わず読んでしまいました。読み終わらないうちに涙が出てきて文字がゆがむほどでした。拉致という問題さえ知らなかった私は、一昨年の帰国の放送を見て、母と涙を流すばかりでした。一刻も早く薫さん夫妻の長男、長女の帰国を願うばかりです」（高1・女の子）。

母の立場の意見も目立った。「毎日、読んでいます。涙が止まりません。北朝鮮は拉致をした、と言いながら、返さないのは認めていないのと同じです」（3児の母）。膠着状態の日朝関係にいら立ち、何か役に立ちたいとの思いを伝える声が多かった。「5人が帰国し、一気に解決するのでは、と思われましたが、何の進展もなく、今度は帰国した被害者が、親御さんたちが味わった、つらく苦しい時間を過ごすことになるのではないかと危惧しております。何をすればいいか。教えてください」（高橋美恵）。

取材班への期待と激励も連日届いた。「子供たちが、めぐみさんたちが帰国するまではこの拉致という事件を風化させては絶対にいけません。全面解決まで連載は続けてください。一人の日本人としてお願い致します」（馬場悦子）。堀井敏恵さんからは、「特集で、どれほど多くの人が改めて事件を振り返ったか。家族の苦悩、拉致被害者となった蓮池夫妻の計り知れない絶望感の中での生活。同じ新潟に住んでいながら初めて知る事ばかりでした。持てる時間の全てを連載に注ぎ込んでおられる記者の方々の記事を全国の人に教えてあげたい」とエールが送られた。

「新潟日報が拉致の国際犯罪に毅然と立ち上がったことに、勇気と地方紙としての誇りを感じます」

（匿名）、「この連載が、北朝鮮への大きな揺さぶりになるに違いない」（飯田正子）と期待感の表明もあった。「事件を風化させないで」という読者の熱い期待感が、取材陣の心を奮い立たせ、冒頭の県民シンポジウム開催につながる土台作りとなっていった。

一方で「反北朝鮮の連載は即刻中止しろ」「日本は戦前、多くの朝鮮人を強制連行した。その国家賠償もしないで一方的に責めている」といった在日朝鮮人からの抗議があった。「今まで何もしなかった贖罪《しょくざい》で、拉致報道をやっているのか」との厳しい意見もあった。在日の女性（30代）からは、「小泉首相が再訪朝し、北朝鮮が自分たちの拉致を認めた。北朝鮮が両国の国交・交流を再開したいということだ。この視点を21世紀になった報道機関は目を向けてほしい。もっと在日の声も取り上げてほしい」との前向きな意見もあった。

▼「追及やめない」決意あらたに

拉致問題を語るとき、過去の歴史の検証が求められる。日朝間唯一の航路として北朝鮮の貨客船「万景峰号」が今も残るのは、9万人以上の在日朝鮮人と日本人配偶者を送り出した帰還事業の歴史があった、検証編では、脱北者の想像を絶する飢餓生活。帰国者家族と引き裂かれた在日家族の苦境を伝えた。

感情的な反北朝鮮キャンペーンに陥らないように、「在日、北朝鮮民衆すべてが、金総書記の独裁体制の犠牲者」との視点を基本に据えた。特に、在日と被害者が敵対しかねない状況を回避するために、83年、欧州から拉致された有本恵子さんの両親と在日との交流も取り上げた。在日1世の言葉が重かった。「有本さんの力になろう。許せないのは北の現体制で、一般の民衆や、在日までは嫌わないでほしい」。恵子さんの母も在日の集会で訴えた。「帰還事業で北朝鮮に戻り、音信が途絶えた家族を待つ在日の思いは、私たち拉致被害者と同じです」

「拉致」連載の進展に伴って、「拉致事件を風化させてはならない」「被害者家族を一刻も早く帰国させせよ」との県内世論が喚起されたことが、5月22日の首相再訪朝による蓮池さん、地村さんの子ども5人の帰国につながったと確信している。授賞理由で「改めて事件の非情さを認識させ、政府の対応を促したキャンペーン」と高く評価されたことは、「キャンペーンがなかったら小泉首相が再訪朝に動いたかどうか」と講評された企画の成果だった。

参院選投票日前の曽我さん一家帰国を狙ったとされる小泉首相の思惑は思惑として、日朝首脳会談から1カ月半、曽我さんと家族との再会が7月9日、1年9カ月ぶりにインドネシアの首都ジャカルタで実現した。タラップから降りてくる夫ジェンキンスさんとの抱擁。「二度と離れない」と家族の絆を確かめるかのような再会シーンに胸が熱くなった。18日には曽我さん一家4人が帰国した。

新潟日報という地方紙のキャンペーン報道を熊本日日新聞が転載に踏み切り、「拉致を風化させない」動きが全国に広がっていった。少々、大げさかもしれないが、地方発の小さな波紋が、次第に大波になり、池の中心の首相官邸や霞が関を包囲し、動かしたのである。

ジェンキンスさんの訴追問題では、日本政府は身柄拘束を避けるため、米側に人道的配慮を求め、在日米軍司令部のあるキャンプ座間（神奈川）に任意出頭し、罪の一部を認める代わりに、刑を軽減する「司法取引」に応じる形で、早期決着を目指している。曽我さん、蓮池さん、そして地村さんの子供たちも日本社会に順応するため日本語や生活習慣を学びながら、着実に生活の足場を進めている。

ただ、拉致問題は、めぐみさんら10人の安否不明者、拉致の可能性を排除できない特定失踪者約400人の問題など課題は山積している。新潟日報は、新聞協会賞を契機に、めぐみさんの母早紀江さんら被害者家族の「祈り」を胸に、全面解決まで検証・追及をやめないという「愚直な旗」を掲げ続けたい。

（新潟日報社　報道部長代理兼編集委員）

【追記】通年企画「拉致・北朝鮮」（新潟日報社・特別取材班）は2004年10月に『祈り　北朝鮮・拉致の真相』（講談社）で出版。17年には復刻版が新潟日報事業社から発刊された。

■「北の犯行」…「幻の県会答弁」、記事も2段扱い

時代背景の違いによって北朝鮮が拉致を認める以前の「拉致問題」も、過去に表面化した自民党の派閥集金パーティー裏金問題も記事の扱いが小さく、自戒を込めて当時の背景と報道姿勢を検証しなければならない。

1988年3月10日、新潟県議会で10年前の78年に柏崎市で起きた蓮池薫さんと祐木子さんのアベック行方不明事件が取り上げられた。自民党県議の質疑に県警警備部長が「北朝鮮の特殊工作員による拉致」と答弁。しかし、県会答弁は当時の社会党県議が猛反発し、最後は県警本部長が、北朝鮮部分を訂正、「北の犯行」とする警備部長発言は「幻の県会答弁」となった。本紙は、タブー破りの幻の答弁を取り上げたが、2段扱いで世論の反応は鈍かった。2週間後には、国会で梶山静六国家公

安委員長が「北朝鮮による拉致の疑いが濃厚」と政府が初めて北朝鮮の関与を認めたが、いずれも当時は、北朝鮮の友好団体の反発を恐れ、本紙を含むマスコミも大きな扱いにならなかった。

■小泉人気で清和会「裏金」は「1段扱い」

23年末からクローズアップされた自民党派閥の政治資金パーティー裏金事件も18年前の２００５年3月に共同通信が配信、「パーティー券　収入裏金化、若手還元か　自民森派」の見出しで本紙（3月10日付）に掲載されていた。

記事では「自民党森派（清和政策研究会）が年1回開く政治資金集めのパーティーで、割り当てを超えるパーティー券を販売した若手議員に対し、資金を還元していたことが9日、分かった。森派は派閥から議員への資金提供を否定、過去の派閥の収支報告書にも一切記載がないことから『裏金化』していた疑いがある」「会長の森喜朗前首相ら森派幹部が、若手議員を呼び、上乗せした金を手渡した。パーティー分支給が数百万円に上った議員もいた。関係者は『パーティー券のキックバックは慣例』としている」「議員が受け取った金は党から派閥を経由した『政策活動費』で収支報告書に記載する必要がない」としている。

「裏金」「キックバック」「政策活動費」。今回発覚した裏金事件のキーワード、構図とも全く同じだが、記事の扱いは1段扱い。本紙も含め、続報もなく尻すぼみした。

記事掲載の時期は、「派閥の論理をぶっ壊す」と主張、自民党総裁選で勝利、歴代首相通算在籍日数４位で小泉旋風を巻き起こし、内閣支持率が高かった小泉純一郎首相（01年４月〜06年９月）の第２次改造内閣（04年９月から05年９月）に当たる。小泉首相は、第２次改造内閣を「郵政民営化実現内閣」と位置付け、２００５年８月に郵政民営化法案が参院で否決されると「郵政解散」に踏み切り、自民圧勝、10月に法案可決を実現する。郵政民営化をアピール、国民的人気も高い小泉首相も会長を務めた森派（清和会）の不祥事にマスコミも甘かったのかもしれない。

原発問題

■通年企画「揺らぐ安全神話」が2008年度新聞協会賞

本社報道部長だった2007年7月16日、世界最大級の東電柏崎刈羽原発を想定外の震度6強の激震が襲った。原発施設内の変圧器が火災、排気筒からは放射能が漏れた。設計段階にはなかった原発直下の活断層の存在も明らかになるなどさまざまなトラブルが発覚、原発は運転停止に追い込まれた。この原発直下型地震は「原発安全神話への疑念」「危険と隣り合わせの地方の犠牲の上に成り立ってきた中央の繁栄・地方と中央の格差」をあぶり出した。地震が浮き彫りにした「神話不信」「中央と地方の格差」「風評被害」などの問題点と、柏崎刈羽原発の計画段階に遡《さかのぼ》り、当時の関係者の証言や資料を基に、原発が抱える根本的な問題点を検証する通年企画シリーズ「揺らぐ安全神話」がスタートしたのは、地震からちょうど1カ月後の8月16日の本紙だった。

報道部長名で作成した通年企画案（2007年7月20日）では「4年前のトラブル隠しの時と同様に、再び、中央の首都圏経済優先という論理の前に安全を置き去りに運転再開が強行される可能性が高い。経済優先で地方の人々の『安全・安心』がないがしろにされていいのか」と地方の犠牲の上に成り立ってきた国の原発政策への強いアンチテーゼを提唱した。

通年企画は新年元日付紙面からスタートするのが通例だったが、地震発生からわずか1カ月で始まった。このため、報道部長として取材班は、柏崎支局（現総局）で原発取材経験のある即戦力を中心に指名打者的に編成。取材班デスクは三島亮（現編集局長）、キャップは柏崎支局経験の仲屋淳（論説編集委員）とした。粘り強い取材は、いくつものスクープを生んだ。原発が立地された経緯を取材する過程で仲屋記者が、原発用地が東電に売却された利益約4億円を東京・目白の田中角栄元首相邸に運んだという元秘書の証言を引き出した。当初、連載記事の中に取り込まれていたのを生ニュースとして別原稿に仕立て上げ、07年12月13日、1面、社会面トップニュースで報道した。

「揺らぐ安全神話」は、日本新聞協会の２００８年度新聞協会賞と日本ジャーナリスト会議のＪＣＪ賞に選ばれた。新聞協会賞の受賞理由で「柏崎刈羽原発立地決定の経緯を検証、原発に絡む政官財の思惑、行政、裁判の問題点など原発問題を多角的に取り上げ、専門的で難解な原発と地震の問題を分かりやすく解き明かした」と評価された。

視点　柏崎刈羽原発の教訓　「万が一」想定し備えよ

（２００７・８・11）

「原子力施設が事故を起こす可能性はゼロではない。万が一の時に受ける人口集団の（被ばく）線量をできるだけ低くすることが重要であり、人口密集地を避けている」

１９９６年8月4日の巻原発住民投票を前にした6月24日。国の原子力委員会が都内で開いた「原子力政策円卓会議」で当時の伊原義徳・委員長代理が原発の立地審査指針にある「低人口地域」、過疎地立地について発言した答弁内容が問題になった。

原発の東京立地ができない理由として「地盤が悪い。土地代が高い。水がない」という3点が、従来の推進派の公式見解だった。だが、伊原氏の「人口密度の高い都会より、地方の過疎地の方が、被害が少なくて済む」という趣旨の「勇気ある失言」で、国の本音が透けて見えたのである。

「集団被ばくを避けるため」との伊原発言に、原発反対派は「過疎地の人間は大都会の犠牲になれというのと同じ」と反発を強めた。当時、自民党県連会長だった白川勝彦氏は、「伊原氏の『万が一』という仮定が間違っている。日本では原発の敷地外に放射能が漏れる事故は二十数年間ずっと起きていない。そういう意味で万が一はない」と仮想事故を前提とした答弁を問題視した。

原発反対派や立地地域住民を刺激しないように原発事故の想定自体が、政治問題に発展する時代が長く続いたのだ。こうした「推定・無事故」の「安全神話」思想が東京電力のトラブル隠しや情報公開遅れの背景になったとする指摘は多い。

中越沖地震では、柏崎刈羽原発の排気筒から放射能が漏れたことや、放射性物質を含む水が海に流れ出るなど想定外のトラブルが続出。原発直下に活断層がある可能性をあぶり出した。

原発絡みの「失言」が今回の地震で続いた。東電の勝俣恒久社長は先月18日、同原発のトラブルについて「原子力特有の設備は安全で無事」と強調、「いい体験にしたい」と述べた。「県原発の安全管理に関する技術委員会」座長の宮健三・法政大大学院客員教授は2日、同原発視察後に「代え難い貴重な実験だった。歴史的な実験かもしれない」などと「実験発言」を繰り返し、翌日、座長を辞任した。

同じ失言でも伊原発言が「勇気ある失言」ならば、「いい体験」「歴史的実験」発言とも被災者感情を逆なでした「配慮なき失言」といえよう。

揺れの強さが設計時の想定限界値を超えた激震に襲われた同原発を「耐震偽装・原発」に例え、閉鎖を主張する声もある。地震列島・日本の原発にとって「万が一」を想定した危機管理は常識だ。国際原子力機関（ＩＡＥＡ）の調査も入った。今後明らかになる世界最大級の原発の教訓は、国内だけでなく、世界が共有しなければならない。

■東日本大震災で「万が一」の福島事故発生

【追記】原発構内が地震で広範囲に被災したのは、２００７年の中越沖地震による柏崎刈羽原発が世界でも初のケースだった。この視点「『万が一』に備えよ」と、直後にスタートした連載「揺らぐ安全神話」から3年7カ月後の11年3月11日に発生した東日本大震災で「万が一」のはずだったメルトダウン（炉心溶融）の福島第一原発事故が発生、「安全神話崩壊」を招いてしまった。中越沖地震で原子炉7基を要する世界最大の原発集積地・柏崎刈羽は動いていた原子炉が全て緊急停止。その後、1、6、7号機は運転再開したが、11年の福島事故以来、全原子炉は13年間、停止したままだ。

事故後、福島から本県に3千人を超える避難者が移住。目に見えない放射線を恐れ、故郷に住めない悲劇を目の当たりにした。とても「対岸の火事」では済まされない「隣県の悲劇」に、明日は我が身と実感した立地地域の住民が多かった。

24年元日の能登半島地震で石川県内の道路、水道などライフラインが崩壊した惨状に「果たして豪雪で大地震が発生したら逃げられるのか」と不安を感じた。自然災害と重なった原発事故時の避難経路も含め、屋内退避の運用見直しに着手した原子力規制委員会が25年3月に報告書をまとめる前に経産相や国が柏崎刈羽原発の「再稼働要請」を急ぐ前のめりの姿勢に多くの県民が、原発立地地域への「配慮なき国策圧力」を感じた。

■国は地元理解へ本腰、デブリ初採取はミスで中断

東電は24年4月末には地元同意前に柏崎刈羽7号機の原子炉に核燃料を装填する作業を完了、再稼働に向けた準備を加速させた。退陣を表明した岸田首相は8月末、柏崎刈羽再稼動への地元理解に本腰入れ、原子力関係閣僚会議のメンバー拡大を表明、「事業者と政府が一体となって対応する」と再稼動へのギアを上げげた。政府は6月、県と柏崎市、刈羽村が昨夏に要望していた原発事故時の避難道路整備を全額国費で賄う方針を示しており、地元要望に沿った条件整備を着々と進め、再稼動包囲網を築いている。花角知事は、この要望とは別に広域避難のための道路整備などを追加要望した。

東電の廃炉計画の回答に柏崎の桜井雅浩市長が再稼働を容認した8月22日、福島第一で事故後初めての核燃料（デブリ）試験的採取が、初歩的ミスで中断、スタートラインでつまずいた。廃炉への第一歩となるデブリ取り出し失敗は、原発事故の深刻な後遺症、廃炉完了までの困難さを浮き彫りにし、再稼動への不安を増幅させた。

福島事故は、東日本大震災の地震や津波で電源を喪失、冷却機能が失われ、1～3号機がメルトダウン。1、3、4号機では水素爆発も起きた。国際指標「国際原子力・放射線事象評価尺度」（INES）で最悪の「レベル7（深刻な事故）」と暫定評価された。1979年に商用炉として世界初のメルトダウン事故を起こした米スリーマイル（TMI）島原発は、「レベル5（広範囲への影響を伴う事故）」だった。

福島事故で溶け落ちたデブリなどの総量は計880トン（1～3号機）。東電は24年、デブリ試験取り出しに着手、31年、3号機で大規模なデブリ取り出し、事故から40年の51年に廃炉完了を予定している。しかし、溶け落ちたデブリの総量が、福島事故より圧倒的に少ない130トンで大部分は圧力容器内にとどまり、事故から11年後に99％を回収したTMI原発でも事故から58年後の37年に廃炉予定なのに、デブリの多くが圧力容器を突き破り、外側の格納容器の底まで溶け落ちている福島第一原発は、デブリ取り出しの難易度が高く、「発生後40年の廃炉完了は厳しい」と指摘する専門家が多い。

■廃炉まで長い年月、目立つ事故前提の条件闘争

一度、深刻な原発事故が起きると廃炉まで長い年月と、処理水海洋放出を巡る風評被害にさらされ、巨額の損害賠償、核燃料処理費用が掛かる原発が果たして経済効率のいいエネルギーと言えるのか。危険と隣り合わせの立地地域だけでなく消費地の人々も含め、地震列島日本の原発の未来を全国民で

真剣に考えてほしい。

「原発安全神話」が崩壊した現状で、政府と立地地域で再稼働を巡る「万が一」の事故前提の条件闘争だけが目立つ。地元の柏崎市と刈羽村が再稼働に前向きな姿勢だが、花角英世知事は、判断材料となる課題があるとして回答を保留、態度を表明していない。

花角知事は、課題として①原発の必要性（日本のエネルギー情勢を踏まえ必要か）②原発の安全性（安全な施設か、安全に避難できるか）③東電への信頼性（不祥事を繰り返す東電が原発を運転できるか）の三つの論点を挙げる。

立地住民からすると、①必要性の論点は、「全基停止でも電力不足が起きていない」ため、電力供給体制強化を疑問視する声がある。②安全性は、設備自体の安全に加え、1月の能登半島地震を踏まえ自然災害と原発事故の複合災害対策として県は6月、原発事故時に放射状に6方向へ逃げるための道路整備や核シェルター設置などを要望した。「県民の生命・安全が第一」と考える知事として避難対策を求めるのは当然だろう。

岸田首相は9月6日、メンバーを拡大した政府の原発閣僚会議を開き、避難路整備を指示したが、「万が一」後の避難対策だけが、再稼動を巡る条件闘争としてクローズアップされるほど、「避難しても元の場所に戻れない」福島事故の惨状を想起させ、原発不信・不安をあおる逆効果の側面もある。国策なら政府は、まず「万が一」が起きない設備自体の安全対策の住民説明も徹底し、原発不信を払拭《ふっしょく》してほしい。

③の東電への信頼性は、福島事故のデブリ取り出しミスなど「多重下請け」「丸投げ体質」を露呈

するなど相次ぐトラブルに揺らぐばかりだ。東電は政府と一体となって信頼回復に本腰を入れ、抜本的組織改革に取り組んでほしい。

花角知事の再稼動同意への判断材料とする「三つの論点」だけでも現状では、クリアするにはかなりハードルが高い。22年の県知事選に出馬した片桐奈保美氏らが世話人を務める県内の市民団体が、柏崎刈羽再稼動の是非を問う県民投票実現へ向けた署名活動を11月から開始する。これも原発や東電に対する不信感の現れだろう。再稼動の是非を巡る県民の総意をいかにくみ上げるか。「次の知事選までに判断する」とされる県政トップ・花角知事の政治手腕が試される。

■能登半島地震後、県議半数超が再稼動「認めず」

地元同意前に異例の核燃料装塡をするなど「国の前のめり要請」と連動した東電の「空気を読まない」行為に県議会でも批判が出ている。新潟日報社が4月に実施した全県議53人（議長除く52人）を対象に行った「再稼働に関するアンケート」結果によると、政府は県と柏崎市、刈羽村に再稼働の地元同意を要請したが、東電による再稼働は半数超の28人（58・8％）が「認めない」と回答、「認める」の3人（5・8％）を大きく上回った。県議会最大会派の自民（32人）は「判断できない」が15人で最多だったが、「認めない」も12人だった。政府の再稼働要請のタイミングについては、45人（86・5％）が「早い」を選んだ。「早い」の理由では、能登半島地震で浮き彫りになった屋内退避の課題に加え、本県でも液状化被害が起き、県民に不安が広がる中で時期尚早だとの声が目立った。

花角知事は再稼働の是非の判断に際し、「県議会の意見も踏まえる」と公言している。県議会の半数超が再稼働ノーの結果は、判断に影響する可能性が大きい。また、是非については、自らの考えを示した後に「県民の信を問う」としている。具体的手法としては無回答を除くと「県民投票」が最多の13人、「知事選」が5人だった。再稼働を問う「県民投票」か、知事選にしても「原発再稼働・ワンイッシュー（単一論点政治）」になる可能性もある。

■東日本大震災　入院中のベッドで体験

深刻な東電・福島第一原発のメルトダウン事故を引き起こした東日本大震災が発生した2011年3月11日午後2時46分――。その時、筆者は、新潟市中央区新光町の新潟中央病院4階にある病室のベッドの上だった。午前中に全身麻酔の手術後、眠りから起こしたのは、ベッドの激しい揺れだった。すぐにテレビのスイッチを付けると、巨大に津波が襲い、車がまるでミニカーのように流される映像。病院4階の屋上に逃げた人々を津波が飲み込み犠牲になったというニュースに「今、津波に襲われたら」と身がすくんだ。

入院は3月10日未明。前日、新潟・古町で飲食後、タクシーで帰宅途中に事故は起きた。某社新潟支店長を送り届け、昭和大橋の上で私が乗ったタクシーが前の車を追い越そうと加速した瞬間、スピンし橋の欄干に激突、後ろの席にいた私は左ドアに激しく左半身を打ち付けた。運転手の「大丈夫ですか」の問いに「左腕が上がらない」と答えた記憶はある。救急車で搬送され入院、レントゲンを撮ると左腕の骨が細かくバラバラに砕けていることを確認した。医師が告げた診断結果は「左上腕部粉砕骨折」だった。

この事故は、新潟日報には軽微な事故で掲載されなかったが朝日新聞の新潟県版に3月11日、ベタ（1段）扱いで載った。「車6台衝突事故　乗客ら2人けが　中央区・昭和大橋」の見出しで、記事では「10日午前0時15分ごろ、新潟中央区の信濃川に架かる昭和大橋で、タクシーがスリップして欄干に激突したのを機に車6台が絡む衝突事故が起き、乗客ら2人が頭や肩を打って軽傷。新潟東署によると、路面は薄い氷の膜が張り、ドライバーからは濡れただけに見えるブラックアイスバーン状態だった」と暖かくなってきた「3月のブラックアイスバーン」に警鐘を鳴らしている。

飲酒の麻酔効果で事故当時、痛みはなかったが、酒が切れると猛烈な痛みが襲ってきた。医師の説明では「創外固定手術」。骨が砕けて手術ではつなげられない粉砕骨折で、骨に金属製の棒を挿入し、外部から固定することで骨を正しい位置にするとの説明だった。

術後、昆虫の標本のように外部から4本の金属棒で砕けた骨がピン止めされていた。皮膚を突き破る金属棒で傷口が空気に曝され、壊死した皮膚層を感染症から防ぐため1週間ごとにそぎ落とす手術が行われた。入院期間は47日間。手術の痛みで苦しむ毎日、落語のビデオだけが救いだった。

4月1日付で広告事業本部・企画事業部長から広告部長兼編集局編集委員に異動内示があったが、左腕に骨折ギブスを付けながら現場復帰したのは5月連休明けだった。1年後に骨折部位の強度を上げるため、右の腰骨を左上腕部に移植、チタンプレートを接合する再手術を行った。この間、医師、リハビリ担当、家族の看護、社内外の多くの方々に見舞いや励ましを頂き、感謝しかありません。

多面鏡　住民の不安の解消が先決

（1996・3・3）

「もともと電源三法は新潟県を発展させるために角さん（故田中元首相）が作ったもの」。自民政調会・電源立地推進調査会（佐藤信二会長）が開かれた29日、他県の閣僚経験者が吉川芳男氏にささやいた。通産省の説明資料では、電源三法制定の経緯を「1973年（昭和48年）、当時の総理大臣が参院予算委員会で電源開発促進のための新税を創設し、抜本的な対策強化を図る旨の答弁を行い…三法が制定された」としている。時の総理大臣が故田中氏だ。

しかし、三法の柱の「発電用施設周辺地域整備法」の目的は、あくまで原発立地で地域振興ではない。地域振興をえさに原発立地を図るのが法律の趣旨だ。原発設置地域は、財源も乏しい開発後進地が多く、原発交付金による地域振興はばら色に見えたはずだが、年月がたつにつれて地域振興は色あせ、ロシア、米国の原発事故、もんじゅの事故で安全神話は崩れ、不安だけが増幅された。

巻原発問題で平山知事は「国と電力が最終判断すること。私が決める立場にない」と明確な態度を避けている。巻の笹口町長も住民投票の結果次第で判断する中立派という。県内の代議士も原発問題はタブー視し、推進・反対の立場を表明していない。

そんな中で住民だけが推進、反対両派に分かれ、政争に発展しているのは不幸といえる。原発推進は国策というなら、行政も政治も住民不安に真っ正面から取り組み、疑問に答える義務がある。不安と引き換えにカネで釣る式の原発立地政策は曲がり角に来ている。

多面鏡　**住民投票に国策変える期待**（1996・5・25）

大田昌秀沖縄県知事が米軍基地縮小に問う県民投票条例案を提案した。西蒲巻町の原発住民投票といい、相次ぐ住民投票条例は、今の国政・国策が必ずしも民意を反映していないと感じている地元関係住民のいら立ちの結晶とも映る。チェルノブイリ事故から10年、ドイツ、スウェーデンなどヨーロッパ各国の原発政策見直しに対し、日本の国政レベルで路線修正の動きを極めて鈍かった。

政治家側は「重要な国策についての住民投票は、議会制民主主義のルールを否定するもの」（白川勝彦代議士）と、国策の是非を問う住民投票そのものを否定している。「一度、国策となったら、政治が変わるまで突っ走るのが官僚の本性」（霞が関官僚）という政官一体の官僚国家の構図は、水俣病訴訟やエイズ問題で既に証明済みだ。しかし、今年1月、平山知事ら原発設置県の3知事が、原子力開発長期計画の見直しを橋本首相に提言した。国内でもんじゅ事故が起きて初めて、国のエネルギー政策に県知事が正面からもの申したのである。

もんじゅ事故以降、増幅した住民の不安に国が真に耳を傾けてきたとは言い切れない。政界再編も原発反対住民の声を吸い上げる政党の選択肢を狭め、不満を充満させた。「共産を除けば各党が賛成」（小沢辰男代議士）ともいえる状況になったからだ。こうした閉塞《へいそく》状況で原発と対じする地方の人たちに判断を委ねてきた政官の現状こそ、住民投票条例の原動力。「町長は過半数の意思を尊重しなければならない」とする巻町の住民投票は、地方が国策を変える地方分権実現の可能性を秘めている。

多面鏡　国益損なう〝タテ割り行政〟（1996・6・1）

「役人というのは大したものだ。省益を守るためならなりふり構わない」。参院自民党原発勉強会の世話人代表吉川芳男氏は、参院法制局の電源三法改正素案作成過程で浮かび上がった各省庁の反応を、皮肉交じりにこう表現した。

関係13省庁の利害複雑に絡む法改正に伴い、新たな財源負担をどの省庁が負うのか――役人の関心はその一点に集中した。しかも先月示された素案に「一般財源の繰り入れ」が明記されていたため、参院法制局には各省庁から抵抗とも受け取れる問い合わせが殺到、省益保護の官僚意識がむき出しになったからだ。また、巻原発の住民投票を控えてスタートした原発シンポでは、科学技術庁と資源エネルギー庁とが別々に単独開催だ。官出身の県関係国会議員は「趣旨は同じでも一緒にはやれない。予算は独立している。共催なんてしたら役所の存在にかかわる」と、省庁の壁を当然視する。55年体制の崩壊以降、官僚批判が相次いだが、キャリア組だけは霞が関の塔に閉じこもり、自己変革や省益への介入には驚くべき危機管理能力を発揮する。

しかし、若者たちの中央官僚志向に異変が起きている。「今春、大蔵省との日銀双方に合格した知人が結局、大蔵をけって日銀に入った。今までなら考えられないこと」（県選出代議士秘書）が水面下で進行している。いつまでも「省庁（省益）あって国家（国益）なし」では、人材確保が困難となり、国益を損なうことになる。

多面鏡 「勇気ある失言」に国の本音 （1996・6・30）

「放射線被害を最小限に食い止めるために過疎地に立地するという霞が関の理論がはっきりした」。国の原子力委員長代理の〝本音答弁〟を引き出した吉村清氏（高速増殖炉建設に反対する敦賀市民の会代表）は、怒りを隠さなかった。原発の安全性をPRするはずだった「原子力円卓会議」は、電力消費地・大都会のためには、立地・過疎地を犠牲にする原子力政策のタブーを浮き彫りにしてしまった。

原発事故に備え同委が策定した「原子炉立地審査指針」では立地条件として「原子炉敷地は、人口密集地からある距離だけ離れていること」とあり、「低人口地帯」を挙げている。

「ある距離」とは「仮想事故の場合、集団線量に対する影響が十分小さくなるような距離」。では、巻原発と隣接する50万都市・県都新潟市は、国の指針では住宅密集地ではなく、過疎地なのか。

指針に照らせば、今回の委員長代理発言は「当たり前の答弁」だったわけだ。しかし、「東京は土地代が高い」「地盤が悪い」という表向き答弁しか聞かされてこなかった立地住民には「地方の人間は原発事故で死んでもいいのか」（吉村氏）と反発するのも当然のような気がする。

首都移転論議が盛んになった昨年末、霞が関の官僚が「新潟には原発のようなものしかありませんね」と発言、県選出国会議員の怒りをかった。「原発のようなもの」とは、厄介ものというニュアンスが含まれていた。「原発が安全なら、なぜ東京に造らないのか」。この疑問に正直に答えた委員長代理の勇気ある失言は、巻の住民投票に一つの判断材料を与えた点では評価されるのかもしれない。

多面鏡

8・4以降も国は対話継続を

（1996・8・3）

「自衛隊関山演習場（中頚中郷村）への移転反対は、県人として恥ずかしかった。候補に挙がっただけで猛反対ですから」。在沖縄米軍の実弾演習場を本土に分散移転する政府方針が決まった7月31日、自民党安保担当は、沖縄の痛みを理解しようとしない、昨秋の県内の反対運動を嘆いた。

「そんな危険な野菜が食べられますか」。青森県六ケ所村の核燃料再処理工場の電力会社幹部夫人は、地元農家が善意で届けた農作物を、こう言って拒否したという。農家の涙の訴えを現地視察で聞いた与党関係者も、痛みを分かち合うのが国策推進の基本理念と語り「仮に新潟の原発の移転先が沖縄で、そこが猛反対したら新潟県民はどう思うのか」と問い返してきた。

しかし、それならと言いたいことがある。現在、国内で稼働中の原発は49基。今年12月には東電・柏崎刈羽6号機が営業運転を開始して50基体制となる。50基の認可出力（万キロワット）は4254、うち本県は柏崎刈羽1〜6号機685・6で16・1％。建設中の柏崎刈羽7号機、準備中の巻も含めた全国54基の出力は4673。本県は8基合計903・7で全国の19・3％を占めることになる。

巻原発推進派の「原発は国策。市民に欠かせない」との言い分も一理あるとは思うが、本県だけになぜ2割もの分担義務があるのか。こうした住民の素朴な疑問を解消するためにも「8・4決戦」（巻原発住民投票）以降も、国と住民との直接対話は継続する必要があろう。

【追記】1986年8月4日の東北電力巻原発住民投票は、原発建設反対が6割。03年、計画は白紙に。

多面鏡 「落差」大きい電力消費地と供給県 (1996・11・21)

「今、使っている電気。遠くは福島、新潟の原子力発電所から送られてきています」。今週、東京都大田区のわが家に、東京電力の1枚のチラシが入った。そこには、都内の電力の4割は新潟、福島の原発産という〝衝撃的事実〟が記されていた。

19日の参院自民党議員懇談会で、青島幸男東京都知事は「電気のスイッチを入れるたびに、供給地の皆さまの顔が浮かぶようになるのが理想」と、本県など3県の電力供給地の知事らに、丁重に感謝の言葉を述べた。一方、福井の栗田幸雄知事は「県外の旅館で福井県ですと答えたら『ああ、もんじゅのある…。そんな危険なところによく住んでいますね』といわれ、怒り心頭に発したという話を聞いた。福井の農産物は汚染されているなどという偏見もある」と、憤りをあらわにした。

では、消費地は具体的に何ができるか。答えは、感謝の言葉とは裏腹に「省エネ政策の充実」(青島都知事)という抽象論だった。本県の川村仁弘副知事は「なぜ、東京や大阪に原発をつくらないのか。土地がないとか、言い放しでいいのだろうか」と、強い口調で疑問を投げかけた。カネや地域振興だけでは「新規立地は困難」という状況下で、国の説得力ある答えが聞けないからだ。

銀座のネオンもJR山手線も〝新潟産〟がストップすれば、一瞬にして機能を停止し、廃墟になる首都。原発の国民的合意形成が必要というなら、地方の犠牲の上に築かれた繁栄のもろさと不条理を、国も大消費地住民も認識することが第一歩だ。

多面鏡

安全神話の最後のとりで崩壊

（1997・3・24）

「日本では、敷地外に放射線が出たということは、これまで全くない」。昨年6月、東京都内で開催された原子力円卓会議で、原子力委員会の伊原義徳委員長代理は、日本の原発の安全技術レベルを誇らしげに語った。この伊原発言こそ、動燃の高速増殖炉原型炉「もんじゅ」事故で揺らぎ始めた原発安全神話を辛うじて支える最後のとりでだった。伊原氏は「（原子炉の）建設基準の大前提は『人間・機械には、間違いや壊れることがありうる』というところからスタートしている」とも発言、多重防護システムに自信たっぷりだったが、前例のない「放射性物質の外部流出」を簡単に許してしまった今回の東海再処理工場・火災爆発事故では、多重防護など、存在しないことが実証された。

「結局、動燃が教訓を生かしていないということに尽きる」。橋本竜太郎首相は動燃事故の翌日、事故原因は専ら動燃の体質にあるとの認識を示した。では、動燃だけに責任転嫁できるか。政府の特殊法人の動燃は、副理事長以下4人の役員が科技庁などからの天下り組。国の原発予算5千億円のうち1500億円が配分されており、予算、人事面で政府と密接不可分の組織だ。政府首脳の動燃批判は、政府の危機管理責任を棚上げしており、政治家の「秘書が…」という責任逃れと同程度だ。

事故は、原子力施設の国際事故評価尺度で国内最悪の「レベル3」との見方もある。本県商労部長経験者は「10年遅れどころではない、吹っ飛ぶかもしれない」と、プルサーマル計画断念を示唆する。レベルアップを急ぐべきは、動燃と政府にこそある。

多面鏡　「丸投げ」横行に危機感　（2002・12・20）

「下請けは儲《もう》けが出ないからもう仕事を受けない。従業員をリストラしてでも小さな工事で生き延びるしかない」。不況で単価が引き下げられ、元請けだけが差益を稼ぐ「丸投げ」工事が目立つ中、中小土建業者は、諦め顔だ。受注業者が請け負った工事をそっくり下請けに出す「丸投げ」は、土建業界に限らず、政界でも蔓延《まんえん》。小泉首相は永田町で「丸投げ総理」と陰口をたたかれている。

首相は不良債権処理の加速策のとりまとめに向けた与党との最終調整を竹中平蔵金融・経財相に丸投げ。秘密主義を貫いた竹中氏は集中砲火を浴びた。道路公団民営化推進委の最終報告を巡っても首相は「丸投げ」を決め込み、今井敬委員長に同情論も浮上した。

こうした首相の丸投げ姿勢が国民からは改革意欲の低下と映り、今月中旬、共同通信が実施した世論調査では、内閣支持率が50・0％で前回11月調査に比べ15・1ポイントも急落した。

今度は、東京電力・柏崎刈羽原発2号機の定期検査で原子炉格納容器内の炉心隔壁（シュラウド）の点検を担当していたGE社が、東電が委託した検査の一部を点検せず「異常なし」と報告していた「検査漏れ」が明らかになった。

東電が定期検査も下請けに〝丸投げ〟している実態に衝撃を受けたが、検査漏れを発見できない丸投げ体質に危機感を感じた。最近の選挙では、労組や政党など従来型組織への「丸投げ選挙」が通用しなくなってきている。労組内で加速する組合員離れや無党派化によって、組織決定を無視した投票行動が、多数派を占めるようになっているからだ。

「最後は『ドブ板』が勝つ――。政治家本人の声をいかに多くに有権者に直接、届け、市井の人々の声を吸い上げるかが、政治の原点だ」。まだ薄暗い早朝からあぜ道に長靴で現れ、握手作戦。「足で稼ぐ」を信条にして当選回数を重ねた国会議員から聞いた「落ちない教訓」だ。常に自分の肌で肉声を確認する姿勢の大切さは、どの業界でもトップの心得に通じる話だ。当選回数を重ね、後援会組織に選挙を丸投げし、耳当たりのいい話しか入らなくなったときから「落選」への序章が始まる。丸投げされた側の痛みも分からなくなった政治家、企業家に目の前に迫る危機が見えるはずがない。

（2003・3・8）

多面鏡　争点に原発絡みの美術館

美術館と原発。一見、ミスマッチな組み合わせを巡る論争が、告示まで1カ月を切った統一地方選・県議選の争点になってきた。平山征夫知事が、厳しい財政状況下でも必要と判断し、推進姿勢を崩さない「県立柏崎美術館構想」だ。建設費10億円以上とされている美術館構想は、日本画家・平松礼二氏が作品400点余の寄贈を県に申し出たことがきっかけで、昨年1月に浮上。場所は、東京電力が柏崎刈羽原発の全号機完成記念で柏崎市郊外に建設する「環境共生公園」内に計画。作品は寄贈、土地も東電頼み。財政難の県に「渡りに船」だった。

県立美術館は、長岡市の県立近代美術館（近美）、新潟市万代島に今年オープンする近美分館に次いで3館目。中越に2館が集中し、知事の出身地という点が「我田引水ではないか」との疑念につながっていく。計画見直しを迫る社民党県議団と、知事との6日の直接対決で、知事は県議に反論した。「上中下越からリストアップして中越となった。私は柏崎がいいとは言っていない。平松氏と県の地域政策課が柏崎を見て、東京から近いことと原発へのプラスイメージになるならと…。我田引水ということはない」

巨額の税金が投入されるプロジェクトの候補地を知事主導ではなく、寄贈者主導で決まるという説明には不可解さが残る一方で、「原発へのプラスイメージ」を追認した格好に図らずも知事の本音が見える。昨年8月末、東電のトラブル隠し発覚以降は「原発のマイナスイメージ」は決定的になった。発覚当日の知事は「怒りを感じる」と発言。西川正純市長は「失態回復には東電はよほどの覚悟と対応が求められる」と毅然と対応して見せた。だが、市長は9月議会で、公園建設について「いささかの変更もないし、あってはならない」と答弁。トラブル隠しと公園建設は別問題とする「東電頼み」体質を露呈した。合点がいかぬ点は、まだある。寄贈を受ける場合、作品の価値やレベルを判断する県美術品収集委員会に諮るべきではないか、との問いに知事は「建設することになれば諮る」と答えた。順序が逆ではないか。

「寄贈を受けるのに将来、建設しますでは失礼」とまで知事は語っている。どんなコンセプトで美術館をつくるのかという、館の収集方針が先にあるのが筋だろう。まず、寄贈・建設ありきの発想が本末転倒だ。「新文化施設整備検討委員会」が試算した美術館の年間収支は、3700万円の赤字。知事の趣味や、原発のイメージアップのために公立美術館が利用されたとしたらたまらない。

視点　「安全宣言」と原発運転再開圧力　（2003・6・7）

「安全宣言」。その影には、国や業界など大きな圧力が見え隠れする。O157では、厚生相（当時）が感染源に疑われたカイワレを、牛海綿状脳症（BSE）では、農水相がステーキをパクッキ、安全宣言を急ぎ、ひんしゅくを買った。新型肺炎では、カナダのトロントが早々に安全宣言したが、その後、感染再発を受け、世界保健機関が感染地域に再指定した。

一連のトラブル隠しで原発が停止した東京電力の運転再開問題でも安全宣言がキーワード。福島でも地元首長らは再開の条件に「国の安全宣言」を要望した。一度裏切られた国に安全宣言を懇願するかの姿は「万が一」の事態が起きても、国に責任転嫁できるという逃げ腰体質が透ける。

東電の原発16基停止の異常事態に東京では節電を呼びかけるが、停電パニックが起きないことに「原発は本当に必要か」との疑念も浮かぶ。しかし、夏本番が近づくにつれ、「首都圏はクーラーも使えなくなる」という脅迫めいた声が聞こえてくる。6日の平沼赳夫経産相の柏崎刈羽訪問もパニックを回避するため、運転再開論議加速を促す狙いとみられる。首都圏の夏場の電力不足を懸念した運転再開圧力に屈した形での運転再開などあってはならない。再開した6号機だけでも6億円余となる核燃料税も大きな圧力要因。停止では県、地元に入ってこないからだ。原発に限っては、1地域でなく県や国全体の問題だ。国と東電は信頼回復へ情報公開を徹底し、首長、議会は住民の安全を第一に、急がず最終判断をしてほしい。もう一度考えてほしい。なぜ、原発が止まったかを…。

日報抄

中越・中越沖地震　新幹線、原発でトラブル

（2007・8・22）

田中真紀子氏は、科学技術庁長官として初入閣して間もない1994年7月末に、青森県むつ市に係留されている旧・原子力船「むつ」を訪れている▼船内には、首相の座にあった父角栄氏が74年6月のむつの初出航を祝って寄せた色紙が飾ってあった。「天地英雄気　千秋尚凛然」と晴れやかだが、むつは3カ月後に太平洋上で放射能漏れを起こして廃船への運命を辿《たど》る▼石油ショック後に資源外交を展開した角栄氏は、原発立地自治体に配分される電源三法交付金の生みの親でもある。三法成立はむつが出航した月で、田中内閣総辞職の半年前だった。中越地震では、角栄氏が誘致に政治力を発揮した新幹線が脱線し、高速道が寸断した▼中越沖地震の当日、真紀子氏はくしくも青森市の講演で旧西山町の父の墓が倒れたことを明かした。「原発ができると新潟県は一大電力供給地になり、税収は豊かになる」。原発の利点を説いた角栄氏は、東京電力柏崎刈羽原発に大きな被害を与えた地震に、泉下で何を思っているだろうか▼94年、むつと一緒に六ケ所村の核燃料サイクル施設を視察した真紀子氏は、放射性廃棄物を密封して埋設するドラム缶を前にジョークを飛ばした。「(この中に入れれば)1人くらいいなくなったって分からないかも。完全犯罪ができたりして」(『疑惑の相続人』第三書館)▼彼女一流のブラックユーモアだろうか。黄色く塗られたドラム缶が、原発施設の隠蔽《いんぺい》体質を象徴しているようだ。中越沖地震で放射能漏れを起こした柏崎原発の報告遅れや、過去のトラブル隠しが不信感を増幅し、風評被害が地元経済を苦しめている。

▼電源三法、科技庁長官…原発巡る父、娘の不思議な因縁

【追記】「私は原子力や科学技術庁の議員立法を実現させましたが、田中角栄君は日本の道路網を整備しようと、一生懸命、高速道路立法に手がけました。あの時代、国の骨格を作ろうと大きな議員立法に奔走したのは、田中君と私でした」。中曽根康弘元首相は著書『自省録―歴史法廷の被告として』（新潮社）で自身と田中元首相の議員立法の功績を語っている▼中曽根氏は１９５３年、ハーバード大学に招待され渡米、原子力施設を見学。当時、アイゼンハワー大統領の「原子力の平和利用」発言が注目されていた。帰国後、55年に原子力の平和利用をうたった「原子力基本法」を議員立法で成立させた。59年、岸信介内閣では原子力行政を担う科技庁長官で初入閣、原発推進に奔走する▼一方、電源三法の生みの親の田中元首相は、中曽根氏と同じ１９１８（大正７）年５月生まれで、１９４７（昭和22）年４月、日本国憲法施行後、初の総選挙での当選同期。お膝元の柏崎刈羽原発の誘致にも関与したとされる▼娘の真紀子氏は、１年生議員で科技庁長官、その後省庁再編で科技庁と文部省が併合した文部科学省の大臣に就任した。原発を巡る不思議な因縁だ▼中越沖地震、東日本大震災など相次ぐ大地震や東電のトラブルで全原子炉７基が停止している世界最大級・柏崎刈羽原発の再稼動問題で揺れる新潟県▼経歴も政治手法も対照的な２人の元首相が推進した「原子力の平和利用」リスクが今、地震列島・日本の原発が直面する安全問題を揺さぶっている。

第9章　追想・愚直に生き抜いた人々　1987年〜2022年

幕下りるとき・メモリアル追想・虚像愚像

佐渡・投稿・本社・役員室

《天命を生き抜いた情熱人》

不毛の大地「ネパール・ムスタン」を桃源郷にしようと、半生をささげた硬骨漢。言論の自由がなかった時代、軍部を批判し、逮捕された反逆の抵抗歌人。事件解決のためなら、階級社会の壁を乗り越え、一線刑事の言い分をとことん聞いた警備畑出身の刑事部長。逮捕後も犯人家族の面倒を見た、凶悪犯も泣いて自供した伝説の名刑事。政治の「虚像・愚像」への民の怒りを鋭く風刺した漫画家。戦争疎開で貧しい少年時代をいじめに遭いながら新潟で過ごし、厳しい「冬の日本海」を「北国の春」など数々のヒット曲の原点にした作曲家。不治の病に倒れ、志半ばで在職中に帰らぬ人になった同僚記者たち。忘れられない人たちがいる。天命を愚直に貫き、生き抜いた情熱人たちだ。

幕下りるとき

「幕下りるとき」は、新潟ゆかりの著名人ら70人がどのように人生の終幕を迎えたかを、証言や資料などでつづった評伝。2003年6月から05年3月まで2年間にわたって、新潟日報朝刊（日曜付）で連載された大型シリーズ。05年8月、シリーズをまとめた同名の『幕下りるとき』が新潟日報社から出版された。

■抵抗の歌人・小川　水明（1892〜1940年）

幕下りるとき　**投獄　絶望の果てに情死　牧水門下の反逆児**　（2003・8・31）

1940（昭和15）年5月3日。千葉県市川市の料亭「田園」離れで若山牧水門下の歌人、小川水明《すいめい》（本名・茂辰《しげとき》＝刈羽小国町出身）は、恋愛関係にあった若い女性教師（24）と服毒心中を遂げた。享年48歳。治安維持法違反で投獄され、自宅に戻ってから1年半後のことだった。なぜ、自殺したのか。水明が生きた大正、昭和という激動の時代抜きには語れない。

死の3カ月前、親族友人に配った自選42首を墨書した「水明選集」に獄中で詠んだ9首も含まれていた。軍靴の足音が高まる時代、権力に抵抗し、挫折した反逆児の遺書だった。

15（大正4）年、初の水明歌集『生霊』の序文を書いた牧水は、「雨はれて水の嵩《かさ》増す音響く東山より出づる月かげ」などの歌を挙げ、「悲しみの玉」と絶賛。斉藤茂吉も『アララギ』で「よい歌は涙を誘うに足る」と評した。23歳、早熟の新進歌人として中央歌壇に躍り出たのである。

感傷的な歌とは対照的に、女性関係は奔放だった。都内・小石川にも別宅があり、花柳界に浮名を流した。19年、故郷の家屋敷を売却。歌作を放棄し、小説家を志望、ロシア文学のチェーホフに傾倒する。30年ころから、反体制的思考を深めていく。水明の思想的変遷は、牧水の歌誌『創作』に連載した随想「6号室」で浮き彫りになる。

6号室はチェーホフの小説の題名から取った。主人公は19世紀末ロシアの社会体制に批判的な若い医者で、精神障害者用の鉄格子のある6号室に閉じこめられ、番人に撲殺される。昭和初期の日本も進歩的知識人には「6号室」だった。同随想で、共産党員小林多喜二の拷問虐殺事件について「ダイヤモンドのごとき良心と星のごとき正義の所有者が、野犬撲殺にも比すべき犠牲を強いらるる」と同情している。

「眼を掩《おお》ひ物を探すに等しかり塞《ふさ》がり果てし新聞の記事」

「スポーツとジャズの他《ほか》には何一つあてにはならぬラジオ放送」

36（昭和11）年5月、主宰する「山桜」で言論・思想弾圧に抗する歌を発表する。二・二六事件が勃発、ファシズムの嵐が吹き荒れたこの年。歌そのものが危険思想だった。37年9月、治安維持法違反で逮捕され巣鴨拘置所へ。獄中の歌が痛々しい。

「刑事部屋の方に当たりて聞ゆなり人の打たるる肉《ししむら》の音」

1年2カ月後、出所してきた水明の黒髪は、真っ白に変わっていたという。禁固1年6月の猶予判決を受けていた。死の1年前、出征の報告のため、都内葛飾区新宿の自宅を訪れた弟子の一人に別れ際、「勇敢になるな。生きて還《かえ》れよ」とささやいた。弟子は自殺について「革新主義者を弾圧し続けた国へのレジスタンスだった」と述懐している。

出所した翌年3月末に妻サミが小学校教員を解職され、その小学校正門脇に文房具店「木蘭堂」を開店する。生活は妻が支えた。死までの1年半は、歌とは無縁の抜け殻同然だった。

皮肉なことに、心中相手はその妻の同僚だった。水明に相談ごとをするうちに、関係が深まったという説もある。情死にはさまざまな見方があるが、獄中で転向を強いられ、歌までも奪われ、絶望の果ての逃避的死との見方が有力だ。

「歌も小説も行き詰まり、才能に限界を感じ、生きがいを失ったのではないか。不幸な時代だった」。水明の三女茉莉子さん(83)の長男、和久利澈《とおる》さん(63)=東京都=は語る。

大正から昭和初期の「不安と退廃」を反映した有島武郎の情死、芥川龍之介の自殺に水明は共感していた。小国文化フォーラムの高橋実・事務局長(63)=小国町=は、人妻との恋や自殺願望の歌に注目。「自殺願望が心に澱《おり》のようにたまっていて、若い女性の同情で一気に噴き出て発作的に情死したのではないか」とみる。

死の直前、水明は子供が遠足にでも出かける朝のように愉快そうな表情で家を出たという。反逆児の魂は、死への逃避行で自由になったのだろうか。

【おがわ・すいめい】長岡市(旧小国町相野原)で神官の長男として出生。旧制長岡中学中退後、新潟師範学校入学。2年上級で哲学、国文学で活躍中の土田杏村と出会い、牧水歌集に感動。その歌誌「創作」短歌会に入会。1913年に上京、牧水を訪ねる。17年、「光陰」創刊。杏村や相馬御風も出詠したが7号で廃刊。牧水死後、再び「創作」に復帰、主要メンバーになった。水明の逮捕理由は、主宰した「山桜」同人(共産党員)の中国への密出国支援だった。

【追記】 歌人小川水明は、私の郷里、刈羽小国町(現・長岡市)出身。祖父の母の実家が、小川家という血縁があり、身近に感じていた。終戦前の1940年、治安維持法違反で逮捕され、挫折し自死している。「目を覆ひ物を探すに等しかり塞がり果てし新聞の記事」「スポーツとジャズのほかには何一つあてにはならぬラジオ放送」。新聞もラジオも大本営発表で何一つ真実を伝えない現状を憂う歌を発表、危険思想で逮捕された。牧水門下の反逆歌人の足跡を追いながら、私の記者人生で「権力批判がジャーナリズムの原点」としてきたことは、水明の血脈とどこか通じるものがあると確信した。

■名刑事・小黒　量次(1932〜1986年)

幕下りるとき　**凶悪犯も泣いて完落ち　命削った取り調べ**　(2004・2・15)

1986(昭和61)年12月31日夕方、新潟市で捜査一筋30年のベテラン刑事が、くも膜下出血で急逝した。「落としのクロさん」と異名を取った名刑事、小黒量次《おぐろりょうじ》警部。54歳だった。

32年2月24日、新潟市大淵で農家の6人きょうだいの三男坊に生まれた。警察官拝命は52年。戦後の大量採用が終わり、不況で採用が少なかった時代だった。懇々と諭して犯人の心を開かせる取り調べには、どんな凶悪犯も泣いて自供した。証拠主義に基づく科学捜査優先の今も「小黒語録」は、後輩に語り継がれている。

捜査関係者の手元に残されていた1本の取り調べ録音テープから、名刑事の実像に迫る。

死の前年、85年4月17日午前9時52分、新潟中央署取調室。小黒は、2カ月前に新潟市で起きた娘殺しの容疑者と対峙《たいじ》していた。生活に困り、店員の娘に度々無心していた無職の父は、娘になじられ、激高し絞殺したのだ。

小黒が、少し甲高い声で切り出した。「取り調べに当たってははっきり言ってある。絶対嘘《うそ》は言わない。できない約束はしない。ヤマをかけるような調べはしない」。守り続けた鉄則だった。60代半ばの父は前夜、小黒に「明日は必ず話します」と約束し、再び出頭してきた。

小黒が諭す。「ここで一気に話をしてもらって。（高校生の）息子さんもそれを望んでいる。やっぱり親子の絆なんだよ」。渋る容疑者に小黒は詰め寄った。「俺も腹を割ろう」。息子の行く末を案じる父に「俺に任せろ」と突いた。

「ウー、ウー」。腹の底から絞り出すような男の嗚咽《おえつ》が響いた。小黒が「切なかったなあ。お父さんや」となだめると、犯人はしゃくり上げて号泣した。「すみませんでした。勘弁してください」。完落ちだった。男は続けた。「小黒さんが家に来ないと寂しかった。顔を見ると、心ではもううれしかったんですよ。顔が見えないと今日は何で来てくれないんだろう、と待っているときもあった」

小黒も応じた。「おまえさんが犯人であってもだ。家に毎日行ってだ。内鍵掛けて奥の6畳間にポツンと座っている姿、俺だって切なかったんだよ」

2カ月、被害者宅に通い詰め、線香を上げた。容疑者と揺るぎない信頼関係を築いていた。小黒の真骨頂だった。

県警本部捜査1課長だった本間忠雄・元刑事部長（66）は、テープについて「調べは、全人格をさらけ出して対決する。誰だって録音を嫌がる」と指摘する。「被害者の父を加害者として調べる」家庭内の難しい事件で、「家の中は全部承知している。自供しても秘密の暴露がない。指紋もあって当然。公判で自供を翻した場合の保険だった」と本間さん。だが、テープが証拠提出されることはなかった。

娘殺しから3カ月後、西頚能生町で社長撲殺事件が起きた。小黒が調べに入ると容疑者は一度自供したが翻した。小黒の心証はクロ。糸魚川署の捜査会議は、大勢は同じ。名刑事に異論を挟む雰囲気ではなかった。しかし、一人の刑事が先輩に反論した。捜査1課で小黒と組んだ刑事の牛腸武郎・現機動捜査隊長（60）だった。

「逮捕状はもう少し待った方がいい」。犯人と決めつけたような調べが気になった。本間課長は「調べは牛腸がやれ」と、異論を吐いた人間に任せた。

「2、3日調べて真犯人だと分かった」後輩は、謝罪した。小黒は「ああ分かった」と一言だけ。「人間を見る洞察力。厳しさの中に人情味。落としの話術を学んだ」と牛腸さん。

小黒の「最後の弟子」、小野康二・刑事調査官（55）は語る。「捜査本部150人の努力の結実が落とすかにかかっている。県警の看板を背負った重圧は相当なものだった」

86年大みそかの朝。殺人事件のたびに命を削るように死力を尽くし容疑者と対決、心労を重ねた小黒は、自宅玄関前で倒れた。直前まで三条市の連続放火事件に忙殺されていた。与板署にいた長男裕司さん（46）＝県警捜査1課・警部補＝は、父危篤の報で病院に駆け付けたが、意識が戻ることはなかった。その死は、公務災害認定された。

前年1月、警察学校の刑事任用専科で親子刑事が一度だけ向き合った。父の講義に息子は、「目を合わせなかったが、教えは守っています」。父の遺訓は息子の中で生き続けている。

小黒語録（1）「容疑者にも家族がいることを忘れるな。捜査の本当の終結は、残された家族への配慮を終えたときだ」

涙もろい人情家・小黒の人柄がにじみ出るのは、犯人を逮捕してからだ。「罪を憎んで人を憎まず」。自供を引き出すと家族を訪ね、相談に乗り、奔走した。

1985年11月、長岡市の妻殺しでは、深夜0時すぎに犯人の夫を逮捕した後、帰宅を待っていた家族を訪ねた。小黒の死を知った夫から、小黒の遺族に手紙が届いた。「心温まる教えでした。父のような思いがして涙を流し自供しました。再会できることを生きがいにしていたのに残念です」

小黒語録（2）「捜査は先輩から教わるものではない。先輩の技術を肌で感じ、一つでも多く盗むことだ。自分なりに応用していく努力も怠ってはならない」

刑事になって30年。戦後の事件史を生きたベテラン刑事は退職し、職人刑事がほとんどいなくなっていた。県警は86年4月、小黒警部補を警部に昇進させ、新設の「取調専門班」の班長に任命。若手に職人技を盗ませようとした直後の死だった。

小黒語録（3）「自供は、更生を誓った懺悔《ざんげ》でなければ真実は出ない。自ら罪を悔い、更生を誓った反省こそが真の自供である」

コンビを組んだ小野康二・県警刑事調査官は「調べの前には打ち合わせはなかった。相手の表情で心情をつかみ、フォローする繊細さは職人技だった」と述懐する。

新保雄二郎・元刑事部長（76）は、新潟市の娘殺し事件で「小黒に説明してもらう」と本部長室での検討会を提案。「本部長に警部補が」と異論もあったが、新保さんは言った。「階級で仕事をするな」。説明を聞いた斉藤隆・本部長は「小黒に任せる」と全幅の信頼を寄せた。新潟地検検事正も小黒を絶賛。2回も感謝状を与えた。

▼自供テープに名刑事の凄み

【追記】小黒刑事を話題にすると必ず涙ぐむ刑事畑の県警幹部が何人もいた。県警巡査からの生え抜き、ノンキャリア組としては初の警視長に昇任した本間忠雄・元刑事部長もその一人。捜査の要諦をまとめた「小黒語録」は今でも、若い刑事に引き継がれており、人望の証しとなっている。

司法記者クラブの後輩記者が入手した小黒刑事の取り調べテープを最初に聞いた時、背筋が凍り付いた。全人格をさらけ出して容疑者と対峙し、心情に訴えて自供に追い込むシーンからは、名刑事の凄みが伝わってくる。

門外不出の録音テープを何とか記事にしてみようと思った背景には、密室での自白偏重の取り調べが冤罪《えんざい》の温床になってきたとの反省から、裁判員制度成立（2004年5月）に伴う冤罪根絶の観点で刑事警察にも取り調べの可視化（録音・録画）の是非が論争になっていた時期と重なる。「録音・録画なんてしたら、取り調べにならない」。人権意識の高まりは、刑事警察にとって大きな転換だった。可視化は、裁判員裁判に備えて２００６年に殺人などの重大事件で試行が始まった。

２０１９年６月から裁判員裁判対象事件などで改正刑事訴訟法が施行され、容疑者取り調べの様子を全て論音・録画する可視化が義務となった。しかし、可視化の対象事件は、全事件の約３％で過去に冤罪を生んできた痴漢や窃盗など比較的軽微な事件は原則対象外で問題は残っている。

メモリアル追想

■元刑事部長・新保《しんぼ》雄二郎《ゆうじろう》さん（2014年12月8日・87歳没）

メモリアル追想　**現場主義、型破りの捜査指揮官**　（2014・12・28）

初対面は、本社警察担当だった1991年夏、夜回りだった。既に民間企業に籍を置いていた新保さん宅に事件の周辺取材で伺うと人懐こい笑顔で招き入れてくれた。

小千谷市生まれ。舞鶴海兵団から復員。51年に国家地方警察巡査拝命。警備畑が長く、機動隊副隊長時代に70年安保、全国で学園紛争の嵐が吹き荒れていた。

「指揮官には盾がない。頭にあるのはいつ突っ込めという決断を下すか。それと胸をえぐられるような孤独感ですね」

古町火炎瓶事件といわれたデモ隊との激突で指揮棒を振り、先陣を切った。飛んできた敷石が左胸を直撃、全治2週間のけがを負った。火炎瓶と投石の修羅場をかいくぐった経験が、肝の据わった指揮官をつくり上げた。

84年防犯部長。翌年、現役最後の年に刑事部長。前例にとらわれない多角的分析力と鋭い洞察力は人事にも生かされた。

「俺は刑事の経験がないので、本部長に1課長と鑑識課長は若手で張り切っている人を頼んだんだ」。捜査1課長に抜擢《ばってき》され、後に刑事部長、県警巡査拝命で生え抜き組では初の警視長となる本間忠雄さんは、後日談を聞いた。「署長1期の者がいきなり就くポストでなく、前例がなかった」と大胆人事を述懐する。

「階級で仕事するな」。事件解決のためなら、階級を度外視して広く現場の声を聞く姿勢を貫いた。新潟市の殺人事件では、容疑者を取り調べた「落としの黒さん」と異名を取った小黒量次警部補に本部長室での検討会を提案。「本部長に警部補が直接説明するなど前例がない」との反対を押し切り、ご進講を命じた。このトップの姿勢が一線の刑事魂に火を付け、難事件を解決へ導いた。

摘発率低下など警察の威信が崩れ岐路に立つ中、戦後日本の治安を守り続けてきた型破りの捜査指揮官が、静かに息を引き取った。

【追記】夜回り取材に自宅に伺うと、必ず酒をご馳走になった。この酒が曲者で「自白剤」になった。かなりの酒豪で酔っているようで目の奥は笑っていない。先に酔った筆者の方が、逆に取材されて、いつの間にか「自白」していることもしばしば。確認取材で何度もはぐらかされた。2004年10月23日の中越地震では脱線した上越新幹線に乗り合わせていた。「あの状況でパニックにならなかったのは、穏やかな県民性があったから」と語っていたが、70年安保闘争で火炎瓶をかいくぐってきたサムライ警官は常に冷静でパニックとは無縁だった。

■ムスタンで奉仕活動40年・近藤《こんどう》亨《とおる》さん（2014年6月9日・94歳没）

メモリアル追想　**不毛の大地で「人生三毛作」**

（2016・6・27）

並外れたスケールの大人《たいじん》だった。1976年、県庁を辞めて国際協力機構（JICA）の一員としてネパールの秘境ムスタンで農業指導に専念。古希を迎えても加茂市の家屋敷を売り払い、再び稲作指導や学校建設で不毛の大地を緑の桃源郷にしようと壮大な夢に挑み続けた。

「ムスタンの爺様《じい》」に初めて会ったのは、1997年初夏。脳梗塞で倒れ、新潟大学付属病院でリハビリ、検査入院中だった。取材で訪問すると、パジャマ姿で「昔なじみの焼き鳥屋に行きたい」と懇願され、外出許可をもらった。

無類の愛煙家。「主治医に禁煙を強く勧められたんですが『俺からたばこを取ったら何が残る』と。1日3箱だったのを1箱に節煙するのが限度でした」。取材中も65歳から始めたたばこを「高地のムスタンで吸う一服のうまさは何物にも代えがたい」と手放さない。話に夢中になると、指の間からポロポロと灰がこぼれ落ち、ソファに置いた背広から煙が上がった。記者が、慌てて背広を広げると10円玉ほどの焦げ穴がポッカリ。それでも本人は「そんな小さなこと気にしなさんな」とどこ吹く風。

同世代のお年寄りにも厳しいエールを送った。「老人よ大志を抱け。定年で家に引きこもるとすぐに老け込む。人生三毛作」。数々の病を強靱《きょうじん》な精神力で克服してきた人の発言だけに説得力があった。

活動に没頭するあまり、代償も大きかった。「僕は家族旅行もほとんどしなかった。子育ても全て任せ切り。男のロマンなんて言っても家内には迷惑な話だったと思います」。夢を追い続けた猛者も妻子の苦労を語る時は神妙だった。

貧しい異国の奉仕活動に半生をささげた生き方の流儀が、公人の私利私欲が目立つ世相の中で崇高な輝きを放つ。波乱万丈な大往生を遂げた男の魂は今、ムスタンの天空で自由に舞っている。

【追記】「人生三毛作」が口癖。「老人よ大志を抱け。定年で家に引きこもるとすぐに老け込む」と何度も叱咤《しった》激励された。あれだけたばこを吸っても94歳まで生きた硬骨漢。夕刊連載「ふるさと人物伝」の取材で出会ったころは、既に古希を過ぎて、不毛の異国・ムスタンで果樹栽培指導に没頭するスーパー老人。異国でチャレンジする超人の人生を伝える連載がスタートした直後、近藤さんの身内から連絡をもらった。「そんなにいい人じゃありません。実は離婚したんです」

人物ものは、本人取材が基本で光の部分に焦点が当たりがちで「影の部分」は紹介されないことが多い。そこで改めて本人に追加取材したところ、「娘にも家内にも本当に苦労をかけ、申し訳ない。子育ても全て任せ切りでした」と離婚の事実をあっさり認めたため、連載途中で異例の懺悔の回「円満離婚」を付け加えた。

現代の育児休暇や働き改革とは無縁の時代。男が生きがいやロマンのために、妻子を犠牲にしても許された「古き良き昭和」を象徴する近藤さんの偉業は、男性も子育てを平等に分担するのが当然の義務となった現代では、美談になりにくい「不適切な生き方」になってしまった。

■「虚像愚像」の漫画家・石山　弘さん

民の怒り96年回顧　こびない筆先で政治を鋭く風刺

（1996・12・31）

社民党・村山富市首相の突然の辞任で幕開けした今年の永田町政界。バトンタッチした自民党・橋本龍太郎総理の下、10月には初の小選挙区比例代表並立制による総選挙が行われ、3年半ぶりに自民党単独政権が復活した。バブルに踊った不動産会社のツケを国民に回す、と批判を浴びながら、多額の血税を投入した住専予算が通過、来春の消費税5％も決定した。その一方で税金・福祉を食い物にした厚生前次官が逮捕されるなど官僚不祥事が続出した。県内では西蒲巻町の原発建設計画の是非を問う「住民投票」が実施され、民意とは何かが全国的に注目された。本紙政治漫画「虚像愚像」の作者石山弘さんが、風刺し続けた1年間の「官」の虚像と「政」の愚像を紙上再録する。

「あの漫画はきつすぎる。何とかなりませんかネー」。総選挙前のある日、東京・永田町の自民党県内関係者が、石山さんの虚像愚像にクレームを付けた。政権与党・自民党の不条理を容赦なく批判し続ける筆先の鋭さが、記事よりも怖い存在に映ったのだろうか。そう思うと嫉妬さえ覚えた。

石山さんの作品に登場するのは、ねじり鉢巻きの魚屋さん、老人、サラリーマンなど、どこにでもいる庶民の怒りである。例えば、総選挙後に3党が合意した消費税アップでは、故人となった庶民の代表・寅さんと年金暮らしのお年寄りの組み合わせといった具合だ。

松の内の1月5日、村山首相の突然の辞任劇で、永田町政界は幕を開けた。橋本首相への政権移譲に、おとそ気分も吹っ飛んだ。石山さんは「後は頼む」という村山氏の苦渋の表情と、竜ちゃんスマイルを対照的に描き、選挙後の社民党の退潮と「自民単独政権」を予測、ピタリ的中させた。

全国的に注目された8月4日の巻原発の住民投票。結果は反対派の勝利。原発立地を過疎地に押し付けてきた国策に反旗を翻した地方の反乱だった。10月の総選挙では、自民党が239議席を獲得、共産党を除いた残りの過半数を辛うじて確保した。初の小選挙区制では、小選挙区で落選、比例で復活する制度の矛盾が露呈した。

厚生省の汚職事件に発展し、今月25日に起訴された岡光序治被告ら一連の高級官僚不祥事と「企業献金は悪じゃない」と居直る政治家にもペンの一刺し。「福祉食いもの解散」と叫ぶ病床の老人の憤りが伝わってくる。年末にはペルー大使公邸人質事件が発生、1997（平成9）年も内外に激動の予兆を感じさせる。石山さんの何事にも媚《こ》びない筆先に期待したい。

（東京支社報道部）

【追記】 たばこは缶ピース。お酒は純米酒。スリムで眼光鋭く、ダンディーな石山弘さんが69歳で亡くなったのは2001年9月。32年間、新潟日報紙上に政治漫画「虚像愚像」を約7500枚も描いてきた。東京支社時代（1994～97年）に出会った石山さんは、夕方になると週に何回か当時銀座にあった東京支社に現れ、庶民目線で政治を鋭く風刺した漫画に没頭した。指定席の机の下には、越後の純米酒を常備。茶碗酒を味わいながら筆を走らせた。

ある日、石山さんの誘いで報道部の同僚と上がり酒に繰り出した。銀座の地下にある居酒屋で政治談議をしながら宴会が始まった。酔うにつれ、石山さんの口調が詰問調になり、「君たち、本当に書きたいこと書いているの」と迫られた。政局を追うだけのリポーターでなく、権力の不正や悪を追及するジャーナリストになれ、との厳しい忠告に聞こえた。

お開きが近くなり、同僚が気を利かせて会計を済ませた。ところが、石山さんが激怒。「僕はそういうのは、嫌いだな。僕が誘ったのだから僕が払うよ」と言ってきかない。店外でなだめたが、泥酔した石山さんは、財布が入ったバッグをひっくり返して払おうとすると、路上にお金や筆が散乱する始末。両脇を抱え、タクシーで自宅まで強制送還した記憶がある。

「おめでとうございます。今年もよろしくお願いします。虚像愚像特集の高橋正秀さんの文章、感じ入りました。不安のまま送り続ける作品がワカッテイテクレテル（原文ママ）人がいることがうれしく、又一杯。石山弘」

「民の怒り96年回顧」虚像愚像特集のゲラ刷りを石山さんにファクスすると、97年元日夜、関田雅弘・東京支社報道部長宛に返信ファクスが届いた。着信日時は1月1日18時43分。大好きな酒が相当進んだみたいだ。

本社に転勤が決まった際、餞別《せんべつ》に自宅の表札を書いて頂いた。墨に酒を入れて書いた自宅の表札は、歳月を重ねる度に筆文字が墨痕鮮やかに浮き上がり、存在感を増してきた。石山さん独特の筆跡の表札は、どこにもサインはなかった。「サインなどなくとも誰が書いたか分かる」。それが石山流の仕事の流儀であり、美学だった。

■「北国の春」作曲家・遠藤　実さん

内野駅顕彰碑建立に秘話
「見えない力」がつなぐ縁　名曲原点は冬の日本海

（2017・4・15）

「北国の春」「高校三年生」など数々のヒット曲を世に送り出し、歌謡界で初の文化功労者、没後に国民栄誉賞を受賞した作曲家・遠藤実さん（1932〜2008年）の功績を伝える顕彰碑が3月下旬、ゆかりの新潟市西区のJR内野駅前に建立、除幕式が行われた。地元有志による遠藤実顕彰会（長谷川義明会長）が始動して1年半、遠藤メロディーがつなぐ「見えない力」によって除幕式に辿《たど》り着くまでには、いくつもの「碑誕生」秘話があった。

（編集制作統括本部長）

東京から戦争で疎開して内野地区で少年時代を過ごした遠藤さんは、小学校時代に同級生から貧しい生活や言葉遣いをからかわれ、仲間外れにされた。そんな時、学校裏の松林に行き日本海を見ながら、東京の友達を思い浮かべていると涙と一緒に旋律が出てきた。

▼苦労した少年時代

「私の冬の泣き場所は、荒海の日本海だった。波音が泣き声をかき消してくれるからだ」「あの少年時代がなかったら、人の心に訴える歌は書けなかったろうし、作曲家にもならなかった」。遠藤さんは後年、本紙に語った。情感あふれるメロディーを育んだ原点は、内野の浜だった。

アジアで今も歌い継がれる「北国の春」。作詞家いではくさんの原稿を読むと、歌う速さでメロディーが出てきたという。「作った時間はわずか5分。何十年もためていた感動が熟成し、その数分に流れ出したんですね」と述懐した。疎開時代の貧しさ、寂しさ、自然への感動などが、一気に名曲を紡ぎ出したのだ。

疎開先だった内野では、小学校の同級生も加わり、町内会単位で碑建立の募金の輪が広がった。

▼**感激「高校三年生」**

昨年6月、佐渡市出身の文化庁長官・宮田亮平さんが揮毫《きごう》した碑文の書「遠藤実　顕彰碑」が、遠藤さんの養女で遠藤実記念館・実唱館館長の由美子さんに手渡された。

宮田さんは「遠藤先生の代表曲『高校三年生』が出た時、私も高3だった。顕彰碑の話をいただき、胸がいっぱい」と感激。曲を聴く度に東京芸大進学で佐渡を離れる際の友との切ない別れを思い出すといい、青春時代を回顧して涙ぐんだ。遠藤メロディーが持つ「見えない力」が引き寄せた縁だった。

顕彰碑のデザイン、施工を担当した仏壇仏具の「吉運堂」（新潟市南区・吉田竹史社長）とも「見えない力」で結ばれていた。同社のCMソング「南無の心　吉運堂♪」の作詞作曲は遠藤さん。初代歌手は由美子さんだ。除幕式で吉田社長は「内野駅とマッチするよう丹精を込めた。碑は弥彦山と角田山をイメージし、台座は日本海の波をデザインした」と説明した。

▼情感あふれる歌唱

碑には、遠藤さん直筆の「北国の春」の歌詞と譜面が彫り込まれた。ボタンを押すと「北国の春」（千昌夫）「高校三年生」（舟木一夫）と遠藤さんが歌う「ふるさとよありがとう」の3曲が流れる。「松風しみた　内野町　赤いマフラーが泣いていた…」。情感たっぷりに歌い上げる遠藤さんの「ふるさとよ」からは、内野への無限の愛が伝わってくる。

由美子さんは「目立つ場所に設置され、父もきっと喜んでいます」と感謝。遠藤メロディーがつないだ「見えない力」の結晶ともいえる顕彰碑を訪ね、遠藤メロディーに触れてほしい。

【追記】２０１７年3月26日。新潟市西区のＪＲ内野駅前で行われた除幕式には、式典前から人だかりができていた。お祝いに駆け付けた弟子の千昌夫さんが「北国の春」を熱唱すると割れんばかりの拍手が沸き上がった。新潟市やＪＲ側と駅前の土地交渉に奔走した長谷川義明元新潟市長、地元内野の同級生らの協力、遠藤さんの生きざまに共感した人々の熱意でようやく建立が実現した。宮田長官に揮毫を依頼する手紙を書いた筆者も躍動感ある筆文字が刻まれた顕彰碑を前に誇らしさが込み上げた。

■「反骨の表現者」大坂　三郎さん

大坂三郎著『佐渡に吹く風』（考古堂書店、2006年11月発行へ寄稿）

実に軽妙で洒脱な表現者だった。その訥々《とつとつ》としたしゃべりの裏に権力者を見つめる厳しい視線が常に隠し味のように散りばめられていた。佐渡という独特の風土が醸成した傑物だった。早稲田大学で学んだ反骨の人でもあった。一度島を離れた経験から、東京から佐渡を客観的に見ることができる数少ない島人であった。ある時は、無頼の作家風、そして首長選挙となれば政治評論家となり、酒が入れば談論風発、その分析は外れたことがなかった。

昭和62年秋、異動で佐渡に渡った。時代はバブル時代を迎えようとしていた。バブルの追い風を受け、佐渡観光が100万人観光に向けて右肩上がりを続け、記録を更新していった。小生と出会ったころは、100万観光の仕掛け人・佐渡観光協会事務局長だった。旧相川町の県合同庁舎内の事務局を夕方訪ねると、いつも「高橋君　乗せてくれっちゃ」。車を持たない大坂さんを両津の支局まで乗せて帰った。支局に入るとすぐに一升瓶の酒盛りになった。外はまだ明るかった。大体、1時間くらい飲むと、夜の歓楽街に繰り出した。スナック小舟、焼鳥屋の「さとみ」、名前は忘れたが煮込みのうまい店での語らい。小生も生意気盛りの30歳、楽しかった思い出しかない。

支局発案の新潟日報佐渡版紙面改造でリレーエッセーのコーナーを新設した。最初のライターがペンネーム「凪」の大坂さんだったと記憶している。凪とは「風来坊」の凪だったと記憶している。その中の一節が妙に記憶に残っている。確か、汚職事件を題材にした一文で、「水は上から下に流れるが、金は下から上に流れる」という母親の一言を引用しながら、世の中の不条理と権力者をやんわりと批判した。その洞察力に富んだ辛口批評のファンは多かった。

寒ブリの定置網の網元の生まれと聞いたことがある。どてらが似合うような風貌から豪快な「男の料理」が得意だった。活きたままのタコが手に入ったと言って一度わが家のマンションに来訪したことがあった。「奥さん、鍋は」と言って鍋を差し出すとすかさず「ぐらぐら煮立った鍋にドボン」。その茹でたてのタコのうまかったこと。大坂さんが笑いながら狭い台所でタコを入れる瞬間の写真が今でも残っている。

亡くなる直前だったと思うが、出張で佐渡の大坂さん宅を訪ねた。2階で寝ていた大坂さんがマスクをしながら足早に階段を下りてきた。時折咳き込む、やつれた大坂さんを見るのは忍びなかったが、毒舌だけはしっかりしていた。帰りに佐渡の冷凍一夜干しイカを頂いた記憶がある。佐渡支局を去る際、人間国宝・伊藤赤水さん（佐渡無名異焼）の湯呑みの夫婦茶碗を頂いた。今でも湯呑みは現役。「白玉の歯にしみ通る秋の夜の酒は静かに飲むべかりけり」。牧水を気取って、今夜は茶碗酒で大坂さんと先輩を偲《しの》ぶとしよう。

（新潟日報社報道部長＝昭和62年9月〜平成2年3月まで佐渡支局）

【大坂三郎略歴】 本名・大坂三郎左エ門。1932年、佐渡市（旧両津市）生まれ。早大を経て東京大学出版会勤務後、帰郷し旧両津市勤務。佐渡観光協会事務局長、佐渡郡町村会事務局長を歴任。「佐渡100万人観光」の土台を築いた。97年11月死去、65歳。

■古町芸妓の「お母ちゃん」　早福　澄子さん

20年以上前の話。出張で訪れた佐賀県嬉野の温泉旅館で地酒の「幡随院長兵衛」に酔いしれたことがあった。旅館の女将さんに「お土産にお勧めの地酒」を聞いたら、私たちが新潟から来たことを知って「だったら早福さん夫妻に聞いた方が早いよ」と告げられた。

夫妻は、新潟市中央区関屋本村町で酒販店を営む早福岩男さんと妻澄子さん。夫妻もこの温泉に宿泊したことがあった。岩男さんは、地酒ブームの火付け役になった越乃寒梅、鶴の友など五つの違う蔵元の銘酒をセットにした「越くにの五峰」を売り出したアイデアマン。本物の酒造りを追求する淡麗辛口の新潟銘酒を全国ブランドに高めた功労者の一人でもあり、「早福」の名も全国区になっていた。

酒だけではない。私財を投じて「新潟・古町芸妓の世界」と題するＤＶＤを制作、観光客や県外人に無料で配布するなど40年前から、古町芸妓を全国に広く発信してきた。お座敷では夫婦で、芸妓の舞を優しくも厳しい視線で見守り、踊りが終わると気配りの達人・澄子さんが、さりげなく芸妓衆に心付けのご祝儀袋を渡すのを忘れなかった。

岩男さんが、新潟の文化レベルの高さを語る。「和食と日本酒、そして芸妓の舞を楽しむ花柳界、料亭のお座敷文化は、日本文化の総合芸術なんだ」「芸妓の踊りはれっきとした日本舞踏だし、太鼓や笛も能や狂言の舞台の音楽と同じように稽古を重ね、芸を磨いて達した貴重な文化の宝物。それが新潟には残っているんだ」

「酒粕は酒のすっぴん。酒粕を見れば、どんな造りをしているのか分かる」。岩男さんの持論だ。酒の良し悪しは、酒粕で決まるというのだ。見せてもらった、1度しか絞っていないぜいたくな造りをしている粕は、酒が滴り落ちているようだった。採算を度外視した趣味で造っているような酒蔵を紹介してもらった。以来、すっかりその蔵元の酒のファンになった。

店内奥の仕込み樽の蓋《ふた》で作った大きなテーブルを囲んで集まった客を前に岩男さんが、蘊蓄《うんちく》ある酒と古町芸妓談義を語り出す。頃合いを見て澄子さんが、いつも笑顔でお茶菓子を出して一息入れる。酒好きにはたまらない至福の時間が流れていた。

外で人に会い、店の表の顔だった夫を陰で支え、財布をしっかり握り、実質的に店を切り盛りしているのは澄子さん。昭和の「お袋さん」「女将さん」のイメージがぴったりの「肝っ玉母さん」だった。誕生日がひな祭りからか、年を重ねても笑顔が、少女のような愛くるしい面影を残した古町芸妓の母・澄子さんが21年5月25日未明、突然眠るようにこの世を去った。85歳だった。通夜には、澄子さんを「お母ちゃん」と慕う古町芸妓衆が、その死を悼み、あでやかなお座敷で着る和服姿で参列した。

夫婦は、夜のお座敷や東京や海外のクラシックコンサートでも常に夫唱婦随だった。あれから3年、最愛のパートナーを失った岩男さんの落胆ぶりに一時は周囲も案じたが、持ち前のバイタリティーで元気を取り戻した。90歳となった古町芸妓の「お父ちゃん」。愛妻の死を乗り越え、古町芸妓振興のため、お座敷通いは続いている。

在職死亡した同僚記者5人

新潟日報社では、駆け出しの記者時代から多くの個性的な先輩にお世話になった。取材現場、時には場末の居酒屋で武勇伝とともに記者の真髄を教わった。不治の病に倒れ在職死亡した先輩、同期、後輩記者の残像は、脳裏に焼き付いて離れない。中でも1987（昭和62）年9月〜90（平成2）年3月まで2年半在任した佐渡支局（現佐渡総局）の同僚で在職死亡した小田島重清支局長、鶴橋健司支局次長、佐藤牧子記者の3人の生きざまは忘れられない。

■佐渡支局で机並べた3人の生きざま

▼哀悼　鶴橋　健司さん「最後まで記者だった」（新潟日報労働組合ニュース・1999年11月号）

革のポシェットを小脇に抱え、ダンディーな背広で颯爽《さっそう》と出勤する姿は実に男前だった。くだけたジーンズ姿も様になっていた。そして告別式で奥様が明かした真実。最愛の妻子にフロッピーで遺言するなんて、最後まで、鶴橋さんらしく、おしゃれで気障《きざ》でしたね。名演出家を兄に持つ血筋と思わせるほどに。寂しそうな遺影が、若すぎる死が、涙の葬儀にしていました。演出しすぎです。泣かせすぎです。

鶴橋さんとは12年前の秋、佐渡支局で机を並べた。よく酒を飲んだ。馴染《なじ》みのスナック「小舟」でカラオケもよく歌った。鶴さんが、「騙して一下さいー、最後までー」と十八番の「おはん」を歌い出すといつも店内は静まり返った。どこまでもスターだった。

そんな「ええ格好しい」の鶴橋さんが、ある時「佐渡版を変えようよ。題字も変えよう」と、言い出した。週末の「ウイークエンド佐渡」はこうして生まれた。佐渡版の題字は島内の版画家がデザインした。勝手に題字を外したものだから、販売当局から異論も出た。当時、労働組合からも「この紙面改造は会社提案されていないが、支局の意向は」と問い合わせがあった。支局全員が変えようという現場主導・下からの画期的な紙面改造だった。当時では珍しい「支局発」という記者のコラム欄も誕生した。仕掛け人はいつも鶴橋さんだった。

ファッションだけでなく、仕事もダンディズムを貫いた。地区版取材をこなしながら、「佐渡にんげん牧場」（新潟日報事業社から出版）という長期連載をこなした。一体、この人はいつ仕事をしているのだろう。連載はほとんど家で書いていた。軽く流しながら、重いテーマにどっかりと腰を据えて取り組む、「仕事の流儀」を先輩から学んだ気がする。

根っからの物書き・記者だった。決して話がうまい「話者」ではなかった。その文体は「鶴橋タッチ」と仲間内では言われていた。署名がなくとも、編集委員・鶴橋の文体はすぐ分かった。行間からは風の唄が聞こえた。美しいハーモニーを奏で、時には凛《りん》とした哀切な響きを伴って…。例えば、「20世紀にいがた100シーン」の記念すべき第1回の最後のシーン。「さらさらと、ホームの上をさわやかな風が通り過ぎるだけで、小千谷駅はちんと静まり返ったままだ」

私たちの上をさわやかな風のように通り過ぎていった鶴橋さん。残された同人は、静まり返ったま

までは いられません。不治の病と闘いながら、病床で最後まで老人介護問題を書き続けた壮絶な死。記者魂を超えた遺志は、多くのメッセージを残してくれました。

55歳。悔しいです。寂しいです。同じ病魔に倒れた小田島重清佐渡支局長とあの世で思う存分、好きな酒もたばこも楽しんで後輩たちを見守って下さい。合掌。

【鶴橋健司（つるはし・けんじ）】 新潟日報社編集局編集委員で1999（平成11）年11月13日、胃がんのため新潟市民病院で死去。55歳。1966（昭和41）年入社。東頸支局長、週刊誌編集部、長岡支社報道部デスクなどを歴任。「オピニオン」のページ、介護、福祉問題を担当した。

▼兄は弟思いの名監督・鶴橋　康夫さん

【追記】 映画「愛の流刑地」「後妻業の女」「のみとり侍」などで知られる演出家で村上市出身の映画監督・鶴橋康夫さん（23年10月9日死去・83歳）の実弟で新潟日報記者・編集委員だった健司さんには、佐渡支局で公私ともにお世話になった。愛称「鶴さん」、一回り年上の兄貴分の無念の死が悲しくて組合ニュースに追悼文を書いた。私が「島の医療」シリーズで地元医師会と病院の対立をテーマにした連載記事を書いた際、当時の上司が掲載を逡巡《しゅんじゅん》し、棚上げ状態になった時、「掲載すべきだ」と上司を説き伏せ、記事化への扉を開いてくれた恩人だった。

その後、兄の康夫さんとは、新潟と縁のある首都圏在住者らでつくる「新潟日報トキの会」で何度かお会いした。「トキの会」では、トレードマークの長髪と甘いマスクのサングラス姿で颯爽と登場。マイクを渡されると、会場の和服姿の女性をヒロインに見立てて演技指導。「主演は豊川悦司、場面は東京駅前で豊川があなたを誘い、熱い抱擁と口づけ、そして近くのホテルで…」と矢継ぎ早にストーリー展開していく。普通なら「セクハラ」になるところだが、「賞男」の異名を取った有名監督の演出は下品に聞こえない。

康夫さんが20年1月に書いた新聞コラムでは、「遥かな弟の声」と題し、四つ年下の健司さんが、夏祭りののど自慢大会で拍手喝采を浴びる思い出話を披露、「亡くなった弟がどんどん脇役から主役に膨らんでくる。弟に会いたい」と弟想いの気持ちを書いた。その記事を読んで健司さんの佐渡支局時代の思い出を伝える手紙と追悼文を康夫さんに送った。

間もなく礼状が届いた。「高橋兄　泣かせてくれました。なんて貴兄は優しいのだ。こんなに記者として弟について兄である小生に伝えてくれた人はいなかった。あすテレ朝の会長と会う。弟の大学の同級生に貴兄の手紙を見せることを許してくれ。弟の事、本当にお世話になりました。貴兄のような男らしい後輩を持つ弟も幸せだった。取り急ぎお礼を。宝物にします。ありがとう。鶴橋康夫」。鶴橋兄弟との出会いと別れ。病床にあって最後まで介護をテーマにベッドの上で原稿を書いていた健司さん。老いても精力的にメガホンを取った映画監督。異彩を放った鶴橋兄弟の仕事への熱い執念を見た思いだった。

▼温厚な人生の師・小田島支局長

「粋な別れをしようぜ」。上がり酒のカラオケスナックで十八番は、石原裕次郎の「粋な別れ」だった。血の気の多い記者の世界で、物静かで冷静沈着な上司。支局の2階で単身赴任していた小田島重清支局長とは、毎晩のように晩酌に付き合った。スタートは焼き鳥屋、2軒目はカラオケスナック。一人静かにグラスを傾けながらも乱れない支局長はいつも紳士然としていた。

記者が書いた記事をめぐって抗議の一団が支局に押し駆けても毅然《きぜん》と応対し、一人で矢面に立ち、決して記者を前面に出すことはなかった。支局では支局長が、我が3歳の長女を支局長の椅子に乗せて手押し車のように回ると大はしゃぎしていた。「このネクタイピン、娘からもらったんだ」とちょっとはにかみながら自慢げに話してくれたことがあった。同じ娘を持つ父親として今なら子煩悩なパパの気持ちが痛いほど分かる。93年の5月、入院中の支局長を韓国取材で土産に買った高麗人参エキスを持参して見舞ったことがあった。その年の暮れ、帰らぬ人となった。いつも口ずさんでいた歌詞にある「生命に終りがある」ことを身をもって教えてくれた人生の師だった。

【小田島重清（おだじま・しげきよ）】 新潟日報社編集局調査部長代理で1993（平成5）年12月16日、胃がんのため県立がんセンターで死去。54歳。1961（昭和36）年入社、津川支局長、新井支局長、整理部次長、佐渡支局長などを歴任した。

▼初の女性支局員・佐藤　牧子さん

佐藤牧子さんは、1988（昭和63）年春、離島・佐渡支局初の女性支局員として赴任した。当時、佐渡（旧両津）市の支局には、女性専用トイレがなく、急遽《きゅうきょ》増築工事が行われた。生来の明るさと人懐こい笑顔で取材先からもかわいがられた。共に支局を過ごしたのはわずか半年だったが、いくつものシーンが浮かぶ。担当地域は、佐渡の南部地域・小木・羽茂。警察との懇親会が旧佐和田町であった。宴会の途中、余興で五穀豊穣を願う羽茂の伝統芸能「つぶろさし」が披露された際、今なら「セクハラ」と騒ぎそうだが、動じることなく笑顔でいなしていた姿が忘れられない。

週に何度か、支局の仲間と上がり酒と称して旧両津市夷の焼き鳥屋「さとみ」に小田島支局長と一緒に繰り出した。毎月、宴会・出席率を計算したランキング表を支局内に配っていたが、佐藤さんはいつも上位だった。当時の小田島重清支局長、鶴橋健司支局次長とも在職中にがんに倒れ、帰らぬ人となった。入院中の鶴橋さんを市民病院に一緒に見舞ったことがあった。病と闘う先輩の姿と自分の闘病を重ねたこともあったはずだ。無菌室で集中治療していると聞き、見舞いは遠慮していた。骨髄移植が成功したと聞き、職場復帰も近いと期待していただけに突然の訃報にショックを受けた。女性としては販売部で草分け的存在。そしてＮＩＥ運動の常に先頭を走り、リードしてきた遺志は未来読者を獲得する子供向け新聞「ふむふむ」に具現化された。

訃報を聞いた夜、佐渡支局最後の日のビデオを取り出して観た。90（平成2）年3月27日。本社に異動が決まり、引っ越しする私たち家族を佐渡汽船・両津港に見送りに来た小田島支局長のはにかむように照れた顔。そして出航時間ぎりぎりに小走りで駆け付けてくれた佐藤さんのはち切れんばかりの若さあふれる笑顔があった。「走って来ちゃった」と音声も残っていた。みんな若かった。1年間に及ぶ闘病の末に燃え尽きた佐藤さん、共に50代半ばで死去した小田島支局長、鶴橋さんと一緒に天国で安らかに眠ってください。

【佐藤牧子（さとう・まきこ）】新潟日報社読者ふれあいセンター長で２０１５（平成27）年9月28日、病気のため新潟市の病院で死去。54歳。１９８２（昭和57）年入社。本社販売部長代理、販売事業本部読者ふれあい部長などを歴任。子ども新聞「ふむふむ」創刊の中心メンバー。

■早世した同期・山崎　晃記者

人間の力が及ばない領域がある。人の生死である。しかし、寿命という一言で片づけられない場合がある。誰からも愛され、慕われた善人の若すぎる死である。

山崎晃君は、昭和55年入社の編集同期5人組の中で何でも一番乗りだった。東京支社時代には新潟日報社として初の共同通信出向。結婚も一番早かった。個性的な同期の中では、一番の良識人だった。季節は春。草木が一斉に芽吹き、桜の花が満開の時期に44歳の若さで鬼籍に入るのも一番乗りなんてあまりにも若すぎる。「生き急ぎ」すぎです。

▼「いつまでも忘れない」弔辞　（告別式2001年4月18日）＝山崎晃遺稿集『ペン輝いて』

君との思い出を振り返るといくつもの場面が脳裏をよぎります。正直言って君と本音で語り合ったのは、病魔に襲われ、君が、がんセンターで闘病生活を送ることになった昨年秋からでした。会うたびに小さくなっていく君の姿を見るのがつらくて手紙を通じてでした。

「山崎は、お前の同期だろ。もうこんな署名記事書いているぞ」。先輩から聞かされる君の活躍ぶりにはいつも刺激された。君はどこにいても気になる存在だった。平成7年。どちらかと言えば、それまで組合活動とは疎遠で争いごとを避ける温厚な君が突然、労働組合の専従・執行委員長を引き受けると聞いた時は、正直驚いた。頼まれると断れない犠牲的精神の塊のような君らしい決断だった。

委員長時代に編纂《へんさん》した組合50周年記念誌の巻頭言に君は書いている。「新潟日報労組は闘う集団なんだと改めて思う。組合員一人ひとりが、必死になって新潟日報の明日を考え、会社と激突し、解決への道を切り開いていく様はまるで大河ドラマを見るようだ。すさまじいばかりのエネルギーである」。君が病魔と真正面に向き合い、闘った姿こそ、すさまじいばかりのエネルギーだった。今日ここに参列した皆さんに山崎の生きざまを少しでも分かってもらうために、私信ながらあえて入院を通じて交わした最初の手紙の一部を紹介します。

「温かい励ましの一言ひとことが心に染み入ります。10月12日に担当医からがんであり、治癒の確率が低いと宣告された時は、正直覚悟を決めました。なーに、仕事に未練もないし、人間として恥ずかしくない最期をとは思ってみるものの、凡夫たる我が身、そう簡単に諦観心身につくわけもありません。家族と話したり、見舞いに来てくれる人の励ましの言葉を聞くうちに、『頑張れるだけ、頑張ってみるか』と思い直してもいます。もし復帰が出来たら同期で朝まで美酒を楽しみたいなあ、と夢想しつつ、これからの闘病生活を頑張ります」(10月12日)。がんとの壮絶な闘争宣言だった。

94(平成6)年4月26日、当時の前社会党県本部書記長の安田誠県議が亡くなった。君は、がんの宣告を受けた安田さんの4カ月の闘病生活を取材、末期がん患者の苦悩を伝える追悼文を社会面に書いた。安田さんもくしくも君と同じ44歳だった。

壮絶な闘病生活を取材し、がんの怖さを知り尽くした君だけに、自身に重ね合わせた時、その苦しみも深かっただろう。深い絶望感と、諦めきれない生への執着の狭間で揺れる苦悩の毎日だったはずだ。手紙で君は、病気と闘うために精いっぱいの力を振り絞っていた。「治癒の確率が低いのは承知していますが、担当医も励ましてくれるので、当面はそれに懸けてみようと思っています。もしそれが効果を上げないなら、次のわらを探そうと考えています」。その言葉通り、君は職場復帰の希望を捨てずにあらゆる可能性にかけて治療に果敢に挑んでいった。

君は人の心を打つ名文家だった。「それでは、お約束のものを…」。雑談が途切れたのを見計らうように渡辺広康は、黒いバッグを応接テーブルに乗せ、対面するTの前に滑らせた。

90年に発覚、当時の金子清知事辞任に発展した佐川急便不正献金のドキュメント企画「知事の背信」シリーズは、こんなスリリングな書き出しで東京佐川本社社長室からドラマが始まった。企画班の中心メンバーが山崎君だった。「新潟戦後50年、流出の系譜」シリーズでは取材班キャップを務めた。「20世紀にいがた100シーン」の満蒙開拓少年義勇軍の冒頭シーンにこう書いている。「果たせぬ夢や、引き裂かれた思いとは、人の心にかくも深い刻印を残すものであろうか。半世紀という長い歳月を経ても消えることのない」。人の死に無駄な死はないという。ならば44歳という若さで果たせぬ夢を抱きながら、愛する肉親と引き裂かれた君の死の意味は一体、何だろう。残された我々は、君の死の意味と、君が遺したメッセージの答えを探してみたい。最期の言葉は奥様への「ママ、もう眠ってもいい？　眠るよ」だったという。山ちゃん、もう闘わなくていいんだよ。安らかに眠ってください。でも今は、別れの言葉は言いません。今度会う時は、朝までとことん美酒を酌み交わそう。

【山崎晃（やまざき・あきら）】 新潟日報社編集局整理部次長で2001（平成13）年4月15日、すい臓がんのため、県立がんセンターで死去。44歳。1980（昭和55）年入社。県政キャップ、新潟日報労組委員長を歴任。金子清知事辞任に発展した90年の佐川急便事件の報道で中心的役割を果たした。

■「52歳記者のがん日記」橋本　佳周記者

▼最期まで闘病記録克明に

2018年7月末、新潟日報社本社で部長職に昇進した管理職研修が開かれた。私は総務担当常務取締役として研修であいさつしたが、その場に橋本佳周論説編集委員の姿はなかった。当日は最も進行した「ステージ4」のすい臓がんの告知を医師から受けた当日だったと後から聞いた。

一緒に働いたのは1997年、新潟市中央区の西堀事務所にあったフリー（遊軍）の職場だった。昼間は物静かだが、夜になると日本酒好きで酔うとロック調の歌をガンガン叫ぶように歌った。労働組合の役員選考を頼まれて橋本記者を日報労組委員長に推薦した。見事、会社と労組の間に立って難題を調整、一時金闘争や人員闘争をまとめ上げ委員長の重責を全うした。

がんの宣告を受けてからの橋本記者の覚悟が見事だった。本紙夕刊「おとなプラス」の担当デスクとして、外部ライターとの連絡、原稿のチェックをこなし、通院しながら最後まで仕事を全うした。自身のすい臓がんをテーマに、冷静に医師とのやりとりを取材し、19年2月から21年12月まで本紙生活面で「がん日記」を連載した。高校時代のバンドを再結成し、公演開催を目標に病魔と闘った姿は、多くの人に感銘と勇気を与えた。

自分の病状を客観視して克明に闘病記録を記事化する手法は、誰にも出来るものではない。現実逃避したい気持ちを抑え、病気と向き合った精神力は、想像するだけでつらい。

21年10月9日、「54歳記者のがん日記」では「ついにその日がやってきた。『抗がん剤治療をやめるのが一番いい選択だと思います』。主治医にそう告げられたのは、1日のことだった」の書き出しで始まり、「闘病生活を始めて3年3カ月。いよいよ最終章の幕が上がった」とがんとの最終闘争宣言を表明した。

この日、入院中の橋本記者に「ついにこの日が来たんだなと胸にズシンと響くものがありました。あの管理職研修から3年3カ月、本当に頑張りましたね。今日の最終闘争宣言。あなたの鬼気迫る覚悟を感じました。これはあなたしか書けない。あなたなら書ける。果たして自分が終末期医療宣告を受けて書けるか。自問しても答えが出ない。自信もない。今のあなたは何と強いんだ。あなたの最終章、こちらも覚悟して最後まで見届けます」（2021年10月9日6時49分）とエールの初メールを送った。

「熱い励ましのメールを頂戴し、ありがとうございます。人生を振り返り、何を自分はなし得たのか、自らにいくら問うても、はかばかしい答えは返ってきませんでした。せめて最期は記者としてすべきことをしようとの思いで筆を執ったのがこの連載です。1日でも長く生き、その記録を遺したい。筆に込めた思いが1人でも多くの読者に伝わればと思っています。先はそう長くはないと思いますが、これからもご指導のほどよろしくお願いいたします。橋本拝」（8時36分）

年も押し詰まった12月29日、「がん日記」最終回。最後のバンドライブを終え、「全てをやり終えた」「痛恨の過去を直視し、死と向き合うことは怖いが、見えてくるものもある」と最終回を締めくくった。私は「もうそんなに反省しなくていい。後悔もしなくていい。あなたはもう十分頑張りました。多くの人に生きる勇気を与えました。年下のあなたの生きざまに大いに励まされました。心から平穏な年末年始を迎え、55歳の誕生日を乗り越えることを祈念しております」（2021年12月29日11時46分）とメールした。

すぐに最後の言葉となった返信が来た。「メール、心より感謝申し上げます。高橋さんはじめ多くの人に支えられて年越しを迎えられそうです。次なる目標もいただきました。サクラまで前進あるのみです。ありがとうございました。橋本拝」（11時52分）

22年1月20日、ついに橋本記者の命の炎が55歳で燃え尽きた。「次なる目標」の連載の書籍化は、2月に『52歳記者のがん日記』（新潟日報事業社）で実現したが、桜の季節を迎えることはかなわなかった。

【橋本佳周（はしもと・よしちか）】 新潟日報社報道部おとなプラス担当部長兼論説編集委員で2022（令和4）年1月20日、すい臓がんのため、県立がんセンターで死去。55歳。1989（平成元）年入社。三条総局長から18年に論説編集委員室。新潟日報労組委員長も務めた。18年7月にステージ4のすい臓がんの告知を受け、19年から21年12月まで生活面で「がん日記」を連載した。

第10章　悪戦苦闘の新人時代　1980年～1990年

こちら特報班　長岡支社・整理部・佐渡支局

《新聞黄金期、駆け出しは長岡で事件記者》

新聞が右肩上がりで部数を伸ばしていた黄金期に入社した。本紙は1980年6月に値上げしても発行部数40万部を突破した。駆け出しは長岡支社報道部で事件記者からスタート。五六豪雪の大規模雪崩や殺人事件、死亡交通事故の取材で生死に立ち会った。内勤の整理記者時代は、見出しや紙面の割り付けで新聞製作のノウハウを学んだ。離島の佐渡支局時代は、島人の厚い人情に包まれながら、絶滅寸前の国際保護鳥トキを担当、島の医療、農業シリーズにも取り組み、時に厳しい洗礼も浴びた。新聞記者の原点を体験した悪戦苦闘の新人時代を振り返った。

こちら特報班

お家の大事！　旧士族の会立つ　長岡藩牧野家騒動（1981・12・21）

長岡藩7万4千石をおよそ300年にわたって統治した藩主・牧野家の歴代の墓が来年早々にも整理されて無くなるという。何でも東京都港区にある菩提《ぼだい》寺に墓地整理計画が持ち上がり、藩主の墓を全て地中に埋めてしまうらしい。地元長岡市の旧藩士族で結成している柏友会（伊丹一夫会長、会員約300人）では、この殿様の墓が無くなるという穏やかならぬ話に「お家の大事」とびっくり仰天。急遽《きゅうきょ》総会を招集、牧野家の墓を郷里に持ち帰り、歴史的文化財として保護するために、資金援助を市や篤志家に積極的に呼びかけていく方針を決めた。これを受けて、市文化財調査審議委員、市郷土史研究会員、柏友会員の有志が調査に乗り出し、墓の行方を巡って、今、同市では波紋が広がっている。ニュータウン、テクノポリス構想で年ごとに大きく近代都市に変貌しつつある長岡。そこに降ってわいたルーツ・牧野家の何百年もの風雪に耐えてきた墓の〝お取りつぶし〟のうわさ。何はともあれ真相を究明すべく、〝震源地〟である東京に飛んだ。（高橋正秀記者）

【追記】長岡市立互尊文庫で司書をしていた稲川明雄氏（郷土史家）から時折、地域の街ダネをもらった。ある日、「牧野の殿様のお墓が大変らしいよ」とささやいてくれたことがきっかけだった。入社2年目、特集記事で初めての署名記事が夕刊「こちら特報班」だった。前文の末尾に「高橋正秀記者」と載ったのがうれしかった。当時の小林弘・小千谷支局長が、初署名の祝宴を管内の料亭で開いてくれた。酒が入ると時に厳しい言葉を浴びせる、こわもて支局長の優しい一面に触れ、忘れられない思い出となった。

こちら特報班　**レコード商戦ホットな攻防　小売店もアイデア商法で対抗**

（1982・3・5）

コピー時代とレンタルブームの落とし子ともいえる貸しレコード店。LPレコードが市販価格の1割前後の安さで借りられるとあって若者にバカ受け。この1年間で全国のレコード小売店総数のほぼ1割に当たる約800店が乱立するほどの急成長。各地でレコード小売店を廃業、転業に追い込む勢いだ。県内でも既に20店近くがオープンし、群雄割拠の様相を帯びてきた。中でも全国チェーンの大手貸しレコード店が県内制覇の拠点を置く長岡市では、既に3店が出現、レコード商戦の激戦地となっており、今、同市のレコード小売業界は大きく揺らいでいる。攻勢をかける貸しレコード店と迎え撃つ地元レコード小売店。毎年、多くのスターを生み出す華やかなレコード産業の裏舞台で演じられているホットな闘いぶりをのぞいてみた。（高橋正秀記者）

■初任地は長岡支社（1980〜83年）

1980年6月入社。初任地は高校時代を過ごした長岡支社。人事担当者から配属希望を聞かれ、長岡支社の独身社員寮が鉄筋2階建て6畳二間にバス、トイレ付きと聞いて決めた。4畳半一間の共同トイレ、風呂なしの学生時代の木造アパートに比べ、はるかに魅力的だったからだ。

察回り・事件記者からスタート、スポーツ担当もやった。事件があれば、休みはほとんどない。当時は、働き改革やパワハラの言葉もなかった時代、今ではハラスメントと言われそうだが、ミスをすると「(記者に) 向いてないんじゃないかな」「まだ辞めないの」などと厳しい言葉を浴びせられた。休みを申し出たら先輩から「うちの会社、休みあったけ」「好きで新聞記者になったんだろ。休みなんてないよ」と平然と言われたこともあったが、「記者に休日なし」が当たり前の時代だった。

携帯電話もポケベルもない時代、事件・事故担当で警察を回り、10円玉を常に持ち歩き、公衆電話から定期的に警戒電話をした。あいさつ回りも先輩記者が一度、長岡警察署に連れて行ってくれただけ。「後はよろしく」と、帰りは大手通りに車を放置し、先輩は消えた。ペーパードライバーだった記者は、大手通りでエンスト、立ち往生しながら会社に辿《たど》り着いた記憶がある。新人も一人前と扱い、いい意味で自由だが、放任主義の極みだった。

長岡署に直接出社すると、副署長席で事件・事故発表簿を確認。捜査、交通、防犯少年課に顔を出す。怖い顔をした刑事課長とは世間話ができるまで時間がかかった。

入社して驚いた。昼は口もきいてくれない怖い先輩が、毎晩、長岡の夜の繁華街・殿町のスナックに誘ってくれた。酒を酌み交わしながら先輩たちが「記者稼業のイロハ」を熱く語る「梁山泊」だった。連日の午前様で二日酔い。10分でも遅刻すると、労組委員長も経験、怒ると赤ら顔になるため、赤鬼と呼ばれた斎藤博デスクから「今、何時だ」と雷が落ちた。

警戒電話は大体、2~3時間ごとに入れていた。ある日、帰社すると斎藤デスクが「何か事件事故なかったか?」。こういう時は必ず何か起きていた。警察に電話すると、交通事故があった。後で警察の当直に確認すると「日報さん、あんたの会社、斎藤デスクが1時間おきに警戒電話しているよ」。これにには参った。

原稿は、何度も書き直し。取材不足を細かく指摘してくれるのだが、恥かしくなって警察に聞けなくなった。Fデスクに「一度に足りない点を言ってください」と怒りモードで抗議すると、「それでは覚えないだろう」。同じ寮住まいのFデスクは「帰ったら押し入れを開けて、Fの馬鹿野郎!と叫べばスッキリするよ」とストレス発散法を教えてくれた。

■高校野球、国体取材に汗

新人記者の必須業務は、スポーツ担当。事件事故同様に、名前やスコアなど固有名詞・数字を正確に伝えることが第一。春夏の高校野球地区予選や冬の秋田・田沢湖国体(82年)や神奈川総体(81年)に駆り出された。高校野球取材で悠久山球場に通い、野球規則を片手に慣れないスコアブックと格闘した。当時の取材風景のスナップに悠久山球場記者席でスコアブックの手解きを受けた先輩の佐藤雅之記者、毎日新聞の丸山昌宏記者(毎日新聞GHD代表取締役会長)が映っている。皆、若かった。

母校の長岡高校野球部グランドに初取材で出向くと、筆者が在籍した3年1組の担任でスパルタ教師だった高校野球の名将・柴山勲監督が、笑顔で迎えてくれた。柴山監督は小千谷高の監督に就任した1966年と長岡高監督だった77、79年の3回、夏の甲子園に出場。2000年から04年3月まで県高野連理事長を務めた。3年1組は、野球部員が10人近くも在籍する野球部組で、クラスメートに新潟明訓高を率いて夏の甲子園に7回出場した佐藤和也監督（新潟医療福祉大硬式野球部総監督）やスポーツライター・小林信也氏がいた。小林氏は、本紙夕刊「おとなプラス」に「新潟・古町芸妓ものがたり」「古町芸妓・あおいの歩く道」などの連載を執筆した。

■雪崩事故の遺族取材で「因果な職業」痛感

初めての殺人事件は1980年12月、長岡市のホステスが殺害され、出雲崎港に遺棄された「出雲崎港ホステス殺人事件」。長岡署に捜査本部が設置され、取材合戦が始まった。遺体が発見された12月21日、現地のテント内で検視する生々しい捜査現場の光景が記憶に焼き付いている。

五六豪雪で年明けから相次いで大規模雪崩が発生。1月7日、守門村（現魚沼市）で8人圧死。18日には湯之谷村（同魚沼市）で老人ホームの6人が死亡した。発生は真夜中、投光器に照らされながら、支社・支局総動員で徹夜、雪の中から懸命に救出する姿を徹夜で取材した。遺族を取材すると玄関先で娘さんの遺品のネックレスを見せられ、泣き崩れる姿を写真撮影した時、思わずもらい泣きしそうになる自分と、ニュースとして撮影しなければならない仕事の狭間で揺れる「因果な職業」を痛感した。先輩記者の瞬発力と取材力に圧倒されながら、現場で鍛えられた。

■フィルム守った報道カメラマン魂に脱帽

事件取材は危険とも隣り合わせだ。80年10月21日夜、観光ビザで7年以上不法残留していた台湾籍のスナックママが入国管理令違反容疑で法務省東京入国管理事務所に収容された事件の取材時にトラブルが起きた。容疑者を東京に護送するため長岡駅ホームで私と先輩カメラマンで取材したが、カメラマンが連行写真のフラッシュをたいた瞬間、ママに付き添ってきた男性が、「お前、何者だ」と罵声を浴びせながら迫ってきた。

2人とも一目散に逃げたが、カメラマンが階段で転倒、カメラを取り上げられそうになった。「フィルムを出せ」との脅しに、カメラを抱え込み必死に抵抗、フィルムは無事だったが、膝が血でにじんでいた。後で現像したら、鬼の形相で怒鳴りながら向かってくる男性の姿が鮮明に映っていた。ケガをしながらもフィルムを守った報道カメラマン魂に脱帽した。

先輩からは「お前、俺を置いて逃げただろう」と責められた。置き去りは認めたが、自分の身を守るのが精いっぱいでとても先輩の面倒までみる余裕がなかった。この先輩こそ、1964年の新潟地震で、火が付いた石油タンクの黒煙をバックに、津波が押し寄せて油の浮いた泥水の中を必死に逃げる女子中学生の姿を活写した「伝説のカメラマン」横田雄司氏だった。田中元首相が誕生した当時は、東京支社で首相番カメラマンを務めたことから、仲間内では「カンテイ（官邸）」の愛称で呼ばれていた。

長岡支社で出会ったカメラマンもいろいろだった。某カメラマンは、取材先で酒をご馳走になり、そのまま帰ってこないこともあった。後輩の報道部長が注意しても相手にしない。上越新幹線が開業した82年11月15日、長岡駅前でくす玉を割る祝いのイベント取材では、「あれフィルムが入っていない」。「もう一度、くす玉を割ってくれないかな」。長岡署に容疑者が連行される場面を撮影するため待機していたら、肝心の場面で牛乳を買いに行っていなかった。「もう一度、連行してもらえないか」。唖然《あぜん》…。新聞社も80年代、まだ牧歌的な昭和の名残があった。

■アウエー感漂う整理部で見出し・組版作業

1983年4月、長岡支社から本社編集局整理部に異動になった。取材記者から一転、内勤職場。当時は、外勤記者失格の烙印《らくいん》を押されたような落ち込んだ気分になった。職場も制作局の組版職人集団に囲まれた閉鎖的ムードで最初は馴染《なじ》めなかった。眼光鋭い古参の組版職人に初対面から「今までは偉そうな新聞記者かもしれないが、今日からは違うぞ。一から鍛え直してやる」と恫喝《どうかつ》され、全く違う会社に入ったというアウエー感に襲われた。

後から思うと、職種のデパートと言われる新聞社の縮図のような現場で鍛えられた経験は、新潟日報人生の中で大きな財産となった。整理部は、紙面をレイアウト、見出しを付けて面組みする。取材記者が書いてきた記事を最終的に価値判断する整理記者は、「夜の編集局長」と呼ばれた。時には、報道部から出稿された記事に不備があるなら、駄目出しし、書き直しを指示することもあった。

鉛活字で紙面（15段）を組むホット印刷と、紙で原稿を切り貼りする写真製版のＣＴＳ（コールド・タイプ・システム）の併存時代だった。見出しや写真の大きさを測る倍数の目盛りが付いたサシを持って、古新聞にマジックでレイアウトを書き込み、面組み作業に立ち会い、指示した。地区版から始まり、スポーツ面まわりを担当した。ナイター延長で締め切り時間ギリギリの面組みはスリル満点だったが、新人のころは、どこまで鉛活字を組んでも永遠に終わらない整理作業の悪夢にうなされたことがあった。普段は組み版と整理が一対一の面組み作業だが、降版時間が迫ると組版側もベテランを中心に人海戦術で鉛活字のゲラを、丁々発止で素早く組んでいく。その緊張感、充実感は新聞づくりの最終責任者・整理マンの醍醐味《だいごみ》であり、誇りだった。

■100万観光でにぎわう佐渡支局　記事巡り抗議も

87年9月、100万観光で賑わう離島の佐渡支局に赴任した。離島佐渡では、支局長以下5人で佐渡版を担当した。絶滅寸前の国際保護鳥トキを担当。島の「医療」「農業」などに斬り込んだ。「100万観光の表玄関はゴミロード」――など島外者の「旅のもん」的視線で記事を書いて時に反発を買うこともあった。朝、支局に出勤し、玄関が黒い革靴で埋まっている日は危ない。議会批判の記事を巡って抗議の電話が殺到。複数の議員が支局に押し掛け、「こことここが間違っている。訂正だ」と問題の箇所に赤鉛筆でアンダーラインを引いた記事を示しながら支局長をつるし上げていた。

自民党と共産党の市議が一緒になって「新潟日報の記事は間違っています」と街宣車で糾弾し、「日報誤報」の折り込みチラシが本紙に入ったこともあった。新潟日報販売店に「自分の商品を否定するチラシを入れるのはどうか」と電話すると「チラシも収入の一部だから」の一言。これには参った。自宅にも記事を巡って無言の抗議電話があった。以来、電話帳に自宅の番号を掲載するのをやめた。

島人にとって、島外から来た「旅のもん・記者の正論」など、島の秩序を乱す迷惑な主張だったかもしれない。一方、筆者の身の上を心配してくれる優しい島人に励まされ、勇気づけられた。「抗議は直接本人がやってくる」。本社では考えられないほど、読者との距離が近い佐渡支局で鍛えられた。多くの佐渡の方々から「記事は正確に、正々堂々と覚悟を持って書く」記者稼業の原点を教え込まれた気がする。感謝である。

■連載「トキよ　永遠に　保護にかけた男たち」

▼元県トキ保護センター職員　高野　高浩さん（76）佐渡新穂村瓜生屋

朱幻の里　背負う9羽の十字架

（1989・12・19）

中国から貸与されていた雄のトキ、ホアホアがさる11月、中国に返還された。残された日本のトキは佐渡新穂村の県トキ保護センターの高齢のつがい2羽（キン、ミドリ）だけとなり、国産種保存は絶望的な状況となった。昭和54年、環境庁が野生の全トキを捕獲、人工増殖の決定を下してから今年で10年。結局、2世誕生の夢は実ることなく、国内での増殖を断念。来春には雄のミドリが中国に婿入りすることになり、中国を舞台とする新たな日中協力時代に入った。これまでトキ保護に挑んだ男たちの足跡を振り返るとともに、今も消えないトキへの熱い思いを語ってもらった。

「トキがエサをついばむ姿は、朱色の花が咲き乱れるボタン畑のようで本当にきれいだった」と回想する。昭和6年の晩秋、小佐渡山脈の奥深くにある新穂村生椿の田んぼにあるトキの一群が舞い降りた。その情景が今も高野さんの脳裏に焼き付いて離れない。

生椿には当時、27羽のトキが生息。小佐渡全体では100羽近いトキがいた。8年、「朱鷺《とき》保護セラルベシ」の標柱が立った。「大切な鳥なんだなあと思ったくらいだった」という。

生まれ故郷の生椿は、野鳥の楽園だった。「トキは子供のころからしょっちゅう見て育った」。トキも珍しい鳥ではなかったのである。「まさかこんなになるとは。あのころ真剣に保護しておけば増殖も成功しただろうが」と悔やむ高野さん。

14年、兵役で応召、20年、長野県で終戦を迎えた。「帰ってきたらトキがめっきり少なくなっていた。何とか助けねば」。以来、トキ保護に半生をささげる。

戦後の食糧難時代、人間とて飢えていた。「渋柿でさえなかなか手に入らなかったが、トキのためにドジョウや小魚を捕まえた」。周囲からは「トキみたいな鳥のために何をするちゃ」と奇異な目で見られた。両津市赤玉から小ブナを生椿まで運んだこともある。「十数キロの険しい山道をてんびん棒で担いでのぉ。今では考えられん」難行だった。

39年、それまでの経験を買われ県の鳥獣保護委員に委嘱される。翌年7月、けがで捕獲されたトキ（カズちゃん）の飼育係になり、初めて人工飼育に挑む。が、翌春、くしくも高野さんの誕生日に突然死。新穂村立行谷小の育舎で冷たくなったトキを抱きしめ泣いた。それはトキの死との最初の出会いだった。

42年、県トキ保護センターが村内に開設されたのに伴い飼育係として入所。だが、昼夜を分かたぬ人工飼育の厚い保護の手も及ばずトキは次々と死んでいった。

「これまでセンターで8羽が死んでいる。私はカズちゃんを入れると9羽殺している。自然界で死んだら分かるが、人間の管理下で死なせてしまった責任は自覚しなければ」と自責の念に駆られる高野さん。死因はどうあれ、結果として死なせた責任が、この人に「殺した」と言わせる。9羽のトキの重い十字架、墓標が肩にのしかかる、

卵が詰まって死んだシロに話が及ぶと「卵が出掛かっていた。卵をつぶせば――」と言いかけて口が重くなる。初の2世誕生に周囲の期待が極度に高まっていた。卵もシロも救いたい。

大胆な決断ができないまま結局、救えなかった深い悔恨。現在保護に携わる人たちを傷つけまいとする配慮が、「もし、あの時」と言いそうになる口をふさぐ。10年前、両津市の版画家・故高橋信一氏から「朱幻の里」の書をもらった。その言葉通りにトキは幻の鳥になってしまった。

【高野高治（たかの・たかじ）】 佐渡とき保護会理事、1997年7月27日、敗血症のため死去。84歳。1967年のトキ保護センター開設とともに飼育員となり、10年間、人工増殖に挑んだ。昭和42年、文部省文化保護委員会から表彰された。

▼佐渡トキ保護会長　佐藤　春雄さん　(70)　両津市南河内

熱中先生　身銭を切って飼育も

（1989・12・20）

「今でも大雪で風が強い日は、トキは大丈夫だろうかと心配でつい足が山に向きそうになることがある。山にトキはいないのに…」。いるはずのない野生トキが、佐藤さんの意識の中に生き続ける。

昭和15年、朝鮮半島の野戦重砲兵隊に配属され、終戦後、陸軍大尉で復員。「戦争の悲惨さから解放され毎日が楽しくてしようがなかった」。二度と生きて帰れないと覚悟した元兵士の目に、故郷の山河はまぶしかった、という。

少年時代は鳥マニアだった。戦争で忘れていた野鳥への興味が再燃するのは両津市河崎中の教諭になった昭和21年。「家から学校までの5キロの道のりが格好の観察場だった」。多くの戦友が命を落とした戦争体験が、命の貴さを教えた。戦場での双眼鏡は、こんどは小さな野鳥の命に向けられた。

ある日、学校に「トキという鳥は夜でも飛ぶのか。鳴き声はどんな」と質問の電話。「見たこともない。本で調べても分からない。次々と疑問がわいた」。1本の電話が、トキの観察・保護へ駆り立てていった。

手始めはフンから食性を知ることだった。双眼鏡を片手に両津市の山深く入り、トキの姿を追う日が続く。フンを拾い、茶こしでろ過して残留物からエサを探す。周囲が「トキ先生」と呼び始めた。

昭和28年3月、傷ついて捕獲されたトキを勤務先の両津高の育舎で飼育する。「冬場でエサがなく、新潟からフナを運んで食べさせた」。身銭を切った献身的な飼育が評価され、同年8月、県野鳥愛護会総会に招かれる。総会では「トキの生息地に鳥獣保護区を設けろ」と積極保護策を提案、翌年の河崎など3カ所約5千ヘクタールの禁猟区指定の大きな原動力となった。

昭和54年11月27日、環境庁は野生トキを全鳥捕獲し人工増殖することを決定した。「その日をもって、ああ、これでトキは駄目になると思った」という。一斉捕獲が強行されるまで自然か人工かを巡り増殖論議が高まる中、地元の自然保護派の急先鋒《せんぽう》としてホットな論争を展開する。

「営巣地を静かに見守り、冬の間のエサ場を確保することが大切。敏感なトキは人間の監視下では繁殖しない鳥なんです」とキッパリ言う。長い生態観察から得た結論だった。

昭和50年以降5年間、環境庁は人工増殖に備え野生の繁殖状況を調査するため監視態勢を強化する。「それまでは増えていた。5年間で21個の卵が確認されたが、1羽も育っていない。監視員はカラスなど天敵に気を取られて〝人敵〟を見落としていた。トキの一番の敵は人間」と語気を強める。採卵や接見観察が親鳥に抱卵を放棄させたというのだ。捕獲後は、相次ぐトキの訃報に胸を痛めた。

「来年は、キンだけになってしまうが、寂しさは捕獲の時に十分味わった」と静かに話す佐藤さん。野生トキが日本から消えた昭和56年1月、愛するトキとの別れを済ませたかのようだ。

【佐藤春雄（さとう・はるお）】２０１４年12月9日、心不全のため死去。95歳。１９８１年1月、トキ保護を人工飼育に切り替え、佐渡に残る5羽を一斉捕獲しようとした際、営巣地を野生のままにしてほしいと反対を貫いた。２００８年の1次放鳥で飛び立つトキを見守った。

▼県トキ保護センター職員　近辻　宏帰さん（46）佐渡新穂村新穂

ささげた半生　重圧、中傷に耐え飼育

（1989・12・23）

昭和42年の春、一人の青年が、文化庁の募集したトキ保護員に山階鳥類研究所から推薦され佐渡に渡った。東京生まれ。早大教育学部社会科で地理を専攻。高校で生物部、大学でも生物同好会鳥班に所属、南アルプスの山々で野鳥観察に熱を上げた。

「最初は2年くらいの軽い気持ちで佐渡に来た。気が付くと人生の半分をトキと過ごしていた」と感慨深げに語る近辻さん。トキ保護センター開設から人工飼育に携わった。当時は、世界中の鳥類学者でさえ未経験のトキ飼育だった。「最初は電気も電話もない生活。山麓から重さ10キロのプロパンのボンベを背負って運んだこともあった」。都会育ちの若者が、一転して離島の山奥の寂しいランプ生活。センターで高野高治さんと2人の暮らしが始まった。

センター開設時は、計画捕獲した2羽と佐渡真野町で捕らえられた1羽の計3羽で飼育が始まった。が、1年もたたないうち、3羽とも死亡。死因は寄生虫による腹腔《ふっこう》内の内出血と敗血症。人工増殖はスタート当初から暗礁に乗り上げた。

「普通だったら克服できる細菌や寄生虫にあっけなくやられてしまう。血管がもろく、パワーが落ちていると感じた。あんな悔しいことはなかった」。と口元を結んだ。

トキが絶滅寸前に追いやられた一因とされる近親交配による種族の生命力ダウンを思い知らされたという。同時に、農薬や寄生虫に汚染されていない人工飼料の必要性を痛感、人工増殖を主張した。トキ保護に関わった人たちは、「もし」という仮定の論議を極端に嫌う。が、1回だけ近辻さんの口を突いて出た。「日本人の中に何事も自然に任せた方がいいという考え方がある。それは無責任だと思う。捕獲した5羽のうち雌は1羽しかいなかった。もし全部雄だったらどうするんですか」と険しい顔になった。

昭和56年の一斉捕獲後の相次ぐトキの死は、人工増殖の破綻を人々に印象づけた。「捕獲しなかったら増えたかも」と、飼育リーダーへの心ない中傷も多かった。

ケージ内でのトキの死に常に立ち会った。「その時の心境はつらくて言葉にならない。泣くに泣けなかった」と辛酸をなめた当時を回想する。「ペアリング失敗」「トキ死亡」。現場の担当者が、責任を痛感しながら悲報を伝える姿は痛々しく映る。

産卵寸前で卵詰まりで死んだシロ。「卵をかき出せば助かった、と言う人もいる。でも卵をつぶせば、生まれたかもしれないのにと非難される。どっちに転んでも何か言われる」。半生をトキにささげながら卵1個産まれていない厳しい現実。仮定の中傷にも「反論の余地がない。私の力不足」と耐える近辻さん。

「宝物を鍵をかけて保管するのと違い、相手は生き物なんです」。国際保護鳥、特別天然記念物の肩書を持つトキ。国宝級の鳥を扱う重圧感の中でトキ保護に挑んだ22年の重さだけが、結実しない夢の前に残酷に横たわる。

【近辻宏帰（ちかつじ・こうき）】元トキ保護センター長。2009年5月5日、食道がんのため死去。66歳。2003年に定年退職した後も子供たちにトキの習性や魅力を伝える環境教育に尽力。トキを傷つけないように帽子のつばを後ろに向けてかぶる姿がトレードマークだった。

トキは特別な存在だった。高度成長時代の犠牲者ともいえる国際保護鳥の保護に人生をささげた「男たちのドラマ」を追ったシリーズは、佐渡支局生活の卒論的連載となった。当時は、中国からのペア貸与などない時代。国産種絶望の時期だった。2世誕生の夢に半生をささげながらペアリング失敗、トキ死亡に打ちのめされていた近辻さんの「私の力不足」と耐える苦悩の表情が忘れられない。連載から10年後の1999年に中国から贈られたペアで国内初の人工孵化《ふか》に成功、優優《ユウユウ》が誕生。人工増殖技術を確立させ野生復帰への礎を築いた。亡くなる前年、2008年9月25日のトキ試験放鳥では、秋篠宮ご夫妻が開けた木箱を担当した。苦悩から夢をかなえた晴れ舞台の「影の主役」に躍り出た歓喜の瞬間だった、に違いない。

■島の医療・農業シリーズ連載

佐渡時代は医師不足に悩む「島の医療」シリーズで地元医師会との対立をリポートした「揺れる佐和田病院」（1988・1）、医師不足の離島医療の実態を探った「院長不在2年　相川病院のカルテ」（1988・5）を連載した。「島の農業」シリーズでは、特別栽培米を巡る佐渡農協と農家の対立を追った「揺れるおけさ米市場」（1989・9）を連載した。「おけさ米」連載では佐渡農協の本間一雄組合長に助けられた。農協に批判的な記事が出た当日朝でも職場に訪ねると「よく来られたな」と、優しい笑顔で迎えてくれる傑物だった。懐の深さ、人物の大きさに敬服するばかりだった。連載シリーズの前文のみ掲載する。

島の医療

揺れる佐和田病院

3回連載（1988・1・26～）

島内最大の個人病院・佐和田病院（61床）が揺れている。地元医師会の猛烈な反対を押し切って開業してから3年。医師会への加入が認められないことから「低利の融資（医療金融公庫）が受けられず医師の確保も困難。このままでは経営の安定も危うい」（同病院）と昨年12月、「佐渡医師会に入れるよう仲介の労を取ってほしい」と町議会に請願書を提出。だが、ここで採択をしてはかえって医師会の反発を招きかねない、との判断から継続審議扱いになった。町議会からも突き放された格好となった病院側は「何とか医師会に入れてもらい、離島医療に貢献したい」と訴えている。しかし、病院進出時の経緯などから医師会とのしこりも依然強く当事者同士では関係修復の糸口は見えそうにない。無医地区を多く抱え、高齢化が急速に進む佐渡の現状、医師不足に悩む島の医療の問題点と断面をリポートする。

島の医療　院長不在2年　相川病院のカルテ　5回連載（1988・5・31〜）

昭和60年春に11億円余の巨費を投じて新装オープンした町立相川病院。その翌年、院長が退職し院長不在のまま2年余が過ぎてしまった。この間、内科医2人も相次いで退職、新大からの医師派遣で何とか急場をしのいできた。だが、患者数も減少傾向、加えて病院建設時の多額の借金返済が経営を圧迫。一般会計からの持ち出しは5年連続1億円以上、累積欠損も62年度決算で4億円を突破しそうだ。このまま赤字が続けば、町財政に重大な支障をきたすばかりでなく住民に医療不安を与えかねない。安定経営を目指すには院長、医師の安定的確保による医局の充実が急務となっている。幸い今春から2人の常勤医師が着任し3科の常勤体制が整った。しかし、院長招へいのメドは依然として立っていない。過疎、高齢化が急激に進む離島医療の〈病巣〉を相川病院のカルテから診断してみよう。

揺れるおけさ米市場

有機栽培米の行方

8回連載（1989・9・26〜）

本物志向の消費者ニーズを反映して化学肥料や農薬を制限した有機栽培米がブームだ。減反、米価低迷、自由化外圧の厳しい情勢の中、付加価値の高い米作りは農家にとって生き残りの切り札となる。昨年、民間肥料販売会社の指導で佐渡に上陸、広がった有機栽培米の取り扱いを巡って春先から、島内農協・県経済連と生産農家が水面下で激しい攻防を繰り広げている。独自の栽培基準で今年度から有機米の有利販売を始める系統農協組織の多くは今月初旬、昨年は自主流通米の特別集荷・プレミア米として扱った先発の有機栽培農家の米を「今年度以降は一般自主流通米扱い」の最終判断を下した。深層で何があったか、行き場を失った「おけさ有機米」の行方を追った。

第11章　記者の原点・事件報道の現場　１９９０年〜２０００年

記者教育　本社報道・県警司法クラブ

《夜討ち朝駆けで結束深めた「司法一家４人組」》

県警本部の警察担当「司法一家４人組」は、事件が起きれば夜討ち朝駆け、早朝から深夜まで家族よりも長く、時間を共有し、結束を深める「疑似的家族・運命共同体」だった。過酷な「虎の穴」を共通体験した同僚とは、職場が変わっても深い絆を感じた。１９９０年は大きな捜査本部事件が頻発し、県警担当は多忙を極めた。５月にパチンコ店経営者らが逮捕された新発田の「パチンコ店員保険金殺人事件」が発生。７月10日には町長２代にわたる自治体では例のない「西山町公金不正融資事件」が発覚、９月４日に元町長ら６人が背任容疑で逮捕された。発覚から逮捕までの２カ月、報道合戦は過熱した。８月の「女子高生誘拐事件」では本紙報道を巡り、受刑者が民事訴訟を提訴したが、１９９７年１月、新潟地裁で新潟日報が全面勝訴した。

■休みない「トラの穴」で3年間

県警司法記者クラブ、サツ（警察）回り・事件記者の拠点に配属になったのは1990年4月。凶悪事件のない平穏な離島・佐渡支局から全県の事件事故・裁判取材を総括する司法クラブ担当になって生活は激変した。県庁隣の県警本部1階にある司法記者クラブは、キャップ以下4人（現在5人）体制。最初の1年間はサブキャップ、翌春にキャップになった。当時、流行った精力剤のCMフレーズ「24時間、戦えますか」と同様、ポケベルに昼夜支配される「虎の穴」生活が3年間続いた。

着任当時、春異動でメンバーは4人中3人が交代、残留は馬場幸夫記者（現・常務取締役）だけだった。キャップは東京支社から吉井清一・元監査役、サブキャップの私の下に馬場記者、新人の小林正史記者（魚沼総局長）が配属された。過酷な勤務で通常半年から1年で交代する司法記者を異例の通算3年間在籍した私の下で新人を含め11人が通り過ぎて行った。メンバーは、斎藤祐介（監査役）、大塚清一郎（執行役員統合営業本部副本部長）、原正紀（黒埼編集センター次長）、中川一好（用字用語担当部長）、中村裕（総務部部長代理）、佐藤勝矢（写真映像部次長）ら男性記者8人のほか、女性記者では石原亜矢子（文化担当総括デスク・部長職）、蕗谷祥子（グラフィック担当部長）、渡部麻理子（三条総局長）の3人が配属された。（以上肩書は24年3月末現在）

働き改革やパワハラという言葉がなかった昭和入社組の記者にとって「事件記者に休みなし」が当たり前の時代だった。男社会でたばこの紫煙が渦巻いていた職場は、女性記者も増えて全面禁煙。今や上司が部下に気を使い、叱責する言葉を選び、働き過ぎにならないように「頼むから休んでくれ」と懇願する時代だ。夜討ち朝駆けで残業時間が青天井だった新聞社も随分、変わったものだ。

新型コロナウイルス禍以降は、遠方の取材対象とリモート取材が可能になった。感染予防でマスクが離せない新型ウイルス禍の後遺症で、目や口元、微妙な表情の変化から背信の臭いや本音を読み取る取材が消えた。濃密な懇親と教育の場だった酒席が激減。夜回り先や居酒屋で酒を酌み交わしながら職場の同僚や取材先と互いに信頼関係を築き上げた時代は、遠い過去のものになった。しかし、対面取材で信頼関係を築き、人脈を作りながら独自ネタを入手するのが、取材の基本原則であることは今も変わらない。

記者教育10カ条

編集局次長だった2008年、新入社員教育で「体験学的記者教育10カ条」と題し、記者自身が実際に体験した取材例を基に教訓を示した。

①「名刺で仕事をするな」

「新潟日報記者」という名刺があれば、知事であろうが、首相であろうが、誰とでも会える。時には、事件取材で殺人・放火の凶悪犯や反社会勢力にも会わなければならないときもある。大学を出たての若造にそれなりに対応してくれるのは、先輩たちが営々と築き上げてきた信頼、読者というバックがあるからだ。そこを勘違いしてはいけない。法務局職員だった父から新聞社就職が決まった際、「新聞記者は偉そうで嫌いだ。子供のような若い記者が役所に来て、『課長では話にならない。局長を出せ』と言った」と嫌悪された。社会の不正には、読者に代わって悪を憎む正義感を前面に戦わないといけないが、常に謙虚な振る舞いが求められる。新人だろうが、ベテランだろうが、取材される側は関係ない。一人前の記者として相手は対応する。新人でも甘えは許されない。

佐川急便事件が表面化していた1992年3月、「地上げに佐川マネー」の記事が社会面を飾った。記事を巡って東京の不動産会社から「この記事で土地が死んだ。どうしてくれる」と抗議が相次いだ。話し合いの場は、東京港区赤坂の不動産会社事務所。新潟日報からは、デスク、同僚記者の3人が出向いた。インターホン越しに来訪を告げ、豪華な革張りの応接セットの部屋に通され、ソファに座った途端、戦闘服姿の若手3人が後ろに立った。

▼「電車のホームの最前列には立つな」にザワ

スーツ姿の紳士然とした社長は、「あなたたちの記事が、この土地を殺した。どうしてくれますか」と穏やかに切り出した。記事の間違いは指摘せず、「あなたたちは、登記簿を見ることはできても、読むことはできない」と根抵当権の解釈を巡り問答が続いた。私が「結局、最後は賠償金、お金ですか」と言った途端、紳士の顔が一変、「なにー。そんなことはお前たちが考えろ」とテーブル上の重厚なクリスタル灰皿を振り上げた。別れ際には、「電車のホームの最前列には立たない方がいいよ」と脅し文句を言い放った。念のため、会話を録音していたテープを帰りの新幹線で聞いたら怖くなった。

司法時代、夫を殺害した容疑で県警がマークしていた妻への直接取材を試みた際、一緒に夜回りしていた斎藤祐介記者が、事情聴取を終えて車で帰宅した容疑者に近づき、車のドアを開けて突撃取材した。途端に容疑者は運転席のドアを開けたままバックしたため、斎藤記者は雪の上に転倒し、危うく車に轢《ひ》かれそうになったこともあった。事件には後日談がある。捜査員から「日報さん、子供にあんな質問しては駄目だよ」と注意された。母親が子供を自宅に残して聴取を受けている間、容疑者宅に待機していた捜査員が、インターホン越しに夜回り取材の一部始終を聞いていたのだ。記者も警察から見張られていたのだ。

新潟市の県警幹部官舎を夜回りで訪問した際、警備畑出身の刑事部長が取材直後に、別の幹部宅を訪問する姿があった。部長は、夜回り取材した記者名と質問内容を全て報告するよう部下に指示していたのだ。取材側も複数の幹部宅を夜回り取材し、ニュースソースが特定されない取材手法を徹底した。

②「人脈こそ記者の命」

新聞記者にとって人脈こそ命。長年培った人脈が、人事異動に伴う引き継ぎでは、簡単に引き継がれない。守秘義務のある公務員が、昼間から捜査の秘密を漏らすはずがない。夜討ち・朝駆けの対面取材で人脈を作り、信頼関係を築くしかない。政治取材でも同様だ。新人の登竜門の警察・スポーツ担当は、記者の原点。

「いつ、どこで、だれが、なにを、なぜ、どのように」の5W1H。固有名詞、事実を正確に伝える基本動作を徹底的に仕込まれる。加害者と被害者を間違えたらどうなるか。事件事故の裏取り取材で人間の喜怒哀楽を学び、神経を一番使うのが警察担当。強面《こわもて》の警察官との人脈作りが、スクープを生む原動力になる。スポーツ担当も高校野球の打数・打率を正しく報道しないと、「息子は3打数2安打なのに1安打になっている。訂正して」と抗議が来る。

③「きょう逮捕」まで迫れ

夜討ちは警察幹部宅を深夜訪ね、事件について聞く。朝駆けは早朝、幹部宅を訪ね、取材確認する。なぜ、深夜と早朝なのか。殺人事件で捜査本部が設置されたら警察署内での単独取材はほぼ不可能になる。対面で情報入手し、情報の裏を取る場面が必要になる。事件が起きてから人脈作りでは遅い。普段の付き合いが大切だ。「きょう逮捕」の前打ち報道を巡っては法曹関係者から「人権侵害の疑い」の指摘もあるが、そこまで迫る、取材力を鍛える「メルクマール」の意義は深い。

町長が多額の公金を地元建設業者に不正融資していた1990(平成2)年7月10日に発覚した「刈羽西山町(現柏崎市)公金不正融資事件」で、発覚から9月の「きょう逮捕」までの顛末は『新潟日報　140年』事件編(新潟日報事業社・2019年)に詳しいので一部再掲する。

9月4日の本紙朝刊1面に大きな活字が躍った。「背任容疑で元町長ら6人　きょう一斉逮捕へ」。発覚から約2カ月。捜査が最終局面を迎えたことを伝えるスクープだった。当時、本社報道部で司法担当のサブキャップとして事件を取材していた高橋正秀は振り返る。「フライングをして誤報した社もあり、神経をすり減らした」。夜に捜査幹部の自宅を訪ねる「夜回り取材」が毎晩、続いていた。報道各社の連日の夜討ち朝駆けにたまりかねた県警刑事部長の長谷川貞夫が、お盆が近づいたある日、今日、明日の逮捕はありません。お互い少し休もう」と各社キャップを招集、非公式会見を開くほど取材合戦は過熱していた。異例の「逮捕なし会見」が、逆に「逮捕は近い」と疑心暗鬼を生み、夜回りで各社が鉢合わせになった。84歳になった長谷川は「(田中角栄元首相のお膝元で起きた)あの事件は、角さん絡みで東京（霞ヶ関・永田町）方面では騒がしかったが、地元は冷めてましたよ」と述懐する。

3日深夜、状況証拠と捜査情報を積み重ね、「明日逮捕で間違いないですね」と当てると、いつもは「止めた方がいいよ」と答える捜査幹部が、この日は否定しなかった。無言だが、目はうなずいていた。高橋は「逮捕で間違いない」と確信して記事を書いたが、「もし誤報になったら」と一抹の不安が脳裏をよぎり、翌朝まで一睡もできなかった。一抹の不安とは、「きょう逮捕へ」の裏付け取材に対し、捜査本部が置かれた柏崎署の捜査幹部が、完全否定していたからだ。事件現場に最も近く、マスコミの主戦場となる所轄署と、離れた所から捜査指揮する県警本部の見解が食い違うことはよくあることだったが、引っかかっていた。

高橋は夜明けとともに県警幹部宅を朝駆け、インターホンを押すが応答はない。当時、司法担当に配備されていた大型の携帯電話（ショルダーホン）から電話した。幹部は電話口で「そうか、書いたのか…」と一言。すぐに通話は切断された。その新聞が配られた4日、記事の通りに元町長、前町長、元収入役と現職の収入役、地元建設会社社長ら6人が次々と出頭、逮捕された。「元町長ら6人逮捕」。4日夕刊1面は、任意出頭を求められ自宅を出る元町長らの写真を掲載、容疑者たちの出頭する姿を執拗に追った。（『新潟日報　140年』事件編）

▼不眠不休、異常な高揚感「スクープ・ハイ」

スクープを放った朝、ゆっくり記者クラブに出社すると、追っかけに走る他社のブースは「もぬけの殻」。事件発覚から約3カ月、不眠不休で勝ち取ったスクープの朝、疲労のピークで全身の神経が高ぶり、異常な高揚感で酔う「スクープ・ハイ」状態に陥っていた。

「きょう逮捕」の前打ち報道には、起訴を判断する地検への配慮から県警の反発も大きい。「偽コシヒカリの偽造米袋事件」（1991年）の夜回りでは「きょう逮捕、は絶対駄目。きょうにも逮捕、と『も』を入れて」と県警防犯部長は、決め打ち的な見出しに注文を付けていたが、本紙は「社長らきょう逮捕」（91・9・19）と報道。即刻、部長室出入り禁止となった。防犯部長は夜回りに来た各社の記者全員を自宅に招き入れ、見出しまで制限する、一種の報道協定を結ばせるのが得意技だった。夜回りは一対一の対面が原則。ライバル社と一緒では聞ける話も聞けないデッドロック状態になる。逮捕報道が出た当夜の夜回りも全社集めた。「日報さんの『きょう逮捕』、アレはないですよね」と部長に忖度《そんたく》し、おもねるNHK記者の姿を見て、怒りより憐れみが湧いた。最近、NHKの討論番組に出演している記者を見るたびに、その場面が蘇る。

▼懐深い長谷川貞夫・刑事部長の励まし

【追記】西山事件再録に登場した県警刑事部長の長谷川氏が97年1月、東京支社報道部に在籍した筆者宛に電話してきた。「勝訴して良かったね。おめでとう」。女子高生誘拐事件の本紙報道を巡り、受刑者が提訴した民事訴訟判決で全面勝訴した新潟日報取材班への祝電だった。「あれだけ書くな、と言ったのに書くから…（訴えられるんだ）」。既に民間人となった元刑事部長の柔和な声が、大きな励ましとなった。社会正義実現という共通目標を持つ記者と警察官だが、記事化を巡って対立する場面も多い。表向きは書くなと言いながら、本音は「どんどん書け」と許容している元刑事部長の度量の大きさをいつも感じていた。手前みそだが、「知ったら訴訟も恐れず書く」筆者の気概が、刑事部長にも伝わっていたことがうれしかった。

長谷川氏は24年4月30日、死去。88歳だった。訃報に接し、いくつもの事件で新潟市西区の自宅に深夜早朝に押し掛けた事件記者時代を思い出した。同時代を生きた県警事件史の生き証人がまた一人この世を去った。

④「知ったら書く」「地元紙は抜いて当たり前」「抜かれたら終わり」

司法記者クラブは、勝ち負けが一目瞭然だ。「抜いた」「抜かれた」が一番はっきりしているからだ。デスクの口癖は「地元紙は抜いて当たり前。抜かれたら終わり」だった。中央紙に抜かれたら、「惨めで悔しい」屈辱の日々が待っている。今ではパワハラになるが、当時は鬼デスクから、「抜き返すまで残業代はないぞ」と一喝された。

しかし、県警に密着取材するほど情にほだされ、相手側の「もう少し報道を待って」の要望を無碍《むげ》にはできない地元紙ならではの弱みもある。年明けのスクープにと、予定原稿まで用意していた「独自ダネ」を手痛く抜かれてしまった苦い屈辱の記憶が蘇る。

1990年の大みそか。久しぶりに長岡市の実家に帰省し、昼風呂に入っていると、部下から1本の電話が入った。「あの話がS新聞に出ました」「テレビでも流れています」。抜かれネタは、女子高生誘拐事件の余罪で「大手寝具メーカーに脅迫状を送った恐喝未遂事件」だった。直ちに「予定稿を出稿しろ」と指示、元日付で後追いした。

捜査本部が立つ重大事件は、捜査状況などが各県警から上級官庁の警察庁や検察庁に報告される場合が多く、東京から漏れた捜査情報が各社の県警本部担当記者に伝えられるケースがある。「新潟日報しか知り得ない」と高をくくっていると、致命的な敗北を喫することもある。全くノーマークで抜かれるのは仕方ないが、「知っていて抜かれるのは最悪」。やはり「知ったら書く」が記者の原則と再認識した。

▼「自民離党、新党入り」書いたらクレーム

3年間の警察担当ですっかり「知ったら書く」の習性が染みついた筆者は、93年春に県政クラブに異動した。社会部から政治部に配置換えとなった記者にとって勝手の違う場面に遭遇し戸惑うことも多かった。8月には、自民党から離党者が続出し、日本新党代表の細川護熙《もりひろ》氏を首相とする非自民の連立政権が誕生。政権交代で新党ブームに沸く県政界は、一気に流動化した。

細川政権誕生前夜の6月23日の本紙は「自民からの鞍替え続出」の大見出し。衆院新潟1区に立候補予定の吉田六左エ門・元県議の「自民離党、日本新党入り固める」を伝えた。吉田氏への本人取材で「日本新党入り」を確認、記事化したところ、支援する政治団体幹部から「吉田は、そんなことは言っていない。直ちに訂正しろ」と猛抗議があり、新潟市中央区関屋田町にある吉田氏宅の庭の見える和室で筆者と吉田氏、団体幹部の3者が面談した。

一方的な団体幹部の主張を聞き、その場は一切弁解せず引き下がったが、数日後、幹部から「確かに吉田はそう言ったみたいだ。申し訳なかった」と謝罪の電話があり、一件落着となった。政治家本人が後援会への報告・根回しする準備期間が必要で、その前に「知ったら書く」は政治取材ではタブーでトラブルの元だった。政治取材の怖さを体験後も誠意を尽くして相手を説得できれば、「知ったら」の報道原則は貫いてきた。

▼「真のスクープ」を

「真のスクープ」とは何か。何でも他社より早く書いたものが全てスクープかというとそうではない。役所が発表1日前に「日報さんだけ」などと言って、統計ものや、予算額を教えてくれるものは、役所の広報の一翼を担い、利用される側面もあり真のスクープではないだろう。真のスクープとは、その報道がなかったら、未来永劫に日の目を見ない、世の中に公表されず、歴史の闇に葬られる権力側の不祥事や犯罪だ。

「どんな記者も人間に会わなければ記事は書けない」。記者の原点は現場に足を運んで人に会うこと。幹部、署長、副署長だけでなく現場の一線刑事とも付き合わないで情報が取れるわけがない。情報源・ニュースソースが特定されないためには、より多くの取材源が必要だ。取材源が一つでは、相手も危なくてしゃべれない。何人もの幹部宅を訪問するアリバイ証明的な夜回りは、取材源を守るために必要不可欠なルーティンだ。

柏崎少女長期監禁事件で「捜査線上に現職警察官」（2000年2月6日）のスクープは、県警内部で長年トップシークレットとされてきた事件の「身内犯人説」を記事にした。女性が行方不明になった当時、捜査線上に現職警察官が浮上し、身内犯行説の疑念が広がり、捜査員の士気が低下、初動捜査を遅らせたとの内部情報を丹念に裏付け、真のスクープを生んだ。

記者つれづれ

うその罪　県警　捜査ミスの徹底検証を　（2000・2・23）

○…県警が病んでいる。少女監禁事件発覚で封印されていた県警内部の膿《うみ》が一気に漏れ出している。わずか3週間で威信も信用も完全に失墜、底なし沼の様相だ。「まじめで優秀な新潟県警」はどこへ行ったのか。本社にも多くの読者から警察官の職務怠慢、職権乱用、不良行為への怒りが寄せられている。それは、警察官への信頼の厚さの裏返しとも言える。

○…過去の捜査の不手際に加え、本部長が了承した「うそ会見」が県警批判に拍車をかけている。事件捜査に昼夜、靴底をすり減らす一線の刑事。ひき逃げ事件の現場で雨の中、はうように検証する交通警察官。過労から、命さえも落とした刑事もいる。職務に専念している多くの警察官にとって一連の県警批判は耐えられない屈辱だと思う。多くの真面目な警察官を知っているだけに重苦しい日々が続いている。

○…「この事件だけが心残りだ」。司法担当だったころ、知事公舎近くの県警本部長公舎を訪れた夜。栄転が決まった本部長がつぶやいた。居間の壁には監禁事件の被害者でランドセルを背負った当時小学4年生の行方不明少女の写真が張られていた。娘の赤いランドセルを見て「もし自分の娘が…」と考えるだけで思考が停止するほど絶望的な気分になった。県警は、今回の捜査ミスの全容を隠すことなく公開し、徹底的に検証してほしい。警察官も記者も「悪を憎む」心は同じはずだ。

⑤「いい記者になるな」

取材先から「いい記者」ですね、と褒められたら警戒しないといけない。それは「どうでもいい記者」「都合のいい記者」と同じ。記事には、イベント紹介の行事ものから、行政や権力批判記事もある。批判記事だけ書け、と言っているわけではない。広報・宣伝的な記事も書けなくて、批判記事だけ書けるはずがない。「三つ褒めたら、一つ刺せ」。そうすればクレームが来たとき、「今までのやつ、精算しますか」と、言える。本当のいい記者は、相手方から信頼され、恐れられ、「あの記者に書かれたらしょうがない」と思わせる記者になることだ。

⑥「密着すれども癒着せず」

取材先とは密着し、酒も飲む、食事もする。だが、癒着することは許されない。特に政治家との付き合いは、対等にならないと駄目。相手の懐に飛び込んでも、そこから出る勇気も持たないといけない。「書かない大記者」が政治部記者の代名詞だった時代もあるが、是々非々の対応が大事。新潟日報は大報道部制で、社会部も政治部もない。一人二役だ。宣伝記事も批判記事も同じ記者が、書かなければならない宿命を背負っている。

⑦「オフレコの約束はしない」

取材前から「絶対に書きませんから教えて」などという記者がいる。書くために取材しているのだから、「記事にしない約束」は絶対にしない。ある政治家の集会に1社だけ、「書かない約束」で入れてもらってメモだけしていても書かなければ何の意味がない。オフレコは一対一で約束するもの。聞いた上で内容を判断し、問題発言や事件・不祥事を裏付ける証言、ニュースと確信したら記事化する。政治家も県警幹部にも、夜回りに来た各社全員を家に入れてデッドロック状態にするくせ者もいる。短時間でもいいが、必ず一対一の時間を作る努力を怠ってはならない。

⑧「ニュースハンターになれ」

「ニュースリポーターでなくニュースハンターになれ」。先輩記者の口癖だった。催し物やイベントニュースを伝えるだけリポーターでなく、狩人のような鋭いニュース感覚で発表ものでないスクープ（特ダネ）をモノにするニュースハンターを目指せという格言。熾烈《しれつ》なスクープ競争が記者を鍛える。発表ものでないスクープと誤報は隣り合わせ。一歩間違えば大誤報になり、訴訟に発展することもある。

誤報を恐れるあまり、最初から他社と横並びに甘んじる「抜かれなければヨシ」精神では記者は育たない。同じ議会やイベント取材でも、他社の記者が気付かない部分に着目して違う視点で書く記者がいる。翌日の紙面を見て「中身で抜かれている」と心中、穏やかでない。人権擁護など独自の判断で記事にしない「書かない見識」も時には必要だが、ライバル社が報じているのに、自社だけ落とす「特落ち」ほど恥ずかしいものはない。

⑨「撫でるように叩け」

新聞記者は書きたいことを書く。しかし、喜怒哀楽、正義感や怒りに任せて叩くよう叩いては、相手にとっては痛くもないし、反撃のチャンスを与えてしまう。本当に批判したいなら、「撫でるように叩け」が理想。一読すると一見、褒めているようだが、よく読むと相当な批判と皮肉が込められている記事。だが、自戒を込めて言うなら、理想の境地に至るには相当な修行が必要だ。

⑩「酒ばっかり飲むな。本を読め」

新聞記者への忠告。朝日新聞の警察公安担当記者・鈴木卓郎氏から直接聞いた教訓。日本の新聞記者は、酒ばっかり飲んで勉強していない。新型コロナウイルス禍で最近は、酒席が減り、昔ほど「飲みすぎ注意」の教訓は的外れかもしれないが、これも自責の念を込めて言う。もっと本を読んで自分を磨けと。

鈴木氏の見解は、階級社会の歪《ひず》みなどで捜査力が低下した県警の実態をリポートした連載「試練の県警」（91年7月29日～8月4日）で毎回、「サツ記者30年　鈴木卓郎氏の目」として本文とは別に添付した。記者クラブに所属しない遊軍（フリー）記者が批判するならまだしも、県警本部のおひざ元の司法記者クラブに所属する地元紙が、県警批判記事を連載すること自体、県警からは「身内に敵を飼っている」と警戒された。キャップの私の元には県警幹部から「県警と全面戦争する気か」と脅迫めいた声が届いた。

連載ではリードで「『事件に強い警察』をスローガンにする県警。裏返せば『事件に弱い』のが実態か。昨年、県内では長岡市の社長殺し、現金多額盗難事件、三条市の女児行方不明事件など重大事件の未解決が相次いだ。しかも汚職事件は南魚湯沢町の贈収賄事件以来、3年も摘発されていない。刑事警察の危機が全国的に叫ばれる中、『試練の県警』の今を検証した」と「事件に弱い」とまで言い切った。

「消えた名刑事」「進む管理体質」などをテーマに実例を挙げて実態を追及した。『階級のひずみ』では、新潟市で短刀が胸に刺さったまま男性が死亡した「事件」を取り上げ、「1カ月以上経っても公式的に自他殺の結論が出せぬまま捜査は終結。『捜査力というより、指揮を執る人間が、慎重になり過ぎて判断できない。指揮官の自信のなさを露呈した典型例』と一線刑事は手厳しい」と指摘した。

▼スクープの決め手となった生々しい現場写真

この男性死亡事案は、発生当初、「殺人容疑事案」として警察発表されたが、その後、「変死事案」

となり、急速に尻すぼみになっていった。取材で多額の借金があり、直前に多額の生命保険に加入していることが判明。「他殺に見せかけた自殺か」のスクープとなった。決め手となったのは、本紙カメラマンが望遠カメラで撮った現場写真だった。

写真を見た県警幹部は、「これは殺しではない」。第三者による刺殺の場合は、刃は縦になるが、自分の両手であばら骨の隙間に横に刺したとみられる自殺特有の生々しい写真だった。撮影者は後に本社写真部長、上越支社長を歴任したが、病に倒れ在職死亡した野崎孝則カメラマンだった。一瞬を逃さない報道カメラマンの執念、プロの仕事の流儀に感服した。

■時代の病理・犯罪・報道

新聞研究「2000年5月号寄稿」

被害者家族の立場で考えることが原点
―柏崎・女性監禁事件報道での人権・プライバシー保護―

▼実名か匿名か、混乱した各社の報道

「窓枠からの空しか見たことがない」――。何という悲しい残酷な言葉だろう。バレンタインデーの2月14日、9年2カ月の監禁から解放された娘の言葉に胸を痛めた父親は、娘とドライブした。保護された後も入院を強いられた病室の窓から見える空の大きさは監禁時と変わらなかった。家族と一緒に見た満天の空にようやく女性は表情を緩めたという。

10歳から19歳までの多感な時代を奪われ、心の窓にかぎを掛け、封印してしまった「空白の9年」。3月17日に会見した父親は「今はただ家族で娘をあたたかくしっかりと抱きしめてやることしかできません」と声を詰まらせ、嗚咽《おえつ》した。

「息子が家で暴れて困る。早く来て」。今年1月28日午後1時半。新潟県柏崎市内の母親の悲鳴に近い依頼で往診に来た医師、保健所職員らが、薄暗い自宅2階一室に入ると、男は大声で暴れ始めた。病院職員らは、袋状の毛布の中に人がいるのを発見。はさみで切ってみると女性が現れた。犯罪史上前例のない長期女性監禁事件の始まりであり、県警内部に長年、隠蔽《いんぺい》されていた膿が一気に封印を解

かれ、あふれ出た瞬間だった。

9年前に三条市で行方不明になった当時小学4年生の少女が「無事保護」されたという吉報が、痛ましい事件に変わるのに時間はかからなかった。同日午後9時半から三条署で行われた記者会見の内容が刻々と本社に伝えられるにつれて、事件の特異性が浮き彫りになっていった。

「実名か匿名か」。当初、①警察が女性を実名で発表した、②9年余にわたり大々的に公開捜査が続いた、③本紙は積極的に報道し、女性の情報提供を呼びかけてきた——ことなどから、実名報道の判断に傾いていた。事実、1月28日組みの朝刊1面の大面ゲラ刷りを見ると、「○子さん無事保護——三条市で9年前行方不明」の縦5段カット、出力時間は23時31分となっている。社会面のカットも「お母さん、○子だよ」と実名入りだった。

だが、事件の様相から、未成年の被害者の人権とプライバシーに配慮せざるを得ない、として「匿名」報道に切り替えた。実名を掲載した後で匿名に切り替えることは避けなければならない。上がってきた大面の「○子」を急きょ「A子」に差し替え、町名、小学校名、校長名などの固有名詞は削除した。見出しは1面が「女性を無事保護」、社会面が「お母さん、私だよ」に替えた。しかし、被害者名を匿名にする「おことわり」は間に合わず、翌日夕刊から入れた。

通信社の第一報も割れた。共同は匿名、時事は実名。時事は実名を匿名に切り替えるバタを送ってきた。テレビの速報も混乱していた。NHKは匿名、民放ローカルは半々、少女の顔写真を流した局もある。新聞早刷りは毎日新聞を除いて匿名だった。

「なぜ、こんな犯罪者を匿名にしているんだ」。読者の怒りの声が、逮捕前まで男を匿名にした本社に相次いだ。男の精神状態が不安定で事件発覚後に入院していたため、責任能力の有無が微妙だったが、県警が刑事責任を問えると判断し、逮捕後は実名報道に切り替えた。「被害者の女性についてはプライバシー保護のため匿名にします」とする「おことわり」を載せた。同じ匿名でも被害者だけでなく、憎むべき加害者の人権にも配慮しなければならない点が読者にどこまで理解してもらえたか自信はない。

「9年2カ月の間、少女を監禁」した異常な事件に全国の週刊誌、テレビなどマスコミが殺到した。三条市の女性の自宅周辺では事件発覚後、週刊誌やワイドショーのリポーターなど報道陣が大挙して押し寄せ、父親は「家の玄関を無断で開け、中をのぞき見る報道関係者もいた」とプライバシー侵害に怒った。被害者だけでなく家族も報道被害者になる厳しい現実があった。

父親は「そっとしておいてほしい。マスコミが騒いだからといって、娘の9年2カ月が戻ってくるのですか。家族の立場になって考えてほしい」と過剰報道を批判した。

▼見送られた「心の傷害罪」の適用

長期監禁で保護されてからも女性は極端に男性を恐れたため、県警は事情聴取に全て女性警察官が当たるなど配慮した。また、当初、PTSD（心的外傷後ストレス障害）による傷害罪適用も検討したが、新潟地検は法廷で再度、証言を求められる女性の苦しみを避けるため、起訴段階で「心の傷害罪」適用を見送った。

9年2カ月に及ぶ監禁生活が女性に与えた深刻な傷害の実態をどこまで書くか、書けるのか、と思い悩んだ。記事化しないと犯行の残虐性が見えてこない。一方で被害者とその家族の心情を思うと、「報道によるセカンドレイプ」の恐れが重くのしかかった。女性の社会復帰を考えて、興味本位な記事はもちろん、表現方法にも細心の注意を払った。

監禁現場となった柏崎市の「閉ざされた部屋」を訪ねた。戻り寒波の吹雪が吹き付ける住宅街の2階建て。家の前では、児童公園のブランコが風に揺れていた。少女は、部屋の窓越しに遊ぶ同世代の子供たちの姿をどんな気持ちで見つめていたのだろう。

家宅捜査では、誘拐された当時、少女が担いでいた「赤いランドセル」が押収された。「もし娘だったら……」。深夜、薄暗い自宅の居間に置き去りにされた娘の赤いランドセルを見て、同じ小学生の娘を持つ父親として怒りで胸が張り裂けそうになった。被害者家族の立場で考えることが、人権報道の原点だと痛感した。取材チームの独身若手記者には、「女性が君の妹だったらどうする」、妻子持ちには「娘だったらどうする」と問いかけた。

▼県警の捜査ミスを決定的にしたスクープ

事件は、意外な展開を見せる。三条市と監禁されていた柏崎市とは直線距離で約50キロ。広域捜査時代に男がなぜ捜査線上に上がらなかったのか。最大の疑問であり、驚きだった。発覚翌日には容疑者（37歳）が、事件前年の1989年に柏崎市内で少女を空き地に連れ込もうとして現行犯逮捕され、懲役1年執行猶予3年の判決を受けていたことが判明。執行猶予中の男が、捜査対象から漏れたことに、県警内からも「初動ミス」を指摘する声が上がった。

「もっと早く救えなかったのか」。犯人を憎むのは当然だが、次々と発覚する警察の信じがたい捜査ミスと、救いがたい怠慢が生んだ不祥事への大きな怒りも、取材陣の大きな原動力になった。

4年前に母親が「息子の暴力が怖い」と保健所に相談。今年1月にも相談していたことも分かった。柏崎署にも相談していたが、警察は母親の訴えを門前払いしていた。救出チャンスを行政の怠慢と連携のまずさがつぶしたのだ。しかし、警察も保健所、市役所、町内会も「プライバシーの問題があり、家庭内に立ち入るのは限界がある」と人権保護を盾にした言い訳に終始した。マスコミの報道原則であるプライバシーの保護がここでは、皮肉にも弁明理由として逆手に取られた格好になった。

県内に潜伏していた犯人を9年2カ月も見逃していた県警の失態解明には決定打を欠いた。一つの有力情報が取材網に飛び込んできた。情報は女性が行方不明になった当時、捜査線上に三条署の現職警察官が浮上、県警が極秘に聴取。「身内犯人説」で捜査網が広がらず、不審者の洗い出しが徹底できなかった。警察官は容疑否認のまま、辞職したため、一線捜査員の間に「同僚が事件に関与」との疑念が広がり、捜査士気が低下、「初動を大きく誤らせた」という内容だった。

昔の事件で取材は難航したが、「一握りの上層部しか知らないトップシークレット」「現職警察官が犯人となったら一大事、と内部処理した」という情報が集まり始めた。

県警の捜査ミスを決定的にしたのは、本紙2月6日付社会面トップを飾った「捜査線上に現職警官」「初動ミスの要因に」「身内説で捜査広がらず」の記事。スクープは、女性監禁事件を、警察庁が異例の捜査検証を指示するほどの「一大警察不祥事」に変える大きな転機になったと自負している。警察庁長官懲戒処分に発展した県警不祥事の原型とも言える「身内に甘く、責任回避の隠蔽体質」が凝縮されたものだったからだ。早い段階で取材の中心が「警察不祥事追及」に移ったことは女性にとって不幸中の幸いだった。

参考人聴取された警察官は、当時パトカーで深夜警ら中、女性に対し交通違反切符を切らなかったりする問題行動があった。前任地でも90年春に発生した連続婦女暴行事件に関与した疑いが持たれていた。県警は「不良警官」を立件せず、「諭旨免職」で内々に処理していた。

もう一つの山場は、2月15日付朝刊1面トップの「柏崎署、出動要請断る」「4年前にも無視」の記事と、翌日の社会面「柏崎署の失態隠しか」「県警　虚偽会見の疑い」の連続スクープ。県警は「本部長も隠蔽了承」の虚偽会見を認めた。

県警の隠蔽体質を象徴するものとして、重要な捜査書類の意図的な紛失、廃棄が挙げられる。女性が行方不明になった当時、女性の両親から参考人聴取した三条署作成の「両親の調書が犯人扱い隠しで消失」（本紙2月22日付1面トップ）した。女性の両親は、事件直後から、対策本部の集中的な事情聴取を受けた。父親は相次ぐ捜査ミス発覚について本紙記者に「私だけでなく、家族全員がまるで犯人扱いだった。警察が娘を発見したわけじゃなく、男が暴れたから見つかっただけ」と怒りを語った。

「調書消失」報道の当日、県警は異例の対応を行った。県警記者クラブに対し、「本日の新潟日報の朝刊記事についてはそのような事実はない」と文書で棚入れした。県警側は本社への抗議ではなく、「他社の後追いを防ぐため」だったというから県警の混迷ぶりが伝わってくる。

しかし、両親の報告書は報道当日、「朝から大騒ぎして探したら見つかった」のだった。関係者は

「父親が調書の公表を求めた場合、大変なことになるから隠蔽した」と暴露している。柏崎署では容疑者の母親の相談記録簿も95年から3年分紛失した。

会見を拒否し続けた小林幸二本部長は2月25日、初めて謝罪会見した。翌日には警察庁が本部長を減給・懲戒処分、引責辞職に追い込まれた。1月28日、特別監査に来県した関東管区警察局長を「温泉宴会マージャン接待」していた不祥事発覚ががけっぷちの本部長の背中を押した。青春期を奪われた被害者の発見当日。警察キャリアは、現場に駆け付けようともせず、宴会から捜査指揮していた。事件より身内の接待を優先させた警察官僚の本性を露呈した「1・28」を検証すると、一連の警察不祥事のルーツが見えてくる。監察接待が発見当日と重なり、警察にとって「運の悪い致命的な1日」にさせたのは、生き地獄から奇跡的に生還した少女の怨念だったかもしれない。

▼「政・警・民」のもたれ合いの構図

「彼らは警察官ではなく官僚なんです。新本部長も東大法学部卒のキャリア。構図は何も変わらない」と吐き捨てた県警幹部の声が耳から離れない。県警では、たたき上げ警視正署長の失態も噴出した。自民党代議士白川勝彦・元国家公安委員会委員長の秘書が関与した「交通違反もみ消し」事件まで発生。交通機動隊長、代議士秘書らが逮捕された。「政・警・民」のもたれ合いの構図に警察不祥事は底なしの様相だ。

新潟発の警察不祥事が小渕恵三前首相に「解散はサミット後」とまで言わせる、政局を左右する問題に発展した。外部監査、情報公開など制度や組織の見直しは不可欠だ。「容疑者への激しい怒り、初動捜査ミス、警察幹部の問題など、さまざまな思いは文章や言葉には言い表せない」。警察への怒りや無念を飲み込んだ父親の心境を重く受け止めたい。警察再生への道は遠く、県警の背負った十字架は重い。それ以上に新聞に課せられた責務も重い。

（新潟日報社　報道部次長）

第12章　デジタル時代の新聞の未来

《フェイク時代　新潟の羅針盤示す新聞へ》

電車やバスの車内でかつて朝の通勤風景だった「新聞のある風景」は姿を消し、昭和の遺物になった。紙の雑誌や書籍を読む姿も消滅。老若男女問わず、ゲームや漫画などさまざまなエンタメを楽しめる「掌の上のスマホ劇場」に、新聞は「主役の座」を乗っ取られてしまった。月額4千円を超える紙の新聞は、スマホ代を惜しまない若者にはサブスク対象外。小学校から電子教科書を使い、朝からスマホやタブレットを使って、ユーチューブで好きな動画を見ている子供たちも紙の新聞に触れることはない。新聞購読の後継者難時代だ。

まさかの「新聞の消滅する日」をフェイクニュースと否定しきれない「デジタル時代の新聞」の未来はどうか。フェイクが飛び交う不確実な時代だからこそ、地方の文化を守り、地域情報から権力監視まで確かな新潟の羅針盤を示す県民の新聞・新潟日報の存在と役割はより重要性を増すだろう。「デジタル時代の危機」を乗り越える地元紙の挑戦が始まった。

■若者の新聞離れ、ピーク97年比で2500万部減

日本新聞協会が発表した2023年10月時点の新聞発行部数は2859万部（一般紙2667万部、スポーツ紙191万部）。前年比で225万部減少した。05年から19年連続で減少、減少率7・3％は過去最大。新聞発行のピークは1997（平成9）年で、当時の発行部数は5376万部、26年間で約2500万部も減少した。このペースで減り続けると13年以内に「新聞が消滅する日」が来るかもしれない。

新聞社の総売上高は22年度が1兆3271億円（販売6625億円、広告2577億円）で10年前に比べると、約6千億円も減少。収入の構成比は、販売が49・9％、広告19・4％、その他30・7％。10年前比で販売10ポイント減、広告3ポイント減、その他が13ポイントアップ。かつて販売・広告の二大収入で全体の8割強を占めていたが、7割を割り込み、不動産収入などその他が倍増した。

電通が発表した「2023年日本の広告費」によると、日本の総広告費は過去最高の7兆3167億円（前年比103％）。インターネット広告費は3兆3330億円（同107・8％）で伸びたが、マスコミ4媒体（新聞・テレビ・ラジオ・雑誌）の広告費は2兆3161億円（同96・6％）と前年を下回った。4媒体の内訳は、雑誌、ラジオが前年比増となったが、新聞3512億円（同95・0％）、テレビ1兆7347億円（同96・3％）といずれも減少した。インターネット広告費でも新聞デジタルだけが208億円（同94・1％）と伸び悩み、前年割れした。

▼三菱が新聞輪転機事業から撤退、日本製紙は減産へ

「新聞消滅」が絵空事でないことを裏付けるような衝撃的ニュースが24年6月下旬、飛び込んできた。新聞を印刷する輪転機の国内シェア約5割を握る三菱重工業が、新聞輪転機事業から撤退、輪転機製造終了を決めたと発表したのだ。アフターサービスも最長で2036年3月までに終了する。輪転機の使用期間が一般的に30年と長く、更新需要を多く期待できない上に、新聞の部数減による輪転機需要減で判断した。国内で輪転機を手掛けるのは三菱重工のほか、新潟日報が導入した東京機械製作所など数社に限られる。

急激な部数減で製紙会社も減産体制が始まった。8月に日本製紙が八代工場（熊本県八代市）で新聞用紙の抄紙機《しょうし》を1台停止すると発表、25年度に実施する。抄紙機は工場の主要設備である紙をすく機械で、八代工場では23万2千トンの新聞用紙を生産できる設備を停止する。

▼23年は県内シェア率トップ72％

新潟日報が初めて50万部を達成した1997年、広告が、販売を上回る売上を記録。販売と合わせた営業収入は、過去最高となった。その後、営業収入は低落傾向となり、23年の平均部数は、県内新聞購読者でシェア率72％とトップを維持したが、部数維持が厳しい時代となり、経営面では「減収減益」が続いている。

▼売上至上主義から脱却目指す

私が新潟日報社の常務、専務取締役時代（18～22年3月）も「減収減益」決算が続いており、経営基盤の強化が至上命題だった。労務担当兼経営管理本部長として、費用対効果・コスト削減を掲げ、「売上至上主義からの脱却」「減収でも増益」路線を目指した。具体的には不採算広告の抑制、減ページを基本とした地区版充実、時代に合わなくなった手当廃止などさまざまな経費削減策と機構改革を断行した。

▼支局統廃合、証券面廃止、柏崎創設で地域面8面

平成の大合併で112市町村あった県内自治体は、30市町村にまで減少した。それに伴い、最大21支局あった出先機関を14支局に統廃合、最終的には8総支局に再編した。地域の中核支局を総支局に格上げし、吸収された支局の記者数は、総支局を増員して全体の記者数は減らさない方式を採用。働き改革で1人・2人支局では、休日消化が難しかったが、6人以上の総支局に格上げすることで「働き方改革」を進めた。

新聞原価で大きな割合を占める紙の値上げで減ページによる経費削減も急務だった。どの面を増やし、どの面を廃止するかを「ビルド&スクラップ」方式で決めた。紙面改造で注目されたのは全国的にも異例の「証券面」廃止。時々刻々、変化する株価がネットで瞬時に分かる時代に前日の終値が1日遅れで紙面化される「証券面」は、役割を終えたと総括、1日3回更新する電子版に移行した。証券面廃止で浮いた1面は、柏崎面を新設、全国最多の地域密着型・地区版8面体制に拡充した。

読書欄（日曜付）３面を２面に減らすなど斬新なレイアウト、デモ紙面製作で紙面改造をリードした廣瀬俊之・編集局次長（執行役員印刷局長）は、休刊日の「電子版特別号」の立役者でもある。

▼小中学生閲読率10年で半減　中学生8割「全く読まない」

「『新聞を読む子は学力が高い』って本当なんですー」。本紙は、文科省が公表した全国学力テスト（全国学力・学習状況調査）結果から、小中学生の新聞を読む頻度と正答率のグラフを示しながら新聞購読メリットを訴える新聞広告を随時掲載、若者の新聞離れを食い止めようとしている。だが、文科省が23年７月に発表した学力調査によると、小学生の新聞閲読率は「ほぼ毎日４・４％」「週１〜３回８・５％」で「月１〜３回14％」を含めても27％で３割足らず。「全く読まない」は73％。中学生は閲読率が２割足らずで「ほぼ毎日」はわずか２・６％。「79・１％」が全く読んでいない。閲読率で小学生３割足らず、中学生２割足らずの数字は10年前に比べ半減している。

速報性ではテレビに抜かれながら、「無冠の帝王」で君臨した新聞だが、ネット・デジタル時代に急速に媒体力を失った。新潟日報社もＮＩＥ（教育に新聞を）、ＮＩＢ（ビジネスに新聞を）で若者や社会人向けの新聞出前講座を積極的に展開しているが、大きな成果を上げていない。

新聞購読層の高齢化は、広告主から「若者が読んでいない」メディアと見なされ、若者向け新車やブランド衣料品などの広告が消えた一方、高齢者向け健康・サプリなど比較的安価な通販広告が目立つようになり、広告減収の要因になった。その一方、健康や防災などをテーマにした自治体広報の一翼を担う公募型プロポーザル（企画競争入札）方式の広告が増加、協賛集めやイベントを組み合わせた広告が目立つようになった。

▼県民文化の祭典・県展65回展で7部門を朱鷺メッセ「1カ所開催」

新聞社の使命は、健全なジャーナリズムを通した紙面・電子版による報道活動だけではない。文化・芸術活動を通じた社会貢献事業も大きな役割として長年、続けられてきた。

新聞社の主催事業は、収益性を追求したイベントだけでなく、県民文化の祭典・県展（県美術展覧会）や「忘れるな・拉致県民集会」など社会貢献的事業が多い。全国的にも新聞社が部数、広告で収入を伸ばしていた時代に、読者・県民に利益還元するメセナ事業が一般的だった。

編集局から広告事業本部に異動になった２００９年春、「利益は二の次」というムードが、まだ事業職場に漂っていた。異動直後に当時の高橋道映社長（２００８～14年）からの特命事項は、終戦の１９４５年秋から新潟日報社主催で始まった県展新潟展の1会場開催だった。10年の65回展から、大和新潟店、新潟三越、新潟市美術館、県民会館の新潟市内4会場から、万代島の「朱鷺メッセ」で全7部門を一堂に展示する形になった。交渉は県、市、デパート側に会場変更を説明、合意を得たが、会場変更に伴う負担増をどう捻出するかが大きな課題だった。

▼70回展から東北電力が初の協賛社

県、新潟市のほか、巡回展開催地の長岡市、上越市、佐渡市に出向いて赤字が常態化していた県展への補助金増額を要請し、協力してもらった。会場費だけでなく展示パネルの造作費など多額の初期投資も必要となった。請負業者側には「10年で利益が出るような長期的視点」で協力をお願いした。展示作業を委託したイベント会社「新宣」の故・佐野健次社長には、資材倉庫まで連れて行かれ、山積みの展示パネルを見せられたことがあった。「年1回の県展にこれだけ多くのパネルを保管しているのです」。初期投資負担など県展への協力に感謝するしかなかった。

県展は70回展（15年）から東北電力（本社・仙台市）が協賛社となり資金面で支援の輪が広がった。14年11月、広告事業本部長名で当時の坂本光弘・新潟支店長（東北電力ネットワーク取締役社長）を通じて民間初の単独協賛をお願いし、快諾を得た。要請文書で「今年の県展は、新潟日報社（日報美術振興財団含む）の持ち出しが1千万円近くに膨らみ、巡回展を含め開催の存続自体が危ぶまれる事態」と財政難を訴えた上で「県内で電力供給というライフラインを網羅する貴社が、中越地震の際にライフラインとしての生活情報を孤立した避難所に送り続けた弊社と共に、県民の文化振興・地域を元気付ける県展でコラボする最もふさわしいパートナー」として要請理由を挙げた。

▼カビ・クモ騒動、「仏像展」の苦い記憶

1枚の「幻に終わったチケット」がある。昔の資料を整理していたら、ラッピングされた鑑賞券の束が出てきた。時の移ろいで黄ばんだビニールフィルムを剝がすと、奈良・中宮寺の国宝「菩薩半跏像」の微笑みが浮かび上がった。縦長のチケットは、新潟市美術館（新潟市美）で開催されるはずだった「奈良の古寺と仏像」展（２０１０年4月24日～6月13日）だった。新潟市美の不手際で開催直前に会場変更となり、「幻のチケット」に鎮座する菩薩像を見ていたら、当時のセピア色の苦い記

憶が鮮やかに蘇ってきた。

チケットには新潟市が生んだ偉大な歌人・會津八一が詠んだ「みほとけのあことひちとに　あまてらのあさの　ひかりのともしきろかも」の書も印刷され、副題は「會津八一のうたにのせて」とあった。

仏像展は、会期を短縮し、10年6月6日まで長岡市の県立近代美術館（近美）で開催された。新潟日報社、新潟放送、近美、新潟市美、會津八一記念館の実行委員会と日本経済新聞社主催。04年10月23日に発生した中越地震から6年、大きな被害を受けた長岡市で開催となり、「震災復興祈念」のタイトルが加わった長岡展は、菩薩半跏像の微笑みに多くの人が心癒され、来場者も13万人を超えた。

▼幻の新潟開催、長岡・近美で大盛況

会場変更の発端は、09年7月、新潟市全域で開催した「水と土の芸術祭」（水と土）の期間中、新潟市美で展示作品からカビが発生したトラブルだった。10年2月には展示作品からクモや虫が発生。文化庁は度重なる管理体制の不備を問題視し、仏像展の目玉となる国宝・菩薩半跏像の展示を認めなかった。当時の篠田昭市長肝いりの「水と土」で起きた不手際で新潟市開催を断念、「近美」に会場変更を余儀なくされたため、「水と土」のディレクターを務めた新潟市美の北川フラム館長を「更迭」。篠田市長は減給30％（1カ月）処分となった。

新潟市美の「カビ・クモ騒動」の発端は、生土を使った作品を美術館に持ち込むという、大胆な試みだった。当時、美術関係者からは「博物館ならいざ知らず、そもそも美術館にタブーの『水と土』

を持ち込み、実験場にしたのが間違い」と厳しい批判が相次いだ。

本社主催事業を取り仕切る事業局長の立場だった筆者は、「カビ・クモ騒動」が取材ターゲットになり、取材される側になる戸惑い。会場変更を巡る「新潟市と文化庁の交渉経過」を他社に抜かれても当事者なるが故に「知っていても書けない」ストレスも頂点に達していた。

開催直前の会場変更に筆者と共催の新潟放送の梅津雅之・事業局長、新潟市の渡辺稔・文化政策課長の「戦友３人」は、前売り券の販売中止・払い戻し、ポスターの刷り直しなど後始末に忙殺された。主催事業が、マスコミの標的になり、「幻の新潟開催」となった仏像展。あれから14年、今となっては「騒動のおかげ」で話題になり結果的に近美で大盛況になった、と古き良き思い出に修正されつつある。中宮寺の日野西光尊・門跡が、揮毫《きごう》した為書き付き「和顔」の色紙が優しく語り掛ける。「怒らない、怒らない」

▼「いきわく賞」大震災で東電が撤退

仏像展の翌年、２０１１年3月11日に起きた東日本大震災で炉心溶融（メルトダウン）、放射性物質が外部に放出された東京電力・福島第一原発事故が発生。東京電力と東北電力の2社が協賛だった県内児童生徒科学研究発表会「いきいきわくわく科学賞」から東電が撤退した。震災直後、筆者と斎藤満貴広告部員（現上越支社広告担当部長）の２人が、仙台市の東北電力本社に担当役員を訪ねて単独協賛継続を陳情した結果、最終的に東北電力が快諾し、中止を食い止めることができた。

２０２０年に発生した新型コロナウイルス禍で社会のデジタル化が一挙に進展、デジタル広告が急伸、紙媒体の新聞広告の減少に拍車がかかった。全国的に新聞社の経営が厳しくなる中、行政側の文化事業への補助金減額の流れもあり、本社の社会貢献事業は大きな転換点を迎えている。

▼デジタル対応遅れた「重厚長大」産業

新聞氷河期に本紙が生き残るには、どうしたらいいのか。新聞社の営業収益の二大収入源は、全体の80％以上を占める販売と広告収入だ。各社ともデジタル戦略に人もカネも投じ、「第3の収入源」を模索してきた。しかし、日本独特の戸別配達網を支えてきた販売店と、輪転機の巨大装置を抱えた「重厚長大」な新聞業界は、アナログの紙媒体から「販売店も印刷工場も必要としない」デジタル時代への対応が遅れた。紙の新聞主体の販売店にとって「紙の敵」の電子版は、計画通り契約数は伸びず、販売・広告の売上減を補完する収入源になっていない。

10年後、新聞の姿はどうなっているだろう。新聞社が倒産、買収される先進国アメリカでは、地方紙が消え、地元のニュースが報道されない「ニュース砂漠」地帯が年々、拡大している。地方の権力機構を監視する地元紙の消滅は、選挙での投票の判断材料となる「地域ニュース消滅」を招き、民主主義の崩壊に直結しかねない。

▼朝刊値上げで夕刊休刊

24年2月5日、新潟日報1面に「購読料改定」の社告が掲載された。3月から朝刊を月額600円値上げし、4000円とした。同時に夕刊「おとなプラス」を休刊した。長引く戦争で新聞用紙などの資材が窮乏し、太平洋戦争末期の1944年3月に夕刊が休止（46年夕刊ニヒガタ復活）になって以来、実に80年ぶりの夕刊休刊となった。

新潟市を中心に都市部で「朝夕刊セット販売」が10万部を超える時代もあったが、今回の「おとなプラス」の休刊は、夕刊が現代の生活スタイルに合わなくなり、部数減や販売店の労務難などで配達コストが上昇、不採算になったことが挙げられる。

紙の新聞離れが進む若年層の取り込みを含め、急速に進むデジタル分野への転換にも遅ればせながら取り組んだ。新潟日報電子版を20年1月から有料（併読プラン＝新聞購読者は購読料プラス330円）でスタート。動画や音声など新聞にないコンテンツを含むニュースサイト・新潟日報デジタルプラス（一部有料）を22年2月から始めた。

▼「紙もデジタルも有料」が基本戦略

3月の朝刊値上げに伴い、4月から併読プランの有料電子版（330円）を無料にしたため、デジタル収入の柱を失うことになった。有料の紙抜きの単独電子版（県内・県外とも3300円）は県内版を値下げしたが、読者獲得のハードルは高い。

「朝刊読者はデジタル無料です」。値上げ直後から本紙1面題字下の「突き出し広告」に、値上げで離れる新聞読者を引き留めるためのキャッチコピーが連日載った。その後、「無料」は削除、「デジタル見放題」に変更したが、有料だった併読電子版の無料化は、「ニュース情報は有料」の認識が定着してきた読者に再び、「デジタル＝無料」のイメージを復活させた。

併読電子版無料プランは、値上げによる紙の読者離れを防ぐため販売戦略の一環だが、デジタル商品を結果的に「紙の新聞のおまけ」にしてしまった。

新聞各社はホームページ創設時に、デジタルニュースを無料開放し、「情報はタダ」の印象を広げたため、「デジタル無料」の後遺症に悩まされた。経営の柱に育てなければならない今後のデジタル戦略は、併読の電子版を有料化し、ニュース提供では、「デジタルも紙も全て原則有料」を基本に据えるべきだろう。

▼宅配網維持へ販売店支援必要

新聞の生命線・戸別配達網維持を最前線で支える販売店は部数減に加え、折込広告収入の減少で経営環境が悪化している。高度成長期、新聞の部数もチラシも右肩上がりで大きな利益を上げた販売店経営は、好循環なビジネスモデルを構築した。だが、新型コロナウイルス禍による折込減が回復する前に、ウクライナ戦争などで資源が高騰、紙や電気代の相次ぐ値上げラッシュとなった。主力のスーパーやドラッグストアは、サイズや配布エリアの縮小、折込回数の減少など経費削減策で折込収入が急落。過疎化が進む中山間地の販売店だけでなく、街中でも将来を悲観した廃業が相次いでいる。発行本社もこれまで以上に、販売店支援に乗り出さないと、宅配網の危機を招く恐れがある。

▼グループ会社合併　カンパニー制導入

新潟日報社のグループ会社、新潟日報サービスネット（新聞営業、チラシ広告）と新潟日報事業社（広告、出版、保険）は22年4月合併し、全社売上で110億円規模の新会社「新潟日報メディアネット」が誕生した。両社の合併は、コロナ禍の大幅な売上減が大きな契機になった。100％株主の新潟日報社が、新潟日報の健全なジャーナリズムを守るためには、グループ全体の収益性向上、財務体質強化が不可欠と判断、合併・再生案を主導的に提案した。合併で業務やシステムなどの重複を見直し、シナジー効果による社員の安定的雇用確保が最大の目的だった。

新会社は、「カンパニー制」（社内分社制）を採用。全県の新潟日報販売店が取り扱う折込の元請業務を含む広告総代理店、損保生保を基軸とした保険、出版の「広告カンパニー」と、新聞販売の「新聞カンパニー」の2部門に整理して複数の事業部門をそれぞれ独立させて一つの会社として扱う独立採算制を導入した。

カンパニー制は、部門ごとに売上だけでなく、人件費、総務部門を含む共通経費など細かな支出経費をシビアに計算、収支状況が分かるため、改善策を示しやすい。以前は売上も収益性も高い広告部門の折込広告収入が、赤字体質の新聞営業部門をカバーし、全体で黒字ならヨシとする甘い経営体質だったが、各部門の赤字原因・弱点が鮮明になってきた。

筆者は本社専務時代からグループ会社担当として合併計画を主導し、退任後は、合併新会社「メディアネット」の代表取締役会長と初代グループ会社経営会議議長に就任、グループ会社全般の課題を概ね3カ月ごとに発行本社の役員と協議、課題解決に向けた提言を行った。

議長在任2年で、グループ会社側から見えてきた新聞カンパニーの赤字要因の解消策として①夕刊「おとなプラス」見直し、②予備紙率適正化、③月刊誌『キャレル』改革、④労務難招く広告誌ポスティング廃止などを提言し、本社と危機感を共有した。
共通の課題を抱える発行本社・新潟日報社も、営業部門を中心に「広告営業カンパニー」「販売・事業・出版カンパニー」の社内分社制導入や、全グループのホールディングス化など大胆な組織機構改革が迫られている。

▼もっと読まれる社説へ「大型署名コラム」

もっと新潟日報が広く読まれるためには、どうするか。東京発の著名な外部ライターによる大型コラムもいいが、新潟発のオリジナルなオピニオン機能充実が一層求められる。具体的には、無署名の社説を自社の論説編集委員による大型署名コラムに改造する時期に来ている。日報発のオピニオン発信機能を高め、「読まれる社説」コーナーを目指す。食い違う意見がある場合、足して2で割る式の公平中立で主張のない無署名記事に読者は物足りなさを感じているからだ。

合議制でどこからも抗議も来ない無難な社説では読まれない。そもそも毎日、社説という社論を展開する必要があるのだろうか。民主主義の根幹である多様性と少数意見を尊重する観点から、社説の枠を飛び出して、署名記事で独自のオピニオンを主張する「論説」コーナーに改造してはどうか。社説コーナーとは別に本紙論説編集委員による若者の心に刺さるような挑戦的な「大型署名コラム」をもっと増やしてほしい。

社説論議は昔からあった。原寿雄・共同通信元編集主幹は、月刊誌『世界』（1991年2月号）の座談会で「社内でも社説を批判するということがあっていい。それが紙面で縦横になされていると、読者も非常に参考になるし、言論の自由があるという実感も出てくる」「社説というのは、一体だれの説なのか。いっそのこと社説はやめて、署名入りの自由な論説にした方が、言論の多様性も保障される。社説が一つにまとまるというのは気味悪い以上に怖いですよ」と社説の在り方に一石を投じている。署名入りで多様な独自オピニオンを発信し、ＳＮＳで話題になるような自前の「大型署名コラム」を増やす努力をしないと、若者の新聞離れを防ぐことはできない。

▼有料アーカイブ個人会員に拡大を

新聞業界では、販売、広告に次ぐ「第３の収入源」を伸ばすことが、生き残りのカギと言われている。新聞社の多くは、不動産・賃貸収入や新規事業立ち上げで収入の落ち込みをカバーしようと必死だが、特効薬的副業に、育っていない。

紙の部数減が下げ止まらない中、本紙の所有する過去の膨大な記事・写真データは、貴重な県民の財産であり、将来、金の卵を産む宝だ。現在、黒埼本社では、過去記事と、写真ネガフィルムのデジタル化を進めアーカイブ検索機能の充実を図っている。既に２０００年以降はデジタル化を終え、１９００年代に遡って作業に着手、検索機能を充実させている。現在は、データベース利用は有料法人会員のみ許されているが、早急に個人会員に拡大し、月額契約数を伸ばし、埋もれていた過去のアナログ情報が、「貴重なデジタルデータ」となれば、デジタル収入拡大の可能性がある。アーカイブ検索機能拡充こそ、新潟日報の資産価値最大化であり、重要な未来戦略だ。

新潟地震、新潟大火など幾多の災害による新聞発行の危機を乗り越えてきた本紙は今、デジタル社会の大津波に襲われ、岐路に立っている。氷河期末期の気候変動に対応できず、絶滅していった「氷原のマンモス」にならないためには、相当な痛みを伴う大胆な意識・組織改革によって、「紙とデジタル」の両輪で稼ぐ収益構造に転換しなければならない。

▼デジタル系新会社「生成AI研究所」に期待

こうした厳しい経営環境下、デジタル系新会社が新聞社の生き残り戦略として注目される中、新潟日報社は新会社「新潟日報生成ＡＩ研究所」を24年11月1日に設立した。本紙の記事データを活用し、地元企業や自治体などの業務の効率化、ビジネスチャンス拡大を支援し、デジタル技術で地域の課題解決に貢献する新会社のチャレンジに期待したい。

「新潟日報は何のために存在するのか。誰のためにあるのか」。紙であれデジタルであれ、新聞が読者から信頼されるメディアであり続けるためには、現場主義に基づくジャーナリズム精神で記事を発信し続けることが第一だ。常に災害や事件の被害者、弱者の傍らに寄り添った県民・読者目線で、権力と対峙する新聞本来の使命感・原点に立ち返り、地域情報から権力監視まで「他紙・他メディアに先駆けた」報道に徹し、フェイクニュースが飛び交う不確実な時代に難局に立ち向かえば必ず新潟日報の未来は開け、デジタル社会に生き残ることができる。

進化論を唱えたイギリスの自然科学者ダーウインは言った。「最も強い者が生き残るのではなく、最も賢い者が生き延びるのでもない。唯一生き残ることが出来るのは、変化できる者である」

おわりに

「堕ちた現状」知り、「復活」のヒントに

新聞人として歩んできた44年の記者人生を署名記事で綴った本書は、昔をプレイバックするだけの「自分史」「回顧録」にはしたくはなかった。過去の署名記事を現代にフィードバックし、新たに加筆した本書『なぜ「新潟は普通以下に」』を通じて政治、経済など多角的視点から「新潟の堕ちた現状」を知り、「復活」への気付きのヒントにしていただければ望外の幸せです。

２００４年10月の中越地震で、電気、ガス、水道が止まり、道路が寸断された被災地にヘリで届けられた新潟日報をむさぼり読む人々の姿があった。その時、新聞はライフラインだった。コロナ禍で急速なデジタル化が進み、夕刊や雑誌など紙媒体が相次いで休廃刊する中、新聞の未来予想図は不透明だが、今も未来もライフラインと権力監視機能の役割は不変だと、信じたい。

軍部独裁の戦前、治安維持法によって日本国民は言論の自由、新聞も報道の自由を奪われた。新聞は戦後、戦争に加担した過去を反省し、日本の民主主義を守り、二度と独裁国家や戦争への道を歩むことがないよう国家権力を監視する義務と使命を誓い、再出発した。

日本の対岸に位置し、覇権主義を強める中国とロシア、北朝鮮は、長期独裁体制を維持し、反米ト

ライアングルの結束を強めている。地政学上、中露朝の影響を最も受けやすい、米国と同盟関係にある日本のメディアが、対岸の火事として「民主主義と言論の自由」を守る使命を放棄したら、どうなるか。過去の歴史が証明している。

今太閤といわれ、異彩を放った田中角栄元首相とは対照的に東大卒・官僚出身の中曽根康弘元首相は、著書『自省録―歴史法廷の被告として』（新潮社）で「政治家は達成した現実だけが著作であり、作品なのです。（中略）政治家の人生は、成し得た結果を歴史という法廷において裁かれることでのみ、評価されるのです」と語っている。

日刊の新聞は、歴史の1ページであり、膨大な歴史資料となる。新聞記者の時代評論も中曽根流に表現すると「記事だけが作品で、評価は歴史という法廷で裁かれる」。記者は歴史の生き証人で筆者の拙い時代評論も僭越ながら「歴史の審判を仰ぐ」資料となる。

本書は過去の署名記事を中心に編集したが、表記は現在の新聞用字用語集『記者ハンドブック』（共同通信社）に準じた。言語を生業とした記者稼業として校正作業は、最善を尽くしたつもりだが、なお誤りがあったらお許し願いたい。無限ループの校正作業は、過去の自分と向き合い、中国の諺「書を校するは、塵を払うが如し」を痛感する時間旅行だった。

「回顧録」出版に当たり、お世話になった新潟日報メディアネットの佐藤大輔・出版部長はじめ、新潟日報同人及び取材に協力して頂いた多くの方々に深く感謝したい。長い記者生活を見守り、支えてくれた最愛の妻玲子、息子の署名記事を楽しみに切り抜いていたファンで、92歳の今も郷里長岡市の実家で独り暮らしを続けている母ミチコに本書を捧げたい。

新潟日報創刊記念日に世界平和と、横田めぐみさんら全拉致被害者の生還を祈って。

2024(令和6)年11月1日

高橋　正秀

著者紹介

高橋 正秀（たかはし まさひで）

1957年新潟県刈羽郡小国町（現長岡市）生まれ。小国中、長岡高、立命館大法卒。1980年新潟日報社入社。長岡支社、本社整理、佐渡支局、本社報道、東京支社報道を経て本社報道。県警司法、県政、フリー（遊軍）各キャップ、自治・社会面デスク、報道部長、編集局次長を歴任。横田めぐみさんら日本人拉致事件をテーマにした本紙通年企画「拉致・北朝鮮」取材班代表で2004年度新聞協会賞。広告事業本部長、取締役編集制作本部長、常務取締役、代表取締役専務を経て22年、グループ会社新潟日報メディアネット会長に就任（24年３月退任）。現新潟日報社顧問。主な共著に『祈り　北朝鮮・拉致の真相』(講談社＝後に新潟日報事業社から復刻)、『報道写真集 祈り―忘れるな拉致―』(新潟日報社)、『新潟日報140年 川を上れ 海を渡れ』『同事件編』（新潟日報事業社）などがある。

元新潟日報報道部長《もとにいがたにっぽうほうどうぶちょう》「回顧録《かいころく》」

なぜ「新潟《にいがた》は普通《ふつう》以《い》下《か》に」没後《ぼつご》30年《ねん》角《かく》さん待望論《たいぼうろん》

2024（令和６）年 11 月 15 日　初版１刷発行

著　　者	高橋　正秀
発 行 者	中川　史隆
発 行 所	新潟日報メディアネット 【出版グループ】 〒950-1125 新潟市西区流通３丁目１番１号 TEL 025-383-8020　FAX 025-383-8028 https://www.niigata-mn.co.jp
印刷・製本	株式会社　小田
デ ザ イ ン	梨本　優子

定価はカバーに表示してあります。
落丁・乱丁本は送料小社負担にてお取り替えいたします。
ISBN978-4-86132-867-1

JASRAC 出 2407582-401